M000289610

Pensées De Blaise Pascal

F. 4.

P. 28.

B 9

LES

GRANDS ÉCRIVAINS

DE LA FRANCE

NOUVELLES ÉDITIONS

PUBLIÉES

SUR LES MANUSCRITS, LES COPIES LES PLUS AUTHENTIQUES
ET LES PLUS ANCIENNES IMPRESSIONS
AVEC VARIANTES, NOTES, NOTICES, PORTRAITS, ETC.

———————

BLAISE PASCAL

PENSÉES

I

PARIS

LIBRAIRIE HACHETTE ET Cᴵᵉ

BOULEVARD SAINT-GERMAIN, 79

———

M D CCCC IV

ŒUVRES

DE

BLAISE PASCAL

—

PENSÉES

I

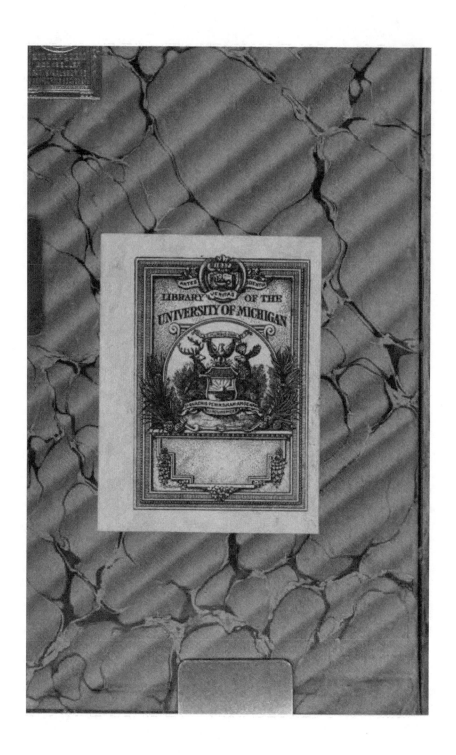

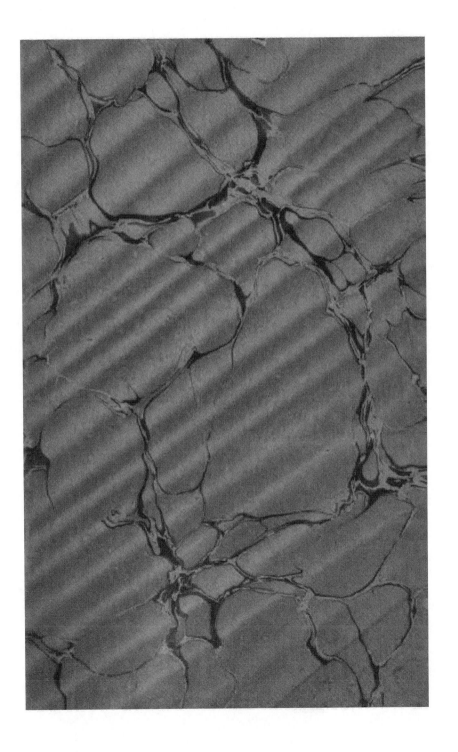

F. 4
P28
B9

A MONSIEUR

LUDOVIC HALÉVY

DE L'ACADÉMIE FRANÇAISE

CETTE ÉDITION EST DÉDIÉE
EN TÉMOIGNAGE DE PROFONDE AFFECTION
ET DE PROFONDE RECONNAISSANCE

L. B.

INTRODUCTION AUX *PENSÉES* DE PASCAL

La biographie de Pascal, et la bibliographie qui le concerne, ressortissent à l'ensemble de l'édition de ses œuvres. L'introduction aux fragments posthumes qui ont le titre, maintenant consacré, de *Pensées* a seulement ce triple objet : 1° résumer l'histoire complexe de la publication du livre; 2° étudier le manuscrit original qui est la base de la présente édition, et par là chercher à justifier la méthode que nous y avons suivie; 3° retracer les conditions intellectuelles dans lesquelles les *Pensées* ont été écrites, et la conception générale qu'elles expriment.

PREMIÈRE PARTIE

La préface qu'Étienne Périer écrivit pour l'édition de
Port-Royal nous apprend dans quel état étaient ses manuscrits au moment de sa mort : « On les trouva tous
ensemble enfilés en diverses liasses, mais sans aucun
ordre, sans aucune suite, parce que, comme je l'ai déjà
remarqué, ce n'étaient que les premières expressions de
ses pensées qu'il écrivait sur de petits morceaux de papier
à mesure qu'elles lui venaient dans l'esprit. Et tout cela
était si imparfait et si mal écrit, qu'on a eu toutes les
peines du monde à le déchiffrer. » On commença donc
par en faire une copie. Cette copie est-elle celle que nous
possédons à la *Bibliothèque Nationale*, manuscrit 9 203
f. fr.,? et dans ce cas est-il vrai que cette copie reproduise
l'ordre des cahiers autographes, « tels qu'ils étaient, et dans
la même confusion qu'on les avait trouvés » ? S'il en était
ainsi, cette copie constituerait en fait la première et la plus
fidèle édition des *Pensées*, d'une autorité supérieure, *pour
l'ordre des pensées*, au manuscrit autographe; car l'autographe, aujourd'hui, est une collection de feuilles séparées
ou de petits morceaux de papier, collés comme sur un
album à une date qui n'est pas antérieure à 1711, c'est-
à-dire presque cinquante ans après la mort de Pascal.
C'est donc par l'examen de cette copie que doit être abordée
l'étude de la publication des *Pensées*.

La copie manuscrite vient du bénédictin Jean Guerrier[1] ;
il la tenait de Marguerite Périer qui la lui avait donnée
avec la bibliothèque de Pascal. Elle reproduit un état où
auraient été à un moment donné les *Pensées* de Pascal ;
mais il paraît bien que ce ne peut être l'état initial des
fragments posthumes. En effet le recueil manuscrit, d'écriture et d'aspect homogènes, est pourtant un double recueil.
Jusqu'à la page 188, les fragments sont classés sous un
certain nombre de titres empruntés à Pascal, comme s'ils
étaient disposés pour l'impression. Une table des matières
rappelle les titres et en établit le lien ; elle nous fournit
ainsi le plan d'une édition des *Pensées*, et nous le reproduisons ici : *Ordre, Vanité, Misère, Ennui,* [Opinions du
peuple saines [2]] *Raison des effets, Grandeur, Contrariété,
Divertissement, Philosophes, Le Souverain bien, A. P. R.
Commencement, Soumission et usage de la raison, Excellence, Transition,* (c'est-à-dire, comme il est expliqué
dans le Recueil, *Transition de l'homme à Dieu*), *La nature
est corrompue, Fausseté des autres religions, Religion
aimable, Fondement, Loi figurative, Rabbinage, Perpétuité, Preuves de Moïse, Preuves de Jésus-Christ, Prophéties, Figures, Morale chrétienne, Conclusion.* — Après
cette conclusion, à partir de la page 188, c'est comme
un second recueil qui commence, plus important que le
premier par le nombre des fragments, mais où l'on chercherait en vain une volonté ou même une apparence
d'ordre. — Une *seconde copie,* qui est également à la Biblio-

---

1. En tête du recueil est l'attestation suivante : « S'il arrivait que
je viens à mourir, il faut faire tenir à Saint-Germain-des-Prés ce
présent cahier pour faciliter la lecture de l'original qui y a été déposé.
Fait à l'abbaye de Saint-Jean-d'Angély, ce 1er *avril* 1723. Signé :
Fr. Jean Guerrier.

2. Rayé dans les deux copies.

thèque Nationale, et qui porte la signature du Père Pierre Guerrier, neveu de Jean Guerrier, reproduit, avec quelques interversions de feuilles, les deux parties de la *première copie*[1].

Cette double disposition semble bien indiquer une tentative qui aurait été faite entre 1662 et 1669 pour publier les *Pensées*. On aurait disposé un certain nombre de fragments dans un ordre simple et rationnel ; on aurait laissé en dehors du classement ceux que l'on se proposait d'éliminer. Nous pouvons même conjecturer que ce recueil manuscrit a été soumis à l'examen du *Comité* qui travaillait à l'édition de Port-Royal : il porte à plusieurs reprises des additions et des corrections qui ne sont pas de la main du copiste ; (Faugère y a relevé l'écriture de Nicole). Or elles se retrouvent dans le livre imprimé, et il est assez peu vraisemblable que l'on ait songé après coup à modifier le texte d'une copie, que l'on savait fidèle, pour la mettre en harmonie avec l'édition de Port-Royal.

Tout ce que nous pouvons dire de cette copie, c'est qu'elle nous introduit d'emblée dans l'intimité du travail entrepris par les premiers éditeurs ; mais il semble bien qu'elle nous reporte à une phase intermédiaire de ce travail. Dans la première phase on se proposait de déchiffrer les papiers de Pascal et comme s'exprime Étienne Pascal « de les faire imprimer tout de suite dans le même état où on les avait trouvés ». Or les résultats fournis par cette *copie* initiale furent décourageants, à ce point que « fort longtemps » on avait renoncé à la publication. Puis, quand on s'y décida, ce fut pour retomber dans de nouvelles hésitations. La famille de Pascal n'abandonnait point le premier

---

1. Cf. ms. 12449 *f. fr.*

projet. M. de Roannez, soutenu sans doute par ceux qui
avaient assisté à la conférence de Port-Royal où Pascal avait
longuement et méthodiquement développé son « projet
d'Apologie », rêvait « d'éclaircir les pensées obscures,
d'achever celles qui étaient imparfaites ; et, en prenant dans
tous ces fragments le dessein de l'auteur, de suppléer en
quelque sorte l'ouvrage qu'il voulait faire. Cette voie,
continue Étienne Pascal, eût été assurément la meilleure,
mais il était difficile de la bien exécuter. L'on s'y est
néanmoins arrêté assez longtemps, et l'on avait en effet
commencé d'y travailler ».

Les difficultés matérielles que devait soulever la publication des fragments de Pascal étaient peu de chose
d'ailleurs en comparaison des difficultés internes. Pascal
était mort au plus fort de la lutte de Port-Royal contre
ses ennemis, au plus fort aussi de la lutte de Port-Royal
contre lui-même. On ne saurait apprécier avec équité, on
ne saurait expliquer la première édition des *Pensées*, si
l'on ne commence par avoir égard à l'histoire de Port-
Royal. Depuis l'Assemblée générale du clergé qui aux
derniers jours de 1660 reprend le Formulaire pour le
mettre en vigueur jusqu'à l'avènement de Clément IX qui
en juillet 1667 change soudain la face des choses, il n'y a
point de relâche aux persécutions. Les religieuses sont
dispersées, soumises à un régime de surveillance et à des
tentatives de pression qui sont pour leur conscience une
menace perpétuelle ; les solitaires, inquiets, sont en fuite.
La publication eût-elle été matériellement possible qu'elle
eût été inopportune : en réveillant les polémiques des *Provinciales* elle eût porté atteinte à l'autorité religieuse, à
l'efficacité morale de l'*Apologie*.

En 1668, la *paix de l'Église* est signée : Arnauld est
reçu par le Roi, Port-Royal des Champs est reconstitué.

La situation est favorable, elle est encore délicate. Les
jansénistes se sont engagés à ne rien faire qui pût troubler la paix nouvelle; or l'esprit qui animait Pascal au
moment de sa mort est un esprit de lutte, de résistance
absolue; les fragments posthumes révèlent l'exaltation
croissante de Pascal contre les faux chrétiens qui ont
corrompu l'Église; si Pascal avait pu achever l'*Apologie
de la Religion chrétienne*, elle eût été plus « forte » contre
les jésuites que les *Provinciales* l'avaient été [1].

Ces dispositions ne sont plus celles où se trouve
Arnauld en 1668; elles n'ont jamais été exactement les
siennes. La dernière année de la vie de Pascal a été
attristée par la profonde douleur d'un dissentiment avec
ses amis de Port-Royal; l'occasion peut en paraître légère,
il s'agissait de rédiger le texte d'un Formulaire à signer;
mais ce fut en réalité un déchirement intime: la conscience
religieuse était touchée en son point le plus délicat; ce
fut la guerre civile de Port-Royal, pour parler avec Racine.
Bien plus, et malgré les prévenances touchantes de
Nicole et d'Arnauld au cours de la dernière maladie de
Pascal, le débat se prolongeait dans une sorte de querelle
posthume qui devait être des plus pénibles à la famille et
aux amis de Pascal. Pascal avait fait confession à
M. Beurrier, curé de Saint-Étienne-du-Mont, sa paroisse,
des difficultés qui avaient surgi entre lui et Arnauld;
d'où M. Beurrier avait conclu que Pascal s'était rétracté en
mourant et qu'il avait abandonné le jansénisme. Le Père
Annat utilisa le prétendu fait dans sa polémique contre
Port-Royal, l'archevêque de Paris s'en fit donner une

---

1. Cf. Maurice Souriau, *Le Jansénisme des Pensées de Pascal*,
Revue internationale de l'enseignement, 15 nov. 1896.

attestation ; sur la protestation de Mme Périer[1], M. Beurrier dut reconnaître son erreur ; ce qui n'empêcha point
l'archevêque de Paris de profiter de la publication des
Pensées pour ressusciter la légende et essayer d'imposer
l'adjonction aux *Pensées* de la prétendue rétractation de
Pascal ; il en parle au libraire Desprez le 24 décembre 1669,
avant l'apparition de l'ouvrage[2] ; le 2 mars 1670, il revient
à la charge auprès de M. Périer en vue d'une seconde
édition, et il fallut user d'artifice pour qu'il ne fût pas
fait injustice « à la vérité et à la mémoire de M. Pascal[3] ».
La crainte de réveiller cette affaire fit renoncer, même en
1678, à la publication de la *vie* de Blaise Pascal, écrite
par Mme Périer ; en 1682 enfin un libraire veut imprimer cette Vie, à l'insu de la famille, il se propose
d'y joindre l'attestation de la rétractation de Pascal ;
Mme Périer intervient encore, et fait intervenir Domat,
en termes très vifs et très menaçants[4].

De telles circonstances expliquent la prudence qui était
imposée aux amis de Pascal, et aussi la diversité de leurs
tendances et de leurs dispositions. Le privilège pour la
publication des *Pensées* est du 27 décembre 1666, il est
enregistré le 7 janvier suivant. Mais ce ne fut guère que
deux ans après, en octobre 1668, au lendemain de la paix
de l'Église, que se tinrent les réunions pour arrêter le plan
de la publication. Il est à présumer que l'intervalle avait
été mis à profit par le duc de Roannez pour l'entreprise
qu'il avait faite de reconstituer l'Apologie de Pascal. Les
Périer étaient à Clermont ; on soumit le travail de M. de

---

1. Lettre de 1665 (*Lettres, opuscules, etc. de la famille Pascal*,
publiés par Faugère, p. 87).
2. *Ibid.*, p. 112, sqq.
3. Voir aux Pièces justificatives, p. CLXXII.
4. Cf. Recueil d'Utrecht, 1740, p. 368.

Roannez à un *Comité* qui comprenait, outre Arnauld et
Nicole, M. Filleau de la Chaise, M. du Bois et M. de
Tréville.

A quel titre ces trois noms se trouvent-ils réunis ?
Un passage d'une lettre que Nicole écrit plus de dix ans
après à Mme de Saint-Loup se trouve être significatif à
cet égard : « Il est bon, Madame, d'accoutumer le corps
aux viandes communes, et qu'on trouve partout, pour
n'être pas misérable quand on n'a pas ce qu'on se serait
rendu nécessaire : il est bon d'accoutumer son esprit aux
esprits communs et de pouvoir se passer de M. de Tréville, de M. du Bois et de M. de la Chaise, et enfin de
se défaire de l'idée de la nécessité de toutes ces choses[1]. »
On le voit, Arnauld et Nicole ont fait appel pour publier
l'ouvrage d'un « bel esprit » tel que Pascal à ceux qui
parmi les amis de Port-Royal avaient la réputation de
beaux esprits. De Tréville n'avait pas encore trente ans,
c'était un des plus brillants gentilshommes de la cour ;
assidu dans la société de Mme de Longueville, il est à la
veille de la conversion totale qu'amena la mort subite
d'Henriette d'Angleterre et dont l'éclat devait retentir
jusque dans un sermon de Bourdaloue (13 décembre 1671).
Il est du parti de Port-Royal « dont le genre de piété,
écrit Saint-Simon à son propos, était celui des gens
instruits, d'esprit et de bon goût » ; il y occupe cette
position originale et unique que dit Saint-Beuve : « il
était grand homme pour tous ses amis, il était pour eux
le fameux M. de Tréville[2]. » N'est-ce pas de Nicole même

1. La lettre est de décembre 1679 ; elle est citée par Sainte-Beuve,
Port-Royal, 5ᵉ édit., t. IV, p. 481.
2. Sainte-Beuve, *Port-Royal*, 5ᵉ édit., t. V, p. 56. Cf. La Bruyère :
Portrait d'Arsène, « occupé et rempli de ses sublimes idées, il se donne

que l'abbé de Saint-Pierre nous rapporte ce trait : « Je fus surpris un jour de lui voir préférer l'esprit de M. de Tréville à celui de M. Pascal [1] » ? — Gobaud du Bois est de l'Académie française. — Filleau de la Chaise assistait, avec le duc de Roannez dont il était l'ami, à la conférence où Pascal exposa le plan de son *Apologie,* il s'est chargé de compléter le travail de M. de Roannez par un *discours sur les Pensées de Pascal* qui devait accompagner la première édition.

Ainsi composé, le comité devait accueillir avec faveur le projet qui lui était soumis, de donner aux *Pensées* de Pascal la forme d'un ouvrage achevé. Arnauld et Nicole ne faisaient pas d'objection ; mais ils tenaient à l'assentiment de M. et Mme Périer. Nous lisons la réponse de Gilberte Périer à travers les lettres du comte de Brienne, qui nous ont été conservées (c'était un intermédiaire assez fâcheux, que des écarts de conduite et de langage devaient vite empêcher de prendre au sérieux, mais il apportait alors à Port-Royal l'appui et l'autorité du nom qu'il portait, des grandes charges qu'il avait occupées dans l'État [2]). Visiblement, pour Gilberte Périer, les fragments écrits par Pascal sont comme les reliques d'un saint, auxquelles il est sacrilège de toucher. Elle s'étonne qu'on ait songé à refaire les *Pensées ;* elle se plaint du *long commentaire* où elle ne reconnaît plus l'œuvre de son frère ; dans la préface, qui fut écrite par Étienne Périer sous son inspiration, et à l'insu du duc de Roannez et de Filleau de la Chaise, l'impression est traduite avec plus de vivacité encore [3]. Malgré l'insistance de Brienne, la volonté de Mme Pé-

---

à peine le loisir de prononcer quelques oracles. » (*Des ouvrages de l'esprit,* n° 24.)

    1. Sainte-Beuve, *Port-Royal,* 5ᵉ édit., t. III, p. 384.

    2. *Ibid.,* t. V, p. 18 sqq. *Vide infra,* p. LXLV, sqq.

    3. Cf. *Pièces justificatives,* p. CXCI.

rier dut s'imposer aux éditeurs de Port-Royal ; on renonce
à la restauration qu'on avait commencée, il est convenu,
selon les termes de la préface, qu'on publiera le texte de
Pascal, sans y rien changer.

Pourtant on ne peut empêcher « ces Messieurs » de mettre au point les *Pensées* de Pascal. Non seulement, ils
devaient supprimer soit des notes tout intimes, soit des
fragments trop directement agressifs (et ils estimaient
d'ailleurs que le duc de Roannez avait poussé un peu loin
ces éliminations inévitables) ; mais ils devaient terminer
les phrases, essayer de leur donner un peu de cette allure
égale et régulière qui était comme le cachet de Port-Royal ;
il y avait surtout à corriger ce qui dans le fond même pouvait paraître excessif et devenir dangereux[1]. On se remit
de ce soin à l'*exactitude* de Nicole, l'éditeur de Saint-Cyran,
et qui s'était déjà fait comme le collaborateur de Pascal
par sa traduction latine des *Provinciales*. Nicole était-il
pour cette tâche dans les dispositions qu'il fallait? Nous
avons de lui, sur les *Pensées* de Pascal, une lettre qui est
fort singulière et, s'il faut tout dire, un peu affligeante[2].
Elle est nécessaire à rappeler ; car, si elle atteste la sincérité candide des éditeurs de 1670 contre lesquels Victor
Cousin devait jeter les flammes d'une éloquence à coup
sûr exagérée, elle nous avertit de ne pas leur reconnaître
un crédit qu'ils se sont refusé à eux-mêmes. De son

1. Un fleuron assez curieux qui figure en tête de quelques-unes
des éditions de 1670 illustre l'exergue : *Pendent opera interrupta*. Au
centre l'édifice achevé : une église avec une croix. A droite, des
pierres éparses. A gauche, un premier étage régulièrement construit,
et qui attend son couronnement. J'y crois voir les trois conceptions
qui avaient été proposées à Port-Royal : celle de M. de Roannez,
celle de Mme Périer, et enfin la solution moyenne à laquelle on s'est
arrêté.

2. Voir aux *Pièces justificatives*, p. CCLI.

propre aveu, Nicole n'a pas compris les *Pensées* de Pascal.
Qu'il n'ait vu dans leur auteur qu'un *ramasseur de
coquilles*[1], c'est une boutade que nous ne saurions prendre
au sérieux. Mais à ses yeux Pascal était demeuré le jeune
homme qui avait écrit les *Provinciales*, et qui avait assuré
leur succès par ses qualités mondaines. C'est parce qu'il
sortait à peine du siècle qu'il avait eu si facilement prise
sur le siècle; les influences profanes ne se manifestent que
trop par les passages imités ou transcrits de Montaigne,
par les attaques téméraires contre l'ordre que Dieu a établi
dans l'État et dans l'Église même.

Sur ce dernier point les sentiments de Nicole paraissent
avoir été partagés par Arnauld. « Toujours occupé »,
Arnauld est surtout intervenu vers la fin. Le livre est imprimé, il lui faut des approbations ; mais les approbateurs
ont leurs exigences. Arnauld est l'arbitre désigné : il a
l'autorité de la doctrine, et il sait quelles sont les nécessités
du moment. Il impose à Mme Périer les sacrifices qu'il
juge inévitables ; mais, après avoir envoyé le libraire
Desprez chez l'archevêque de Paris, lorsqu'il est menacé
de recevoir l'ordre de joindre aux *Pensées* de Pascal
une attestation qu'il savait inexacte et qui devait être
désavouée par son auteur, lorsqu'il lui faut protéger
« l'honneur » de Pascal contre les éternels faussaires que
les *Provinciales* n'avaient pas corrigés, il n'hésite pas, il
approuve le détour suggéré par Desprez, et le premier
tirage des *Pensées* où l'on avait d'ailleurs quelque peu
remanié l'impression de 1669 est mis en vente comme
seconde édition[2].

---

1. Cf. Sainte-Beuve, *Port-Royal*, 5ᵉ édit., t. III, p. 384.
2. Voir aux *Pièces justificatives*, p. CLXXIII, l'histoire de cette seconde
édition de 1670 et la collation avec l'impression de 1669.

Ouvrons enfin le livre des *Pensées* tel qu'il parut en
1670 : nous oublierons alors la préparation trop laborieuse,
les dissentiments du duc de Roannez et de Gilberte
Périer, la mauvaise humeur et les boutades de Nicole. Il
reste que l'adaptation est parfaite ; une fois accepté le cadre
auquel on destinait l'œuvre, elle y est ajustée avec une
exactitude irréprochable. L'édition porte dans l'histoire
le nom d'édition de Port-Royal ; pourtant ce n'est pas une
édition janséniste, c'est une édition catholique, peut-
être pourrait-on dire une édition chrétienne. Les amis de
Pascal ont cru de bonne foi travailler pour la mémoire de
Pascal en adaptant les *Pensées* à la situation nouvelle de
Port-Royal, en faisant d'un livre écrit dans l'ardeur du
combat contre le parti des Jésuites, une œuvre d'édification,
inspiratrice de calme et de recueillement, digne de servir
de profession et comme de centre à l'Église réconciliée et
unifiée. Ont-ils été en cela d'accord avec ce que Pascal
aurait voulu lui-même, ou accepté? La question, pour avoir
été posée plusieurs fois, et résolue en des sens divers, demeure de celles qui ne comportent point de réponse ; elle
revient à se demander si Pascal eût suivi Nicole et Arnauld dans leur évolution, s'il se fût résigné aux conces-
sions qui marquèrent la paix de Clément IX, ou s'il se
fût opposé à toute transaction comme en 1662. C'est
chercher à forcer un secret qui n'a jamais existé ; il nous
suffit que les amis de Pascal aient obéi scrupuleusement à
un devoir de conscience. En prenant avec l'écrivain des
libertés qui nous paraissent aujourd'hui incompatibles avec
les obligations de l'éditeur probe, ils n'ont pas cessé de se
sentir en communion d'esprit avec l'homme qu'ils avaient
connu, avec le chrétien qui avait voué toute sa vie à la
défense de la religion vraie et qui jamais n'avait consenti à
être « séparé d'autel », à désavouer l'autorité de l'Église.

Quelquefois même, et dans les endroits où leurs corrections nous paraissent le plus choquantes, ils n'ont altéré
le texte qu'afin de mieux appliquer les règles de style ou de
conduite que Pascal avait édictées. En voici un exemple
touchant : Le fragment 471 de notre édition était comme
Mme Périer nous l'apprend dans la *Vie de Pascal*, une
instruction que Pascal avait rédigée pour lui-même :
« *Il est injuste qu'on s'attache à moi,* etc. » Dans le texte
donné par Mme Périer, dans la *Copie* que nous a conservée
le manuscrit, le *moi* est employé partout ; c'est l'objet
vers lequel la nature nous attire, et dont il faut que chacun
dénonce en soi-même la fragilité. Port-Royal à *moi* substitue *nous*, et ce n'est plus cela ; tout ce qu'il y avait d'intime et de profond dans le fragment s'évanouit. C'est que
Port-Royal s'est souvenu du précepte de Pascal : *Le moi
est haïssable* ; il a corrigé Pascal, parce qu'il a, fort mal
à propos d'ailleurs, voulu éviter de paraître le mettre en
contradiction avec lui-même[1].

D'une façon générale, si les éditeurs de Port-Royal, en
arrangeant le style de leur auteur, l'ont rendu plus terne,
s'ils ont atténué, « éteint », pour le faire rentrer dans le
rang, l'incomparable écrivain dont la moindre expression
faisait saillie, c'est qu'ils ont cru qu'ainsi les *Pensées*
seraient plus conformes à l'esprit de Pascal lui-même, à sa
volonté scrupuleuse de masquer sa personnalité. Ils avaient
lu dans les fragments posthumes les recommandations que
Pascal se faisait à lui-même : « *Éteindre le flambeau de
la sédition, trop luxuriant. — L'inquiétude de son génie,*

---

1. M. Biérens de Haan a donné à la Bibliothèque Nationale le *fac-
simile* d'une lettre adressée par Pascal en 1659 à Huyghens. Pascal
envoie à Huyghens des exemplaires de ses écrits relatifs à la roulette :
il y corrige de même la mention personnelle qu'il avait faite naturellement de son travail. *J'ay résolu* est remplacé par *l'anonyme a résolu.*

trop de deux mots hardis. » Ils ont, avec un zèle parfois
maladroit, mis à profit ces recommandations. On éprouve
quelque dépit à comparer les lignes sur Archimède
telles que Pascal les avait écrites, et telles que Port-
Royal les traduit : « Archimède, sans éclat, serait en
même vénération. Il n'a pas donné des batailles pour les
yeux, mais il a fourni à tous les esprits ses inventions. Oh !
qu'il a éclaté aux esprits. » Cela est trop hardi ; Port-
Royal *embellit* : « Archimède, sans aucun éclat de naissance, serait en même vénération. Il n'a pas donné des
batailles, mais il a laissé à tout l'univers des inventions
admirables. O qu'il est grand et éclatant aux yeux de l'esprit ! » Voici un passage célèbre : « Quelle chimère est-ce
donc que l'homme ? Quelle nouveauté, quel monstre,
quel chaos, quel sujet de contradiction, quel prodige ! Juge
de toutes choses, imbécile ver de terre ; dépositaire du
vrai, cloaque d'incertitude et d'erreur ; gloire et rebut de
l'univers. » Port-Royal retranche ce qui est « luxuriant »,
et il imprime : « Quelle chimère est-ce donc que l'homme ?
quelle nouveauté, quel chaos, quel sujet de contradiction ?
Juge de toutes choses, imbécile ver de terre ; dépositaire
du vrai, amas d'incertitude ; gloire et rebut de l'univers. »
Ailleurs c'est une expression familière qu'il importe de
modifier : Les figures *un peu tirées par les cheveux* deviennent *moins naturelles* ; la terre *grasse* devient une terre
abondante. Ou bien un détail pourrait scandaliser les habitudes du lecteur. Pascal montre un magistrat à l'église :
« Voyez-le entrer dans un sermon où il apporte un zèle
tout dévot, renforçant la solidité de sa raison par l'ardeur
de sa charité. Le voilà prêt à l'ouïr avec un respect exemplaire. Que le prédicateur vienne à paraître, que la nature
lui ait donné une voix enrouée et un tour de visage bizarre, que son barbier l'ait mal rasé, si le hasard l'a en-

core barbouillé de surcroît, quelque grandes vérités qu'il annonce, je parie la perte de la gravité de notre sénateur. » Port-Royal s'effarouche de ce tableau, il transporte la scène au Palais de Justice : « Voyez-le entrer dans la place où il doit rendre la justice. Le voilà prêt à ouïr avec avec une gravité exemplaire. Si l'avocat vient à paraître et que la nature lui ait donné une voix enrouée et un tour de visage bizarre, que son barbier l'ait mal rasé, et si le hasard l'a encore barbouillé, je parie la perte de la gravité du magistrat. »

Avec le même souci de la régularité, dans le même esprit de prudence, Port-Royal a omis un grand nombre de fragments, les uns parce que ce sont des redites, des phrases inachevées, des réflexions toutes personnelles et sans portée apparente pour le public, les autres pour l'audace de pensée qui s'y révèle. Deux groupes sont particulièrement sacrifiés, pour les raisons que Nicole et Arnauld nous ont dites : les fragments sur les lois et sur la justice politique, les fragments sur les miracles quand la théorie du miracle est poussée jusqu'au temps présent et se tourne en attaque contre les Jésuites. Les questions trop brûlantes sont écartées. Même, lorsque Port-Royal reproduit les grands développements que Pascal a marqués d'une empreinte inoubliable, il use de précaution. Ainsi le fragment sur les *Deux infinis* se trouve réparti entre deux chapitres différents, et Port-Royal fait précéder le début de remarques didactiques, destinées à diminuer quelque peu la portée de la *Pensée*[1]. L'argument du pari est publié ; il y manque quelques phrases. Port-Royal imprime : « Suivez la manière par où ils ont commencé ;

---

1. Nous citons ces remarques en note du fr. 72.

imitez leurs actions extérieures, si vous ne pouvez encore entrer dans leurs dispositions intérieures ; quittez ces vains amusements qui vous occupent tout entiers, » lorsque Pascal avait écrit : « Suivez la manière par où ils ont commencé : c'est en faisant tout comme s'ils croyaient, en prenant de l'eau bénite, en faisant dire des messes, etc. Naturellement même cela vous fera croire et vous abêtira. — Mais c'est ce que je crains. — Et pourquoi ? qu'avez-vous à perdre ? » De plus, l'éditeur insère en tête du chapitre VII : *Qu'il est plus avantageux de croire que de ne pas croire ce qu'enseigne la religion chrétienne*, un *Avis* qui prévient toute mauvaise interprétation et qui d'ailleurs implique une intelligence très pénétrante du Pari[1].

Enfin et surtout, ce qui achève de donner sa physionomie à l'édition de Port-Royal, c'est la disposition des matières. Délibérément, après un commencement d'expérience qui leur parut décisif (et que confirme avec une autorité singulière l'histoire de tous les essais de restitutions tentés au XIXᵉ siècle), les amis de Pascal ont fait le sacrifice de l'ordre qu'il rêvait, de la logique nouvelle qu'il voulait y appliquer, et qui était à ses yeux aussi assurée de persuader des vérités morales que la géométrie de démontrer les propositions de son ressort. Mais au moins ont-ils tiré parti de ce sacrifice pour donner aux *Pensées* un caractère d'onction sereine qui devait lui concilier les lecteurs du XVIIᵉ siècle.

Rien de plus méritoire à ce point de vue que l'édition de Port-Royal, rien de plus « réussi ». Nous sommes tout de suite transportés en plein cœur de la religion : l'exhortation aux Athées, destinée à secouer leur indiffé-

---

1. Cf. l'Appendice au fr. 233.

rence, forme le premier chapitre de l'ouvrage, comme elle devait faire la préface de l'Apologie ; puis sont exposées les marques de la religion, les pensées sur les rapports de la foi et de la raison, qui préparent et enveloppent l'argument du pari ; à ces preuves intrinsèques s'ajoutent immédiatement les preuves historiques : les Juifs, Jésus-Christ, Mahomet. C'est seulement après avoir médité ces pensées toutes pieuses, toutes pénétrées de la pure doctrine catholique, que le lecteur est invité à des méditations qui se rapprochent de la philosophie. Tout ce qui a trait à la connaissance générale de l'homme, à sa grandeur et à sa misère, est présenté comme le complément de la doctrine religieuse, et non comme une introduction. Pascal moraliste ne précède pas Pascal chrétien ; il s'y appuie au contraire pour tirer de là son autorité. Les *Pensées sur la Religion* doivent constituer la plus importante et surtout la première partie de l'ouvrage ; les *Pensées sur l'Homme* suivent, puis les *Pensées sur les miracles* qui forment comme une espèce particulière de pensées détachées. Enfin le volume est terminé par plusieurs chapitres de fragments sans lien : *Pensées chrétiennes, Pensées morales, Pensées diverses,* au milieu desquelles s'entremêlent des écrits plus intimes : extraits des lettres à Mlle de Roannez, de la lettre de 1651 *sur la mort de son père, la prière pour demander à Dieu le bon usage des maladies.*

Le choix et l'arrangement des fragments, aussi bien que le remaniement du texte, tout concourt à donner une impression remarquablement nette et remarquablement pure. De fragments écrits au moment où Pascal était le plus ardent, où son âme était le plus remplie et de l'enthousiasme du miracle et du scandale de l'Église, Port-Royal a fait un livre qui respire l'apaisement et presque

la sérénité mystique, un livre largement chrétien, propre
à nourrir également toutes les âmes pieuses.

Pendant un siècle il n'y eut d'autre édition des *Pensées*
que l'édition de Port-Royal. Le volume primitif s'aug-
mente seulement, à diverses reprises, de fragments nouveaux qui furent répartis à travers les divers chapitres du
recueil. En particulier l'édition de 1678 porte ce titre:
Nouvelle édition augmentée de plusieurs pensées du même
auteur; elle est suivie en outre de diverses pièces qui
avaient paru séparément en 1672 et qui deviennent l'appendice habituel des *Pensées* : *le Discours sur les Pensées de*
M. Pascal, le Discours sur les preuves des livres de Moïse,
le Traité qu'il y a des démonstrations d'une autre espèce,
et aussi certaines que celles de la Géométrie et qu'on en
peut donner de telles pour la religion chrétienne. On avait
pris également en 1678 privilège pour publier la *Vie de*
M. Pascal par Mme Périer, sa sœur; mais elle ne parut
qu'en 1684, en tête d'une des nombreuses réimpressions
qui se faisaient à Amsterdam. Désormais la biographie et
les commentaires qui avaient été écrits en vue de l'édition
princeps encadrent les *Pensées*, l'aspect de l'ouvrage
demeure fixé jusqu'aux travaux, presque contemporains
entre eux, de Condorcet et de l'abbé Bossut (1776-1779).
On savait pourtant que le livre imprimé était loin
d'enfermer l'intégralité des manuscrits qui étaient conservés par la famille, ou qui circulaient dans les milieux
jansénistes. En 1711 le bénédictin dom Toutée entretient
l'abbé Périer du travail de rédaction qu'il a entrepris sur
trois cahiers qui lui ont été confiés[1]. Ce travail n'aboutit

---

1. « Je travaille à rédiger en ordre les Pensées contenues dans les
trois cahiers que vous m'avez laissés. Je crois qu'il ne faudra com-

pas; il fut repris, partiellement, par le P. Desmolets, bibliothécaire de l'Oratoire, qui insère en 1728, dans la seconde partie du tome V de la *continuation des mémoires de Littérature et d'Histoire, l'Entretien avec M. de Saci,* et une « suite des *Pensées* de M. Pascal, extraites du manuscrit de M. l'abbé Périer, son neveu ».

Ces œuvres posthumes comprenaient le traité *de l'Art de persuader,* les réflexions sur l'*Amour-propre et ses effets,* enfin une série de *Pensées diverses,* qui étaient publiées sans aucune espèce d'ordre, sans grand respect du texte ; Desmolets choisit à l'intérieur d'un fragment, au hasard de sa curiosité ; il résume et il affaiblit, avec un souci visible de la clarté, ajoutant des titres en marge quand cela lui paraît nécessaire, comme pour mieux marquer la discontinuité même de sa publication.

Tandis que le P. Desmolets est un curieux et un érudit, heureux de donner place dans son recueil aux *inédits* d'un grand écrivain, Colbert, évêque de Montpellier, est un polémiste, qui appelle à son secours le jansé-niste militant. Dans une *troisième lettre à M. de Soissons à l'occasion du miracle opéré à Paris dans la paroisse de Sainte-Marguerite* (du 5 février 1727) il écrit : « Je consens de passer pour un homme ridicule, pourvu que ce ne soit qu'après M. Pascal, et en raisonnant selon ses principes. Ce grand auteur fait mon apologie. Je n'ai pas

---

prendre dans ce recueil que les pensées qui ont quelque chose de nouveau, et qui sont assez parfaites pour faire concevoir au lecteur du moins une partie de ce qu'elles renferment. C'est pourquoi je laisserai celles qui n'ont rien de nouveau, soit pour le sujet, soit dans le tour et dans la manière, et celles qui sont trop informes, en sorte qu'elles ne peuvent présenter assez parfaitement leur sens. Je me recommande à vos saints sacrifices et à votre souvenir. »

« *A Saint-Denis, ce 22 juin 1711.* »

besoin de parler moi-même: il parle pour moi[1]. » Et il
publie à la suite de cette lettre une série de fragments
relatifs au miracle de la Sainte-Épine, que nécessairement
Port-Royal avait exclus[2].

L'édition anonyme qui fut donnée à Londres en 1776[3]
a été inspirée par le désir de reprendre l'œuvre de Port-
Royal. Condorcet en est l'auteur; il avait écrit dans
l'*Éloge de Pascal,* en faisant allusion au manuscrit —
l'autographe, dit-on — dont il avait eu communication :
« Ces pensées n'ont pas été toutes imprimées. Les amis
de Pascal en ont fait un choix dirigé malheureusement par
les vues étroites de l'esprit de parti. Il serait à désirer
qu'on en fît une nouvelle édition, où l'on imprimerait
plusieurs de ces pensées qui ont été supprimées, soit par
une fausse délicatesse pour la mémoire de Pascal, soit
par politique ; mais il faudrait en retrancher un plus grand
nombre, que les dévots éditeurs ont publiées, tout indignes
qu'elles sont de Pascal. » Condorcet ne blâme, on le voit,
les libertés prises par les parents et les amis de Pascal
que pour attribuer à l'éditeur futur le droit de s'en octroyer
de toutes semblables, mais en sens inverse ; aussi, lorsqu'il
réalise lui-même en 1776 le programme tracé quelques
années auparavant dans l'Éloge, il ne faut pas s'étonner

---

1. *Œuvres,* t. II, p. 254.
2. *Ibid.,* p. 257. — Bossut, à l'article XVI de sa seconde partie, a
reproduit le texte tel qu'il a été donné et sur certains points complété par Colbert. Cf. fr. 840 et 853 *notes.*
3. Sans nom d'éditeur. Il y a tout lieu de croire que Londres est
ici, comme Lausanne pour l'édition Bossut, une indication fictive.
L'aspect matériel des deux éditions présente d'ailleurs certaines res-
semblances. Et l'abbé Bossut, qui a collaboré aux travaux scientifiques de Condorcet, n'était peut-être pas étranger à la communication
des manuscrits dont nous parlons plus bas.

si son édition est encore plus « arrangée », plus distante du manuscrit autographe que l'édition de 1670.

Non qu'il y ait lieu de prêter à Condorcet la moindre intention de dénigrer, ou de défigurer Pascal. Il admire l'écrivain, il approuve sa méthode, qui s'adresse au cœur et passionne les hommes pour la vérité; surtout il respecte le savant, qui a trouvé, dit la *Préface*, « le secret de peser l'air et d'assujettir au calcul les effets du hasard ». Mais il juge Pascal de haut, en toute bonne foi et en toute certitude, avec le droit que lui donnent cent ans de progrès dans la culture de la raison. Tandis que « Descartes opère dans les esprits » la « révolution à laquelle l'humanité devra son bonheur, si ce bonheur est possible», Pascal, « grand géomètre, doué d'un génie égal pour imaginer des expériences », demeure étranger à la philosophie; il se retourne vers le passé, il en partage les préjugés, il en défend les traditions. Or cette contradiction tient, suivant Condorcet, à l'inexactitude et à l'insuffisance des applications que fait Pascal du calcul des probabilités. Il sépare le monde en deux : le monde des mathématiques où il est permis de posséder la vérité, le monde moral qui est tout entier confusion et impuissance, au lieu de demander à la méthode des probabilités de mesurer le passage graduel qui se fait de l'ignorance et de l'incertitude à la science et à la lumière, de la passion et de la corruption à la raison et à la sagesse.

On comprendra maintenant comment Condorcet s'y est pris pour réparer « le tort que le zèle aveugle des amis de Pascal a fait à sa mémoire ». A la *vie* de Mme Périer « plus occupée de prouver que son frère était un saint que de faire connaître un grand homme », il a substitué l'*Éloge* de Condorcet qui a « le mérite, bien rare aujourd'hui, de n'être point infecté de l'esprit de parti ». Il a ensuite

supprimé toutes les pensées qui lui paraissaient des
« puérilités » et qu'on avait conservées pour « donner de
la valeur à des misères scolastiques ou mystiques ». Il
signale lui-même dans une note de sa *Préface* quelques-
unes de ces suppressions : elles portent en général sur
des fragments auxquels Condorcet, comme Voltaire[1], ne
pouvait attacher grande signification : « L'Ancien Testament contenait les figures de la joie future, etc... La
charité n'est pas un précepte figuratif, etc... Les faiblesses
les plus apparentes sont des forces à ceux qui prennent
bien les choses : par exemple les deux généalogies de
saint Mathieu et de saint Luc, etc... Les septante
semaines de Daniel sont équivoques, etc... » Mais il y a
deux de ces suppressions qu'il est curieux que Condorcet
relève lui-même. La première porte sur un fragment que
Voltaire avait vivement critiqué : « Croyez-vous qu'il soit
impossible que Dieu soit infini, sans parties? Oui. Je
vous veux donc faire voir une chose infinie et indivisible.
C'est un point, se mouvant partout d'une vitesse infinie ;
car il est un en tous lieux et tout entier en chaque
endroit[2]. » Et la seconde, qui est tout de même fâcheuse
pour un éditeur de Pascal : « La distance infinie des
corps aux esprits figure la distance infiniment plus infinie
des esprits à la charité ; car elle est surnaturelle. »

Dans ces conditions le travail de Condorcet devait être
un *choix de pensées* (suivant l'expression des premiers
annotateurs de ses *Œuvres complètes*), plutôt qu'une
édition proprement dite. Encore dans les passages qu'il
conserve, Condorcet ne se soucie-t-il pas d'améliorer le

---

1. Cf. Remarques du 10 mai 1743 à propos de la publication de
Desmolets.
2. Cf. fr. 231 et la note.

texte : il reproduit pieusement les altérations et les transpositions de Port-Royal. L'intérêt de l'édition est dans le
plan : il est conforme à l'idée systématique que Condorcet
se fait de Pascal, et il est clair. Le premier article contient
des *réflexions sur la géométrie* qui n'étaient encore
connues que par les extraits de la *Logique* de Port-
Royal et les passages du traité de l'*Art de persuader* qui
avaient été publiés par Desmolets ; les conditions de la certitude rigoureuse sont donc définies. En regard, Condorcet
place immédiatement, dans les articles suivants, le problème de la vie future, la nécessité de donner sa vie pour
son salut, et de parier pour la religion ; mais aussi l'incertitude de toutes nos connaissances, la faiblesse et la
misère de l'homme. Il est impossible d'arriver par la
raison à quelque démonstration de théologie ou de morale ; et ainsi comme dit le titre curieux de l'*article septième* où Condorcet rassemble toutes les pensées « scep-
tiques » de Pascal, inédites alors en grande partie, les
« préjugés » sont « justifiés ». Mais à défaut de démonstration susceptible d'une valeur géométrique, il y a des
« preuves morales » et des « preuves historiques » du
christianisme ; elles sont réparties dans les deux derniers paragraphes de l'article neuvième, et précédées d'un
premier paragraphe : « Nature des preuves du christianisme » où sont réunis quelques-uns des fragments les
plus hardis sur l'incertitude nécessaire de la religion, sur
l'ambiguïté radicale des prophéties et des miracles, sur
le rôle de la coutume et de l'automatisme. Enfin Condorcet
extrait des *Mémoires* de Fontaine les passages essentiels
de l'*Entretien avec M. de Saci*, et ajoute un choix de
pensées diverses. Quant au commentaire, il est composé
de quelques notes où Condorcet se préoccupe plus de sa
propre philosophie que de Pascal ; le ton en est dogma-

tique et tranchant, il va parfois jusqu'à l'indignation :
« La superstition, écrit-il en note du fragment sur les
Deux Infinis, avait-elle dégradé Pascal au point de n'oser
penser que c'est la terre qui tourne, et d'en croire plutôt
le jugement des dominicains de Rome que les preuves de
Copernic, de Kepler et de Galilée[1] ? »

En outre Condorcet insère, parmi les notes de son édition, avec une réfutation du *pari* qu'il attribue à Fonte-
nelles, les *Remarques* que Voltaire lui-même avait jointes
en 1734 à ses *Lettres philosophiques*. Dans l'*Éloge* et dans
la *Préface* Condorcet s'était mis sous le patronage de
Voltaire : le premier, il avait rompu le charme en osant
critiquer les *Pensées* qui étaient l'objet d'une « sorte de
culte ». Voltaire à son tour se mit sous le patronage de
Condorcet ; en 1778, à la veille de sa mort, il publia à
Genève une édition de l'Éloge et des Pensées de Pascal,
tels que Condorcet les avait donnés deux ans auparavant,
avec un court *avertissement* et de nouvelles *remarques*.

---

1. Par des notes de ce genre, et aussi en baptisant *Amulette mystique* le *Mémorial* que le Recueil d'Utrecht avait publié en 1740,
Condorcet ouvre les voies à la thèse de la folie de Pascal, que La Mettrie
avait d'ailleurs indiquée d'après Voltaire et que le Dr Lélut a reprise en
1846. Cette thèse trouve-t-elle un appui dans le texte même des *Pensées* ? C'est l'avis d'un aliéniste contemporain, le Dr Binet-Sanglé, et
voici les exemples qu'il en donne : « Un dessin du manuscrit des
Pensées (cf. p. 113, fr. 591 de notre édition) rappelle par sa conception certains dessins d'aliénés. » Puis des contradictions telles que
celles-ci : *Les sacrifices plaisent et déplaisent* (fr. 685) ; et des associa-
tions d'idées « absolument vésaniques » : *La grâce n'est que la figure
de la gloire* (fr. 643). Voir *La maladie de Blaise-Pascal*, dans les
Annales médico-psychologiques, mars 1899. La pathologie mentale, dont
l'auteur se réclame, jouit d'un crédit trop légitime, elle provoque des
espérances trop solides, pour que les interprétations du Dr Binet-
Sanglé ne doivent pas être relevées ici — à titre de documents sur la
psychologie d'un aliéniste.

La carrière philosophique de Voltaire se trouve ainsi
comme encadrée par deux études sur les *Pensées* de
Pascal. Ces deux études ne portent pas tout à fait sur le
même terrain. En 1734 Voltaire est avant tout optimiste,
à la psychologie dualiste de Pascal il oppose les analyses
unilatérales et le naturalisme simpliste des philosophes
anglais ; c'est ce qu'il appelle « prendre le parti de l'humanité contre ce misanthrope sublime » [1]. En 1778,
Voltaire s'est depuis de longues années prononcé contre
Leibniz et Rousseau ; il est pessimiste. Afin de combattre
Pascal il invoque le progrès de la science, qui permet
d'être optimiste pour l'avenir. Aussi à un savant comme
Pascal il oppose un savant comme Condorcet qui, écrit-t-il
dans l'*Avertissement* de 1778, « est, ce me semble, autant
au-dessus du géomètre Pascal que la géométrie de nos
jours est au-dessus de celle des Roberval, des Fermat et
des Descartes ». Dès lors Pascal n'est plus « ce géant
vainqueur de tant d'esprits » [2] dont Vauvenargues subissait
malgré lui, et surtout malgré Voltaire, « l'ascendant des-
potique ». « Quelle lumière, écrit maintenant Voltaire,
s'est levée sur l'Europe depuis quelques années !... C'est
la lumière du sens commun... On a ri à la mort du jansénisme et du molinisme, et de la grâce concomitante, et
de la médicinale, et de la suffisante, et de l'efficace... De
tant de disputeurs éternels, Pascal seul est resté, parce que
seul il était un homme de génie. Il est encore debout sur
les ruines de ce siècle. » Et l'esprit du commentaire
nouveau, qui est ajouté à celui de Condorcet, se résume

---

1. Cf. Sainte-Beuve, *Port-Royal*, 5ᵉ édit., t. III, p. 402 sqq., et
la réponse de Boullier : *Sentiments de M... sur la critique des* Pensées
de Pascal, *par M. de Voltaire*, 1741.
2. Lettre de juin 1733, citée par Sainte-Beuve, *Port-Royal*, 5ᵉ édit.,
tome III, p. 399.

dans la dernière note : « Si mes lettres sont condamnées à Rome, avait écrit Pascal, ce que j'y condamne est condamné dans le ciel. » Et l'édition de 1778 ajoute : « Hélas ! le ciel, composé d'étoiles et de planètes dont notre globe est une partie imperceptible, ne s'est jamais mêlé des querelles d'Arnauld avec la Sorbonne et de Jansénius avec Molina. »

La double autorité de Condorcet et de Voltaire semblait devoir consacrer l'édition philosophique que le xviiie siècle dressait en face de l'édition janséniste. Mais en 1779 paraissait à Paris [1] la première édition complète des œuvres de Pascal, et elle prenait immédiatement pour les contemporains le rang d'édition définitive. L'auteur était l'abbé Bossut, un savant qui a été l'historien des mathématiques et qui devait entrer à l'Académie des sciences. Comme on le voit par son *Avertissement*, son souci était beaucoup moins de réimprimer les *Provinciales* et les *Pensées* que d'arracher à l'oubli celles des œuvres scientifiques qui avaient survécu à l'indifférence de Pascal et à l'effet du temps, mais qui étaient ou demeurées manuscrites ou devenues extrêmement rares. Aussi aborde-t-il la publication des *Pensées* dans d'excellentes dispositions d'esprit : géomètre et chrétien, il n'avait ni système, ni parti pris ; il ne se préoccupait que de faire complet. Il eut communication des copies manuscrites que Jean Guerrier avait faites des papiers de Pascal ; il s'aperçut combien l'édition de 1670 était incomplète, combien les additions de Desmolets étaient insuffisantes ;

1. Sur le conseil de Malesherbes, qui était alors garde des sceaux, on ne demanda pas de privilège et l'on remplaça le nom du libraire : *Nyon à Paris*, par une indication imaginaire qui en situait l'impression à l'étranger : *Détune à la Haye*.

il publia à peu près tout ce qu'il trouva à publier, sans
indiquer d'ailleurs ni contrôler les sources, sans vérifier le
texte. Il conserve les arrangements de l'édition de 1670 ;
il ajoute, pêle-mêle avec les fragments inédits tirés des
Copies, un *fragment du Traité du vide* dont il fait un
premier article sous ce titre : de l'*Autorité en matière de
philosophie* (et où Condorcet a pu retrouver cette même
théorie du progrès qu'il opposait à Pascal), les *réflexions
sur la Géométrie* et *sur l'Art de persuader*, les extraits
sur *Épictète et sur Montaigne*, les *Discours sur la condition des grands* que Nicole avait publiés en 1670, et jusqu'à des souvenirs de conversations empruntés à Gilberte
ou à Marguerite Périer, jusqu'à des pages démarquées du
Dr Besoigne. Ces extensions considérables l'amènent
à abandonner le plan de Port-Royal ; mais il n'en cherche
pas un autre qui eût quelque rapport avec l'*Apologie*
méditée par Pascal ; il se contente d'un classement qui lui
paraît plus simple que celui de Port-Royal (dont il conserve
d'ailleurs presque tous les titres), et il le subordonne à une
division qui lui semble satisfaire à la fois la rigueur du
géomètre et les scrupules du chrétien : d'une part, les
*Pensées qui se rapportent à la Philosophie, à la Morale et
aux Belles-Lettres*, d'autre part les *Pensées immédiatement
relatives à la Religion*, chacune de ces parties étant com-
plétée par des chapitres de *Pensées diverses*, et par les
opuscules qui s'y rattachent. Depuis 1779 c'est à travers
le classement de Bossut qu'on a lu presque toujours les
Pensées ; non seulement jusqu'en 1844 tous les éditeurs
le reproduisent[1], à l'exception de l'abbé André et de

---

1. En particulier Renouard qui avait pourtant, dit Faugère, consulté
le manuscrit autographe (1803) et Lefèvre dans son édition des *Œuvres
complètes* de Pascal (1819). Tous deux se bornèrent à l'addition de
quelques fragments.

Frantin; mais en 1852, au moment où il semble abandonné, Havet le reprend et lui donne une nouvelle autorité.

Pourtant par son caractère l'édition de Bossut semblait
faite pour offrir une base plutôt que pour mettre un
terme au travail des éditeurs. En brisant l'unité du recueil des *Pensées*, pour en faire comme deux volumes,
l'un profane et l'autre sacré, elle défigurait aux yeux des
familiers de Pascal l'aspect général et comme l'allure du
livre qu'ils aimaient. Aussi s'explique-t-on la tentative de
l'abbé André qui, au lendemain de la publication de
Bossut, et chez l'éditeur même de Bossut (Nyon, 1783)
réimprime l'*Ancien recueil des Pensées*, c'est-à-dire l'édition de Port-Royal, en ajoutant sous forme de *Supplément*,
et dans l'ordre où Bossut les avait donnés, tous les fragments qui avaient été mis au jour de 1670 à 1779[1]. Mais
ce n'était encore qu'une demi-mesure : déjà au xviiᵉ siècle
dom Robert Desgabets, connu pour son attachement à
l'interprétation cartésienne de l'Eucharistie, avait projeté
un *Traité de la Religion chrétienne selon les Pensées de
M. Pascal* dont M. Lemaire a signalé une ébauche dans
les manuscrits d'Épinal[2]. Voici que Condorcet et Bossut
ont interrompu la prescription qui semblait acquise aux
premiers éditeurs ; il était donc permis de revenir à Pascal

---

1. L'abbé André complète son travail par un *Parallèle* des éditions, et par une table analytique des matières. Signalons, en dehors de
quelques notes, le curieux arrangement donné aux premiers fragments
de l'article III, seconde partie, qui sont pour Bossut l'introduction au
Pari : l'abbé André en fait un dialogue entre Pascal et le mécréant,
ce qui lui permet de substituer au titre de Bossut (*Qu'il est difficile de
démontrer l'existence de Dieu par les lumières naturelles ; mais que le plus
sûr est de la croire*) celui-ci qui lui paraît plus orthodoxe : *Quand il
serait difficile de démontrer*, etc., *le plus sûr est de la croire*.

2. Cf. *Dom Robert Desgabets*, Paris, 1902, p. 13 et p. 273.

lui-même, au plan qu'il se proposait de suivre et dont ses
amis nous avaient conservé les grandes lignes, de réaliser
ce qui avait été, on s'en souvient, le second projet de
Port-Royal et de restaurer l'Apologie de la religion.

En 1835 paraissaient à Dijon les *Pensées de M. Pascal
rétablies suivant le plan de leur auteur,* publiées par
l'auteur des Annales du moyen âge. L'auteur en était
Frantin. Il avait comparé avec soin les textes déjà imprimés, Port-Royal, Condorcet et Bossut, dont il publie
les variantes; mais il ne se rallie à aucune de ces trois
éditions; il souligne la « fausse timidité » des éditeurs de
Port-Royal, il attaque le « philosophisme du dix-huitième »
et l'édition « apocryphe » de Condorcet; il regrette enfin
que Bossut ait suivi Condorcet dans le « double plan de
pensées philosophiques et de pensées religieuses... ».
« Toutefois, ajoute Frantin dans son *Discours préliminaire,* le plan véritable était si simple, si aisé à découvrir,
qu'il faut s'étonner que le travail même de cet éditeur ne
lui ait point fait reconnaître la fausse route où il s'égarait.
Pour retrouver la clé du livre de Pascal, il n'y avait
donc qu'une voie sûre, c'était de chercher la liaison par
laquelle les pensées philosophiques tenaient aux pensées
religieuses. Car, en rétablissant le point de jonction des
unes et des autres, on découvrait avec admiration l'alliance
réelle de la religion et de la philosophie, de Dieu et de
l'homme qui est à vrai dire toute la théologie, et qui était
tout le livre de Pascal. »

La méthode de Frantin est déjà celle que suivront presque tous ceux qui ont essayé de restituer l'ouvrage de
Pascal : il met à part tout ce qui, de son point de vue
personnel, ne lui paraît pas essentiel à une apologie du
christianisme, il en fait une seconde partie qu'il intitule
Doctrine et morale chrétienne. il y réunit les fragments

sur l'*Église*, sur les *miracles*, sur la *vie intérieure du chrétien* (avec omission scrupuleuse de toutes les pensées qui
rappellent de trop près le jansénisme et la lutte contre les
Jésuites) et il les fait suivre des *Pensées diverses de morale
et de littérature* et des *Discours divers de philosophie*. Restent les *Preuves de la religion*, preuves d'ordre psychologique *(L'homme dérive de Dieu)*, preuves d'ordre historique *(Les Juifs et Moïse, Jésus-Christ)*, qui forment, elles,
un ensemble simple et clair, et de nature à confirmer
l'interprétation que propose l'éditeur de la philosophie de
Pascal : Frantin la présente comme une conciliation entre
la foi et la raison, et il la met à cet égard en opposition
avec le cartésianisme pour la rapprocher du kantisme.

Quelques années après ce premier et remarquable essai
de retour au plan primitif de l'*Apologie*, Victor Cousin
lut à l'Académie française, dans les séances qui se tinrent
du 1ᵉʳ avril au 1ᵉʳ août 1842, un *Rapport* qui fut imprimé
dans le *Journal des Savants* : *De la nécessité d'une nouvelle édition des « Pensées » de Pascal*. « Que dirait-on
si le manuscrit original de Platon était, à la connaissance
de tout le monde, dans une bibliothèque publique, et que,
au lieu d'y recourir et de réformer le texte convenu sur
le texte vrai, les éditeurs continuassent de se copier les
uns les autres, sans se demander jamais si telle phrase
sur laquelle on dispute, que ceux-ci admirent et que ceux-
là censurent, appartient réellement à Platon ? Voilà pourtant ce qui arrive aux *Pensées* de Pascal. Le manuscrit
autographe subsiste; il est à la Bibliothèque royale de
Paris ; chaque éditeur en parle, nul ne le consulte, et les
éditions se succèdent. Mais prenez la peine d'aller rue de
Richelieu, le voyage n'est pas bien long : vous serez
effrayés de la différence énorme que le premier regard

jeté sur le manuscrit original vous découvrira entre les
Pensées de Pascal telles qu'elles sont écrites de sa propre
main et toutes les éditions, sans en excepter une seule, ni
celle de 1670, donnée par sa famille et ses amis, ni celle
de 1779, devenue le modèle de toutes les éditions que
chaque année voit paraître. »

Toutefois Cousin n'entreprend pas lui-même cette nouvelle édition *princeps*. Il se borne d'une part à éliminer les
longs fragments incorporés aux *Pensées* et qui n'étaient ni
des fragments de l'*Apologie,* ni même, pour plusieurs,
des écrits de Pascal ; d'autre part à publier des fragments
inédits « assez pour exciter la curiosité, sinon pour la
satisfaire entièrement ». Surtout, entraîné par son tempérament oratoire, il se retourne contre les éditeurs qui
l'avaient précédé, et prononce contre eux un réquisitoire
en règle. Port-Royal lui-même n'obtient pas les circonstances atténuantes : « apparemment M. le duc de
Roannez, s'est cru trop grand seigneur pour se contenter
du rôle de simple éditeur de Pascal ». Et Victor Cousin
énumère tous les genres d'altérations qu'on relève dans
l'édition de 1670 : « altérations de mots, altérations de
tours, altérations de phrases, suppressions, substitutions,
additions, compositions arbitraires et absurdes, tantôt d'un
paragraphe, tantôt d'un chapitre entier à l'aide de phrases
et de paragraphes étrangers les uns aux autres, et, qui pis
est, décompositions plus arbitraires encore et vraiment
inconcevables de chapitres qui, dans le manuscrit de
Pascal, se présentaient parfaitement liés dans toutes leurs
parties et profondément travaillés. »

De plus il passe de la restauration de la lettre à l'interprétation de l'esprit ; il accuse Port-Royal et Bossut
d' « affaiblir » et de « voiler, autant qu'il sera en eux...
le fond même de l'âme de Pascal, je veux dire ce scepti-

cisme universel contre lequel il ne trouve d'asile que dans
les bras de la grâce ». Et il ajoutait, rencontrant dans le
manuscrit même le Pascal des romantiques que l'imagination de Chateaubriand avait suscité et qui allait succéder pour un temps au Pascal des jansénistes et au Pascal
des philosophes : « Pascal veut croire à Dieu, à une autre
vie, et ne le pouvant pas avec sa mauvaise philosophie,
faute d'en posséder une meilleure et d'avoir suffisamment
étudié et compris Descartes, il rejette toute philosophie,
renonce à la raison et s'adresse à la religion. Mais sa religion n'est pas le christianisme des Arnauld et des Malebranche, des Fénelon et des Bossuet, fruit solide et doux
de l'alliance de la raison et du cœur dans une âme bien
faite et sagement cultivée : c'est un fruit amer, éclos dans
la région désolée du doute, sous le souffle aride du désespoir. Une telle apologie du christianisme eût été un monument tout particulier, qui aurait eu pour vestibule le
scepticisme, et pour sanctuaire une foi sombre et mal sûre
d'elle-même. Un pareil monument eût peut-être convenu
à un siècle malade tel que le nôtre ; il eût pu attirer et
recevoir René et Byron convertis, des hommes longtemps
en proie aux horreurs du doute et voulant s'en délivrer à
tout prix. »

Enfin avec l'édition Faugère (1844) le texte de Pascal
arrive au terme de ses vicissitudes, ou peu s'en faut.
Depuis que les *Copies* avaient été faites, au lendemain
de la mort de Pascal, Prosper Faugère était le premier
qui abordait véritablement le manuscrit autographe. Cousin lui-même ne paraît guère s'être aventuré hors des
Copies : il avait négligé le *mystère de Jésus* qui n'était
pas dans les *Copies* ; il était réservé à la patience et au zèle
de Faugère de le mettre au jour pour accroître encore l'admiration des admirateurs de Pascal. Faugère publiait

également les notes inachevées, les lignes d'apparence incohérente qui étaient destinées à l'*Apologie* et aux *Provinciales*, les citations copiées par Pascal, les conseils sur l'*ordre* qu'il se donnait à lui-même. Il fit même fond sur ces dernières pensées pour retrouver la suite et le cadre des fragments destinés à l'Apologie, qu'il publie dans son second volume, quitte à suivre l'exemple de Frantin et à grouper dans une série d'articles du premier volume tous les fragments de diverses sortes qu'il n'avait pas fait entrer dans son plan [1]. Enfin il ne négligeait aucune des sources auxiliaires qui pouvaient accroître notre connaissance des écrits de Pascal.

Le service rendu par Faugère au texte des *Pensées* est incomparable : il dépasse à peine celui dont nous sommes redevables à Ernest Havet. Le commentaire de l'édition qui parut en 1852 est un monument. C'est une exégèse littéraire des *Pensées*, d'un goût et d'une érudition qui en ont fait un modèle pour les éditeurs non de Pascal seulement, mais de tous les grands écrivains ; avec un tel guide l'étude de Pascal, comme l'étude de Port-Royal avec Sainte-Beuve, est un centre d'où s'éclaire le XVIIᵉ siècle tout entier. — Sur un point pourtant, à cinquante ans de distance, la perspective a changé : on est tenté de regretter que Havet, critique si clairvoyant des *Remarques* de Voltaire, se soit laissé entraîner par sa passion de la vérité jusqu'à se faire le juge et trop souvent le contradicteur de Pascal ; il est à craindre que la discussion ne se brise à travers la multitude des fragments, et que la signification ne finisse par s'en altérer, surtout dans le cadre artificiel que Havet emprunte à l'abbé Bossut.

---

1. Voir ce plan aux *Pièces justificatives*, p. CCCVIII.

Après les publications de Faugère et de Havet, l'édition
des *Pensées* n'était plus à faire. Mais les *Pensées* de Pascal, rendues plus accessibles et comme douées d'une jeunesse nouvelle, devaient solliciter davantage les recherches
des penseurs et des érudits. Nous n'avons pas à rappeler
ici des noms comme ceux de Prévost-Paradol ou de Ravaisson, de M. Droz ou de M. Boutroux ; nous devons
seulement indiquer les éditions multiples, qui ont été faites
de différents points de vue, mais dont la diversité même
est un hommage à la complexité du génie de Pascal ; d'un
mot nous soulignerons l'intention qui a inspiré chacun de
ces travaux, et qui en marque le caractère.

Dans la publication complète des fragments de Pascal qu'il
a donnée en 1857, Astié a distingué, comme Faugère,
d'une part, la série des opuscules et des pensées diverses,
d'autre part, l'*Apologie,* qu'il a disposée sur un plan remarquablement simple : *Première partie* : misère de l'homme
sans Dieu (Du besoin de connaissance. Du besoin de
justice. Du besoin de bonheur. Grandeur et misère de
l'homme). *Seconde partie* : félicité de l'homme avec Dieu
(Caractères de la vraie religion, moyens d'arriver à la foi.
Jésus-Christ. Du peuple juif. Des miracles. Des figuratifs.
Des prophéties. Ordre). — Ce plan laisse apercevoir le vrai
caractère de l'Apologie pascalienne qui est, pour Astié
comme elle était pour Vinet, essentiellement psychologique et morale ; c'est sur le pessimisme qu'elle fonde le
christianisme. Ou (comme le dit l'éditeur, en invoquant
l'autorité du fragment 290) : « les preuves historiques (miracles et prophéties), après la doctrine, et la doctrine elle-
même après la morale » — ordre de succession qui est
en même temps un ordre de subordination. Cette édition
est par excellence l'édition « populaire » et « théologique »
qu'Astié annonçait dans sa préface ; comme Astié était

protestant et qu'elle a été l'occasion d'une discussion fort
intéressante sur la valeur de l'apologétique pascalienne au
point de vue du protestantisme contemporain, elle a été
souvent appelée l'édition *protestante*.

On la distingue ainsi des diverses éditions *catholiques*,
lesquelles sont à notre connaissance celle de l'abbé Rocher
(Tours, chez Mame, 1873), de J.-B. Jeannin (Paris,
1883), de l'abbé Vialard (Paris, chez Poussielgue, 1885),
du chanoine Jules Didiot (Paris, chez Desclée et de
Brouwer, *Société de Saint-Augustin*, 1896), de l'abbé
Guthlin (Paris, chez Lethielleux, 1896), de l'abbé Margival (Paris, chez Poussielgue, 1897, 2ᵉ édit., 1899).
Quelque différentes que soient les personnalités de ces
éditeurs, ils marquent tous au cours de leur travail
une même préoccupation dominante : définir les rapports de Pascal avec le jansénisme. Y a-t-il des fragments entachés de jansénisme? Alors il faut les supprimer
comme fait M. Jeannin : « Quelques pensées sentaient
plus ou moins le jansénisme ; nous avons dû les éliminer
d'une édition classique »[1]. Ou bien, comme fait M. Vialard, il faut en exorciser le venin par le charme d'une
affirmation dogmatique. Pascal écrit : « Il y avait deux
partis au temps de Calvin... il y a maintenant les jésuites. »
M. Vialard ajoute en note : « Il y avait deux partis au
temps de Calvin : celui des huguenots dont Port-Royal
a recueilli l'héritage, et celui des catholiques, représenté
par quelque membre de la Compagnie de Jésus, partout
où il y avait à réfuter, à combattre et à mourir. Au temps
de Pascal, il y a encore deux partis : ceux qui sont catholiques et ceux qui ne le sont pas ; les jésuites appartiennent
au premier parti et ils en sont les meilleurs soldats ; les

1. P. 39.

jansénistes appartiennent à l'autre[1]. » A M. Didiot, doyen
de la Faculté de théologie de Lille, il suffit de quelques
mots : *Pascal se trompe…*, *Erreur historique manifeste…*,
Sophisme absurde ; et il écrit dans sa préface : « Ainsi ce
n'est pas seulement une nouvelle édition que nous avons
voulu faire ; c'est une nouvelle réfutation, sans phrases,
des erreurs qui déparent l'un des plus beaux essais de
la raison humaine et de l'apologétique chrétienne[2]. » —
M. Guthlin et M. Margival, qui aiment Pascal, manifestent une tendance contraire ; ils essaient de rompre le
lien qui rattache les *Pensées* au mouvement janséniste.
Dans l'*Essai sur l'Apologétique de Pascal*, qui est en tête
de son édition posthume, M. Guthlin fait un subtil et bien
touchant effort pour décharger Pascal du crime d'avoir
été corrompu par la doctrine ou même par l'esprit du
jansénisme : « Cet esprit n'a pu altérer la doctrine des
Pensées ; mais n'a-t-il pas donné à leur expression quelque
chose d'excessif et un remarquable manque de mesure[3] ? »
De même M. Margival, auteur d'un pénétrant et substantiel

---

1. P. 277. Cf. p. 41 : « Si l'on n'est pas catholique, on ne peut
pas être chrétien et Pascal n'est pas mort catholique » (note à la *Vie de
Blaise Pascal*).

2. P. ii. Cf. p. vi. « Il nous aurait été particulièrement désagréable
de renvoyer fréquemment aux *Essais* de Montaigne, si peu chrétiens,
si peu moraux, si justement censurés par l'Église. Nous ne les avons
donc allégués que fort rarement, et lorsqu'il y avait un sérieux intérêt à en signaler la néfaste influence sur l'auteur des *Pensées*. » Faute
de s'être reporté aux *Essais* de Montaigne, M. Didiot n'a pas compris la phrase de Pascal : « Les sauvages n'ont que faire de la Pro-
vence » (Cf. fr. 98) ; et il écrit en note : « Je ne puis me persuader
qu'il n'y ait pas là une faute d'écriture. Pascal a voulu dire *Providence*. Les sauvages, en effet, ne croient pas avoir besoin de Providence, ni de prévoyance, parce qu'ils sont généralement fatalistes. »
(P. 93.)

3. P. clviii.

commentaire, qui ne doute pas que Pascal soit janséniste,
se demande si les *Pensées* sont une œuvre janséniste, et
il croit pouvoir résoudre négativement la question « à la
condition qu'il soit permis de considérer les pensées jansénistes de l'article XXIII comme se rattachant non à
l'*Apologétique* de Pascal, mais à ses *Provinciales* qui
en fait ne sont pas restées moins inachevées que ses
Pensées [1]. »

Enfin, à l'exception de M. Margival qui reproduit à
peu de chose près le classement de Havet, tous ces éditeurs sont également dogmatiques en ce sens qu'ils disposent les *Pensées* « suivant le plan voulu par l'auteur »,
s'appuyant surtout sur la préface d'Étienne Périer et le
récit de Filleau de la Chaise, dont ils développent complaisamment les divisions et les subdivisions. Il suffit d'indiquer, comme type de ces restitutions, le travail du chanoine Rocher qui est plus ancien en date (1873) et qui
n'est pas le moins intéressant. M. Rocher intitule sa
publication : *Apologie de la Religion disposée d'après le
seul vrai plan de Pascal* ; il imprime en tête le plan exposé
par Pascal dans la conférence de Port-Royal, et les
fragments sur l'ordre. La première partie : *Préparation
des âmes à la foi*, comprend trois livres : 1° Peinture de
l'homme : *Nécessité pour lui de connaître son origine et sa
fin, c'est-à-dire d'étudier la religion* (5 chapitres subdivisés eux-mêmes en paragraphes) ; 2° *les philosophies, et les
religions autres que le christianisme, ne peuvent satisfaire
l'homme qui veut connaître son origine et sa fin* ; 3° Du
peuple juif ; son livre des écritures ; enseignement qu'il
contient. Marques de la vraie religion. — La deuxième

---

1. P. xli *(note)*. — L'article XXIII est *sur le miracle*.

partie : *Preuves de la religion chrétienne*, a deux livres :
1° *preuves tirées de l'ancien Testament* ; 2° *preuves tirées
du nouveau Testament*. — Une troisième partie contient :
1° *l'Église, la prière, les Testaments* ; 2° *la morale chrétienne*. Suit une vaste rubrique : *Pensées étrangères à
l'Apologie*, où se trouvent des chapitres tels que *Nature
de l'homme, Opinions du peuple saines, Raison des effets,
Vanités des sciences, De l'éloquence*, etc., et enfin les
*Pensées inspirées par la passion et l'hérésie contre les
Jésuites et l'Église elle-même.*

Il nous reste à mentionner, outre l'édition de *Choix et
Extraits* donnée par Gidel chez Garnier (sans date) et
qui est d'un lettré fort renseigné, deux éditions qui l'une
et l'autre ont effectué d'importants progrès dans la connaissance du texte de Pascal, celle de M. Molinier, Paris,
Lemerre, 1877-1879 et celle de M. Michaut, Fribourg
(Suisse) 1896. Abstraction faite de la restitution du plan
de l'*Apologie*, qui ne semble pas d'ailleurs avoir été le
principal souci de M. Molinier, tout est à louer dans son
travail, en particulier la fidélité avec laquelle il a con-
trôlé dans le détail la version de Faugère, le zèle avec
lequel il s'est attaché aux variantes qu'il était possible de
déchiffrer dans l'autographe. Quant à M. Michaut il a
repris, à plus de deux siècles de distance, la première idée
qu'avait eue la famille de Pascal dès le lendemain de sa
mort et qui était de publier tels quels les papiers qu'il
laissait ; il n'a pas reculé devant l'excès de désordre auquel
le condamnaient les vicissitudes subies de 1662 à 1711
par le manuscrit autographe ; à cette publication il a, selon
le vœu de Victor Cousin, appliqué les règles de la méthode critique qui est en usage pour les auteurs anciens ;
il a reproduit avec les variantes manuscrites les leçons
des éditeurs qui l'ont précédé, jusqu'à leurs inadvertances

et leurs fautes d'impression ; on ne pouvait pousser plus
loin les scrupules du philologue, on ne pouvait dans le
détail de l'exécution déployer plus de zèle et de pénétration.

Ainsi, l'histoire de cette collaboration qui s'est poursuivie à travers tant d'années, à travers tant d'incertitudes
aussi et tant de préjugés, et qui est aujourd'hui si profi-
table à l'éditeur des *Pensées*, le ramène à étudier de nouveau le cahier de fragments qui est à la *Bibliothèque nationale*[1].

---

1. Nous n'avions pas à faire entrer dans le cadre de cette étude
les traductions des *Pensées*, qui, suivant leur date, se réfèrent aux
éditions successivement accréditées en France. Un détail est pourtant
à relever : tandis qu'en Angleterre paraissent plusieurs traductions
anglaises, les *Pensées* furent surtout répandues en Allemagne par
une traduction en langue latine que Phil. Adam Ulrich publia en
1741 à Wurzbourg : *Blasii Paschalis, scriptoris inter Gallos acutissimi
profundissimique, de veritate religionis opus posthumum.*

DEUXIÈME PARTIE

Le manuscrit n° 9202 (*f. fr.*) de la *Bibliothèque nationale* contient les papiers autographes de Pascal; il est loin toutefois de nous présenter ces papiers tels qu'ils furent trouvés en 1662. La reliure porte au dos la mention suivante : *Pensées de Pascal, 1711.* Elle est contemporaine de trois pièces fort importantes qui ont été plus tard insérées au début du volume. Ce sont trois attestations signées de l'abbé Périer, neveu de Pascal. Voici la première : « Je soussigné, prêtre, chanoine de l'Église de Clermont, certifie que le présent volume, contenant   pages, dont la première commence par ces mots   et la dernière par ceux-ci   est composé des petits papiers écrits d'un côté, ou de feuilles volantes qui ont été trouvées après la mort de M. Pascal, mon oncle, parmi ses papiers, et sont les originaux du livre des *Pensées de M. Pascal,* imprimés chez Desprez, à Paris, pour la première fois en l'année   et sont écrits de sa main, hormis quelques-uns qu'il a dictés aux personnes qui se sont trouvées auprès de lui ; lequel volume j'ai déposé dans la bibliothèque de Saint-Germain-des-Prés, pour y être conservé avec les autres manuscrits que l'on y garde. Fait à Paris, ce vingt-cinq septembre mil sept cent onze.

Périer. »

La seconde, qui est sur la troisième page du même feuillet, est ainsi conçue : « Je soussigné, *etc.*, certifie que le présent volume contenant   pages, dont il y en a plusieurs en blanc, a été trouvé après la mort de M. Pascal, mon oncle, parmi ses papiers, et est en partie écrite de sa main et partie qu'il a fait copier au net sur sa minute, lequel volume contient plusieurs pièces imparfaites sur la Grâce et le Concile de Trente, et je l'ai déposé dans la bibliothèque de l'abbaye de Saint-Germain-des-Prés, etc.

Paris, ce vingt-cinq septembre mil sept cent onze.

PÉRIER. »

La troisième mentionne encore des originaux : « Je soussigné, *etc.*, certifie que les cahiers compris dans ce volume, qui sont des abrégés de la vie de Jésus-Christ, sont écrits de la main de M. Pascal, mon oncle, et ont été trouvés après sa mort parmi ses papiers, lequel volume j'ai déposé, etc.

Fait le vingt-cinq septembre 1711.

PÉRIER. »

Ces trois attestations indiquent trois volumes, et ce sont trois cahiers aussi que l'abbé Périer avait prêtés à dom Toutée, d'après la lettre du 22 juin 1711 que nous avons déjà eu l'occasion de citer. Les deux derniers ne nous sont pas parvenus tels quels. Quant au premier, il semble avoir été transformé en un volume relié, soit par l'abbé Périer qui le déposait, soit par la bibliothèque de Saint-Germain-des-Prés qui le reçut. Or cette transformation a son importance ; car elle fut, semble-t-il, l'occasion d'un travail singulier, dont la photographie seule pourrait donner une idée suffisante. On a découpé, au

ras de l'écriture, des feuilles volantes en une infinité de
petits morceaux ; puis on s'est livré à un jeu de patience qui
consistait à en coller le plus grand nombre possible sur
une même page du recueil. Telle page devient ainsi une
véritable mosaïque où on relève huit, neuf, dix et jusqu'à
onze tronçons (cf. p. 23, 39 ; 79, 83, 427 ; 63). A ce jeu,
combien avons-nous perdu de lignes inachevées ou barrées ? nous ne pouvons que le soupçonner, à voir celles
qui nous sont parvenues uniquement parce qu'elles
étaient écrites au verso d'un fragment qu'on a bien
voulu respecter. Ainsi page 146 le fragment 370 ; ainsi
page 94 on a découpé le fragment qui débute par ces
mots : *Il est vrai qu'il y a de la peine en entrant dans
la piété*, brouillon probable d'une lettre à Mlle de Roannez (fr. 498), mais au verso on a mutilé le fragment 905
Sur les confessions et absolutions sans marques de regret ;
de même, page 90, pour le fragment : *le juste agit par foi*
(fr. 504). Quelquefois même le papier lui-même n'est
pas intact : tel est le cas pour le fragment 668, p. 97.

Même en présence d'un long fragment, le relieur ne se
soucie pas toujours de respecter la suite des pages, il ne
tient pas compte des signes de renvoi : le fragment sur le
Divertissement court de la page 139 à la page 210, puis
209, 217, 133 et 217 ; le 722 *(prophéties de Daniel)* va
de la page 309 à la page 315, pour se terminer à la page
289 ; le fragment 430 (la conférence préparée pour Port-
Royal) occupe les pages de 317 à 326, puis il faut en chercher la fin à la page 57. On a seulement pris la précaution
de laisser une feuille de blanc entre chaque page écrite, de
telle sorte qu'aux 253 pages écrites par Pascal correspondent 492 pages numérotées dans le recueil. — Le recueil est
précédé des trois feuilles d'attestations dont nous venons de
faire mention, du *Mémorial* et de sa copie ; il est suivi de

fragments autographes, avec quelques lignes de compte, et un bout de lettre, qui y ont été joints en 1864.

Entre 1662 et 1711 bien des fragments avaient été égarés ou dispersés, comme en fait foi la comparaison du recueil original avec les *Copies* ; en particulier la plupart des fragments utilisés par Mme Périer dans la *Vie* de son frère n'ont pas été conservés dans l'autographe[1]. Par contre, des pages entières, soit des notes pour les *Provinciales*, soit des méditations comme le *Mystère de Jésus*, n'ont pas été reproduites dans les *Copies* et sont pour la plupart demeurées inédites jusqu'à l'édition de Faugère[2].

Le recueil original lui-même est loin d'être un recueil entièrement autographe. Manifestement un grand nombre de fragments qui sont épars à travers les différentes parties du recueil, depuis la page 19 jusqu'à la page 485, sont dictés à un domestique (quelques-uns peut-être à un enfant, le jeune Louis Périer, dont Blaise Pascal avait commencé l'éducation). L'écriture est gauche, l'orthographe déplorable ; un mot comme *chanchelier* (fr. 139) ferait même soupçonner une origine clermontaise. Dans un même fragment il arrive que la main étrangère alterne avec celle de Pascal (*ex* : fr. 82 et fr. 139) ; le fragment 69, page 23 du manuscrit, n'a qu'une ligne ; il est moitié écrit, moitié dicté par Pascal. A cette écriture familière se joint l'écriture de Mme Périer pour une série de fragments, en particulier pour un fragment sur les miracles qui est postérieur, de quelques jours seulement selon toute vraisemblance, au 19 février 1660 (fr. 817). Le fr. 626 doit avoir été transcrit par Nicole (p. 491). Au fr. 1 sur *l'esprit géométrique*, on trouve en-

---

1. Voir aux pièces justificatives la *Table de concordance*, p. ccii et cciii.
2. Cf. *ibid*, p. cclxxvi sqq.

core une autre écriture, élégante et correcte (p. 4o5).
Souvent ces fragments ont été corrigés ou complétés de
la main de Pascal.

Un grand nombre de ces fragments sont précédés de la
croix, que Saint-Cyran recommandait de placer en tête de
tout écrit, comme « les armes du chrétien » ; mais il n'y a
pas à en tirer de conclusion sur le caractère intime du
fragment, on la retrouve en tête de remarques sur le
style, comme le fragment 53 qui est probablement de
1657, date où parurent les *Plaidoyers* de M. Le Maître.

Il est inutile d'insister sur la diversité d'aspect et de
contenu que présentent ces fragments. Il y a des pages
entières qui forment de véritables chapitres de livre ;
elles sont couvertes de ratures, et témoignent d'un travail
où l'écrivain a déployé toutes les ressources de son art :
fragments sur les *Deux Infinis* (72), sur l'*Imagination*
(82), sur le *Divertissement* (139), sur la *Justice* (294),
sur le *Péché originel* (415), sur l'*Incompréhensibilité de
l'homme* A. P. R. (430), sur le *Pyrrhonisme* (434).
D'autres sont de longues traductions d'Isaïe ou de Daniel
qui concernent les prophéties (713 et 722). La rédaction du *Pari* est faite sur quatre pages du format de
notre papier à lettre (3, 4, 7 et 8) ; Pascal avant de l'avoir
terminée avait écrit des fragments qui ne s'y rattachent
pas directement ; puis il a complété son argumentation,
recouvrant son papier dans tous les sens, d'une écriture
de plus en plus menue renvoyant d'une page à l'autre
à l'aide de petites figures géométriques qui permettent
d'ordonner ce chaos. Corrélativement à ces développements, on trouvera de longues suites de notes qui représentent le travail antérieur de méditation. Chaque paragraphe ou chaque idée essentielle est en germe dans un
trait saillant, dans un mot. En tête de la page 107, on

trouve ces mots *Que me servirait ? abominables*, où Pascal se rappelle à lui-même les fragments qu'il va écrire sur cette page même (fr. 499 et fr. 555). Ailleurs des lignes énigmatiques qui s'éclairent par la rencontre du fragment développé : « Il demeure au delà de l'eau (fr. 292). — Je n'ai pas d'amis à votre avantage (fr. 154). » Qu'on se reporte surtout aux fragments 194 bis et 194 ter. : on y trouvera toutes les notes de Pascal pour la *Préface* de son *Apologie* ; lignes de rappel qu'il barrait à mesure qu'il les utilisait dans sa rédaction. On a dans le recueil manuscrit un grand nombre de notes de ce genre qui étaient destinées aux *Provinciales,* ou aux divers *Factums* qui les suivirent, notes inachevées et parfois d'apparence incohérente qui ne prennent de sens que par la comparaison avec les écrits auxquels elles étaient destinées (voir notre Section xiv, particulièrement du fr. 920 à la fin). Le manuscrit nous permet même de remonter plus haut dans le travail de préparation ; nous avons les notes prises par Pascal dans ses lectures, par exemple des résumés de la préface du livre de Voisin au *Pugio Fidei* (fr. 635) ou de chapitres du *Pugio Fidei* (fr. 446), des recueils de citations latines empruntés aux *Essais* de Montaigne (fr. 363, 364), des copies des versets de la Bible (fr. 682), des extraits critiques sur le 4ᵉ livre d'Esdras (fr. 632) ou sur la comparaison de la Vulgate et de la Bible de Vatable (fr. 819). Le fragment 958 montre la collaboration de Pascal avec un ami qu'on croit être Arnauld : Arnauld aurait signalé à Pascal un certain nombre de pages des *livres des Généraux Jésuites* ; Pascal s'y reporte et y joint ses réflexions.

Entre ces notes presque impersonnelles et les développements qui portent la marque du génie de Pascal, on rencontre dans le manuscrit tous les types intermédiaires, ici un souvenir d'enfance : « quand j'étais petit, je serrais mon livre » (fr. 371), et là le dialogue mystique avec Jésus (fr. 553). A la page 401 la note sur les *Hommes natutellement couvreurs* est en marge des réflexions sur les miracles. A la page 344 les mots « vertu apéritive d'une clé, attractive d'un croc » (fr. 55) interrompent une série de notes contre les Jésuites (fr. 924). A la page 402 se suivent immédiatement une note sur Escobar, une réflexion sur l'éloquence (26), une définition de l'égoïsme absolu (457). Voici ce qui est dicté sur une même feuille de papier *recto* et *verso* aux pages 201 et 202 : une réflexion sur les mauvaises raisons qu'on se donne pour expliquer la circulation du sang (fr. 96), une autre sur la meilleure méthode de persuader (10), une note sur le brochet et la grenouille de Liancourt (341) suivie immédiatement de ce fragment : *La vérité est si obscurcie en ce temps* (864) et d'une plainte contre les *malingres* (sic) qui trahissent la vérité pour leur intérêt (583), puis vient une comparaison entre la machine d'arithmétique et les animaux (340), une réflexion sur les personnes qui mentent pour mentir (108) et sur les persécutions qui travaillent l'Église (859).

L'écriture elle-même est changeante : ici l'auteur est devant sa table de travail, et là il semble qu'il se soulève sur son lit et que d'une main fiévreuse, qui ne peut suivre la rapidité de la pensée, il fixe en traits inachevés le souvenir d'une nuit d'insomnie ; il y a des mots illisibles, non parce qu'ils ont été mal écrits, mais parce qu'ils n'ont été pour ainsi dire pas écrits.

Plusieurs fragments ont été dictés au crayon, et repassés ensuite à la plume d'une écriture qui s'est élargie et espacée. Le tout écrit tantôt sur des cahiers uniformes, et tantôt sur des feuilles volantes prises au hasard de la rencontre. Le fr. 818 est écrit au verso d'une lettre adressée à Pascal (p. 193), au dos de la page 409 est une série de calculs, un *lemme* avec figures. Ailleurs un reçu de Pascal (page 121), un brouillon de lettre (p. 2) et jusqu'à des lignes telles que celles-ci : *apportez faire un tour, apportez de la chandelle,* etc. (p. 440).

Sur ces caractères que présente le manuscrit, est-il possible, comme on l'a proposé, de classer les fragments par leurs dates, en réunissant les fragments qui sont sur un même papier ou qui ont la même couleur d'encre? L'hypothèse est ingénieuse ; il est probable qu'elle ne pourrait être suivie bien loin. Il ne faut pas s'imaginer Pascal comme un homme de lettres qui s'installe à heure fixe dans son cabinet. C'est un méditatif, et c'est un malade : il saisit au hasard le premier papier qui lui tombe sous la main, et il fixe ses souvenirs. D'ailleurs il voyage : en 1660 il est en Poitou chez le duc de Roannez, et à Clermont chez les Périer; en 1656 il est à Vaumurier, puis à Port-Royal-des-Champs; il se cache pendant qu'il écrit les Provinciales. L'encre comme le papier change avec ces déplacements ; quelquefois elle varie à l'intérieur d'un même fragment, par exemple, entre *Épictète* et *conclut* (fr. 350, p. 155 du manuscrit).

En fait, pour dater les fragments, nous n'avons qu'un petit nombre de points de repères; la lettre du 19 février 1660 au verso du fragment 818 dicté à Mme Périer, p. 193, ou bien les allusions historiquées notées par Havet: le fragment sur Cromwell (fr. 176) est postérieur à mai 1660, le fragment sur les *Trois Hôtes* est assez probablement de 1656 (177).

Pour compléter ce travail, il faudrait examiner la nature intrinsèque et la destination des fragments. En dehors de l'*Apologie,* un grand nombre de fragments sont des notes pour les *Provinciales* ou pour les *Factums* qui les suivirent : ils sont de 1656-1657. Le fragment 498 paraît être une première rédaction d'une lettre à Mlle de Roannez, qui est contemporaine des *Provinciales* (24 septembre 1656). Plusieurs fragments se rattachent à la *Lettre sur les Commandements de Dieu* qui doit être de la même époque. De longs développements sont écrits en vue de la conférence de Port-Royal, où Pascal a exposé le plan de l'ouvrage qu'il méditait, vers l'année 1658 (fr. 430, 416). Les notes pour les *Discours sur la condition des Grands* (fr. 310) nous conduisent à l'année 1660. En revanche le fragment 75 se rattache au *Traité du vide*; et quoiqu'il s'accompagne d'une remarque d'exégèse biblique qui atteste la diversité des préoccupations de Pascal à l'époque où il a été écrit, il est possible qu'il soit antérieur à la seconde conversion de Pascal. Ainsi, sans tenir compte encore de l'*Apologie,* c'est presque dix ans d'activité intellectuelle dont ces papiers apportent la confidence, la plus immédiate peut-être et la plus intime que l'on ait jamais recueillie.

Quant aux fragments qui devaient fournir la matière de l'*Apologie,* — et sans qu'on puisse exclure l'hypothèse de fragments antérieurs, préparés en vue de l'*Entretien avec M. de Saci,* (1655) ou même des conférences avec M. Rebours [1], — ils appartiennent aux dernières années de la vie de Pascal ; nous n'avons ici qu'à recueillir le témoignage de Mme Périer : « Il avait environ trente-quatre ans quand il commença de s'y appliquer. Il employa un an entier à s'y préparer en la manière que ses autres occupations lui permettaient, qui était de recueillir les différentes pensées qui lui venaient là-dessus;

---

1. Cf. Lettre à Mme Périer du 26 janvier 1648.

et à la fin de l'année, qui était la trente-cinquième année
de son âge et la cinquième de sa retraite, il retomba
dans ses incommodités d'une manière si accablante qu'il
ne pouvait plus rien faire les quatre années qu'il vécut
encore, si on peut appeler vivre la langueur si pitoyable
dans laquelle il les passa[1]. » Étienne Périer indique même
dans la *Préface* que quelques-uns des fragments les plus
développés sont de cette dernière période[2]. Marguerite
Périer précise encore dans ses *Mémoires* : « M. Pascal avait
accoutumé, quand il travaillait, de former dans sa tête
tout ce qu'il voulait écrire sans presque en faire de projet
sur le papier; et il avait pour cela une qualité extraordinaire, qui est qu'il n'oubliait jamais rien, et il disait lui-
même qu'il n'avait jamais rien oublié de ce qu'il avait
voulu retenir. Ainsi il gardait dans sa mémoire les idées
de tout ce qu'il projetait d'écrire, jusqu'à ce que cela fût
dans sa perfection et alors il l'écrivait. C'était son usage;
mais pour cela il fallait un grand effort d'imagination, et
quand il fut tombé dans ses grandes infirmités, cinq ans
avant sa mort, il n'avait pas assez de force pour garder
ainsi dans sa mémoire tout ce qu'il méditait sur chaque
chose. Pour donc se soulager, il écrivait ce qui lui venait
à mesure que les choses se présentaient à lui, afin de s'en
servir ensuite pour travailler comme il faisait auparavant
de ce qu'il imprimait dans sa mémoire; et ce sont ces
morceaux écrits ainsi pièce par pièce, qu'on a trouvés
après sa mort, qu'on a donnés et que le public a reçus
avec tant d'agrément[3]. »

En définitive, et quel que soit leur intérêt intrinsèque,

---

1. Cf. *Pensées et opuscules de Pascal*, Hachette, 1897, p. 22.
2. Cf. *Pièces justificatives*, p. ᴄʟxxxɪx.
3. Cf. Faugère, *Lettres et opuscules de la famille Pascal*, p. 456.

les indications que l'on peut rassembler sur les dates où furent écrits les fragments de Pascal, demeurent beaucoup trop vagues et trop approximatives pour offrir un point d'appui à l'éditeur. Le problème de la publication demeure intact ; nous devons l'aborder directement et pour notre compte.

Or la description du manuscrit nous semble décisive pour écarter les deux solutions extrêmes : l'une, la plus simple, qui serait de le reproduire tel quel ; l'autre, la plus séduisante, qui serait de le présenter, comme s'exprime l'un des derniers éditeurs, « selon l'ordre voulu par l'auteur ». — Certes nous n'avons aucune objection contre l'entreprise dont M. Michaut s'est acquitté avec une si admirable conscience ; nous espérons bien que nous pourrons compléter son travail — et le nôtre — en publiant le *fac-simile* photographique du manuscrit n° 9202. Mais même après la photographie l'édition reste à faire ; le « beau désordre » où un relieur malencontreux a mis les papiers de Pascal a son charme pour les familiers, il est utile à ceux qui veulent se faire leur édition à eux-mêmes. Mais à généraliser le procédé nous risquerions de rendre les *Pensées* inintelligibles et inaccessibles à neuf lecteurs sur dix ; nous ferions taire la voix de celui qui a dit : *Le silence est la plus grande persécution.*

Sur l'autre solution, sur la restitution du plan de l'*Apologie*, est-il besoin d'insister encore ? Il suffit de rappeler ici les difficultés essentielles, qui à notre sens ne peuvent être surmontées. Tout d'abord, il y a dans le manuscrit des fragments qui en toute vraisemblance n'ont pas été écrits pour l'*Apologie*. Comment faire le départ ? Voici les *Pensées sur l'Éloquence et le style*, il est fort possible que Pascal les ait notées pour lui-même, qu'il y ait fixé le souvenir de conversations qu'il avait eues avec Méré, ou encore qu'il ait évoqué ce souvenir au moment de son entrée à Port-Royal lorsqu'il écrivait les *Réflexions sur l'esprit géométrique et sur l'art de persuader*, et qu'il se proposait de rédiger pour le *Petites Écoles* un *Traité de Géométrie*, probablement aussi un *Traité de Rhétorique* ou de *Logique* — mais il est non moins vraisemblable que Pascal eût suivi les indications données dans sa conférence de 1658, qu'il eût commencé par faire voir « quelles sont les preuves qui font le plus d'impression sur les hommes, et qui sont le plus propres à les persuader ». De même on peut soutenir que les fragments polémiques contre les Jésuites se rattachent à la querelle des *Provinciales*, que la théorie du miracle est faite pour la *Réponse au Rabat Joie*, ou pour un autre *écrit sur le miracle* dont parle dom Clémencet ; — mais Étienne Périer rappelle dans sa *Préface* que l'Apologie était aussi bien tournée contre les mauvais chrétiens que contre les libertins, mais Mme Périer nous dit en termes formels que le miracle de la Sainte-Épine a été l'occasion de l'Apologie (ce qui ne signifie pas, comme l'interprète subtilement Astié, qu'il n'ait été qu'une occasion). De même les traductions d'Isaïe et Daniel, qui sont faites avec un soin si visible, devaient-elles trouver place dans le tissu même de l'*Apologie*? — ou n'étaient-elles que pour l'usage personnel de Pascal? ou enfin avaient-elles quelque rapport avec les conférences tenues au château de Vaumurier pour arrêter le style de la version du *testament de Mons*? Et de même encore pour l'argument du pari: Renouvier en fait le cœur même de l'Apologie, il compte la révélation intégrale de l'argument parmi les moments décisifs de la pensée humaine au xixe siècle ; — M. Lanson le réduit à n'être qu'un écrit de circonstance.

S'il est difficile de déterminer sans arbitraire les limites de l'*Apologie*, il sera plus difficile encore d'en restituer le plan. Les indications de Pascal nous donnent des lignes générales : une première partie traite de l'homme et de sa corruption, elle est sur Adam et sur la nature ; une seconde traite de Dieu et de la religion, elle est sur Jésus-Christ et sur la rédemption. Mais comment ces parties se divisent-elles ? nous avons des titres généraux ; mais nous ignorons l'ordre des chapitres, qui serait l'essentiel. Pascal énumère dans un fragment les preuves de la religion ; mais il paraît bien qu'il ne s'y propose que de les compter ; aucun rapport logique ne semble avoir décidé de leur rang [1]. Ailleurs il mentionne un *dialogue* avec l'athée, ou une *lettre de l'injustice* ; mais il ne nous dit pas quelle en est la place. Par contre nous le voyons hésiter sur le plan du développement qu'il vient d'écrire, transporter au chapitre des *fondements* ce qu'il avait écrit dans le chapitre des *figuratifs* (fr. 670), ou bien encore *transposer après les lois au titre suivant* (fr. 73) une *lettre de la folie de la science humaine et de la philosophie* (74), confirmant enfin le mot, écrit ou prononcé par lui, que Port-Royal nous a transmis dans l'édition de 1678 : « La dernière chose qu'on trouve en faisant un ouvrage est de savoir celle qu'il faut mettre la première. »

Dans ces conditions on peut estimer la portée exacte du plan que nous a transmis Filleau de la Chaise dans son *Discours sur les Pensées de M. Pascal.* Cet exposé, que nous reproduisons dans les *Pièces justificatives*, est, malgré la paraphrase perpétuelle et fatigante qui est la méthode de l'auteur, un document capital pour l'intelligence des *Pensées* ; mais il nous semble qu'il n'a pas une autorité suffisante pour nous en permettre la restauration.

---

1. Fr. 290 ; cf. fr. 289.

D'abord à le suivre dans le détail, le plan se dérobe à travers une série de complications, qui expliquent les embarras et les divergences de ceux qui ont cru pouvoir s'y fier. De plus il a été écrit au moins huit ans après la *conférence* de Pascal, et sans autre document que les cahiers de Pascal auxquels Filleau de la Chaise s'est manifestement référé. Or à supposer que la mémoire de l'auditeur ait conservé fidèlement chacun des détails de la conférence, il ne s'ensuit pas qu'il en ait retenu l'ordre avec la dernière exactitude. Surtout cette conférence même précède de plus de quatre années la mort de Pascal, de sorte que nous y aurions un état du plan de Pascal qui ne s'applique pas nécessairement aux fragments écrits de 1658 à 1662. L'autorité du plan diminue d'autant qu'on suppose plus de flexibilité et d'extension dans le génie même de Pascal. Cette conclusion est confirmée par la comparaison du plan rapporté par Filleau de la Chaise avec le témoignage de Mme Périer, consigné dans des pages qui avaient appartenu à la *vie de Blaise Pascal* et que le docteur Besoigne nous a conservées dans sa précieuse Histoire de l'abbaye de Port-Royal (et peut-être ne les a-t-on retranchées de la biographie imprimée que parce qu'elles faisaient double emploi avec le *Discours* de Filleau de la Chaise — en le contredisant). Nous reproduisons ces pages dans nos *Pièces Justificatives* ; ce qui nous dispense de tenter un parallèle entre deux documents qui ne se prêtent sur aucun point à un rapprochement. Il suffit de les lire l'un à la suite de l'autre, pour que le contraste éclate. Dira-t-on, pour employer une expression familière à Pascal, qu'il faut *discerner les temps ?* Ce discernement est bien difficile : on serait tenté de conclure que les réflexions sur le miracle sont surtout de 1656 et contemporaines de l'événement ; on se tromperait pourtant.

Un hasard veut que plusieurs pensées sur les miracles dictées par Pascal soient de la main même de Mme Périer ; or l'une d'entre elles est écrite au verso d'une lettre datée du 19 février 1660. Il est donc à présumer que les indications transmises par Mme Périer sont de deux ou trois ans postérieures à la conférence de Port-Royal, qu'elles reflètent un état plus récent du plan de l'*Apologie*.

Enfin, une formule expresse de Pascal, le témoignage autorisé d'un contemporain nous permît-il d'établir entre les fragments un ordre qui fût à l'abri de toute objection et de toute contestation, nous n'aurions pas le droit d'en conclure encore que nous possédons l'*Apologie* dans son aspect d'ensemble et dans son ordonnance générale. Un Charron procède par divisions : son *Traité des Trois vérités* se compose de trois parties entre lesquelles nous pourrions répartir aussi les pensées de Pascal : 1° qu'il y a une religion, 2° que la vraie religion est le christianisme, 3° que la seule expression authentique du christianisme est le catholicisme, c'est-à-dire pour Pascal le jansénisme. Mais c'est précisément de Charron, du *Traité des Trois vérités* ou des *Livres de la Sagesse*, que Pascal se proposait de parler dans la préface de sa première partie ; il devait y condamner les « divisions qui attristent et qui ennuient »[1]. Sur une matière grave et aride entre toutes, les *Provinciales* n'avaient ni attristé ni ennuyé ; elles avaient la liberté et la diversité d'allure, la verve débordante, la vie passionnante de la meilleure des comédies ; de même l'*Apologie*, qu'on imagine trop souvent comme une série de dissertations théoriques, devait être un drame. C'est avec le souvenir des *Provinciales* qu'il convient d'interpréter des indications comme celles-ci : « *Ordre par Dia-*

---

1. Fr. 62.

logues. Que dois-je faire? Je ne vois partout qu'obscurités. Croirai-je que je ne suis rien? croirai-je que je suis
Dieu? Toutes choses changent et se succèdent. Vous vous
trompez, il y a ... » ou bien : « Dans la lettre *De l'injustice* peut venir la plaisanterie des aînés qui ont tout :
Mon ami, vous êtes né de ce côté de la montagne ; il
est donc juste que votre aîné ait tout. — Pourquoi me
tuez-vous[1]? » — Montaigne est transcrit presque tout entier
dans les notes de Pascal, c'est sans doute que le personnage
principal était le libertin qui a lu Montaigne. — Mme Périer nous laisse entendre que les preuves des *miracles*
devaient former le premier chapitre de l'ouvrage ; c'est
peut-être que Pascal voulait se jeter brusquement dans
les événements, prendre comme point de départ les conversations qu'il eut « avec l'homme sans religion » à la
veille du miracle de la Sainte-Épine, et de là revenir sur
les fondements de la religion chrétienne... Sans multiplier
les conjectures, une chose est acquise, c'est que quel que
soit l'ordre dans lequel un éditeur publiera aujourd'hui
les *Pensées,* l'Apologie de Pascal en eût différé du tout
au tout ; car elle aurait été en dehors de tout ordre déterminé, conduite par un génie qui se moquait des règles
didactiques.

Ces raisons littéraires, et encore extérieures, ne font que
traduire des raisons intimes et profondes. L'ordre analytique n'est pas l'ordre vrai : il juxtapose des formules, il
les enchaîne suivant les lois du raisonnement, il demeure
scolastique et superficiel. L'ordre vrai, celui qui engendre
la conviction, est un ordre synthétique ; en apparence il
rompt le discours, en réalité il va droit au but : « Cet
ordre consiste principalement à la digression sur chaque

---

1. Fr. 227 et fr. 291.

point qu'on rapporte à la fin, pour la montrer toujours[1].
Chacune des lettres, chacun des dialogues dont se serait
composée l'*Apologie* devait ainsi former un tout et se suffire à lui-même; point d'examen préliminaire ni de discussion provisoire, chaque acte du drame devait conduire
à la même conclusion : la vérité du christianisme intégral
qui est le jansénisme, la nécessité de s'y convertir immédiatement avec son esprit, avec son cœur, d'y soumettre
jusqu'à la discipline de son corps.

Ce serait donc compromettre également les *Pensées* que
de les laisser dispersées à travers le chaos du manuscrit
actuel, ou de les ajuster au cadre d'une restauration
arbitraire. Il faut se résigner à un classement, et puisqu'il est inévitable, le choisir le moins mauvais possible.
Or le moins mauvais en l'occurrence, n'est-ce pas celui
qui est consacré par l'usage, celui de Bossut, complété
par Havet? Pour notre part, nous l'aurions accepté si
nous ne nous étions heurté à une impossibilité matérielle.
Afin de conserver le bénéfice de la concordance avec
Bossut et Havet, il eût fallu respecter la fragmentation des
fragments telle que Bossut l'avait pratiquée après Port-
Royal, publier en neuf tronçons le fragment 843, en
dix tronçons le fragment 556 dont les manuscrits — et
sur ce point la publication de M. Michaut a fait une
lumière décisive — nous obligent à restituer l'unité.
Entre l'arrangement de Bossut et les manuscrits, il n'y
a pas à hésiter ; mais alors ces remaniements suppriment
tout l'avantage matériel que nous attendions. *A fortiori*,
nous ne pourrions, sans être infidèles au manuscrit,
reprendre les divisions de Port-Royal et y répartir les

_____

1. Fr. 283.

fragments publiés depuis 1670 ; d'ailleurs nous n'y trouverions guère d'avantage moral. Quand on invoque en faveur de la première édition l'autorité des amis de Port-Royal, on oublie qu'ils ont abandonné l'édition *pascalienne* à laquelle ils avaient travaillé « assez longtemps », le duc de Roannez en particulier. Le projet qu'ils exécutèrent ne fut qu'un troisième projet, une sorte de pis aller ; nous n'avons aucune raison de nous en contenter, n'étant plus obligé de plier la pensée vraie de Pascal aux convenances des autorités ecclésiastiques.

Un seul parti n'était pas absolument impossible. C'était — sans tenir compte des témoignages qui se rapportaient à l'œuvre littéraire de Pascal — de faire fond exclusivement sur les fragments écrits par Pascal lui-même, de rechercher de quelle façon ils se rapprochaient les uns des autres par l'identité de leur contenu, de quelle façon ils se liaient entre eux pour offrir une continuité logique. Une telle recherche ne pouvait assurément nous conduire à un plan que Pascal eût effectivement suivi : elle procède, nous l'avons dit, d'une méthode tout analytique, et elle est opposée à l'ordre synthétique que Pascal lui-même donne comme le secret de son génie. Mais la modestie même de notre ambition nous permettait d'espérer que nulle part nous ne trahirions la pensée de notre auteur, que nous pourrions rendre intelligible la lecture intégrale des *Pensées*, que nous aurions en un mot rempli en conscience notre devoir d'éditeur.

Dans l'exécution de cette tâche, Pascal devait être notre seul guide : non seulement à maintes reprises, il avait marqué lui-même par l'indication d'un titre le chapitre auquel le fragment devait se rapporter, et il avait ainsi commencé le travail que nous avions à compléter ; mais il avait aussi jeté quelques points de repère qui nous renseignent sur le but du chapitre et sur la liaison des fragments qui le composent.

Les renseignements sont surtout précis et concordants pour cette partie considérable des *Pensées* qui est en quelque sorte la partie technique : des chapitres s'y dessinent d'eux-mêmes, relatifs aux *Figuratifs*, aux *Prophéties*, aux *Miracles*. Ainsi Pascal a écrit : « *Preuve des deux Testaments à la fois.* — Pour prouver tout d'un coup les deux, il ne faut que voir si les prophéties de l'un sont accomplies en l'autre. Pour examiner les prophéties, il faut les entendre ; car, si on croit qu'elles n'ont qu'un sens, il est sûr que le Messie ne sera point venu ; mais si elles ont deux sens, il est sûr qu'il sera venu en Jésus-Christ. Toute la question est donc de savoir si elles ont deux sens (fr. 642). » Donc il faut partir de l'Ancien Testament. De la multiplicité des religions qui s'offrent à l'examen du penseur — religions de la Chine, de la Grèce ou de l'Arabie — le judaïsme se détache, comme seul capable de servir de fondement à la religion vraie, de démontrer la perpétuité de l'Église : « Voir ce qu'il y a de clair dans tout l'état des Juifs, et d'incontestable » (fr. 602), afin d'établir que la religion a toujours été, que c'est aux livres des Juifs que doit s'attacher celui qui cherche Dieu. Il y a donc lieu de fournir trois démonstrations pour rétablir l'unité entre le livre des Juifs et le livre des Chrétiens : 1° l'Ancien Testament a un sens littéral et un sens figuré ; 2° l'Ancien Testament annonçait un Messie spirituel ; 3° Jésus-Christ a été ce Messie.

La démonstration du premier point forme le chapitre des *Figuratifs* auquel Pascal a fait allusion, et dont il s'est tracé le plan de la manière suivante : « Pour montrer que l'Ancien Testament n'est que figuratif, et que les prophètes

entendaient par les biens temporels d'autres biens,
c'est : 1° que cela serait indigne de Dieu ; 2° que leurs
discours expriment très clairement la promesse des biens
temporels, et qu'ils disent néanmoins que leurs discours
sont obscurs et que leur sens ne sera point entendu... La
troisème preuve est que leurs discours sont contraires
et se détruisent (fr. 659). »

Après le chapitre des *Figuratifs* prend naturellement
place le recueil des prophéties que Pascal avait dressé et
qui comprend des traductions des livres d'Isaïe et de
Daniel. Ce recueil prépare la série des fragments relatifs
à Jésus, considéré comme prophète, puisqu'il s'agit de
montrer comment les caractères du Messie attendu se
retrouvent véritablement dans le Christ. — De là un chapitre sur Jésus-Christ, auquel se rattachent des réflexions
sur le style de l'Évangile et sur la véracité des apôtres que
Pascal se proposait de développer assez longuement.

Enfin la preuve la plus forte de Jésus-Christ, ce sont
les miracles : Pascal avait formé une théorie des miracles, dont il expose le principe: « *Commencement.* — Les
miracles discernent la doctrine, et la doctrine discerne les
miracles. Il y a de faux et de vrais. Il faut une marque
pour les connaître ; autrement ils seraient inutiles. Or,
ils ne sont pas inutiles, et sont au contraire fondement.
Or, il faut que la règle qu'il nous donne soit telle, qu'elle
ne détruise la preuve que les vrais miracles donnent de la
vérité, qui est la fin principale des miracles. Moïse en a
donné deux (fr. 803). »

La théorie des miracles relie l'Église de Jésus-Christ à
l'Église contemporaine ; elle nous introduit dans la polémique entre Jésuites et Jansénistes où était aux yeux
de Pascal le secret et comme la clé du christianisme vrai.
Ainsi nous semblent s'ordonner sans effort les six der-

nières sections entre lesquelles nous répartissons les fragments de Pascal : La *Perpétuité* — les *Figuratifs* — les *Prophéties* — *Preuves de Jésus-Christ* — les *Miracles* — *Fragments polémiques*.

Pouvons-nous appliquer un pareil traitement au reste des écrits posthumes de Pascal? Tout d'abord nous devons isoler une série de fragments relatifs aux qualités de l'esprit et aux particularités du style, qui, destinées ou non à faire corps avec l'Apologie, forment une première section naturellement distincte et qui sera comme une introduction sur la méthode. — Puis nous trouvons dans Pascal lui-même l'indication d'une première partie qui devait être intitulée : *Misère de l'homme sans Dieu*. De toute évidence, c'est une étude psychologique de l'homme; dans la *Préface*, Pascal devait y poser le problème de la connaissance de soi-même; la réponse est donnée par les fragments des deux infinis, l'analyse des puissances trompeuses, les réflexions sur le divertissement et la misère.

Une fois l'homme amené à prendre conscience de sa condition naturelle, il faut lui inspirer le désir d'en sortir : « Lettre pour porter à rechercher Dieu. Et puis le faire chercher chez les philosophes, pyrrhoniens et dogmatistes, qui travaillent celui qui les recherche » (fr. 184). D'une part donc, exhorter le libertin à se tourner vers la religion, opposer son souci des petites choses à sa négligence vis-à-vis de l'éternité, préciser même cette opposition en lui donnant la force et la valeur d'un argument mathématique — passer d'autre part en revue les différents systèmes philosophiques afin que, par le spectacle de leur impuissance, l'âme soit préparée à comprendre la profondeur, à désirer la vérité du christianisme. Deux moments de l'Apologie sont ainsi distingués : le premier ne touche encore qu'à la forme de la vérité ; il aboutit à cet état que Pascal a décrit dans une pensée qu'il avait intitulée *Ordre*, comme pour se rappeler à lui-même la limite d'un chapitre : « J'aurais bien plus de peur de me tromper, et de trouver que la religion chrétienne soit vraie, que non pas de me tromper en la croyant vraie » (fr. 241). Le second touche au fond même de cette vérité, il ne se contente plus de la faire désirer, il la prouve. Entre ces deux moments se placeraient les fragments, si importants dans l'œuvre de Pascal, qui déterminent les rapports entre la volonté de croire et la valeur de la croyance, entre le cœur et la raison ; « il y a trois moyens de croire : la raison, la coutume, l'inspiration » (fr. 245).

Ainsi se trouvent déterminées la substance et la liaison des sections auxquelles on peut donner des titres tels que ceux-ci : *Misère de l'homme sans Dieu — Nécessité du pari — des Moyens de croire — les Philosophes — la Morale et la doctrine chrétienne.*

Une série de fragments relatifs à l'homme n'a pas trouvé place dans ce classement ; ce sont ceux qui ont une portée sociale, pour lesquels Pascal songeait au titre : *les Lois* (fr. 73) et qui, à un autre moment devaient être réunis dans une lettre que Pascal appelait *la lettre de l'Injustice* (fr. 291). Ils sont distincts de l'étude psychologique de l'homme en lui-même, et d'autre part ils ne paraissent pas se rapporter directement à la discussion des systèmes philosophiques. Un indice cependant permet de résoudre la difficulté. L'enchaînement des fragments sur l'injustice se trouve expliqué par Pascal dans la pensée 337, dont nous donnons ici le cadre : « Gradation. Le peuple honore les personnes de grande naissance... Les demi-habiles... Les habiles... Les dévots... Les chrétiens parfaits... Ainsi se vont les opinions succédant du pour

au contre, selon qu'on a de lumière. » Or le titre de cette
pensée est *Raison des Effets* (cf. fr. 234 et 235, 334, 335
et 336), et Pascal a reproduit ce même titre en tête d'une
réflexion qui vise Épictète et montre l'impuissance du naturalisme stoïcien en face de la grâce chrétienne (fr. 467).
Ne pouvons-nous conclure de ce rapprochement que la
supériorité des chrétiens apparaît également à Pascal et
dans la controverse qui divise le peuple et les demi-habiles
sur le sujet de la justice sociale, et dans le débat sur la vérité qui met aux prises les pyrrhoniens et les dogmatiques ?
Seuls les chrétiens ont vu la cause, « la raison des effets » ;
seuls ils justifient, en s'élevant à un point de vue supérieur qui fait apercevoir les racines de l'une et de l'autre,
la thèse affirmative et la thèse négative. La dialectique
de la justice dont Pascal a marqué les degrés avec tant de
précision nous paraît donc préluder à la dialectique sur
la vérité qui accuse par les oppositions des philosophes les
deux aspects inséparables de la nature humaine, la misère
et la grandeur, afin de montrer comment la noblesse et
l'humilité se complètent et se corrigent dans la croyance
au divin Médiateur.

Reste enfin à relier cette Apologétique abstraite et intérieure à la partie externe et positive que nous avons
d'abord décrite. Telles que Pascal les présente, la morale
et la doctrine du christianisme offrent une ambiguïté
essentielle, puisqu'elles doivent être lettre close pour ceux
à qui Dieu n'a pas accordé sa grâce, comme elles seront
transparentes pour ceux qui ont l'inspiration du cœur.
C'est à cette ambiguïté qu'il convient de se référer pour
comprendre le caractère que la religion chrétienne a dû
présenter dans l'histoire, et la nature nécessairement
équivoque des preuves qui peuvent être tirées des prophéties et des miracles. Ainsi se fait la transition entre

les deux parties si distinctes d'allure et de contenu qui devaient composer l'*Apologie* de Pascal. A la *Section* qui réunit ces fragments de transition, Pascal paraît avoir donné un titre dans le fragment 570 : « Il faut mettre au chapitre *des Fondements* ce qui est en celui *des Figuratifs* touchant la cause des figures : pourquoi Jésus-Christ prophétisé en son premier avènement; pourquoi prophétisé obscurément en la manière. »

La méthode que nous venons de retracer nous conduit donc à une classification, qui ne sera peut-être jugée trop complexe, si l'on a égard à la richesse de la pensée de Pascal, à la nature de son génie qui déconcerte toute division simpliste et tout ordre linéaire. Elle comprend quatorze sections, dont voici le tableau :

   I. *Pensées sur l'Esprit et sur le Style.*
   II. *Misère de l'homme sans Dieu.*
   III. *De la Nécessité du pari.*
   IV. *Des Moyens de croire.*
   V. *La Justice et la Raison des Effets.*
   VI. *Les Philosophes.*
   VII. *La Morale et la Doctrine.*
   VIII. *Les Fondements de la Religion chrétienne.*
   IX. *La Perpétuité.*
   X. *Les Figuratifs.*
   XI. *Les Prophéties.*
   XII. *Preuves de Jésus-Christ.*
   XIII. *Les Miracles.*
   XIV. *Fragments polémiques.*

Nous voudrions que les fragments eux-mêmes de Pascal, tels que nous les publions, fournissent au lecteur la justification de ce tableau; subsidiairement nous le renvoyons aux *Pièces justificatives*[1], il trouvera une série d'*arguments* où nous avons marqué la sorte de continuité logique qui apparaît selon nous d'une section à l'autre, et dans une même section d'un fragment à l'autre. Mais, si l'existence même de cette continuité logique nous assure de n'avoir pas été absolument infidèle à Pascal, nous voudrions aussi qu'on ne s'en exagérât pas le caractère ou la prétention. Nous n'avons pas échappé à l'arbitraire et nous n'avons pas évité toute incertitude ; nous savons en particulier qu'il n'y a pas de distinction expresse entre certains fragments de la section II qui visent à établir par la psychologie la misère de l'homme et certains fragments de la section VI qui tirent des oppositions entre les philosophies la preuve de sa double nature, ou encore entre ceux de la section VII sur Jésus-Christ rédempteur, et ceux de la section XII sur Jésus-Christ personnage historique. Nous avons conscience que nous publions, non un ouvrage de Pascal, mais ses écrits posthumes. Nous tenons par-dessus tout à respecter le caractère fragmentaire que la mort leur a imposé, limitant le contenu, et masquant ainsi la portée, d'une « digression » que l'ordre du cœur devait pousser jusqu'à la fin commune.

---

1. *Vide* p. CCLV, sqq.

TROISIÈME PARTIE

I

Dans l'élan de son admiration pour Pascal, un des approbateurs de l'édition de 1670 se laisse entraîner à dire : « Tant s'en faut que nous devions regretter qu'il n'ait pas achevé son ouvrage que nous devons remercier au contraire la Providence divine, de ce qu'elle l'a permis ainsi. Comme tout y est pressé, il en sort tant de lumières de toutes parts qu'elles font voir à fond les plus hautes vérités en elles-mêmes, qui peut-être auraient été obscurcies par un plus long embarras de paroles. » Il faut reconnaître que cette louange fut médiocrement accueillie par les amis de Pascal ; ils la jugèrent « assez extraordinaire[1] » ; au témoignage de Le Nain de Tillemont, ils se mettaient presque en colère contre M. de Ribeyran : « ceux qui ont un amour particulier pour la doctrine de la grâce » n'attendaient-ils pas de cet ouvrage « la ruine du Pélégianisme et de toutes ses branches » ? comment ne pas s'affliger de voir à jamais épars en mille tronçons le glaive qui devait restaurer le Christ dans son Église, le *Pugio Fidei adversus Jesuitas* ? Nos contemporains comprennent le sentiment de Le Nain de Tillemont ; pourtant ils ne le partagent pas ; ils acceptent la « consolation bien

---

1. Recueil d'Utrecht, 1740, p. 594. *Vide infra*, p. clx et p. ccl.

facile » que leur donne M. de Ribeyran ; s'ils ne poussent
pas l'imprudence jusqu'à prétendre « que la brièveté de
ces fragments est plus lumineuse que n'aurait été le
discours entier et étendu », ils sentent qu'elle est plus
émouvante et plus pathétique ; elle a moins de force
doctrinale, mais elle leur parle de plus près, elle leur
révèle plus directement, selon l'expression de Vinet,
Pascal non l'auteur, mais l'homme. Il est là, dans sa
chambre et voici les feuilles volantes, qui sont couvertes
d'écriture dans tous les sens, avec des signes de renvois,
des phrases barrées, des scrupules et des retours sans fin ;
voilà les courtes lignes qu'il a tracées ou dictées, en
attendant une heure de loisir, une heure de trève à ses
perpétuelles douleurs. Voici enfin ses livres : *la Vulgate,*
saint Augustin, Jansénius, Saint-Cyran et les écrits de *ces
Messieurs,* puis Charron, Grotius, et Montaigne : le Montaigne in-8° de 1636 où sont ses références, le Montaigne
in-f° de 1635, où il a marqué un rond à la page 184.

Il y a lieu d'insister sur les lectures de Pascal. Il est
de tradition de répéter que Pascal avait peu lu. Du moins
Pascal n'a-t-il jamais dédaigné la science qui s'acquiert
par les livres. Au rebours d'un Descartes ou d'un Malebranche, il n'attend pas la vérité d'une déduction que
l'homme serait capable d'engendrer par le seul effort de
sa réflexion. La théologie, écrit-il à la suite de Jansénius
dans *le fragment du Traité du vide,* recherche seulement
de savoir ce que les auteurs ont écrit ; or ce qui est écrit
c'est l'histoire de l'humanité, c'est le fait du péché, le fait
de la rédemption qui contiennent le secret de sa destinée.
Aussi, sans se piquer d'érudition, Pascal veut-il tirer parti
de toutes les ressources que lui offrent l'érudition. Dans
la *Préface* qu'il aurait mise en tête de chacune des parties
de l'*Apologie* (fr. 62 et 242), il devait « parler de ceux

qui ont traité de la matière », de Montaigne et de Charron pour la connaissance de soi, de Raymond Sebon et de Grotius pour la vérité de la religion chrétienne. Enfin à chaque page de l'*Apologie* devait apparaître, comme la source et l'inspiration de toutes les doctrines, l'Écriture qui apporte la parole de Dieu, avec l'autorité décisive des interprétations données par saint Augustin et par Jansénius. En plus d'un endroit même, à la faveur des lettres et des dialogues qui devaient être insérés dans le corps de l'ouvrage, Pascal se serait effacé devant les maîtres profanes ou sacrés qu'il s'était choisis.

Mais Pascal ne lit pas seulement en auteur et pour son *Apologie*, il lit pour lui : « Ce n'est pas dans Montaigne, mais dans moi que je trouve tout ce que j'y vois (fr. 64). » Non seulement il est doué d'une mémoire singulière, à ce point qu'il n'aurait jamais oublié ce qu'il avait lu seulement une fois ; mais l'imagination égale en lui la mémoire : elle évoque le fait concret derrière la description abstraite, et par delà l'auteur elle fait surgir l'homme. Pascal a connu Montaigne, il a causé avec lui, l'avertissant et lui faisant des reproches. Il a entendu dans la Bible la voix même des Jérémie et des Isaïe ; il a gravi le mont des Oliviers à la suite des Évangélistes, il a vu Jésus, et la goutte de sang qui tombait pour lui à l'heure de l'agonie.

Aussi, travaillant à son « ouvrage contre les athées », Pascal n'a jamais été seul. Il a besoin de « communication » ; il s'est « dégoûté » des sciences abstraites parce qu'elles l'isolaient de l'humanité ; il vit désormais avec les hommes, avec les mauvais chrétiens qu'il combat, avec les libertins qu'il veut convertir, comme avec les prophètes d'Israël dont il partage les luttes et les espoirs, comme avec le Médiateur qui le fait entrer en société

avec Dieu. Si donc nous nous reportons aux œuvres
dont les *Pensées* portent le souvenir, ce n'est pas seulement pour y chercher la genèse de telle ou telle doctrine,
l'explication de tel ou tel fragment, c'est pour comprendre
et reconstituer le milieu intellectuel où s'est développé,
où s'est fécondé l'esprit même de Pascal.

Les *Essais* de Montaigne ont été, suivant le mot
heureux de M. Stapfer, la Bible profane de Pascal. Leur
influence est profonde, et elle est constante. Pascal conduit Montaigne à Port-Royal non pas, comme il fait pour
Epictète, en ennemi qu'il faut abattre et immoler à la
gloire du Christ, mais comme un auxiliaire, parfois même
comme un guide. Les emprunts, ou les allusions, à Montaigne — en si grand nombre qu'une édition des *Pensées*
est en même temps une réédition partielle des *Essais* —
ne sont point des souvenirs persistants de la période mondaine, et comme un réveil du Pascal d'autrefois. Pascal
a sans doute, de son point de vue, dépassé Montaigne et
Méré; à aucun moment il ne s'est détaché de l'un ou de
l'autre. Montaigne n'a pas cessé de vivre en lui, se transformant et grandissant avec lui; il est devenu l'humanité
au sens le plus étendu, au sens le plus profond. Ce n'est
pas un siècle que Pascal demande à Montaigne de lui faire
connaître, mais tous les siècles, les coutumes des peuples
et les maximes des sages, les anecdotes de l'histoire et les
aventures de la philosophie; ce n'est pas un pays, mais
tous les pays: avec lui il visite les cannibales que l'on fit
venir à Rouen devant le roi Charles IX, il découvre les
habitants du Mexico et leurs merveilleuses légendes. Autant
il participe à cette curiosité universelle, autant il goûte
la sagacité merveilleuse dont Montaigne l'accompagne :
il a relevé les erreurs des diplomates ou des capitaines,
comme les contradictions des légistes ou des savants ; il a

dénoncé la fragilité des empires, et celle des systèmes.
Nul n'apprend à mieux connaître tous les hommes ; nul
n'apprend à mieux juger tout l'homme. Pascal s'attache à
Montaigne, comme Montaigne s'était attaché à Plutarque :
« il est si universel et si plein qu'à toutes occasions, et
quelque subiect extravagant que vous ayez prins, il s'in-
gere à vostre besongne, et vous tend une main liberale
et inespuisable de richesses et d'embellissements. »
(III, 5.) Et Pascal ne se défait pas plus de Montaigne
que Montaigne ne pouvait se défaire de Plutarque. Dans
sa polémique avec les Jésuites sur le gouvernement de
l'Église, c'est une phrase de Montaigne que Pascal oppose
à ses adversaires : « La juridiction ne se donne pas pour
[le] juridiciant, mais pour le juridicié (fr. 879). » S'il
s'agit de défendre l'autorité *du* miracle, c'est à Montaigne
qu'il en appelle : « Que je hais ceux qui font les douteurs
de miracles ! Montaigne en parle comme il en faut dans
les deux endroits... » (fr. 813 et fr. 814). Et c'est au
Père Annat, à l'auteur du *Rabat-joie des Jansénistes*, qu'il
s'adresse, en lui citant le titre même d'un *Essai* : « Il faut
sobrement juger des ordonnances divines, mon Père
(fr. 853). »

Pour Pascal les *Essais* sont à ce point représentatifs et
compréhensifs que la personnalité même de leur auteur
finit par lui causer, sinon quelque gêne, du moins une
sorte d'agacement. Non par son scepticisme : les doutes qui
scandalisent de Saci ou Arnauld, édifient Pascal, car ils
témoignent de la « prudence » et du scrupule qu'il
convient d'apporter dans la recherche de la justice et de
la vérité ; mais bien plutôt par son christianisme même.
Si les *Essais* ont touché le fond de la nature humaine,
si l'*Apologie de Raimond Sebon*, sous les apparences
d'une esquisse légère, marque avec netteté les contours

du plan que l'Apologétique de Pascal devait remplir, si elle est l'affirmation de la religion vraie qui est selon saint Paul, comment expliquer que Montaigne lui-même pour son compte et dans sa vie ne se soit pas arrêté à la vérité qu'il fait apparaître comme le terme de sa réflexion? comment a-t-il démenti par sa conduite l'enseignement de son œuvre? Pascal ne s'y est pas trompé : la foi dont Montaigne fait profession, si elle n'est ni de commande ni de parade, n'est du moins que de surface. Vis-à-vis de l'Église dominante il garde l'attitude que les sages de la Grèce ont eue presque tous à l'égard des cultes païens ; il est respectueux et distant ; ou, pour prendre ses expressions, il demeure libre et délié. A l'épreuve décisive il se déclare enfin. Pour Montaigne la mort n'est pas l'aurore de la vie éternelle, elle est la fin de l'homme. Montaigne ne connaît pas l'angoisse du jugement ; il travaille seulement à chasser la crainte et le tremblement, à demeurer nonchalant et voluptueux, homme enfin au sens où l'homme s'oppose au chrétien. Voilà pourquoi les *Essais*, si bienfaisants pour celui qui reçoit d'ailleurs la lumière, sont en eux-mêmes si inquiétants. Qui donc croira lorsque Montaigne, qui a si profondément jugé de toutes choses et de la religion même, ne croit pas, de la foi sincère et fervente qui renouvelle le cœur et qui transforme la vie ? Voilà pourquoi il faut s'armer des *Essais* contre Montaigne lui-même, lui reprocher d'avoir diminué comme à plaisir la portée de son œuvre en se complaisant dans l'étalage de son moi : « Le sot projet qu'il a de se peindre (fr. 62). » Voilà pourquoi il faut enfin redresser cet homme qui s'abat dans la conscience tranquille de sa faiblesse et de sa lâcheté, l'élever, avec le secours de Dieu, jusqu'à Dieu même.

Comment compléter Montaigne? est-ce en remontant

jusqu'à Raymond Sebon? est-ce en descendant jusqu'à
Charron?

Si Montaigne avait donné à Pascal la curiosité de
Raymond Sebon, il lui en avait aussi donné la défiance.
L'*Essai* sur Raymond Sebon n'était pas fait pour prévenir Pascal en sa faveur; l'expression même de *Théologie
naturelle* devait lui apparaître comme une contradiction
dans les termes, d'autant que Raymond Sebon n'est nullement suspect de relâcher quoi que ce soit de la rigueur
du dogme pour l'accommoder aux exigences de la nature.
L'influence de saint Augustin est évidente : définition de
la justice et de la vérité par la volonté de Dieu, opposition
de l'amour de Dieu et de l'amour de soi, nécessité de
choisir entre la haine de Dieu et la haine de soi, subordination de la raison démonstrative à l'autorité de l'Écriture,
Raymond Sebon a marqué ces points essentiels avec une
netteté, à laquelle — plus d'un fragment des *Pensées* en
témoignerait — Pascal n'a pas dû rester insensible. Mais
alors le contraste n'en est que plus choquant entre la
doctrine de Raymond Sebon, et sa méthode qui est
faite tantôt de déductions abstraites et tantôt de compa-
raisons familières. La chute originelle est expliquée par
l'exemple du vin qui peut se troubler à demi, ou bien se
transformer en vinaigre, « ne retenant rien de son ancien
goût, or... c'est d'un tel changement que nous sommes
changés : nous ne sommes pas le vin trouble, mais le pur
vinaigre[1]. » Raymond Sebon ne respecte pas plus le
mystère de la Rédemption que celui de la Corruption. Il

---

[1]. Signalons sans y insister une analogie médicale que Raymond
Sebon développe avec quelque complaisance : « Le baptème vise d'en
haut en bas comme purgeant par le dessous, et la pénitence de bas en
haut, comme purgeant par le dessus. » (Cf. ch. 294.)

établit un à un, par une suite de raisonnements métaphysiques qui se déroulent à priori, les conditions que doit
remplir le Rédempteur, pour conclure enfin que « l'homme
duquel il a été parlé jusqu'à présent, c'est Jésus-Christ ».
Pascal ne sera certes pas le lecteur docile auquel Raymond
Sebon « présente cette belle université des choses et des
créatures comme une voie droite et une ferme échelle
ayant des marches très assurées par où il puisse arriver à
son naturel domicile et se remontrer à la vraie connaissance
de sa nature... par la vue des choses inférieures, il s'ache-
minera jusques à l'homme et tout d'un fil il enjambera
de l'homme jusques à Dieu ». — Et cependant Pascal ne
rejettera pas complètement l'idée de cette hiérarchie des
êtres dont Raymond Sebon a fait la base de son Apologétique ; il n'oubliera pas les « trois fraternités des chrétiens :
fraternité de la chair dans le premier homme, fraternité
de l'âme qu'ils reçoivent de Dieu, fraternité du bien-être
qu'engendre en eux Jésus-Christ, leur tiers père ». Seulement il ne croira pas si facile d'« enjamber » d'un ordre
à l'autre ; la gradation, qui était continue pour Raymond
Sebon, devient pour lui opposition perpétuelle, « renversement du pour au contre ». Dans cette hiérarchie même
il remarque la place éminente que Raymond Sebon a
faite au jugement et à la connaissance de soi : la réflexion
de Raymond Sebon est retenue et immortalisée dans le
fragment du *Roseau pensant*. Mais, tandis que Raymond
Sebon fait croître parallèlement la grandeur effective de
l'homme et la conscience de cette grandeur, Pascal mettra
en opposition la dignité que donne la connaissance de
soi, et la réalité misérable que cette conscience éclaire.
Enfin Pascal emprunte à Raymond Sebon cette idée que
l'intelligence est pour nous un instrument pratique,
qu'elle doit travailler à notre avantage et se prononcer

pour notre profit, que, dès lors, elle ne peut hésiter à
trancher le problème de la vie éternelle dans le sens où
se rencontre l'espoir de la béatitude infinie. Et Pascal
développant, peut-être à la suggestion de Raymond Sebon,
l'argument du pari, y verra non plus une propriété seulement, mais la limite même de notre pouvoir intellectuel.
Assurément l'ouvrage de Pascal n'aurait guère ressemblé
à la *Théologie naturelle* de Raymond Sebon; quelque
chose cependant en eût reparu transformé et transposé,
tant l'esprit de Pascal était ouvert à toutes les influences
et capable de les dominer pour les faire converger au but
qu'il s'était fixé.

Comme Raymond Sebon, et plus que lui encore, Charron s'inspire de saint Augustin. Pascal connaissait l'ouvrage anonyme où Saint-Cyran l'avait défendu contre le
Père Garasse, et il avait lu dans les *Discours chrétiens*
le chapitre sur la *Prédestination* qui forme comme un
manuel anticipé de jansénisme. Pascal était ainsi préparé
à trouver dans Charron non seulement un précurseur,
mais un guide. De fait, en lisant Charron, il pouvait dire
que son œuvre à lui y était déjà tout entière — et que tout
entière elle restait à faire. Elle était faite tout entière.
Dans ses *Discours chrétiens*, en particulier dans son *Discours sur la Rédemption*, Charron avait marqué, en traits
que Pascal n'oubliera pas, la personne et l'œuvre du
Rédempteur; il avait du coup atteint l'essence et le cœur
de la religion chrétienne. — De là il est fondé à faire
œuvre d'apologiste et de polémiste, en démontrant ces
Trois Vérités : « la première qu'il y a religion recevable de
tous et d'un chacun — contre tous athées et irreligieux ; la
seconde qui est l'excellence de la religion chrétienne par-
dessus les autres — contre tous mécréants, gentils, juifs,
mahométans ; la troisième qui est l'autorité de l'Église

catholique romaine — contre les hérétiques et les schis-
matiques. » En changeant le titre de la troisième vérité
pour faire porter tout l'effort des catholiques non plus
contre les protestants, comme au xvi° siècle, mais contre
les Nouveaux Pélagiens et les Jésuites, ces Trois Vérités
sont précisément celles dont la démonstration devait
remplir l'Apologie pascalienne. Bien plus, à ces Trois
Vérités, Charron donne la base qui convient en les appuyant sur la science de l'homme. Les trois livres de la
Sagesse forment un traité de psychologie et de morale.
La morale est empruntée aux Stoïciens, et en particulier,
comme le déclare formellement Charron, aux exposés du
chancelier de du Vair qui avaient joué un rôle considérable dans la première éducation littéraire et philosophique de Pascal. La psychologie est surtout tirée de
Montaigne, non dans son esprit seulement, mais dans la
lettre même : avec autant de candeur que de gaucherie,
Charron encastre dans le tissu généralement lourd et
terne de ses déductions abstraites les phrases pimpantes et
lumineuses des *Essais* ; les anecdotes et les saillies profondes de Montaigne sont distribuées dans un ordre didactique, elles se déroulent en séries régulières sous des titres
que Pascal avait notés, avec le dessein de les reprendre :
Vanité, Faiblesse, Inconstance, Misère, Présomption.

Seulement cette encyclopédie qui semble contenir à
l'avance toutes les matières des *Pensées* est encore un
bloc informe : il lui manque non pas seulement d'être
animée par le souffle du génie, mais de vivre au sens
organique du mot. Nulle part on n'aperçoit le lien qui
rejoint les parties, et les fait converger vers un but commun de façon à constituer un organisme véritable. Quand
Charron aperçoit enfin la difficulté, c'est pour s'en tirer
par une défaite charmante qui est aux yeux de Pascal un

aveu terrible : « Comme il n'est pas impertinent ni
étrange de se laisser rechercher et courtiser un temps de
son ami avant que de l'épouser et recevoir avec crainte
et révérence les commandements de son mari, ainsi ne
sera-t-il que bon de jardiner et s'égayer un peu par les
jardins et faubourgs plaisants des beaux discours philosophiques, puis avec modestie et révérence pour monter
et entrer en la haute et sainte cité de la Théologie
chrétienne (2° *Vér.* chap. III). » Pour Charron philosophie et religion correspondent à deux états différents
de l'esprit, qui s'excluent et qui se succèdent. Le philosophe n'est pas encore chrétien ; le chrétien n'est plus
philosophe. Or le problème est d'être à la fois philosophe
et chrétien. Il y a plus : ce n'est pas seulement entre
la philosophie et le christianisme que Charron ne réussit
à établir l'unité, c'est à l'intérieur de la philosophie.
Il est tout à la fois disciple de du Vair et disciple
de Montaigne ; mais, quand il s'attache à l'un, il oublie
l'autre. De là un résultat singulier. Sa morale tout
entière respire la confiance en l'humanité, l'attachement à la règle de nature, l'appel aux forces vives de la
raison et de la volonté. Mais sa psychologie est aussi pessimiste que sa morale était optimiste, elle étale à plaisir
les vices et les misères de l'homme, elle relève ses
contradictions et ses défaillances, elle les multiplie par la
variété des pays, des âges, des individus. Qu'un tel contraste ne soit pas sans s'expliquer, qu'il fournisse même
un argument profond en faveur des doctrines qui lui étaient
chères, Charron le savait sans doute ; mais cette vérité
suprême demeure cachée dans son œuvre. Il a conservé
la méthode scolastique, il a écrit une *Somme*, mettant
bout à bout les affirmations comme si elles étaient du
même ordre et comme si elles se démontraient de la

même façon. Mais aussi comme il élargissait ses conceptions au souffle de la Renaissance, comme il avait pénétré les aspects divers et même contradictoires de l'humanité, l'application d'une méthode uniforme à une matière
hétérogène ne pouvait plus produire que désordre et
confusion. Ces divisions perpétuelles attristent et ennuient, dit Pascal, c'est qu'en même temps elles obscur-
cissent et brouillent ; c'est à la lettre que dans Charron
les arbres cachent la forêt. Ou plus exactement Charron
juxtapose deux images différentes de l'humanité vues sous
deux angles différents et comme par chacun de nos deux
yeux ; Pascal seul était capable de ramener cette double
vision à l'unité, en lui donnant du même coup le relief
et la profondeur, en lui donnant la vie. Par Pascal Charron existe.

Il est donc vrai que l'héritier légitime de Montaigne
ne peut être Charron ; c'est Méré.

L'humanité, que Montaigne étendait à travers la diversité des peuples et des siècles, semble se concentrer en
ce qu'elle a de plus rare et de plus délicat pour devenir
l'honnêteté de Méré. C'est encore la nature, sans contrainte
et sans affectation, qui demeure absolument naturelle, et
qui pourtant est poussée à son dernier degré de raffine-
ment, qui « excelle en tout ce qui regarde les agréments
et les bienséances de la vie ». Et c'est la joie, joie de jouir
et plus encore de juger, de s'approuver au fond de son cœur,
dans la conscience intime de sa supériorité. Point de formules, point de règles ; point de métier surtout. L'honnêteté s'adresse à l'homme tout entier ; elle atteint en lui la
source profonde qui est le sentiment et le goût. Nul n'est
séduisant comme l'honnête homme ; il a un instinct qui
lui fait « connaître les sentiments et les pensées par des
signes presque imperceptibles, » et sa pénétration lui per-

met de « découvrir la manière la plus conforme aux gens
qu'il fréquente ». Il plaît sans qu'il ait paru chercher
à plaire, il semble qu'il s'efface toujours devant les
autres, et d'autant plus irrésistiblement il attache les
autres à soi. Telle est l'impression que produisit sur Pascal
le chevalier de Méré; elle survit aux années de vie mondaine. Si l'homme est purement homme, il est vrai de
dire avec Méré, sinon qu' « on doit principalement s'étudier à devenir honnête homme », — car l'honnêteté n'est
pas objet d'étude ni d'artifice, — du moins que l'honnêteté
est « la quintessence de toutes les vertus ». Méré ajoutait :
« Vous ne songez pas qu'il est bien rare de trouver un
honnête homme. J'ai un ami, qui ferait le voyage des
Indes pour en voir un seulement. » En 1660 Pascal écrit à
Fermat : « Si j'étais en santé, je serais volé à Toulouse...
Quoique vous soyez celui de toute l'Europe que je tiens
pour le plus grand géomètre, ce ne serait pas cette qua-
lité-là qui m'aurait attiré; mais... je me figure tant
d'esprit et d'honnêteté en votre conversation que c'est
pour cela que je vous rechercherais. » Quand les hommes
se rencontrent les uns les autres, du dehors pour ainsi dire
et sans communiquer par leurs « pensées de derrière »,
sans confronter leurs âmes, c'est sur le terrain de l'honnêteté qu'ils se rejoignent et qu'ils s'accordent. Aussi faut-il
que le chrétien connaisse et pratique les règles de l'honnêteté; il le faut surtout s'il obéit à l'élan de la charité,
s'il travaille à la conversion totale de ceux qui se com-
plaisent dans les jouissances du monde; l'honnêteté seule
lui donnera les armes qui le rendront capable de la combattre en la dépassant. Les conversations de Méré ne
revivent pas seulement dans la mémoire de Pascal, dans
son expérience générale de la vie; il les transcrit sur le
papier, il les rédige comme pour en tirer une « Rhéto-

rique » qui ferait pendant aux *Discours* de Méré sur la
Conversation, les *Agréments*, l'*Éloquence*, etc. Cette
Rhétorique se rattache sans doute aux réflexions sur
l'*Esprit géométrique* et sur l'*Art de persuader* ; mais parfois aussi elle se relie étroitement à la méthode même et
au fond de l'*Apologie*. Que l'on ouvre la *Doctrine curieuse des Beaux Esprits de ce temps*, par le Père Garasse
de la Compagnie de Jésus (1623) [1], et qu'on la compare
avec l'*Apologie* que Pascal dirigeait contre les libertins et
les athées, on apercevra la part de collaboration incon-
sciente qu'il convient d'attribuer à Méré.

Pourtant, dans le souvenir de cette séduction mondaine
qui sera comme sanctifiée si Dieu veut qu'elle tourne à la
conquête des âmes et à la gloire de la vérité, une image
se dresse plus profonde et plus vive encore que celle de
Méré. C'est Miton que Pascal prend à partie dans ses
fragments ; c'est à lui qu'il reproche l'injustice du *moi*,
la feinte vertu de l'honnêteté qui couvre l'amour-propre
et qui ne l'ôte pas ; c'est lui enfin qu'il somme de se

---

1. Voici un échantillon de ce style : « Supposé que cette maxime
soit véritable qu'il faut laisser chacun en sa créance, puisqu'il n'y a
rien de plus libre au monde que le croire : Il me plaît de croire que
nos nouveaux dogmatisants sont des faquins, des invrognets, des caba-
retiers, des escornifleurs, des gueux, des chercheurs de repuë franche,
des niais qui n'ont ni esprit ni cervelle, des moucherons de taverne,
des punaises de cour ; et s'ils sont si étourdis que de s'offenser de mes
paroles, je dirai que telle est ma créance et que suivant leurs principes il se faut bien garder de forcer ou contraindre la créance des
hommes... Je dirai à ce compte qu'Anaxagoras avait raison de dire que
la neige est noire, et pour toute excuse qu'il le croyait ainsi, que
Démocrite était un bel entendement quand il disait que le Ciel est
composé d'atomes, car il le croyait ainsi, que Copernicus était un
habile homme, disant que la terre marche continuellement et que le
Ciel s'arrête, car il le croyait ainsi, etc. » (L. III, sect. V, § 3 et 4,
p. 233.)

remuer, avant que Dieu même le condamne. Et en effet
Méré conserve à travers l'éclat et l'entraînement du
monde une richesse de vie, une sorte de sève morale qui
permet à Pascal d'espérer en lui ; mais avec Miton le
chrétien mesure l'abîme du doute tranquille et de la négation ; l'ardeur qui travaille Pascal ne rencontre que
sécheresse et stérilité. Miton ne croit à rien ; il n'est dupe
ni du « bon air » ni des « grands mots », il ne s'étour-
dit pas comme Méré dans l'étalage de sa propre supériorité,
il ne prodigue pas ses conseils et ses jugements ; il est détaché des hommes, détaché des plaisirs, détaché de la vanité[1].
Sa clairvoyance est impitoyable, comme sa correction et
sa politesse. En face de la religion, son attitude est exactement celle qui est définie dans le *Mont des Oliviers* : le

---

[1]. Nous ne connaissons Miton directement que par sa correspondance avec Méré. Il écrit à Méré qui songe à un ouvrage qui ne
périsse jamais : « Le monde en vaut-il la peine ? ces choses ne se font
pas sans beaucoup de travail. On incommode sa santé par des méditations profondes, et la récompense en est bien légère ; le parti le
plus sûr, ce me semble, est de ne songer qu'à des choses simples, et
même badines, et d'en revenir toujours là. » Ailleurs, soupçonnant
Méré de se consoler facilement de son absence dans le jeu et les
divertissements de Paris, il ajoute : « Quand des songe-creux comme
nous rencontrent par hasard quelque plaisir, il ne faut pas leur en
savoir mauvais gré. Pour moi je me trouve si peu content de tout que
sans quelques pensées qui m'amusent dont les unes sont pleines de
faiblesse, et les autres de vanité, je donnerais tout pour peu de chose.
Mais cela est bien triste ; il faut doubler le pas pour s'en éloigner. »
Voici enfin un passage mystérieux où l'on ne peut s'empêcher de penser
à Pascal : « Ce que vous me mandez de notre ami est admirable, et
la préférence sur Descartes et sur Platon dont il m'honore m'a bien
fait rire. Ne vous souvient-il pas que je lui disais toujours que je
n'étais pas en peine de son approbation, et que je la regardais comme
un bien qui m'était assuré ? Je vous supplie très humblement de lui
dire que je lui en suis très obligé, et que l'espérance de passer encore
d'agréables soirées ensemble me donne beaucoup de joie. » (Œuvres
du chev. de Méré, t. I, p. 253.) Cf. l'*Appendice* au fr. 233.

« dédain » et le « froid silence. » Comment faire naître dans cette âme l'inquiétude de la destinée, qui est le ferment de la foi ? comment faire surgir de ce fond de scepticisme et de pessimisme le souci de la vérité éternelle et l'attente de la béatitude ? ce problème tragique qui donne aux *Pensées* leur accent incomparable, c'est Miton qui l'a posé à Pascal.

La religion fournit la réponse à la question ; mais encore faut-il qu'elle soit le christianisme vrai, dans sa pureté et dans son intégrité. C'est de ce christianisme que Pascal s'inspire et se nourrit, du jour où il fut initié aux doctrines qui se répandaient autour de Saint-Cyran : Jansénius est à ses yeux l'interprète authentique du Christ. L'*Augustinus* contient toute la matière de l'enseignement religieux, exposée suivant la méthode propre à la théologie qui est l'histoire, et pourtant liée de façon à satisfaire la rigueur du logicien qui y comprend, en même temps que l'enchaînement des mystères de la corruption et de la rédemption, la misère de l'homme qui cherche à vivre sa vie naturelle, la ruine et la perversion de toute philosophie qui prétend définir la vérité à la mesure de la raison. C'est la *Somme* du christianisme restauré ; elle se dresse en contraste absolu, de forme et de fond, avec la *Somme Théologique* de saint Thomas d'Aquin qui n'est plus aux yeux de Jansénius qu'un manuel d'éclectisme à tendances philosophiques et païennes. « Je suis dégoûté un peu de saint Thomas, après avoir sucé saint Augustin [1]. » A défaut des preuves internes, que fournissent les citations de Jansénius éparses dans les fragments, l'allusion de la *Première Provinciale* n'atteste-t-elle pas à quel point

---

[1]. Let. du 5 mars 1621 *in* Sainte-Beuve, *Port-Royal*, 5ᵉ éd., t. I, p. 293.

Pascal était familier avec l'œuvre ? La doctrine théologique des *Pensées* s'éclaire en sa dernière profondeur par l'analyse de l'ouvrage de Jansénius.

En voici le titre intégral : « *Doctrine de saint Augustin sur la santé, la maladie et « la médecine » de la nature humaine, contre les Pélagiens et les Marseillais, en trois tomes. — Premier tome, où sont passées en revue, d'après saint Augustin, l'hérésie et les mœurs de Pélage contre la santé, la maladie et « la médecine » de la nature humaine. — Second tome, où la doctrine propre de saint Augustin sur l'état et la force de la nature humaine, à l'état de déchéance et à l'état de pureté, est approfondie et développée. — Troisième tome, où la pensée propre du très profond auteur Augustin sur le secours de la grâce médicinale du Christ sauveur, sur la prédestination des hommes et des anges, est exposée et élucidée. — Appendice qui met en parallèle et examine l'erreur des Marseillais et de quelques modernes* (ces modernes, il n'est pas indifférent de le noter en passant, sont trois jésuites, Suarez, Vasquez et Molina). On aperçoit le but de Jansénius : entre l'ancienne hérésie qu'a combattue saint Augustin, et la nouvelle qu'ont ressuscitée les jésuites, il s'agit de dégager l'orthodoxie catholique. Cette orthodoxie est définie par son organe, qui est saint Augustin : la méthode de Jansénius est purement théologique, ses arguments sont des citations de saint Augustin. Ce qu'il veut, consciemment et explicitement, c'est un retour à la parole révélée. Son œuvre, à cet égard, est inverse et complémentaire de l'œuvre de Descartes. Descartes ruine la Scolastique parce qu'il renverse le principe d'autorité dont elle avait fait le criterium de la vérité philosophique, et qu'il rétablit les droits de la raison. Jansénius, dont l'ouvrage paraît trois ans seulement après le *Discours de la méthode,*

ruine à son tour la Scolastique, en renversant la raison
naturelle dont elle avait fait le criterium de la vérité théologique pour rétablir les droits de l'autorité. Qui dit philosophie, dit raison ; qui dit théologie, dit autorité. C'est
pour avoir interverti les deux ordres et les deux principes
que la Scolastique tombe en même temps sous une double
condamnation, ainsi que le montre Pascal dans un fragment de préface au *Traité du vide*, qui est tout pénétré
du souvenir de Jansénius. Parmi nos connaissances, écrit
Pascal « il faut considérer que les unes dépendent seulement de la mémoire et sont purement historiques,
n'ayant pour objet que de savoir ce que les auteurs ont
écrit ; les autres dépendent seulement du raisonnement,
et sont entièrement dogmatiques, ayant pour objet de
chercher et découvrir les vérités cachées... L'éclaircissement
de cette différence doit nous faire plaindre l'aveuglement
de ceux qui apportent la seule autorité pour preuve dans
les matières physiques, au lieu du raisonnement ou des
expériences ; et nous donner de l'horreur pour la malice
des autres, qui emploient le raisonnement seul dans la
théologie au lieu de l'autorité de l'Écriture et des Pères ».

Aussi, dès le premier livre de l'*Augustinus*, la condamnation de Pélage est-elle présentée par Jansénius comme
la condamnation de la philosophie : « La première origine
de toute l'hérésie de Pélage et de tous les ennemis de la
Grâce, c'est la Philosophie. » Par Origène, la doctrine
remonte aux Stoïciens : de part et d'autre, c'est la même
confiance dans la nature, la même exaltation de la liberté
propre à l'homme ; par suite le même orgueil qui se
met au-dessus de la Grâce, qui rend inutile la croix du
Christ, qui, sans qu'un Médiateur l'ait rachetée, érige
la créature en Dieu. Si l'homme est libre, il n'y a plus
de libérateur à chercher ; si la nature est sauve, le sauveur

est superflu ; le christianisme est né. Se servant pour
connaître des mêmes moyens que les philosophes païens,
les Pélagiens sont redevenus païens : « De même qu'elle
est la mère des hérésies, la philosophie, appliquée à la
définition des mystères divins, est la mère des erreurs. »
La vérité religieuse n'est pas accessible à la raison humaine,
parce qu'elle vient de Dieu, non de l'homme. Elle se
compose de faits ; or, ces faits nous ne pouvons ni les
inventer ni les deviner ; ils ont été révélés, et il ne s'agit
que de les connaître, tels qu'ils ont été révélés, dans leur
pureté et leur intégrité; pour cela, il faut en avoir fidèlement conservé la mémoire. La théologie est une science
historique ; Jansénius se propose de raconter une histoire,
dont il emprunte les traits à saint Augustin, « le premier
des Docteurs, le premier des Pères, le premier des Écrivains ecclésiastiques après les Docteurs canoniques, Père
des Pères, Docteur des Docteurs, subtil, solide, irréfra-
gable, angélique, séraphique, très excellent, et ineffa-
blement admirable ». Les versets de l'Écriture, eux-
mêmes, ne figurent dans Jansénius qu'accompagnés des
commentaires de saint Augustin ; cette unité de source
donne à l'*Augustinus* une cohésion et une solidité qui en
rendent la lecture encore aujourd'hui facile et attachante.
Si, à la différence des ouvrages scolastiques, il soutient
l'attention, c'est qu'il révèle dans le seul choix des citations le travail d'un penseur qui s'est identifié à son
guide, qui a vécu de son esprit, qui a refait pour son
compte la synthèse de sa doctrine. La doctrine augus-
tinienne, telle que Jansénius la restitue, consiste essentiellement dans l'histoire de l'humanité, dans la succession
des quatre états qu'elle a été destinée à traverser : 1° avant
la loi ; 2° après la loi ; 3° l'état de grâce ; 4° l'état de gloire.

1° Le premier homme a été créé dans un état d'har-

monie et de liberté. Aussi on peut affirmer avec vérité
de cet état de perfection primitive tout ce que les Pélagiens ont dit de notre humanité actuelle. La liberté de
l'homme était alors quelque chose d'efficace et de positif.
Non que cette liberté rendît inutile la grâce de Dieu : la
grâce est un secours nécessaire, rien ne se fait sans elle ;
mais il était vrai alors que l'homme n'agissait pas uniquement par elle, la grâce n'était qu'adjuvante et coopé-
rante. C'est pourquoi l'homme a pu opposer à la tendance
qui le poussait vers Dieu une autre tendance qui le dirigeait vers lui-même et vers les créatures ; maître de choisir
entre lui et Dieu, il s'est choisi, il a opposé l'ingratitude à
la grâce, il a fait le Dieu et il s'est perdu. Le péché s'est
transmis, par voie naturelle d'hérédité et par voie légitime de solidarité, du premier homme à sa postérité ; il
est devenu le péché d'origine, qui a pesé sur les générations successives.

2° Quelles ont été les conséquences du péché originel ?
Tout d'abord Dieu s'est retiré de l'homme ; l'homme a
été abandonné à ses propres forces. Mais que faut-il entendre par là ? Faut-il admettre avec les Pélagiens que
l'homme puisse être dans un état d'équilibre, indifférent
au bien et au mal, accomplissant l'un ou l'autre suivant
l'usage qu'il fait de sa liberté ? Selon Jansénius, l'état de
pure nature est une chimère ; et voici comment il établit
cette proposition fondamentale de sa doctrine : Il n'y a de
véritable amour en l'homme et de véritable jouissance
que l'amour et la jouissance de Dieu ; tout ce qui n'a
pas Dieu pour principe et pour fin est dépravé et funeste ;
point de milieu entre la misère et la béatitude ; donc, comme
il n'y a point de béatitude sans Dieu, il ne peut y avoir
sans Dieu que misère : dans l'âme, le désir avec l'armée
des passions, les regrets, les haines, les colères, le déses-

poir, le crime ; dans le corps, les maladies et la mort. Même considéré chez les païens, l'état de pure nature est le plus triste de tous, puisqu'il ne laisse place ni au souvenir ni à l'espérance, puisque rien n'y peut atténuer la déplorable facilité qu'a l'homme de pécher. « Tu nous as faits pour toi, dit saint Augustin dans les *Confessions,* et notre cœur est dans l'inquiétude jusqu'à ce qu'il se repose en toi. » Mais ce n'est pas tout : non seulement, à la suite du péché, la concupiscence a occupé l'homme tout entier, destitué du secours de la grâce ; mais encore la loi a été promulguée, loi qui a défendu la concupiscence et qui a menacé des peines éternelles. Seulement qu'a fait cette défense, sinon d'irriter en nous cette concupiscence ? « La loi fait non la mort, mais la force du péché » ; elle en atténue à peine les effets par la terreur de Dieu, qui est une nouvelle forme de concupiscence et de misère. La punition du péché, c'est d'errer et de pécher encore, par une sorte de fatalité intime. La grâce divine est le seul lien qui unisse l'intelligence à la vérité, la volonté à la charité. Sans elle tout est dépravé en l'homme, tout est voué à la triple concupiscence dont a parlé saint Jean : concupiscence des sens, concupiscence du savoir, concupiscence de l'ambition. Or, comme l'a dit saint Augustin, le propre de la concupiscence, c'est de nous rattacher à un bien qui peut nous échapper malgré nous, qui est incapable par conséquent de nous satisfaire, qui ne peut pas ne pas être une cause de malheur. La concupiscence est à la fois le péché et la misère, et voilà le fruit de la loi. La loi fait des méchants et des coupables ; elle est simplement venue avant le médecin pour révéler au malade son état qu'il ignorait ; elle est comme un pédagogue qui mène à la grâce par la terreur.

3° La terreur ne saurait ni détruire la volonté de pécher,

ni donner la véritable liberté. La grâce seule est libéra-
trice, et le Rédempteur seul a rendu la grâce aux hommes.
Or quelle a été la vertu de cette rédemption? a-t-elle
réintégré l'homme dans la liberté que possédait le premier
Adam, de telle sorte que par la seule efficacité du baptême
chaque chrétien fût désormais maître de ne plus pécher,
qu'il pût par ses seules forces parvenir à la béatitude?
S'il en était ainsi, il s'ensuivrait cette étrange conséquence que l'œuvre de la Rédemption aurait été de rendre
désormais la grâce superflue, que le Médiateur dispense-
rait l'homme de recourir actuellement à Dieu. Encore une
fois l'homme, repris du fol orgueil de l'indépendance,
s'érigerait en Dieu: ce serait la négation du Christ,
« l'évacuation » de la Croix, le retour au péché originel.
Encore une fois il apparaît que le pélagianisme détruit le
mystère le plus sacré du christianisme. L'état de grâce
est un état de dualité, de combat; la concupiscence a
survécu à la rédemption; elle est indéracinable du cœur
de l'homme; « elle peut diminuer tous les jours, elle ne
peut pas finir; » et la délectation de la concupiscence
l'emporte si elle n'est surmontée par une délectation
plus forte, la délectation victorieuse de la grâce. Or de
ces deux délectations qui se combattent en l'homme,
l'une est inhérente à notre nature : le péché, une fois
commis, a été une source de corruption universelle qui a
pénétré l'homme dès sa naissance; l'autre, au contraire,
est un don gratuit de Dieu, qui ne nous est point dû,
puisque nous ne tenons de nous que la concupiscence et
le péché, qui est seulement accordé pour les mérites de
Jésus qui s'est sacrifié : la grâce n'est point de devoir et de
justice, elle est de bonté et de miséricorde. Loin de se
plaindre à Dieu qu'elle soit donnée si rarement et à un si
petit nombre de fidèles, il faut le remercier qu'il l'ait donnée

quelquefois et à quelques-uns. Selon Jansénius, le dogme
essentiel du vrai christianisme, c'est la nécessité que le
mystère de la rédemption se renouvelle en chaque homme
et pour chaque action ; dès que la créature est abandonnée
à elle-même, elle ne peut manquer d'être entraînée par
le poids du corps et du péché ; la chute est fatale si Dieu
n'intervient pas. A aucun moment par conséquent, la
créature ne peut se fier à elle-même ; « toute charité vient
de Dieu », et en nous il y a une source perpétuelle de
mal. Le dogme aboutit à la parole de l'Apôtre: le salut
s'opère avec crainte et tremblement.

4° L'état de gloire enfin est le couronnement de l'œuvre
que la grâce divine a accompli en l'homme: c'est la
félicité dont les élus jouiront après le jugement, non
parce qu'il a été juste que leurs mérites fussent récom-
pensés, mais parce qu'à la faveur de la grâce divine ils
ont échappé à la punition de leurs péchés. Le petit
nombre de ceux que Dieu a réservés à la béatitude est
une nouvelle cause de perfection pour les élus: la
« masse des perdus », en même temps qu'elle orne le
monde, qu'elle exerce et éprouve les fidèles, est pour eux
un témoignage perpétuel de la puissance et de la miséricorde de Dieu.

L'*Augustinus* est pour Pascal le livre de la vraie doctrine ; c'est le foyer autour duquel rayonnent ses lectures
« chrétiennes et spirituelles ». Tout d'abord il remonte à
la source, à saint Augustin ; il lit non seulement les traductions que publient les Arnauld, mais encore dans le
texte même les Lettres, les Sermons, les traités sur la *Doctrine chrétienne* et l'*Utilité de croire*, les commentaires de
l'Écriture sainte, les livres contre Pélage. D'autre part,
depuis que les disciples de saint Cyran lui ont mis entre
les mains le *Discours sur la Réformation de l'homme inté-*

rieur traduit de Jansénius par Arnauld d'Andilly, *les Lettres* de Saint-Cyran, la *Fréquente communion* d'Arnauld, il n'est resté étranger à rien de ce qui exprimait la pensée commune de ses amis : « Nous avons ici la lettre de M. de Saint-Cyran, imprimée depuis peu... Nous la lisons ; nous te l'enverrons après, » écrivent Jacqueline et Blaise Pascal le 1ᵉʳ avril 1648 à leur sœur Gilberte. Mais il n'est point question de séparer ce qui dans l'esprit de Pascal était inséparable, ni de chercher des marques particulières et extérieures d'une influence qui était perpétuelle.

Au contraire on peut s'attendre à retrouver des références précises pour les ouvrages que Pascal avait lus spécialement en vue de son Apologie. Dans la préface de la *Seconde partie,* qui devait démontrer la vérité de la religion, il se proposait de « parler de ceux qui ont traité de la matière », rencontrant, avec Charron et Raymond Sebon, le Balzac du *Socrate chrétien,* Grotius surtout dont il avait étudié de près le *Traité de la Religion chrétienne,* à qui il emprunte plus d'un détail d'érudition, et aussi le fond de sa polémique contre Mahomet. D'autres ouvrages lui ont été indiqués en vue d'informations à prendre sur des points particuliers. Tel est le cas pour le livre de Josèphe *contre Apion,* pour les *Annales* de Baronius ou pour les notes de Vatable sur les *miracles.* Tel semble être également le cas pour le *Pugio Fidei* de Raymond Martin dont voici le titre complet : *Pugio christianorum ad impiorum perfidiam jugulandam et maxime judæorum.*

M. Molinier l'a décrit dans la *Préface* de son édition des *Pensées.* Il a insisté sur la relation curieuse que les notes retrouvées dans le manuscrit établissent entre le dominicain du xɪɪɪᵉ siècle et le janséniste du xvɪɪᵉ siècle. A y regarder de près, pourtant cette relation n'est nullement celle de maître à disciple. La philosophie propre à

Raymond Martin demeure complètement étrangère à l'esprit de Pascal. Sa polémique contre Aristote, contre les Stoïciens, contre les Turcs, contre les hérétiques ne le touche point; il ne s'occupe que du débat avec les rabbins juifs, encore se soucie-t-il moins de la thèse posée par l'auteur que des arguments auxquels il répond. Le livre de Raymond Martin est pour Pascal comme un manuel d'exégèse juive; les interprétations des Rabbins y sont recueillies dans le texte original. Pascal se fait un devoir de les dépouiller et de les discuter, comme il avait fait au moment des *Provinciales* pour les écrits des casuistes. C'est dans cet esprit que Raymond Martin avait lui-même écrit dans le *Pugio Fidei*: « Hinc igitur animadverte, lector, quam sit utile fidei christianæ litteras non ignorare hebraïcas. Quis enim unquam nisi ex suo Talmud sua posset in eos pro nobis jacula contorquere? » (p. 358). C'est dans cet esprit que Bosquet, évêque de Lodève, avait imprimé en 1651 le manuscrit de Raymond Martin; et que Joseph de Voisin avait rédigé une savante préface qui formait à elle seule tout un livre et qui a paru à part dès 1650 sous ce titre: *De Lege Divina.* Cette préface, dit dom Clémencet[1], est un tableau des « connaissances préliminaires qu'il est nécessaire d'avoir à l'esprit pour bien entendre la doctrine des anciens Hébreux ». Pascal s'y réfère naturellement pour débrouiller le chaos des antiquités juives; nous trouvons dans ses papiers des listes de commentateurs juifs, et les calculs qu'il fait pour traduire en fonction de l'ère chrétienne les dates que de Voisin rapporte à la

---

1. Il est à remarquer que dans son *Histoire littéraire* (inédite) *de Port-Royal,* dom Clémencet fait une place à de Voisin parmi les écrivains jansénistes. On voit ainsi comment l'attention de Pascal fut attirée sur le *Pugio Fidei.*

destruction du temple de Jérusalem[1] ; n'en concluons pas
que Pascal devait transporter dans l'*Apologie* une simple
note faite pour la commodité de la lecture. — Quant
aux textes transcrits du *Pugio Fidei*, un chapitre que
Pascal résume entièrement rappelle l'interprétation que
les rabbins ont donnée de certains passages de l'Ancien
Testament, où se retrouverait « la tradition ample du péché
originel selon les Juifs[2] »; l'autre série, la plus nombreuse
et la plus importante[3], vise les prophéties sur le Messie.
Or, lorsque Pascal demande à Raymond Martin de lui
fournir avec précision les thèses du Talmud, et de lui
permettre ainsi d'argumenter contre les rabbins qui nient
la divinité de Jésus-Christ, faut-il dire que les suggestions
venues du *Pugio Fidei* lui font oublier les préoccupations
de ses contemporains et de ses amis? ou au contraire
n'est-ce pas dans un esprit rigoureusement janséniste
qu'il met à profit la science hébraïque de Raymond
Martin? Ç'a été le caractère propre de Jansénius de chercher à restaurer contre la scolastique le christianisme dans
sa vérité originelle. Le problème religieux est pour lui un
problème historique. Il est tout entier dans l'autorité du
Nouveau Testament, lequel n'a de sens qu'à la condition
d'être l'interprétation authentique de l'Ancien. *L'Histoire
de la Bible* que Fontaine rédigea pour Le Maître de Saci
et qui fut célèbre au xviie siècle sous le nom de *Bible de
Royaumont*, est d'un bout à l'autre présentée comme un
système de figuratifs : l'*Ancien Testament* est fait de 183
figures; et le *Nouveau* de 84. Le caractère figuratif de la
loi juive est une doctrine fondamentale de saint Paul, de

---

1. Fr. 635.
2. Fr. 446.
3. Fr. 642, 687, 726, 760, etc.

saint Augustin, de Jansénius[1]. Puisque les juifs qui
récusent le Nouveau Testament au nom de l'Ancien inter-
prètent eux aussi l'Écriture à l'aide des figures, il est
nécessaire d'opposer un système à leur système ; Pascal,
avec l'audace et la sincérité qui sont les marques de sa
nature intellectuelle, va chercher la doctrine de ses adversaires dans la publication contemporaine qui la lui présente
sous la forme la plus précise et la plus coordonnée,
exactement comme il demande au père Martini de le
renseigner sur les objections que l'histoire de Chine
permet d'élever contre la chronologie judéo-chrétienne.

Mais quand il s'agit de la solution, ce n'est plus au
Pugio Fidei qu'il l'emprunte, c'est à l'Écriture elle-même.
Au témoignage de Mme Périer, « il s'y était si fortement
appliqué, qu'il la savait toute par cœur ; de sorte qu'on
ne pouvait la lui citer à faux ; car lorsqu'on lui disait une
parole sur cela, il disait positivement : « Cela n'est pas de
l'Écriture sainte, » ou « Cela en est ; » et alors il marquait
précisément l'endroit. » Il lisait aussi les commentaires
avec grand soin. Il avait rédigé d'après un traité de Jansénius,
Series Vitæ J.-C. juxta ordinem temporum un *Abrégé de
la vie de Jésus-Christ*[2], pour concilier les discordances des
Évangélistes. De même il se préoccupe de s'appliquer à
rétablir la correspondance entre les deux Testaments.
Les passages qu'il commente de préférence sont ceux où
les Évangélistes et les Apôtres citent des textes de l'Ancien
Testament, et on en trouve de curieux témoignages dans
sa façon de citer. Les versets qu'il écrit de mémoire sont
parfois comme une sorte de synthèse entre les différentes

---

1. Cf. fr. 642 sqq.
2. Cf. l'édition de l'*Abrégé* par Michaut (Fribourg, 1896) et la
Revue critique du 24 mai 1897.

versions que la *Vulgate* donne à différents endroits d'un
même texte hébreu[1]. Enfin dans l'Écriture même la pré-
dilection de Pascal est manifeste pour les prophètes juifs,
pour les Isaïe, les Ézéchiel et les Jérémie. Non qu'il soit
ému par le souffle de poésie orientale qui traverse leurs
prophéties ; mais il se sent en communion d'âme avec
eux : comme eux il vit devant Dieu et devant le même
Dieu, le Dieu jaloux qui a créé l'humanité pour son service, le Dieu qui enverra l'aveuglement et qui pourtant le punira, le Dieu qui s'est réservé des adorateurs
cachés. Tandis qu'un Spinoza, libéré par Descartes de la
tradition rabbinique, rêve de fonder sur l'unité absolue
de Dieu la catholicité vraie, Pascal, élevé en géomètre,
se retire dans le cercle étroit où sont les serviteurs
secrets, les élus qui s'effraient eux-mêmes de leur petit
nombre en comparaison de la masse innombrable des
perdus. Bossuet — qui, lui aussi, est pénétré de l'Ancien
Testament et de l'esprit juif — a été salué comme un
Père de l'Église ; Pascal est, à la lettre, le dernier prophète d'Israël.

Montaigne, Charron et Méré d'une part — de l'autre,
Jansénius, saint Augustin et l'Écriture, voilà, semble-t-il,
toute l'Apologie que Pascal méditait. Faut-il en conclure,
comme on l'a fait, que l'Apologie ne devait pas être une
œuvre proprement originale ? Non certes que nous ayons
à envisager ici la thèse de Charles Nodier sur Pascal pla-
giaire. Pour fameuse que soit cette thèse, il ne lui manque
que d'avoir un sens : elle transforme en un livre publié
du consentement et sous la surveillance de l'auteur les
feuilles volantes qui ont été trouvées à la mort de Pascal ;

---

1. Cf. fr. 735 et 736, fr. 779.

elle ignore la place que Pascal réservait à Montaigne dans la *Préface* de sa première partie, la forme sous laquelle il se proposait de publier les longs passages imités des *Essais*, et qui est bien caractéristique : *Lettre de l'Injustice, lettre de la folie de la science humaine et de la philosophie* ; mais par-dessus tout elle a cette naïveté incomparable de s'imaginer que l'on pouvait en plein xvII⁰ siècle s'approprier du Montaigne à l'insu du lecteur.

Mais dans un meilleur sens on peut se demander si Pascal a voulu faire œuvre originale. Pascal n'invente pas un système pour le proposer à ses contemporains ; Pascal est un chrétien qui veut convertir les libertins à l'autorité de l'Église ; il prêche la vérité révélée. Toute addition, étant humaine, serait sacrilège ; au contraire il faut la dégager, cette vérité, de toutes les inventions et de toutes les mutilations que la Scolastique et les Jésuites lui ont fait subir pour la mettre au niveau de nos besoins logiques, ou de nos faiblesses morales ; il faut la rétablir dans sa pureté. Pascal se serait donc dans son Apologie défendu contre sa propre originalité ; il se serait scrupuleusement renfermé dans le programme que l'*Entretien avec M. de Saci* avait tracé : emprunter à Montaigne, pour lui assurer toute garantie d'impartialité et d'objectivité, son expérience de l'homme, montrer comment, à moins de s'abandonner soi-même dans la conscience de sa corruption, l'homme réclame la source de vie et de vérité, qui est le Rédempteur. *Première partie* : Adam, par Montaigne. *Seconde partie* : Dieu, par Jésus-Christ.

Quelle sera donc la portée de cette conception, qui de loin paraît plausible? C'est ce qu'il est bien difficile d'apercevoir, dès qu'on veut préciser. Plus on diminue

l'originalité de la doctrine propre aux *Pensées*, plus on
met en relief l'éclat incomparable de la forme. Mais est-
il possible chez Pascal de séparer ainsi la forme et le fond ?
Le style, surtout dans les fragments de son œuvre dernière, est autre chose que le produit d'un art consommé ;
c'est le geste de l'âme le plus intime. Il n'apporte pas seulement à la pensée une expression d'une transparence
unique, il lui marque une profondeur qu'elle n'avait pas
encore atteinte. Rapprochées par Pascal, la vérité de Montaigne et la vérité de l'Écriture reçoivent une clarté nouvelle. Une route inattendue est tracée de l'une à l'autre, si
lumineuse pourtant qu'il semble impossible d'en suivre
une autre. Aussi certains lecteurs de Pascal s'y sont-ils
trompés : ce libertin, que l'ardeur de sa charité fait vivre
à travers son œuvre et qu'il force d'entrer dans la voie du
salut, ils ont cru que c'était Pascal lui-même : ils l'ont
imaginé révolté contre sa propre foi, se faisant violence
pour « ployer la machine » et prosterner son incrédulité
devant les autels. Rien mieux que cette étrange erreur
ne permet de comprendre le caractère propre de l'*Apologie* pascalienne, et le contraste qu'elle devait offrir avec les
traités traditionnels. Au lieu de faire dérouler devant un
lecteur immobile une série de vérités qui demeurent en
quelque sorte à leur proche hauteur, par delà la région
des nuages, et d'où la lumière descend uniforme et glacée,
Pascal devait marcher sur le libertin, lui reprocher de ne
pas se remuer, l'embarquer ou plutôt lui montrer qu'il
est embarqué, que le chemin marche pour lui et le conduit où il faut aller.

Comment contester l'originalité essentielle d'une telle
Apologie ? elle est, ainsi que doit être le chef-d'œuvre
selon Gœthe, l'œuvre de circonstance qui pénètre en sa
profondeur entière et qui juge la pensée d'un siècle.

Le libertin, auquel s'adresse Pascal et qui aurait été
comme le héros de son *Apologie,* c'est l'homme des temps
nouveaux qu'après la renaissance des lettres antiques et le
réveil de la pensée libre la science moderne commence de
former, l'homme qui s'attache à la nature et qui prétend
se développer suivant les lois de la raison. Il fait un acte
de foi, et il dit : « Je crois que 2 et 2 sont 4 » ; il fait un
acte de charité, et il dit au pauvre : « Va, je te le donne
pour l'amour de l'humanité. » Pour cet homme nouveau
quelle est la vérité et quelle est la morale du christianisme ? Ni Descartes, ni ses disciples qui pourtant ont tous
été profondément religieux, Spinoza comme Malebranche,
Leibniz comme Fénelon, n'ont répondu à cette question :
ils ont mis Dieu au centre de leur doctrine, mais c'est un
Dieu vers lequel convergent, sans inversion de mouvement, sans rupture de continuité, toutes les forces de la
nature et toutes les ressources de l'humanité. L'esprit
l'aperçoit par intuition ; il est capable de donner à cette
intuition la forme rationnelle de l'argument ontologique.
La science procède de Dieu et nous rapproche de Dieu ;
le progrès moral prescrit aux sociétés humaines des lois
qu'il justifie, permet à la vertu de réaliser dès ce monde
le règne de la Grâce et l'union avec l'Absolu. A l'ombre
du quiétisme de Spinoza ou de Fénelon, de l'optimisme
de Malebranche ou de Leibniz, la civilisation moderne
grandit et se développe, l'esprit humain conquiert son
autonomie, il définit lui-même les conditions de la vérité,
en même temps qu'il affirme à titre de donnée positive
l'autorité de la conscience morale et qu'il établit les bases
de la justice sociale. Si l'œuvre du xviii° siècle, malgré les
apparences, continue l'œuvre du siècle précédent, c'est
que le xvii° siècle — tout en le faisant reposer sur une
doctrine de Dieu —, a pourtant élevé l'édifice de la raison.

il a été infidèle au christianisme vrai qui est l'antagonisme, « l'opposition invincible » de l'homme et de Dieu.

Voilà ce qu'a vu, ce qu'a prévu Pascal ; voilà pourquoi
il refuse de chercher une conciliation entre la vérité
nouvelle de Descartes et la vérité ancienne de l'Évangile.
Juxtaposer le christianisme au monde et à la civilisation,
les laisser subsister côte à côte comme s'ils ne devaient
pas être modifiés par leur contact réciproque, c'est la
marque d'une *mauvaise conscience* religieuse. Il appartient
au jansénisme de réveiller le chrétien qui s'assoupit dans
les formes littérales et superficielles du culte, de le convertir à sa propre foi qu'il ignore. Dieu est le principe et
la fin de l'homme à cause de l'impuissance de l'homme ;
mais, parce que l'homme est impuissant, l'homme est
incapable de connaître naturellement et directement son
principe et sa fin. La religion doit être vraie pour
l'homme, et elle ne peut être vraie que contre l'homme.
Cette contradiction, que ses contemporains essaient
d'atténuer ou de dissimuler, apparaît à Pascal comme la
raison d'être du christianisme. C'est trahir Jésus que
de le mettre à la remorque de Descartes, comme la théologie de l'École l'avait mis à la remorque d'Aristote païen
ou de Philon juif : « Pour les religions il faut être sincère :
vrais païens, vrais juifs, vrais chrétiens [1]. »

On comprend dès lors la destinée de Pascal dans
l'histoire de l'esprit humain. Il ne s'est pas contenté de
nier la vérité de la philosophie moderne ; il a refusé
d'aborder le problème de la vérité dans les termes nouveaux où cette philosophie le pose. Tandis que le cartésianisme inaugure la méthode critique qui devait transformer les conditions de la pensée, Pascal emprunte à Mon-

[1] Er. 590.

taigne les cadres du dogmatisme antique ; il demande à la
raison de définir tous ses termes et de justifier tous ses
principes, de dire ce que c'est que *est,* avant d'affirmer
l'être. Car il faut bien que la question soit ainsi posée
pour qu'on se croie obligé de recourir à une autorité
extérieure ; et c'est seulement à une question ainsi posée
que pourra s'adapter la réponse de la révélation. Il est
donc inévitable que la pensée propre à Pascal ne repa-
raisse plus après lui chez les philosophes mêmes qui se
sont inspirés ou réclamés de son œuvre : un Vauvenargues,
un Rousseau, un Jacobi élèvent le sentiment au-dessus de
la raison ; un Kant et un Schopenhauer cherchent, l'un
dans le respect de la loi, l'autre dans le renoncement à
vivre, le remède à leur pessimisme radical ; un Renouvier
ou un Secrétan placent à la base de toute certitude une
sorte de pari où est engagée la responsabilité de la personne tout entière ; mais tous se heurtent à la pierre
angulaire du christianisme selon Pascal, puisque tous se
refusent à la négation de la liberté morale chez l'homme.

Cette pensée s'est-elle du moins conservée à l'intérieur
de la religion même ? Elle étonnait M. de Saci, elle a
troublé les éditeurs de 1670. Qui la reprendra au xviii*
siècle ? lorsque Voltaire s'attaque au « géant », qui se
chargera de lui faire remarquer qu'il se satisfait bien facilement à ne pas apercevoir la réalité de la misère de
l'homme et la duplicité de sa nature ? les jansénistes
sont tout entiers aux miracles du cimetière Saint-Médard ;
ils laissent ce soin à un ministre protestant réfugié en Hollande, M. Boullier[1]. Qui répondra plus tard à l'édition de
Condorcet ? il faut attendre Chateaubriand, et qui explique

---

1. *Vide supra,* p. xxvii.

les *Pensées* d'une manière bien inquiétante. Certes le tra-
ditionalisme radical de Joseph de Maistre serait plus
conforme à l'esprit de Pascal ; mais le jansénisme est
pour l'auteur du *Pape* l'hérésie par excellence, et tel sera
désormais l'enseignement officiel de l'Église. Qu'on lise
les leçons dogmatiques professées en Sorbonne par l'abbé
Lavigerie (*Exposé des erreurs doctrinales du jansénisme*,
Paris, 1860), qu'on les rapproche des pamphlets de
MM. Ricard et Fuzet, ou de l'édition de M. Didiot ; on
sera persuadé, selon une formule des *Pensées*, et peut-
être trop. Récemment enfin, lorsqu'à la suite des profondes études de l'école protestante, de Vinet surtout et
d'Astié, certains penseurs catholiques ont tenté de réédifier
l'Apologétique sur la base psychologique et morale que
Pascal lui avait assignée, ils ont tracé entre l'homme et
Dieu une voie de continuité qui contredit expressément la
transcendance radicale des ordres pascaliens [1]. Pour
entendre des accents qui pourraient être rappelés après

---

1. Nous ne voudrions pas abuser de l'expression de « méthode
d'immanence » que MM. Blondel et Laberthonnière ont employée, et
dont l'application est ici équivoque. Il nous suffira, pour établir à cet
égard l'objectivité de notre critique, de citer cette profession intime
du chef de l'Apologétique nouvelle : intéressante et remarquable en
soi, elle est un désaveu formel non du procédé de Pascal seulement,
mais de sa conception religieuse tout entière : « Il faudra aussi que
je fasse un petit traité sur le rôle de la Philosophie dans le relève-
ment des esprits. La tâche des petits, des médiocres, des modestes :
pas petite ni médiocre : élucider notions et faits.
  Une première philosophie, où je voudrais que tous les esprits,
même positivistes, fussent d'accord avec moi.
  Une seconde philosophie, où je voudrais que quiconque admet
quelque chose d'idéal, me donnât raison.
  Et je monterais peu à peu. J'arriverais au théisme. J'arriverais à
la philosophie chrétienne, œuvre de raison, mais d'une raison purifiée,
guérie, fortifiée, soutenue, capable alors d'aller au bout d'elle-même,
et enfin de se dépasser, ce qui n'est pas se mettre hors de toute rai-

les *Pensées* de Pascal, on est réduit à sortir de son église, à évoquer les hommes qui ont, à la lueur d'une crise intime, renouvelé leur propre vie religieuse, qui ont su lire dans les Évangiles, avec la condamnation de l'humanité telle qu'elle est, la nécessité de secouer l'inertie de ceux qui se croient les fidèles du Christ, de troubler la quiétude de ceux qui se prétendent ses représentants officiels [1].

---

son, mais reconnaître par raison qu'il y a une Raison supérieure à la nôtre. » (Ollé-Laprune, *La vitalité chrétienne*, 1901, p. 330.) — Ces lignes étaient écrites quand nous avons reçu la brochure de M. Giraud : *La philosophie religieuse de Pascal et la pensée contemporaine*, Paris, 1904. L'auteur, avec son étendue d'information et sa pénétration habituelles, y soutient, sur l'influence de Pascal comme écrivain et comme apologiste, une thèse qui paraît en contradiction avec celle que nous indiquons ici. Mais c'est qu'il ne veut voir, en Pascal, que le peintre le plus profond du trouble qu'introduit dans l'âme le souci de sa destinée, et comme le représentant le plus éloquent de l'orthodoxie catholique. Il choisit dans Pascal ; en particulier il sépare complètement les *Pensées* des *Provinciales* sur lesquelles, dans les notes de son cours très brillant et très complet sur Pascal, il avait déjà émis des réserves un peu hardies et même dangereuses (cf. *Pascal*, 2ᵉ édit. 1900, p. 96, où il se transforme en auteur grave pour réhabiliter la légitimité probable du vol domestique). Mais précisément les *Pensées*, si elles ne s'éclairent pas par les *Provinciales* et si elles ne justifient pas par elles, c'est l'*Apologétique* de qui l'on voudra, sauf de Pascal lui-même. Qu'on se rappelle ces lignes du manuscrit : « Il y a une seule hérésie qu'on explique différemment dans l'Église et dans le monde. » (Fr. 933.) Les Apologistes d'aujourd'hui sont hérétiques pour les Jansénistes, et les Jansénistes sont hérétiques pour eux ; si les uns sont élus, les autres sont réprouvés ; ils ne se rencontreront pas dans le ciel, parce qu'ils n'ont pas parlé la même langue sur la terre, alors même, alors surtout qu'ils emploient les mêmes mots de *croyance*, d'*intuition* ou de *sentiment*. Il ne faut pas rogner les ongles du lion. Pascal a lutté toute sa vie contre des chrétiens qui se sentaient de bonne foi, *ne evacuetur crux Christi* ; l'historien de Pascal, qui ne veut être qu'historien, est obligé de se séparer d'amis et d'admirateurs des *Pensées* dont le zèle et les intentions sont au-dessus de tout soupçon, *ne evacuetur ingenium Pascalis.*

1. On hésite à indiquer ici des noms qui ne traduisent sans doute qu'une impression personnelle. Mais invinciblement, et malgré tant

Pour avoir porté trop haut l'exigence de Dieu, Pascal demeure sans postérité philosophique, sans postérité religieuse. L'hommage que nous lui devons n'est pas de transformer en émule ou en disciple quiconque n'a pas été indifférent ou étranger à l'ascendant de son génie, c'est d'oser le suivre sur le rocher solitaire qui est un des sommets spirituels de l'humanité.

---

de réserves graves, on songe à Lamennais et aux *Paroles d'un Croyant*, à Tolstoï et à la *Lettre au Synode* ; on songe surtout à ce Sören Kirkegaard que M. Delacroix nous a fait entrevoir comme un esprit de la race de Pascal. Tout dans Sören Kirkegaard manifeste cette remarquable parenté, depuis les titres de ses ouvrages : *La maladie à la mort*, l'*Exercice dans le christianisme*, jusqu'à sa conception de la religion *scandale et désespoir*, jusqu'à ses âpres attaques contre *ceux qui vont en vêtements longs*. Cf. la monographie d'Harald Höffding (Stuttgart, 1891) au ch. v, et l'article de Delacroix (*Revue de métaphysique et de morale*, année 1900, p. 475).

II

La superstition des genres littéraires avait entraîné l'assimilation des fragments posthumes de l'*Apologie* aux *Maximes détachées* de La Rochefoucauld ou de la Bruyère, et Pascal a été longtemps rangé parmi les moralistes. La superstition des règles scolastiques a souvent empêché Pascal d'être considéré comme un philosophe. Sans doute, si nous nous réservons de définir la philosophie par une certaine méthode rationnelle et positive de démonstration, nous nous autorisons à nier que Pascal soit un philosophe; mais de quel droit astreindre Pascal à des conventions qui viennent de nous, et qui ne regardent que nous? La philosophie veut être, selon la formule de Leibniz, un enchaînement de vérités. Tout homme est philosophe qui a su dominer, et ramener à l'unité, l'ensemble de ses conceptions scientifiques, psychologiques, sociales et religieuses. Pascal a-t-il parcouru, par un progrès de pensée dont il a déterminé les étapes, l'intervalle qui sépare l'expérience du Puy-de-Dôme et le miracle de la Sainte-Épine? a-t-il relié l'une à l'autre, pour en faire l'objet d'une même synthèse, la conduite de l'homme dans le monde et la conduite de Dieu vis-à-vis de son Église? A-t-il, en un mot, conçu dans son intégralité le monde intellectuel? S'il l'a fait, il y a lieu de décrire le

monde de Pascal, comme on ferait pour le monde de Malebranche ou de Spinoza, de Schopenhauer ou de Hegel.

LA VÉRITÉ

A la base du monde intellectuel, est l'affirmation de la
« grandeur » et de la « dignité » que la pensée donne
à l'homme. La pensée tend au vrai ; elle ne pourra se
reposer que dans la sécurité d'une possession légitime.
Aussi lui faut-il la vérité intégrale et irrécusable. Pour
décider si l'homme est capable de l'atteindre, il importe
donc de savoir quelle serait cette vérité, par quelle
méthode elle se formerait. Une telle description n'aura
peut-être qu'une valeur idéale ; tout au moins elle nous
fournira les conditions que la raison requiert avant de se
déclarer convaincue. Ces conditions, Pascal les détermine
avec une rigoureuse précision dans les *Réflexions sur la
géométrie* qui paraissent postérieures à sa conversion définitive. « Le véritable ordre » qui seul satisferait la raison,
la méthode d'infaillibilité d'où sortirait la certitude absolue,
consiste à « définir tous les termes et à prouver toutes les
propositions. » Sur ce principe repose l'idée maîtresse
qu'il se fait de la vérité, le criterium auquel il va mesurer
toutes les tentatives effectives de l'homme pour parvenir
au vrai.

Or parmi ces tentatives la géométrie doit être considérée la première ; c'est elle qui présente de l'art de définir
et de l'art de démontrer l'exemple le plus accompli,
c'est sur elle que toutes les autres sciences humaines
doivent prendre modèle. « Ce qui passe la géométrie
nous surpasse. » Cependant la géométrie ne satisfait pas
d'une manière complète aux exigences de la méthode ra-

tionnelle. Elle définit et elle démontre, de la façon qu'il faut définir et démontrer ; mais elle n'est pas capable de définir tout et de démontrer tout. Les premiers termes supposeraient d'autres termes qui auraient à leur tour besoin d'être définis, les premières propositions supposeraient d'autres propositions qui auraient à leur tour besoin d'être démontrées. La raison humaine se sent faite pour l'infini[1] ; il faut pourtant qu'elle s'arrête à des mots primitifs et à des principes irréductibles, il faut donc qu'elle s'avoue impuissante à réaliser la perfection de l'ordre qu'elle avait conçu. Sans doute cette impuissance n'est pas un obstacle pour le géomètre ; il se sent soutenu par un instinct qui lui fait apercevoir, avec une clarté supérieure à toute explication logique, les principes auxquels devra se suspendre la chaîne des définitions et des démonstrations ; il y a un esprit géométrique qui équivaut à une intuition du cœur[2]. Mais la méthode géométrique n'en reste pas moins en défaut aux yeux de la raison qui réclame une justification infaillible ; en dévoilant l'incertitude des axiomes, l'impossibilité d'établir des définitions pour les termes primitifs, la raison se condamne elle-même au pyrrhonisme[3] ; si dans la pratique et pour le savant la géométrie est certaine, théoriquement et pour le philosophe, elle n'est pas convaincante. Dès lors, s'il advient qu'il y ait contestation sur les principes de la géométrie, comment trancher le débat? A qui n'accepte pas la proposition suivante de l'arithmétique : « retranchez

---

1. « L'homme qui n'est produit que pour l'infini. » *(Fragment d'un traité du vide.)*

2. Fr. 1 et 282.

3. *Entretien avec M. de Saci.*

4 de o, il reste o », nous n'aurons d'autre ressource que
de dire ce que Pascal disait de Méré : « il n'est pas géomètre[1] ». Si l'on nie la possibilité de diviser l'espace à
l'infini (ce qui est pourtant une vérité fondamentale de la
science, et la condition de son extension), nous n'aurons
pas le moyen de la faire apercevoir directement, nous ne
pouvons pas faire toucher du doigt ces infiniment petits
qui sont l'objet de nos raisonnements ; nous ne sommes
capables de démontrer que l'absurdité des indivisibles,
nous substituons à l'affirmation de la vérité la négation de
l'erreur[2]. Ainsi, même sur ce terrain privilégié de la
géométrie où elle semble être seule en face d'elle-même,
où elle est assurée d'un consentement presque unanime,
la raison apparaît impuissante à posséder directement la
vérité ; elle ne termine pas son œuvre suivant le modèle
qu'elle avait tracé.

Qu'arrive-t-il alors dans une science comme la physique, qui doit laisser place aux impressions des sens ? La
raison réclame comme siens les principes sur lesquels
elle s'appuie. Or il se trouve que ces principes sont contradictoires entre eux. Au nom de la raison il a paru légitime de soutenir qu'il ne pouvait y avoir de vide dans la
nature, et qu'il fallait corriger les illusions nées de l'apparence sensible — mais ce prétendu principe de la raison
est-il autre chose qu'un préjugé né de l'autorité ? n'est-ce
point l'École qui sur ce point comme sur tant d'autres
a corrompu le « sens commun[3] » ? La raison est incapable de résoudre le problème qu'elle a soulevé ; elle veut
en appeler à l'évidence, et elle ne peut envelopper sous

---

1. Fr. 72, et 1 (note, *infra* p. 15).
2. *De l'esprit géométrique.*
3. Fr. 82.

ces prétendues intuitions que des hypothèses incertaines
comme le mécanisme de Descartes[1] ; elle se rend prison-
nière de ses principes, et les faits de nature lui deviennent
incompréhensibles[2]. Concluons donc que la raison ne saurait fournir aux raisonnements de la physique un point
de départ authentique et irrécusable. Il faut, pour demeurer raisonnable, qu'elle se soumette à l'expérience : à
l'épreuve des faits tombent l'un après l'autre les faux principes que l'homme avait invoqués, et qui se révèlent à
l'analyse comme les produits de la coutume ou de l'imagination[3].

Ainsi le rôle de la raison diminue à mesure que nous
nous éloignons de l'abstraction pour entrer directement
en contact avec la réalité. Quand nous sommes en présence
de la vie, quand nous avons à diriger notre conduite, nous
faisons encore appel à la raison ; nous réfléchissons, et nous
délibérons. Mais notre réflexion et notre délibération ne
sauraient enfermer en elles la vérité ; ici encore, si la
raison est capable d'enchaîner des propositions par la vertu
démonstrative du raisonnement, elle est incapable d'établir
les principes qui doivent servir de base à son raisonnement. La raison décide des moyens ; mais le but lui
échappe : il s'impose du dehors, et malgré elle[4]. L'homme
ne délibère jamais sur la fin ; car cette fin n'est pas matière à délibération, elle est ce qui se sent immédiatement, sans art et sans réflexion, elle est le bonheur[5].
Mais au moins la raison peut-elle espérer qu'elle saura

---

1. Fr. 78.
2. Fr. 231.
3. Fr. 89 et 233.
4. Fr. 98.
5. Fr. 425.

construire une science du bonheur, qu'elle aura le droit
de faire fond sur des principes stables et droits, d'où elle
déduira des conséquences assurées ; les hommes devront à la
raison de connaître le chemin du bonheur. Il y aurait ainsi
une vérité morale qui, sans être absolument rationnelle,
serait du moins analogue à la vérité d'ordre géométrique
ou d'ordre physique ; l' « art d'agréer » serait aussi accessible que l'art de démontrer. Mais cela n'est pas : la notion
du bonheur est impossible à fixer, elle se résout dans
une expérience du plaisir qui est essentiellement diversité[1]. Le plaisir varie avec les individus ; pour chaque
individu même il change avec les années, avec les heures,
avec les minutes. Rien n'arrête la « volubilité » de notre
esprit, ou l'inconstance de notre volonté. En vain essaie-
rons-nous de cacher sous le nom de sentiment les contradictions et la fragilité de notre être intime. Nul n'a condamné, avec plus de netteté que Pascal, cette philosophie
du sentiment dont on a voulu qu'il fût un précurseur :
« Tout notre raisonnement se réduit à céder au sentiment. Mais la fantaisie est semblable et contraire[1] au sentiment, de sorte qu'on ne peut distinguer entre ces
contraires. L'un dit que mon sentiment est fantaisie,
l'autre que sa fantaisie est sentiment. Il faudrait avoir une
règle. La raison s'offre, mais elle est ployable à tous sens ;
et ainsi il n'y en a point[2] ». La raison ne saurait donc
échapper à la conscience de sa propre dégradation. Tous
les principes auxquels l'homme la soumet ne sont que
les résultats de la coutume ou les fantômes de l'imagination. Aussi, lorsque la raison tente de les justifier, se
figurant augmenter son empire, il arrive qu'elle ne fait

1. Cf. fr. 110 sqq.
2. Fr. 274.

que manifester par là sa faiblesse et son humiliation : elle
est comme l'avocat, pour qui le procès change d'aspect
suivant la somme qu'on lui a promise. La raison est un
instrument à tout faire, la volonté l'incline du côté qui
lui plaît : nous croyons que nous désirons ou que nous
craignons pour les raisons que nous disons, mais en réalité
c'est parce que nous désirons ou parce nous craignons
que nous avons trouvé ces raisons[1]. En vain nous essayons
de nous insurger contre les caprices de notre volonté ; si,
apercevant la fragilité de nos désirs, la vanité de nos joies,
la misère du divertissement perpétuel où nous oublions
ce qui devrait être notre essence et notre bien, nous
concentrions notre pensée sur nous-même et sur notre
destinée, nous achèverions de détruire notre propre vie ;
car il ne nous resterait plus alors, pour asseoir nos raisonnements, cette ombre de plaisir qui avait du moins comme
effet de faire passer le temps et d'écarter de notre vue le
malheur de notre condition[2]. La raison ne vaut pas une
heure de peine, parce qu'elle ne peut pas nous apporter
une heure de joie[3]. Mise en face d'elle-même, elle ne
trouve plus que le néant.

Ainsi à aucun moment Pascal ne récuse la lumière de
la raison. Mais à ses yeux cette lumière est double : d'une
part elle définit la loi idéale qui fournit à l'homme la mesure de la vérité, d'autre part elle fait éclater la vanité de
la réalité effective qui est mesurée par cette loi ; la raison
est l'aspiration à la grandeur, mais elle est aussi la conscience de la misère. L'homme porte en lui l'infinité de la
pensée ; seulement la nature normale de l'être pensant

1. Fr. 276.
2. Fr. 164.
3. Fr. 79.

est comme recouverte en lui par une nature factice, qui
est le produit de puissances trompeuses telles que l'imagination et l'amour-propre. A cette nature, l'hérédité et la
coutume ont donné la profondeur de l'instinct. Quelque
chose commande à la raison, et qui vaut moins que la
raison.

Mais alors, en éclairant la contradiction intime qui est
le caractère de l'homme naturel, la raison a marqué sa
propre limite ; car elle est la fonction de l'unité, et elle se
heurte à une « duplicité » radicale[1]. Il lui est donc impossible
de conclure ; s'il y a une solution, elle se trouvera plus haut
que la région de la raison, sur un sommet que la lumière
naturelle n'a jamais éclairé. Il y a des raisons qui passent
notre raison[2] ; il y a des expériences qui sont au delà de
notre expérience. Sans doute ces raisons et ces expériences
sont consignées dans ce qui est écrit, comme les faits de
l'histoire ; mais ce n'est plus l'homme qui a écrit, c'est
Dieu. Le témoignage direct de Dieu, la révélation faite
aux Juifs, est la clé de l'énigme, parce qu'elle est la base
de toute psychologie : « Vous n'êtes pas dans l'état de votre
création[3] ». Vous ne trouverez pas l'unité, puisque vous
n'avez plus l'intégrité ; vous apercevrez dans toutes les
démarches de votre pensée la corruption de votre intelligence, vous reconnaîtrez dans tous les actes de votre vie
la dépravation de votre volonté, et vous mesurerez ainsi la
profondeur de la chute originelle. Le péché du premier
homme explique la disproportion entre la vérité qui
demeure tout idéale et la réalité qui est toute misérable ;

---

1. Cf. fr. 417 et toute la section VI, consacrée à mettre dans tout
son jour l'opposition essentielle de la « grandeur » et de la « misère ».
2. Cf. fr. 267.
3. Fr. 430.

elle explique aussi l'impuissance de la raison à rejoindre
elle-même ses propres débris.

Y a-t-il un remède? S'il y a un remède, ce n'est pas de
la raison qu'il convient de l'attendre, puisque sa propre
impuissance lui est un mystère. Il y faut une seconde
révélation, celle qui a été promise aux Juifs, qui leur a
été donnée et dont ils n'ont pas su profiter; il y faut le
Messie rédempteur. Le Judaïsme était le règne de la loi,
or la loi s'adresse aux corrompus qu'elle maintient dans
la terreur du châtiment; mais les chrétiens sont ceux qui
tendent leurs mains et leur cœur vers le Libérateur. Quelle
a donc été l'œuvre de la médiation? Consiste-t-elle à avoir
rendu à l'homme l'intégrité de sa nature, à lui avoir
rouvert le chemin de la raison, à lui permettre de saisir
la vérité suivant une méthode directe et par une possession effective. C'est ce que pense un Malebranche, et
il écrit : « L'homme renversé par terre s'appuie sur la
terre, mais c'est pour se relever. Jésus-Christ s'accommode
à notre faiblesse, mais c'est pour nous en tirer. La foi ne
parle à l'esprit que par le corps, il est vrai; mais c'est
afin que l'homme n'écoute plus son corps, … c'est afin
qu'il commence sur la terre à faire de son esprit l'usage
qu'il en fera dans le ciel, où l'intelligence succédera à la
foi, où le corps sera soumis à l'esprit, où la raison seule
sera la maîtresse [1]. » Mais la religion de Pascal est exactement contradictoire à celle de Malebranche; celui-ci est
chrétien selon saint Jean, celui-là est chrétien selon saint
Paul. A ses yeux, comme à ceux de saint Augustin ou de
Jansénius, la vérité fondamentale du christianisme, qui

---

1. *Traité de morale*, part. I, ch. v, § 13.

demeure lettre morte pour la masse des fidèles, pour la plupart des autorités qui se sont introduites dans l'Église, est que la révélation religieuse commence par confirmer l'homme dans son état de péché et de corruption. Et quand la religion nous fait connaître qu'il est venu un Rédempteur pour les hommes corrompus, elle ajoute que cette rédemption est seulement l'annonciation et la promesse de la vérité. Ceux-là seuls y parviendront, qui sauront ne rien attendre de leur raison propre, qui auront renoncé à leur jugement, à leur libre examen, qui se seront abandonnés eux-mêmes. Car cette vérité n'a rien d'humain; par son origine et par son contenu elle est toute divine.

Cette vérité divine, qu'il est à jamais interdit de traduire en conception positive et en démonstration rationnelle, il est du moins nécessaire que nous nous la figurions de façon si indirecte que ce soit; autrement nous serions tout à fait incapables d'y tourner notre attention, d'y attacher notre pensée, incapables de faire de notre intelligence l'auxiliaire de notre salut. Et ainsi se pose, sous sa forme originale, le problème pascalien de la vérité : comment l'œuvre de la rédemption peut-elle se représenter, à nous qui ne connaissons que notre corruption? Une seule réponse est possible, c'est par notre corruption même que nous devons chercher à comprendre la rédemption; la rédemption fait le contraire de ce que faisait la corruption, sans pourtant être moins opposée à la raison humaine. C'est nier la religion que de la soumettre à la raison; puisque la religion est vraie, et puisque la nature est corrompue, il faut qu'il y ait un ordre de vérité supérieur à la raison, qui soit exactement l'inverse de l'imagination que la raison condamnait comme inférieure à elle. La philosophie du sentiment est fausse, parce que, hors peut-être les intuitions de la géométrie, tous les instincts que l'on veut élever au-dessus des lois rationnelles se résolvent dans les fantaisies d'une volonté dépravée; il suffit qu'ils soient nés avec l'homme pour porter la marque de son dérèglement. La religion du sentiment est vraie, parce que la foi ne doit rien au développement interne de notre raison, parce qu'elle vient d'une autre origine : elle est un don gratuit que nous recevons d'un être différent de nous et extérieur à nous; elle est, au sens littéral et matériel du mot, une *inspiration*[1].

Sans doute il n'y aurait pas lieu d'entendre ainsi la religion, si nous étions en réalité ce que nous nous flattons d'être, des créatures de raison faites pour démontrer sûrement et pour posséder directement la vérité; car pour la raison la voie est unique qui va vers la vérité. Mais déjà en mathématiques nos plus fermes convictions s'appuient sur l'impossibilité d'admettre la thèse contraire; comme nous l'avons dit, nous croyons à l'infinie divisibilité, parce que l'hypothèse des indivisibles est contradictoire. La vérité de la religion se concevra également par voie d'opposition : la rédemption agit exactement comme la corruption, mais en sens contraire; de même que la corruption avait dégradé l'homme jusqu'au règne des puissances trompeuses, la rédemption établit au-dessus de la raison l'ordre du sentiment qui est inverse et symétrique. La raison serait placée entre les deux. Elle conserve la juridiction des choses qui se démontrent, et il est vrai qu'elle demande à la volonté de se régler sur la lumière de l'esprit; mais l'homme est destiné à ne l'écouter jamais. La malice de la concupiscence fait que pour le persuader

---

1. Fr. 245.

il faut, non le convaincre, mais le flatter ; c'est l'attrait du
plaisir qui entraîne l'adhésion, l'art d' « agréer » consiste
à chercher ce qu'il y a d'aimable dans les choses et à les
faire regarder du côté où elles peuvent plaire. Or de la
même façon les vérités divines doivent entrer « du cœur
dans l'esprit, et non pas de l'esprit dans le cœur... En
quoi il paraît que Dieu a établi cet ordre surnaturel,
et tout contraire à l'ordre qui devait être naturel aux
hommes dans les choses naturelles[1] ».

Ainsi trois ordres de connaissance se superposent chez
Pascal : *imagination, raison, sentiment,* et sa philosophie
semble à cet égard toute proche de la doctrine de Spinoza.
En fait le rapprochement fait éclater le contraste. Pour
Spinoza l'homme est naturellement esprit, et il lui appartient d'atteindre la vérité par le seul développement de
son activité interne ; de l'imagination à la raison, et de la
raison raisonnante à la raison intuitive il se fait un progrès
continu, à l'intérieur d'une même pensée. Pour Pascal les
trois ordres de connaissance se superposent, non en se
complétant, mais en se contredisant ; ils attestent dans
l'homme une diversité incompatible avec l'unité de
l'essence spirituelle, ils portent la trace des révolutions
qui ont bouleversé la nature originelle de l'homme : la
déchéance du péché qui a soumis l'esprit au corps, le
salut par la rédemption qui loin de rendre l'homme à lui-
même et de lui donner l'autonomie de sa vie intellectuelle
l'humilie devant la vérité qu'il doit subir, devant l'être
qui consent à s'unir à lui, sans que par aucun effort qui
lui soit propre il ait mérité de le connaître. Telle est la
pensée fondamentale dont Pascal donne la formule lumi-

---

1. *De l'art de persuader.*

neuse lorsqu'il décrit la *gradation* qui monte du peuple
aux demi-habiles, aux habiles, puis aux dévots, et enfin
aux chrétiens parfaits : « Ainsi se vont les opinions
succédant du pour au contre[1]. *Renversement continuel du
pour au contre*[2]. »

C'est donc une méprise que d'enfermer Pascal dans
le cercle du *Credo quia absurdum*. Pascal a brisé les
cadres du rationalisme ; mais ce qui dépasse encore la
raison est encore à certains égards une logique : *logique
des contraires*, comme la logique de Hegel, mais qui,
n'accordant pas la relativité des contradictoires, met entre
les différents degrés de la dialectique une essentielle
hétérogénéité. Une telle logique renverse le rapport direct
que d'ordinaire les philosophes établissent entre la faculté
de connaître et la vérité : par l'expérience et par le raisonnement nous nous assurerons seulement de ce qui n'est pas
la vérité, et nous saurons que pour avoir quelque chance
de l'atteindre, nous devons retourner l'attitude normale de
la raison, chercher dans une direction opposée à celle que
notre nature aurait prise si elle avait encore son intégrité
et son autonomie.

Subordonné à cette conception maîtresse, l'argument
du pari[3] prend une portée nouvelle. Il n'est pas conforme
à la raison commune des hommes ; car il est contraire à
cette raison que l'attention se détourne du contenu propre
des choses et de leur vérité intrinsèque, pour n'envisager
que leur rapport à nos désirs et à notre satisfaction. N'est-ce
pas le plus grand dérèglement, répète-t-on après Bossuet,

---

1. Fr. 337.
2. Fr. 328.
3. Pour l'interprétation de l'argument envisagé en soi, voir les notes
et *l'appendice* du fr. 233.

d'affirmer que les choses existent parce qu'on veut qu'elles soient? L'art d'agréer, qui flatte la malice de la concupiscence, est la perversion de l'art de démontrer. Mais c'est la dernière ressource de la lumière naturelle qu'elle fasse servir l'aveu de son impuissance à triompher de cette impuissance même. Elle renonce à l'affirmation de l'intelligible; mais peut-être fallait-il que le foyer fût éteint pour qu'apparût enfin le reflet d'une lueur qui est le pressentiment d'une clarté supérieure. Ou, pour parler avec le philosophe contemporain de Pascal qui a décrit la même angoisse, l'homme se sent envahi par une paralysie mortelle, il soulève le bras dans un effort suprême pour tenter la chance de l'unique remède [1].

L'argument du pari marque avec précision la limite de l'effort humain vers la vérité. Or, s'il y a un ordre supérieur et contraire à l'ordre de la spéculation pure, cette limite peut se trouver en même temps un point de départ. L'argument du pari, que la *logique des contraires* pose comme une limite théorique, ne va-t-il pas devenir un point de départ pour la pratique? Et en effet ce serait l'interpréter à contresens que d'y terminer la vie religieuse et morale suivant Pascal; car ce qui serait inconcevable, c'est l'état de l'homme qui subjugué par la force apparente de la démonstration se serait engagé à parier, et qui n'aurait pour soutien de sa foi que l'intérêt évident de cet engagement. Il est impossible de comprendre comment il pourrait supputer les avantages de sa détermination, sans y apercevoir autant de

---

1. « Videbam enim me in summo versari periculo, et me cogi remedium, quamvis incertum, summis viribus quærere : veluti æger lethali morbo laborans qui ubi mortem certam prævidet ni adhibeatur remedium, illud ipsum, quamvis incertum, summis viribus cogitur quærere, nempe in eo tota ejus spes est sita. » (Spinoza, *De Intellectus Emendatione Tractatus*, § 2.)

motifs de se *roidir contre* ; il est inévitable que des causes
d'espérance gratuite deviennent des raisons légitimes de
doute et d'inquiétude. L'argument du pari, à le borner
à lui-même, est dépourvu de toute efficacité ; et il faut
bien qu'il en soit ainsi, puisque cette efficacité serait la
justification de l'apologétique utilitaire et, dans le triomphe
apparent d'une Église, l'irréfutable démonstration de
l'athéisme pratique — nous n'avons pas à nous demander
ce que l'auteur des *Provinciales* penserait de pareilles con-
versions[1]. Mais l'argument du pari n'est pas destiné à
fournir la règle de la vie morale ; il enseigne seulement le
renversement de la règle. Nous prétendons fonder notre
conduite sur la vérité, et nous l'ignorons, et nous
échouons dans la servitude des puissances trompeuses. Il
faut maintenant mériter par notre conduite de connaître
la vérité, sanctifier, en les tournant au profit de la religion, les facultés telles quelles de notre nature corrompue.
La coutume a lentement façonné notre être, et remis notre
raison au gouvernement de notre corps ; c'est à la coutume
qu'il appartient de refaire un être nouveau. Que l'homme
se fasse automate pour Dieu ; qu'il soumette son corps au
système religieux des habitudes ; qu'il plie la machine
aux formules de la prière et aux gestes de l'adoration. *La
Sagesse nous envoie à l'enfance*, et le commerce de l'esprit

---

1. Fr. 470 : « Si j'avais vu un miracle, disent-ils, je me converti-
rais. Comment assurent-ils qu'ils feraient ce qu'ils ignorent ? Ils s'imaginent que cette conversion consiste en une adoration qui se fait de
Dieu comme un commerce et une conversation telle qu'ils se la figurent. La conversion véritable consiste à s'anéantir devant cet être
universel qu'on a irrité tant de fois, et qui peut vous perdre légitimement à toute heure ; à reconnaître qu'on ne peut rien sans lui, et qu'on
n'a mérité rien de lui que sa disgrâce. Elle consiste à connaître qu'il
y a une opposition invincible entre Dieu et nous, et que, sans un
médiateur, il ne peut y avoir de commerce. »

avec le corps, qui avait dans la vie du monde renouvelé
la déchéance du péché originel, prélude, dans la discipline de l'Église, au renouvellement qui sera l'œuvre
de la rédemption. Déjà, la contrainte que l'on impose à
l'égoïsme naturel laisse le champ libre à des sentiments
qui ne sont plus exclusivement l'amour, couvert ou déguisé,
du *moi* pour le *moi*. L'homme connaît dans leur réalité
les vertus dont l'honnêteté la plus raffinée donnait la
seule apparence : le désintéressement, la sincérité, la fidélité,
la vérité de l'amitié ; il est juste, et il veut l'ordre de la justice.

Après la *règle des partis* qui montre qu'on doit « travailler pour l'incertain », sacrifier sa vie pour une religion
même incertaine, qui confirme les opinions du peuple
contre les maximes des prétendus habiles, le raisonnement n'a plus rien à nous apprendre ; le problème de la
vérité s'efface devant le problème moral, qui est pour
Pascal le problème de la justice.

LA JUSTICE

Pascal a posé le problème religieux comme étant dans
son essence un problème moral. Les attaques qu'il a diri-
gées contre la justice des hommes, et dont les Arnauld et
les Nicole ont été les premiers à méconnaître le caractère, n'auraient pas cette âpre ironie, si Pascal n'avait
pas connu dans toute sa profondeur le sentiment de la
justice, s'il n'avait pas vu quelles angoisses il soulevait
dans les âmes. Le libertin à qui s'adresse l'*Apologie*, ce
n'est pas seulement Des Barreaux qui ne peut aller à la
foi parce qu'il ne peut pas quitter le plaisir ; c'est un
Méré ou un Miton qui repoussent la religion, parce

qu'ils demeurent attachés à la justice. Pascal a entendu
leurs doutes et leurs objections.

Si une seule chose est nécessaire, qui est le salut éternel, comment est réparti le salut ? Comment les uns ont-ils
mérité, et les autres ont-ils démérité ? C'est un crime de ne
pas être sauvé, et ce sera le châtiment des réprouvés de se
sentir condamnés par cette même raison sur laquelle leur
orgueil avait fait fond[1]. Mais « les élus ignoreront leurs
vertus[2] » : leur piété est l'œuvre continue, l'œuvre exclusive
de la grâce que Dieu s'est réservé de donner selon sa mys-
térieuse et imprévisible volonté ? Il est donc impossible de
découvrir la justice dans la conduite de Dieu vis-à-vis
des hommes. Non seulement dans l'éternité, l'inégalité de
récompense ou de châtiment ne correspond pas à l'inégalité des mérites ; mais puisqu'en définitive les hommes
sont incapables de mérite, nous ne comprenons plus pour
quoi il y aurait récompense ni pourquoi il y aurait châtiment, pourquoi « de deux hommes également coupables,
il *(Dieu)* sauve celui-ci, et non pas celui-là[3]. » L'idée de
justice ne subsiste donc plus dans notre esprit que pour
nous conduire à l'alternative que Pascal pose sans trembler : « il faut que nous naissions coupables, ou Dieu
serait injuste[4]. »

Seulement la possibilité même de cette alternative suppose que nous avons le droit de juger au nom de la justice ;
les hommes l'admettent naïvement parce qu'ils se détournent de leur nature pour soulever des questions qui
les dépassent. Ils croient à la justice, sur le témoignage,

---

1. Fr. 563.
2. Fr. 5r5.
3. Lettre sur les Commandements de Dieu, *sub fine.*
4. Fr. 489.

pour ainsi dire, de leurs sens, parce qu'ils voient qu'il existe
un ordre social. Mais qu'ils recherchent le fondement de
ce qu'on respecte et de ce qu'on fait respecter sous le
nom de justice. La raison est unité et universalité ; les
lois sont multiples, et pour arriver à les concilier entre
elles il faut faire tant d'efforts laborieux, manquer si souvent à la lettre ou à l'esprit, que la multiplicité des lois
équivaut presque à l'absence de lois. Les lois surtout sont
diverses ; alors qu'elles tracent avec netteté la distinction
du licite et de l'illicite, leur pouvoir s'arrête à une fron-
tière. Un fleuve ou une montagne tient en échec la raison de l'homme, et tourne en dérision ses prétentions à
gouverner le monde[1]. La justice, pour paraître juste,
invoque l'appui de la raison, et elle se détruit elle-même
du moment qu'elle prétend satisfaire aux exigences de
la raison.

Ĺа justice est la coutume reçue en chaque pays. Or nous
avons beau, pour arracher au peuple le respect et l'admiration, invoquer l'antiquité de la coutume : il faut bien que
de siècle en siècle et de génération en génération on en
découvre le fondement intrinsèque et objectif. Pourquoi
cette loi plutôt que cette autre, pourquoi ici et non là, aujourd'hui et non hier ? A cette question point de réponse.
La loi réclamait la force, parce qu'elle se donnait comme
juste ; dès qu'elle veut se justifier, il ne lui reste plus
que la force brutale. Les forts tuent les faibles, ils les
font esclaves, ils leur arrachent leurs biens et leurs
propriétés ; plus encore, les vainqueurs ont imposé aux
vaincus de reconnaître la légitimité de leur victoire ; ils
ont inventé « le droit de l'épée[2] », et ils ont divinisé la

---

1. Fr. 294.
2. Fr. 878.

guerre. Chose plus admirable encore : les vaincus, incli-
nés par la nécessité, ont fini par ressentir réellement le
respect qu'on leur imposait. L'imagination a travaillé en
eux, elle a rendu « doux et volontaire » en apparence le
joug qui reposait en réalité sur la tyrannie de la force[1].
Le peuple croit lire sur le visage des princes un caractère
de majesté auguste et sacrée, alors que s'y reflète seulement une impression de crainte vulgaire, due aux trognes
armées, aux pompes et aux cavalcades au milieu desquelles
la personne des rois leur est apparue d'abord[2]. L'imagination brodant sur la trame de la nécessité, la tradition
de la coutume transformant en autorité « mystique » les
fantaisies les plus faibles et les plus légères, voilà ce que
la raison trouve au fond de ce qu'elle appelait *sa* justice.

Que conclure de cet examen ? qu'il faut revenir aux
coutumes reçues, renverser les lois établies, afin d'inaugurer le règne de la justice ? Mais pour subordonner la
force à la justice il faudrait qu'il y eût une règle capable
de rassembler les hommes dans un consentement unanime, que tous d'une seule voix reconnussent le mérite
supérieur d'un seul individu ; autrement la prétention de
chacun à suivre les principes de la raison mettra tous les
hommes aux prises avec tous les hommes ; il n'y aura
plus à se plaindre que les lois sont mauvaises, il n'y aura
plus de lois du tout ; l'ordre établi s'effondrera pour ne plus
laisser place qu'à la guerre civile. Qu'il s'agisse d'édifier
la vérité ou d'édifier la justice, la raison idéale qui est en
nous et qui fait notre dignité d'être pensant, apparaît incapable de devenir raison réelle, de s'appliquer aux choses,
d'y laisser l'empreinte de l'unité et de l'universalité.

1. Fr. 3o8, 82, 89.
2. Fr. 311 et fr. 3o3.

Aussi rien ne serait plus déraisonnable que de vouloir
enfermer la société dans les limites de la raison. Ce serait
troubler le monde, et ce serait mal juger de tout. Ce qui
importe à la société, c'est la paix ; les coutumes enraci-
nées dans le peuple ont le mérite d'assurer la paix [1].
L'usage qui désigne les gouvernants par la naissance et
les distingue par le costume, est assurément ridicule ;
mais ce qui est plus ridicule, c'est de ne pas comprendre
à quel point cet usage est bienfaisant. L'imagination seule
fait que les uns se regardent et sont regardés comme nobles,
les autres comme légitimes possesseurs du sol ; mais il est
pourtant nécessaire qu'il y ait des souverains et des riches,
si vous supprimez l'imagination sans pouvoir supprimer la nécessité, vous n'avez porté aucun remède à l'injustice qui vous choque, vous avez simplement rendu
impossible l'existence de la société. La paix est le bien
essentiel ; la croyance du peuple qui s'incline devant les
grands, parce que dans son imagination ils sont supé-
rieurs à lui, est une folie aux yeux de ces demi-habiles
qui font les entendus ; mais grâce à cette folie, l'ordre
établi est l'objet d'un respect universel ; cette prétendue
folie est la sagesse même pour ceux qui ont pénétré
la nature vraie et les conditions vraies des sociétés humaines. Il faut savoir ne pas être dupe de la raison, ne
pas sacrifier à l'abstraction, incapable de se traduire dans
les faits, ce qui est la réalité essentielle : la paix entre les
hommes. Le peuple qui vit sait ce que c'est que la vie en
commun, et il faut vivre avec le peuple, mettre tout le
monde d'accord en distinguant les hommes par les qualités
extérieures, qui sont visibles à tous, par les dignités et par

---

1. Fr. 313 sqq.

les uniformes. Il suffit de ne pas être dupe du peuple, de
ne pas appeler raison l'illusion née de la coutume et de
l'imagination, de ne pas confondre avec la justice ce
qui est l'effet nécessaire de la force [1].

Ainsi la justice des hommes ne conserve une apparence et une ombre d'existence qu'à la condition de
désavouer toute justification rationnelle; il est donc
impossible que la justice des hommes juge la justice de
Dieu. Le devoir de l'homme est de taire toute récrimi-
nation et toute revendication: la religion est contre la
raison, mais c'est en vertu de sa réalité même. Déjà, pour
comprendre l'ordre établi par la société il faut savoir
renoncer aux préjugés de la raison; de même, pour
apercevoir l'ordre voulu par Dieu, il faut dépasser l'horizon du raisonnement. L'ignorance naturelle du peuple
et la science surnaturelle du chrétien sont aux deux
extrémités opposées, mais toutes deux également contraires à la raison. Instruits donc du néant de notre
justice, nous sommes capables d'*écouter Dieu*: « il est
sans doute qu'il n'y a rien qui choque plus notre raison
que de dire que le péché du premier homme ait rendu
coupables ceux qui, étant si éloignés de cette source,
semblent incapables d'y participer. Cet écoulement ne
nous paraît pas seulement impossible, il nous semble
même très injuste; car qu'y a-t-il de plus contraire aux
règles de notre misérable justice que de damner éternellement un enfant incapable de volonté, pour un péché où
il paraît avoir si peu de part, qu'il est commis six mille
ans avant qu'il fût en être? Certainement rien ne nous
heurte plus rudement que cette doctrine... [2] » Sans doute

1. Fr. 327, 335, 336, etc.
2. Fr. 434.

nous pourrions avec les théologiens, avec saint Augustin dont l'*Augustinus* codifie en quelque sorte la doctrine[1], chercher dans le fait même de la génération, dans la loi biologique d'hérédité une lumière pour comprendre la perpétuité du péché. Mais ce serait encore juger Dieu par la nature, ce serait traduire le mystère dans la langue de la raison, et déjà le nier. Aussi Pascal — ne s'écartant de Jansénius que pour être si l'on peut dire plus janséniste que lui, comme il ne s'est séparé de Nicole et d'Arnauld dans l'affaire du Formulaire que pour demeurer plus inflexiblement attaché à l'indépendance de Port-Royal — écrit-il ces lignes qui ont paru trop hardies aux éditeurs de 1670 : « Nous ne concevons ni l'état glorieux d'Adam, ni la nature de son péché, ni la transmission qui s'en est faite en nous ; ce sont choses qui se sont passées dans l'état d'une nature toute différente de la nôtre, et qui passent l'état de notre capacité présente[2]. »

Posons le péché originel, tel qu'il doit être posé selon la *logique des contraires* : il est le renversement de notre justice, puisqu'en nous est la perversion de toute justice. Que l'on comprenne bien : la transmission du péché consiste, non pas seulement à nous faire supporter le poids d'une faute à laquelle notre volonté demeure étrangère, mais à dépraver dans sa racine notre volonté. Nous devenons source vivante d'iniquité ; rien ne peut plus être bon de ce qui vient de nous[3]. L'amour de la vérité, si nous croyions engendrer la vérité par un effort qui nous fût propre et l'apercevoir au regard clair et direct de notre intelligence, dissimulerait la concupiscence de l'orgueil. Le désir de la

---

1. *De Statu naturæ lapsæ*, I, v.
2. Fr. 560.
3. Fr. 478 et 479.

justice, la politesse et la charité même sont encore des feintes et des déguisements sous lesquels se reconnaît la volonté propre, l'attachement du *moi* au *moi*[1]. Pour l'homme corrompu être, c'est être injuste.

Dès lors, de quel droit déclarer que Dieu est injuste? il serait contraire à la justice humaine de punir celui qui n'a pas commis la faute ; or la justice divine nous fait participer non pas au châtiment seulement du péché, mais au péché lui-même ; nous ne sommes pas condamnés sans avoir mérité le châtiment, c'est à mériter le châtiment que nous sommes condamnés. Aucun homme n'échapperait à l'éternelle damnation que Dieu serait absolument exempt d'injustice[2].

Voici qui achève enfin de confondre, par un nouveau renversement, toutes les lois de notre raison : au-dessus de cette justice qui n'a pas de commune mesure avec notre justice, s'élève l'édifice de la miséricorde, « énorme » comme la justice elle-même[3]. Quelques-uns seront sauvés de ceux qui devaient être perdus. Sans doute leur salut paraîtra juste puisqu'il est obtenu par les vertus, par la prière qui est la première de toutes les vertus ; grâce à la prière l'homme paraît avoir « la dignité de la causalité », il paraît être lui-même l'auteur de son salut. Mais qu'on y prenne garde : cette apparence est la tentation la plus forte à laquelle le chrétien soit en lutte, celle qui doit lui inspirer, avec le plus d'humilité, la crainte et le tremblement qui sont perpétuellement nécessaires à l'œuvre du salut ; car c'est la négation même du christianisme que

1. Fr. 455.
2. Lettre sur les Commandements de Dieu, *sub fine.*
3. Fr. 233.

d'ériger l'homme en puissance qui se dresserait au regard de Dieu. Toute hérésie a sa source dans l'orgueil : « Le lieu propre à la superbe est la sagesse, car on ne peut accorder à un homme qu'il s'est rendu sage, et qu'il a tort d'être glorieux ; car cela est de justice. Aussi Dieu seul donne la sagesse ; et c'est pourquoi : *Qui gloriatur, in Domino glorietur.* » Lorsque dans la prière, par laquelle il implore le secours de Dieu, l'homme s'attribue la moindre part de liberté, lorsqu'il est induit à faire un retour sur son propre mérite, il détruit cette vérité fondamentale de la religion : Dieu « donne la prière à qui il lui plaît »[1]. Il faut que toute notion de mérite ou de démérite propre à la personne morale, toute idée de justice selon l'humanité ait disparu pour que le mystère de la grâce soit accessible : « Pour faire d'un homme un saint, il faut bien que ce soit la grâce ; et qui en doute ne sait ce que c'est que saint et qu'homme[2]. »

La grâce est le renversement de l'humanité ; le premier effet de la grâce est de faire que l'homme se haïsse lui-même. Or, dans l'ordre de la nature, la haine est concevable d'un être vis-à-vis d'un autre être, mais d'un être pour soi elle n'a rigoureusement aucun sens ; car la volonté d'un être est par essence la volonté du bien de cet être. Le christianisme, lorsqu'il commande de se haïr soi-même, commande à l'homme de n'être plus homme : il lui interdit non seulement d'être le but de son activité mais d'en être l'origine. Pascal le dit littéralement : « Il est impossible que Dieu soit jamais la fin, s'il n'est le principe[3]. » C'est par là que le christianisme s'oppose à la

1. Fr. 513.
2. Fr. 508, cf. fr. 490.
3. Fr. 488.

philosophie rationnelle, alors même qu'il lui emprunte ses formules. Rien n'est significatif à cet égard comme les admirables fragments du chapitre dont Pascal nous révèle ainsi l'intention : « *Membres, commencer par là* : Pour régler l'amour qu'on se doit à soi-même, il faut s'imaginer un corps plein de membres pensants, car nous sommes membres du tout, et voir comment chaque membre devrait s'aimer, etc. [1] » Que l'on suive cette analogie dans l'ordre de la raison, comme l'a fait le naturalisme stoïcien ou le spiritualisme spinoziste, on aboutit à un panthéisme moral : l'homme s'élève progressivement à Dieu par le développement de son être intime, il suffit au *moi* de s'élargir, pour dépouiller l'individualité qui le restreignait, et embrasser en lui la totalité des êtres ; il devient donc légitimement un centre parce qu'il s'identifie à Dieu, et qu'en Dieu il se sent identifié à toutes les créatures ; il pratique alors la charité de l'univers, et en particulier la charité du genre humain. Rien de plus contraire à la pensée de Pascal. Dieu est une personne ; si l'on peut dire qu'il est l'être universel, le tout, ce n'est pas qu'il contienne en lui tous les autres êtres, c'est que rien n'existe véritablement que lui. Sa personnalité exclut toute autre personnalité, et c'est pourquoi il faut avoir renoncé à soi pour l'atteindre. Pascal est incompréhensible sans « l'opposition invincible » de l'homme et de Dieu, sans l'antagonisme de la charité stoïcienne et de la charité chrétienne. La charité est l'amour de Dieu ; la première condition de la charité c'est d'avoir sacrifié tout attachement humain, celui qu'on éprouve aussi bien que celui qu'on inspire [2]. On ne passe pas par les créatures

---

1. Fr. 474.
2. Fr. 471 sqq.

pour aller à Dieu, toute créature doit être également
anéantie devant l'infinité de Dieu. Si la charité est une
grandeur supérieure et irréductible à l'esprit, autant que
l'esprit est lui-même supérieur et irréductible au corps,
cette hiérarchie est non un progrès continu, comme chez
les philosophes, mais, encore une fois, un *renversement
continuel du pour au contre.*

Le charité est inverse de l'esprit. Archimède, dans la
conscience de sa liberté spirituelle, s'attribue à lui-même
le mérite de ses inventions, il se glorifie dans l'éclat de la
vérité qu'il a mise au jour par la force propre de sa raison[1].
La charité seule déracine l'orgueil philosophique qui a cru
concilier l'amour de Dieu avec l'amour de l'homme ; elle
demande à l'homme non pas de s'abaisser, mais d'être
bas, non pas la fausse humilité qui est une marque de
l'orgueil, mais l'humiliation véritable qui est la conscience
de n'avoir plus rien à soi, pas même les mouvements de
grandeur par lesquels on monterait de quelques degrés
vers le désintéressement de la volonté.

On ne saurait posséder effectivement la grâce si l'on n'a
le sentiment de ne pas l'avoir méritée, bien plus le sentiment de ne pas l'avoir reçue soi-même, si l'on ne s'est
effacé, « renoncé » devant un être d'essence supérieure
qui ne se contente pas de nous apporter la grâce, qui habite
en nous pour que la grâce y demeure. La rédemption n'est
pas un événement historique qui aurait ramené la nature
de l'homme à son intégrité originelle, et l'aurait rendu
apte à communiquer directement avec Dieu ; Jésus-
Christ est éternel ; c'est une nécessité perpétuelle que non
seulement en chaque individu, mais à chaque moment

_____

1. Fr. 793.

de sa vie, l'acte de libération se renouvelle. L'œuvre du salut s'accomplit dans la crainte et dans le tremblement parce qu'il ne dépend pas de notre volonté qu'en nous la puissance divine du Médiateur maintienne la vertu purificatrice de la charité. En définitive la charité ne vient pas de nous, ni quand elle nous détourne de nous pour faire que nous nous haïssions, ni quand elle s'attache à Dieu pour faire que nous l'aimions. La Croix n'est pas un symbole, il n'y a pas à chercher une interprétation spirituelle qui atténue, et compromette, la vérité du dogme. Ce que Jésus fait entendre à celui qui médite le mystère de son sacrifice, est exact à la lettre : « Je pensais à toi dans mon agonie, j'ai versé telles gouttes de sang pour toi[1]. » Le sang de Jésus a fait pénétrer dans l'homme une seconde nature, étrangère à son humanité, un « sujet différent », comme il est dit dans l'*Entretien avec M. de Saci*, et qui seul a la capacité de la grandeur et de la sainteté : « Je te suis présent par ma parole dans l'Écriture, par mon esprit dans l'Église et par les inspirations, par ma puissance dans les prêtres, par ma prière dans les fidèles. »

Le Médiateur n'unit pas l'homme à Dieu, mais il se substitue à l'homme pour rendre la créature digne de Dieu. Jésus, c'est la causalité de Dieu dans l'homme ; à Dieu seul l'initiative de désirer Dieu, la puissance de le conquérir. « *Tout pour lui, tout par lui.* » De le chercher c'est le signe qu'on le possède : « il sera donné à ceux qui ont déjà[2]. » Après avoir fait que l'homme est mort à l'humanité, la grâce fait surgir de cette mort la joie nouvelle : semblable à la mère qui se fait silencieuse pour sentir les mouvements du fils qui tressaille en elle,

---

1. Fr. 553.
2. *Lettres à Mademoiselle de Roannez*, III, *olim* 5.

dans la renonciation totale et douce à tout ce qui était lui, dans le don absolu de son être, le chrétien sentira Jésus qui a obtenu que Dieu travaille en lui, et qu'en lui s'accomplisse l'acte mystérieux de la réconciliation entre la créature et le Créateur.

Dès lors l'interversion entre l'esprit et le cœur — dont nous avions montré la nécessité pour des raisons négatives et encore extérieures — prend un sens positif et profond. Ce n'est plus la substitution d'une faculté de l'être à une autre faculté, comme dans l'Apologétique contemporaine qui procède de l'Eclectisme ; ce n'est pas un choix entre des procédés divers de démonstration, qui laisserait intact leur objet. La foi doit entrer par le cœur dans l'esprit, parce qu'il n'y doit rien subsister de comparable à la vérité des géomètres ou à la justice des moralistes ; la foi est un attachement de personne à personne, un *don de Dieu* qui a élu le cœur où il se rendra *sensible.* Point de loi qui domine la rencontre de volontés singulières, et permette d'en rendre raison : « Nos prières et nos vertus sont abominables devant Dieu, si elles ne sont les prières et vertus de Jésus-Christ. Et nos péchés ne seront jamais l'objet de la [*miséricorde*], mais de la justice de Dieu, s'ils ne sont [*ceux de*] Jésus-Christ. Il a adopté nos péchés, et nous a [*admis à son*] alliance ; car les vertus lui sont [*propres, et les*] péchés étrangers ; et les vertus nous [*sont*] étrangères, et nos péchés nous sont propres. Changeons la règle que nous avons prise jusqu'[*ici*] pour juger de ce qui est bon. Nous en avions pour règle notre volonté, prenons maintenant la volonté de [*Dieu*] : tout ce qu'il veut nous est bon et juste, tout ce qu'il ne veut [*pas, mauvais*][1]. » Plus étonnant enfin que

1. Fr. 668.

ces étonnantes paroles, par-dessus ce désaveu de la justice
qui ne serait que juste, le désaveu de la vérité qui ne
serait que vraie : « On se fait une idole de la vérité même;
car la vérité hors de la charité n'est pas Dieu, et est son
image et une idole, qu'il ne faut point aimer, ni
adorer...[1] » Pascal a écrit admirablement dans ses
fragments contre les Jésuites : « On attaque la plus
grande des vérités chrétiennes, qui est l'amour de la
vérité[2]. » Mais l'amour de la vérité est à la fois stérile et
sacrilège, s'il se limite à lui-même et s'érige en passion
indépendante, s'il s'isole de « l'ordre de Dieu » qui est
dans la lettre de la révélation, et dans le corps de
l'Église.

L'ÉGLISE

Voici la clé de voûte du christianisme, tel que Pascal
le conçoit : Dieu est une personne vivante, il est la seule
personne à qui appartienne, d'une façon absolue, la
causalité de la volonté. L'histoire de l'univers prend un
sens; par la diversité de ses aspects successifs, elle témoigne
de la conduite que Dieu a résolu de suivre à l'égard de
l'univers. En permettant de reconstituer le plan divin,
elle éclaire aux yeux de Pascal les événements dont ses
contemporains et lui sont non seulement les témoins mais
les objets, et où se trouve engagée pour l'éternité la destinée de chaque créature. Le miracle de la Sainte Épine
est le dernier anneau, à nous connu, d'une chaîne tout
entière forgée par Dieu, et qui fait à vrai dire toute la

---

1. Fr. 582.
2. Fr. 945.

réalité du monde et toute sa raison d'être. Or cette chaîne
remonte par delà même l'établissement de l'Église chrétienne; Jésus n'est pas Dieu tout entier, la rédemption
n'est qu'un moment de la vie divine. Le Dieu que Pascal
oppose au Dieu des philosophes, au « Dieu simplement
auteur des vérités géométriques et de l'ordre des éléments »
est celui qu'il appelle lui-même « le Dieu d'Abraham, le
Dieu d'Isaac, le Dieu de Jacob, le Dieu des Chrétiens. »
L'Évangile de Jésus n'est absolument intelligible et absolument vrai qu'en rapport avec l'Ancien Testament où s'ac-
cusent d'une façon si énergique l'action de Dieu dans le
monde et la marque de sa volonté toute-puissante sur
chaque événement de l'histoire.

Pour un Spinoza, le Christ est, comme le rapporte Tschir-
nhaus, le philosophe par excellence[1] : à la religion juive
privilège d'un peuple élu, fondée sur les images sensibles, confirmée par le signe matériel du miracle, com-
mandant l'obéissance et la justice sans rendre un compte
clair de ses prescriptions, le Christ a fait succéder la
religion de l'esprit pur, accessible à l'universalité des
hommes, puisqu'elle est tout entière une affirmation de la
vérité éternelle, démontrable par la raison qui est pour
chaque être la révélation intérieure et éternelle de Dieu.
Dans les *Pensées* qui ont été publiées la même année que
le *Tractatus Theologico-Politicus* le christianisme n'est
plus la négation, il est au contraire la confirmation et le
prolongement prévu, prédit, du judaïsme. Voilà pourquoi
Pascal se dégoûte et se détourne de la science rationnelle ;
voilà pourquoi il demande aux textes révélés de lui faire
connaître la vérité qui seule désormais lui importe. Il
applique toutes ses forces à l'interprétation de ces textes,

---

1. *Apud* Ludwig Stein, *Leibniz und Spinoza*, 1890. Beilage II, p. 283.

il devient le disciple non seulement des écrivains hébreux qui avaient rédigé l'Ancien Testament, mais des rabbins juifs qui en avaient découvert et établi le sens figuratif. Fidèle à la tradition de saint Paul, fidèle à l'esprit de Jansénius qui ne cesse de dénoncer la corruption d'Origène et de la Scolastique, et qui purge la religion de toute trace de métaphysique platonicienne ou de morale stoïcienne, c'est-à-dire au fond de tout paganisme, Pascal travaille à retrouver le christianisme originel, en le dégageant de tout contact avec l'esprit occidental, en le soudant fortement au judaïsme qui en est la source.

Et en effet si la religion est autre chose qu'un tissu d'abstractions philosophiques, si elle est avant tout une réalité concrète qui enveloppe l'âme tout entière, la baigne de son atmosphère et la nourrit de sa substance, la plus forte preuve de la religion c'est sa *perpétuité*. Elle a toujours été. Le christianisme s'est en quelque sorte précédé lui-même dans le judaïsme[1]. Le Dieu des chrétiens était déjà le Dieu des Juifs[2]. Un trait commun marque l'identité des deux Testaments : Dieu n'y est connu et aimé que d'une petite élite de serviteurs fidèles, parce que telle est en effet sa volonté que quelques-uns seulement parmi les hommes soient éclairés, que quelques-uns seulement tournent vers lui leur cœur et leur amour. La conduite de Dieu envers le monde tend à l'établissement d'une Église choisie pour la pratique du culte et de l'adoration ; le même soin jaloux qui veille à la conservation de cette Église, en écarte ceux qui ne sont pas appelés. Aussi est-il nécessaire que la conduite de Dieu paraisse ambiguë; mais cette ambiguïté, dont la raison naturelle fait un scan-

1. Fr. 601, sqq.
2. Fr. 610.

dale, est la raison surnaturelle qui explique et éclaire tout. C'est elle qui justifie en dernier ressort cette *logique des contraires* que l'on avait appuyée provisoirement sur des exemples humains ; c'est elle qui nous élève jusqu'au Dieu vivant qui agit dans l'histoire.

Voici la règle de la foi : « Les deux raisons contraires. Il faut commencer par là : sans cela on n'entend rien, et tout est hérétique ; et même, à la fin de chaque vérité, il faut ajouter qu'on se souvient de la vérité opposée[1]. » Et voici le fondement de cette règle : « On n'entend rien aux ouvrages de Dieu, si on ne prend pour principe qu'il a voulu aveugler les uns, et éclairer les autres[2]. »

Dès lors le problème de la religion qui avait été d'abord posé en termes généraux, comme le problème de la vérité ou de la justice, prend ce caractère personnel, tragique, que le génie de Pascal a si admirablement exprimé. Il ne me suffit plus de savoir que l'Évangile est authentique et que Jésus est le médiateur. Mais suis-je ou non appelé à faire partie de l'Église que Dieu a choisie ? me donnera-t-il jusqu'à la fin de mes jours cette grâce sans laquelle la foi en sa parole et la bonne volonté absolue seraient de nulle efficacité ? échapperai-je enfin à la damnation éternelle que tous les hommes ont méritée en Adam ? une miséricorde, d'autant plus grande qu'elle est plus rare, me tirera-t-elle de la « masse des perdus » pour me faire parvenir à la béatitude de l'éternité ?

La question capitale devient ainsi la question de l'Église.

Le judaïsme a connu l'Église. Avant même que Jésus ait paru sur la terre pour rompre le sceau et dévoiler le

---

1. Fr. 567.
2. Fr. 566.

sens clair de l'Écriture, Dieu avait choisi un peuple
parmi les peuples, et une élite parmi ce peuple : je m'en
suis réservé 7000, dit un texte que Pascal aimait à citer[1].
De là cette doctrine essentielle « que les vrais Juifs et
les vrais chrétiens n'ont qu'une même religion[2] ». Dieu a
donné la loi aux Juifs pour les aveugler ; et en effet ils ont cru
que Dieu leur commandait la circoncision, les sacrifices
et les cérémonies, qu'il leur promettait pour prix de leur
obéissance les richesses de la terre et la joie de la domination. Pourtant quelques Juifs ont été éclairés par ces
mêmes paroles qui avaient égaré la plupart de leurs core-
ligionnaires, quelques-uns ont dégagé le sens spirituel
de ces commandements et le sens moral de ces promesses :
ils ont compris et pratiqué la circoncision du cœur, ils
ont attendu le Messie, qui apporterait définitivement aux
hommes la puissance de renoncer à la terre et de vivre
dans la charité. L'Ancien Testament semble fait pour
détourner de croire, et il faut qu'il en soit ainsi : il doit
éloigner ceux qui s'éloignent eux-mêmes de la charité ;
Dieu n'y parle qu'à ceux à qui il s'est déjà fait entendre
intérieurement et qui savent découvrir dans le précepte
littéral la figure du Dieu caché[3].

Grâce à cette ambiguïté l'Ancien Testament peut à la
fois subsister par lui-même, et devenir le fondement du
christianisme. Il subsiste par lui-même, aux yeux des
Juifs qui n'ont pas pu reconnaître en Jésus le Messie
qui leur était annoncé. Et les prophéties doivent être
telles qu'elles justifient du même coup et l'endurcissement
des Juifs destinés à demeurer dans la suite des siècles les

---

1. Fr. 788 ; cf. *Lettres à Mademoiselle de Roannez*, III, *olim* 5.
2. Fr. 610.
3. Fr. 642 sqq.

1. Fr. 513.
2. Fr. 5o8, cf. fr. 49o.
3. Fr. 488.

témoins involontaires de la vérité de l'Évangile, et la croyance des chrétiens pour qui Jésus a accompli dans le temps annoncé exactement ce qui avait été annoncé: « Les prophéties citées dans l'Évangile, vous croyez qu'elles sont rapportées pour vous faire croire? Non, c'est pour vous éloigner de croire[1]. » L'incrédule tire vanité des objections que le raisonnement oppose à l'interprétation chrétienne de la Bible ; en réalité rien ne devrait l'épouvanter comme cette révolte de la raison contre l'autorité de la parole révélée ; n'est-ce pas le signe que l'on est exclu et réprouvé? Au contraire, pour ceux qui lisent avec la véritable inclination du cœur, pour les élus, « tout tourne au bien, jusqu'aux obscurités de l'Écriture[2] » ; toute leur pensée est orientée vers l'amour exclusif de Dieu, tout devient une occasion de le retrouver derrière les images sensibles et matérielles qui plaisaient aux Juifs « La charité, dit Pascal, n'est pas un précepte figuratif[3] » ; elle n'est pas à interpréter, mais elle est au contraire la clé de l'interprétation, la vérité absolue qui discerne le sens et mesure la portée de tout le reste. Aussi on a compris que Jésus est le Messie, dès qu'on a compris qu'il devait *renverser* toutes les idées du vulgaire sur le Messie. Les Juifs charnels attendaient le Roi de la terre, dispensateur de richesses et de joies sensibles ; fatalement ils devaient méconnaître, blasphémer, tuer celui qui, humble, ignoré de tous, venait « dans un avènement de douceur » inaugurer le règne de la bassesse et de la charité. « Chacun trouve ce qu'il a dans le fond de son cœur[4]. » Déjà il faut être saint pour comprendre la sainteté.

---

1. Fr. 568.
2. Fr. 575.
3. Fr. 665.
4. Fr. 675.

Voici qui est plus terrible encore : cette opposition des
Juifs charnels et des Juifs spirituels se continue dans la
société des chrétiens. Il y a un christianisme libertin qui
s'oppose au christianisme vrai, et où tout ce qui devait être
raison de croire devient motif de réprobation. Le Dieu qui
s'est voulu cacher à la foule des hommes a aussi voulu
aveugler la plupart de ceux qui se réclamaient de son nom.
Ainsi la croyance à la rédemption deviendra un danger :
si l'on croit que Jésus en mourant a réparé le désordre
de la nature, qu'il nous a rendu l'intégrité de notre libre
arbitre et la pureté de notre raison, l'on tombe dans
l'abîme où sont les philosophes et les païens. Le respect
de l'Église devient un danger : on se sert des autorités
reconnues pour couvrir des tolérances morales qui sont le
scandale des consciences chrétiennes. L'observation minu-
tieuse du culte est un danger : « Jésus-Christ, selon les
Chrétiens charnels, est venu nous dispenser d'aimer Dieu,
et nous donner des sacrements qui opèrent tous sans
nous[1]. » Le christianisme est une religion vivante, qui
nous a imposé de vivre pour Dieu, c'est-à-dire de lutter
contre nous-mêmes. « Jésus est venu apporter le couteau
et non pas la paix[2]. » La lutte de l'homme contre sa
nature sans cesse renaissante, c'est aussi la lutte de l'Église
contre elle-même, contre le poids mort qu'elle traîne avec
soi : « l'Église a trois sortes d'ennemis : les Juifs qui n'ont
jamais été de son corps ; les hérétiques qui s'en sont
retirés ; et les mauvais Chrétiens, qui la déchirent au
dedans[3]. »

La terre est un lieu d'exercice ; dans chaque cons-

1. Fr. 607.
2. *Lettres à Mademoiselle de Roannez*, II, *olim* 4 ; cf. fr. 498.
3. Fr. 840.

cience de chrétien doit se renouveler le drame qui agite
le monde depuis le jour du péché, et qui doit subsister
sans interruption jusqu'au jour du jugement. Il faut que
d'un côté soit la puissance charnelle, le triomphe apparent
qui fascine le vulgaire, les applaudissements du peuple
et la faveur des grands ; de l'autre, le renoncement à tous
les biens terrestres, l'attachement à Jésus crucifié, l'humilité
sincère et la charité secrète : il faut donc que d'un côté
les Jésuites triomphent, qu'ils entraînent la Sorbonne, qu'ils
surprennent le Pape ; il faut que de l'autre, les religieuses
de Port-Royal n'aient plus à offrir à Dieu que la pureté
de la doctrine et de la vie, avec les souffrances de la
persécution.

L'histoire tout entière, l'essence même de l'Église exi-
gent qu'il en soit ainsi. Et pourtant aucune considération
abstraite, aucune analogie historique ne suffit à nous
rassurer ; ce sont encore des choses humaines. Il ne suffit
même pas d'invoquer l'ardeur de la piété ou la vertu ; car
qui peut dire que Dieu les agrée ? et n'est-ce pas le
propre d'une conscience chrétienne, de s'incliner avec
crainte et avec tremblement devant le jugement mystérieux
du Dieu qui prononce sur les âmes ? Il faut que Dieu
parle : la seule marque de piété c'est qu'on ait mérité
d'obtenir, qu'on ait mérité surtout de comprendre la
réponse. Ou ce que Pascal a cru, ce pour quoi il a souffert
et espéré, ce qu'il a aimé de toute l'ardeur de son âme
est faux — ou le miracle de la Sainte Épine est un miracle
authentique, dissipant d'un coup les nuages accumulés
sur la question de la grâce et sur la bonne foi des jansénistes, marquant d'un trait de feu l'intervention de Dieu
même dans les querelles de l'Église. Le christianisme,
tel que comprend Pascal, implique suivant sa propre
parole « un devoir réciproque entre Dieu et les hommes...

Les hommes doivent à Dieu de recevoir la religion qu'il leur envoie. Dieu doit aux hommes de ne les point induire en erreur[1]. » Dieu a donc accompli ce que Pascal appelle son devoir, et il l'a fait dans le temps qu'il devait — non après la condamnation des propositions, « car la vérité n'était pas attaquée[2] » — mais après la censure de la Sorbonne et la bulle du pape, qui dénonçaient expressément Jansénius, afin d'émouvoir ceux qui y cherchaient faussement leur tranquillité, afin de rassurer ceux qui avaient assumé le dépôt de la vérité. Avant les miracles de Jésus-Christ : « les prophéties étaient équivoques, elles ne le sont plus[3]. » Avant le miracle de la Sainte Épine : « les cinq propositions étaient équivoques, elles ne le sont plus[4]. » Le miracle avait discerné entre les païens et les juifs, entre les juifs et les chrétiens ; il discerne entre les calomniateurs et les calomniés[5]. Mais il a fait ce discernement — et ainsi l'exige la conception que Pascal s'est formée de la conduite de Dieu — de façon à justifier l'endurcissement des uns en même temps que la reconnaissance des autres. « Les miracles ne servent pas à convertir, mais à condamner[6]. » Pascal dit aux Jésuites ce que les Apôtres disaient aux Juifs témoins de Jésus : « ce qui fait qu'on ne croit pas les vrais miracles, est le manque de charité[7]. »

Mais pour ceux qui ayant dans le cœur la charité de

---

1. Fr. 843.
2. Fr. 850.
3. Fr. 830.
4. Fr. 831.
5. Fr. 841.
6. Fr. 825.
7. Fr. 826.

Jésus ont su entendre la parole sainte qui venait à eux,
quelle joie et quel tremblement à sentir qu'au plus profond d'eux-mêmes, au delà de la partie humaine de leur
être, habite le Dieu qui s'est fait homme et qui a mérité
la grâce du Père pour la créature de péché! Sur les ruines
des plaisirs humains et des affections naturelles, au terme
de la renonciation totale, fleurit enfin la douceur d'un
amour ineffable: « joie, joie, joie, pleurs de joie. » Les
larmes que Pascal a versées dans la nuit d'extase et devant
le feu de la certitude intérieure se renouvellent au miracle
de la Sainte Épine; dans un « éclair » s'est manifesté
le Dieu vivant, qui a discerné ses vrais adorateurs et les
a marqués du sceau des élus. Pascal répète la parole de
saint Augustin : « Je ne serais pas chrétien sans les miracles[1]. »

Les *Pensées* sont nées du miracle; c'est de lui qu'elles
reçoivent l'unité de leur inspiration en même temps que
l'espoir de leur efficacité. Les *Pensées* sont un hymne
de reconnaissance, et une prière ardente pour le salut des
hommes: « *Sur le miracle.* — Comme Dieu n'a pas
rendu de famille plus heureuse, qu'il fasse aussi qu'il
n'en trouve point de plus reconnaissante[2]. » Elles débor-
dent de bonheur: « Nul n'est heureux comme un vrai
chrétien[3] ». L'excès d'un tel bonheur serait même à
redouter, si on devait le sentir à la façon des hommes,
en faisant retour sur soi pour s'en attribuer la causalité.
Plus l'œuvre est sainte devant Dieu, plus elle deviendrait
mortelle, si elle nous induisait à nous en attribuer l'ini-

---

1. Fr. 812.
2. Fr. 856.
3. Fr. 541.

tiative et le mérite. La prière elle-même est dangereuse, si en demandant nous allions croire que nous avons quelque droit à obtenir. A plus forte raison, celui qui entreprend de découvrir aux hommes la vérité, de leur montrer les routes du salut s'expose à la tentation naturelle qui est de *faire le Dieu*. Au moment où l'auteur des *Pensées* s'élève le plus haut dans la conscience claire de son génie, il se fait scrupule, il offre en sacrifice la joie dont il ne peut se défendre, il s'abaisse dans un mouvement d'humilité : l'incrédule qu'il aura retiré du milieu d'iniquité et qu'il aura conduit à Dieu, sera peut-être demain revêtu de cette grâce que demain peut-être lui-même implorera en vain. Même illuminé par la flamme d'un bonheur céleste, le chrétien ne peut pas se reposer dans ce bonheur, et le faire sien ; il doit l'accueillir dans les larmes et dans l'anxiété. Voilà sans doute le dernier secret des *Pensées* ; voilà pourquoi ces Fragments, destinés pour la plupart à une *Apologie du christianisme*, tournés contre les libertins et les mauvais chrétiens, sont pleins pourtant de l'âme même de Pascal ; c'est de lui qu'ils nous entretiennent et c'est vers lui qu'ils dirigent notre esprit ; c'est l'angoisse d'un drame intérieur qui de l'auteur se communique aux lecteurs. La légende romantique veut qu'il lutte contre ses doutes, qu'il travaille inutilement à affirmer en lui la conviction qu'il voudrait imposer à autrui. En réalité Pascal est inquiet non de sa foi mais de son salut : « Toute condition, et même les martyrs, ont à craindre, par l'Écriture[1]. » Il n'est ni un théologien spéculatif, ni un docteur qui parle du haut de la chaire, en représentant d'une autorité « reconnue » ; il est à genoux, il prie, et

---

1. Fr. 518.

il saigne sous les pointes de sa ceinture de fer. La croix qu'il trace en tête de ses *fragments* n'est pas une arme pour appeler au combat les fidèles, pour menacer les mécréants ou les hérétiques; c'est la propre croix du Christ sous laquelle il a succombé au chemin du calvaire: « Jésus sera en agonie jusqu'à la fin du monde, il ne faut pas dormir pendant ce temps-là. »

PIÈCES JUSTIFICATIVES
POUR LA PREMIÈRE PARTIE
DE L'INTRODUCTION

I

LA PRÉPARATION DE L'ÉDITION

LETTRES DE M. DE BRIENNE A Mme PÉRIER [1]

Première lettre.

Ce 16 novembre [1668].

On ne peut pas, madame, avoir céans M. votre fils qui nous fait l'honneur de coucher ce soir chez le mien après y avoir dîné ce matin et avoir travaillé tout le jour céans pour mettre enfin la dernière main aux fragments de Monsieur votre illustre et bienheureux frère, après qu'ils ont subi tous les examens de M. de Roannez, ce qui n'est pas peu de chose, et ne vous pas dire un mot d'une si agréable occupation que nous avons présentement. M. de Roannez est très content, et assurément l'on peut dire que lui et ses amis ont extrêmement travaillé. Je crois que vous l'en devez remercier. Nous allons encore faire une revue, M. votre très cher fils et moi, après laquelle il n'y aura plus rien à refaire, et je crois que notre dessein ne vous déplaira pas, ni à M. Périer que je salue ici avec votre permission, puisque nous ne faisons autre chose que de voir si l'on ne peut rien restituer des fragments que M. de Roannez

---

1. IIe Recueil MS. du P. Guerrier, p. 71. Cf. Ms. 12988, p. 73.

a ôtés. Demain nous achèverons ce travail, s'il plaît à Dieu. J'ai présentement de la tête et de la santé à revendre, grâce à vos prières et à celles de nos amis et amies à qui j'attribue ma guérison, car j'ai été trop mal et mes incommodités avaient duré trop longtemps pour que j'eusse osé espérer en être quitte si tôt, ce qui fait que je regarde ma guérison comme un petit miracle. Notre bon Dieu en soit béni, et qu'il me fasse la grâce s'il lui plaît, de mieux user de ma santé que je n'ai fait par le passé.

Je ne sais, madame, comment vous remercier de vos belles pommes ; vous moquez-vous de faire de tels présents ? Je ne sais ce qui me tient que je ne vous gronde au lieu de vous remercier. Car je suis encore trop glorieux pour pouvoir souffrir qu'on me donne, sans rendre un présent qui puisse égaler celui qu'on m'a fait, et par malheur je n'ai ni poires ni pommes à vous envoyer. Je ne me vante de rien, mais j'ai bien envie un de ces jours de vous faire aussi quelque trait à mon tour. Au moins ne refuserez-vous pas des livres de ma façon et de la nature de celui qui est présentement sous la presse, ni mes chères sœurs aussi que je vous supplie d'embrasser pour moi et de les assurer que je ne les oublierai jamais devant notre Seigneur. Comment va la tête de M. Domat ? Je le salue avec votre permission, comme aussi MM. vos fils et M. leur précepteur que j'aime à cause d'eux et de vous plus que je ne puis dire. Je voudrais que vous nous les envoyassiez tous : je vais établir un petit collège chez mon fils, et M. de Rebergue ne serait pas un de nos moindres maîtres, et vos deux enfants de nos moindres écoliers; au moins ne m'en saurait-il venir qui me soient plus chers. Auriez-vous jamais espéré de me voir principal de collège ? Envoyez-nous au plus tôt les cahiers de M. Pascal qui vous restent, et qui nous manquent, et mandez-nous votre dernière volonté : nous l'exécuterons très ponctuellement. Quelle joie n'ai-je point de trouver une fois en ma vie une petite occasion de vous servir, en la personne du monde qui vous était la plus chère et qui était aussi la plus digne d'être aimée ! J'ai rendu le *Montagne* à M. votre fils ; quelles obligations ne vous ai-je point ?

Il nous manque diverses pensées sur les *divers sens de l'Écriture, que la loi est figurative, etc.*, et encore *les preuves de la véritable religion par les contrariétés qui se trouvent dans la nature de l'homme et par le péché originel;* cela doit être admirable.

Je suis si content du pauvre Ferrand que je ne vous le puis assez dire. Il m'édifie tous les jours de plus en plus et toute cette maison, et me sert d'une manière qui ne me peut permettre sans ingratitude de n'avoir pour lui beaucoup d'affection ; c'est le meilleur garçon du monde.

Quand on a été autant de temps qu'il y a d'ici au 24 de juillet dont est datée votre dernière lettre sans y répondre, on peut s'en dispenser. Cependant, je l'ai encore sur ma table, et je la conserve chèrement comme tout ce qui me vient de vous. Je viens de la relire et il se trouve que j'y ai répondu sans le savoir, car vous ne me parliez que des admirables fragments de *notre saint.* Recommandez-moi s'il vous plaît à ses prières et me croyez tout à vous en notre S. J. C. Adieu ; et mille amitiés encore une fois à toute la chère famille,

Deuxième lettre.

Ce 7 décembre 1668.

M. votre fils m'apporta hier votre lettre du 27ᵉ du mois passé ; nous la lûmes ensemble et pesâmes plus toutes vos raisons que vous n'auriez pu faire vous-même, quand vous y auriez été présente pour répondre à nos objections. Il est certain que vous avez quelque raison, madame, de ne vouloir pas qu'on change rien aux pensées de M. votre frère. Sa mémoire m'est dans une si grande vénération que, quand il n'y aurait que moi tout seul, je serais entièrement de votre avis, si M. de Roannez et ceux qui ont pris la peine de revoir ces fragments avaient prétendu substituer leurs pensées à la place de celles de notre saint, ou les changer de manière qu'on ne pût pas dire sans mensonge ou sans équivoque qu'on les donne au public telles qu'on les a trouvées sur de méchants petits morceaux de papier après sa mort. Mais comme ce qu'on y a fait ne change en aucune façon le sens et les expressions de l'auteur, mais ne fait que les éclaircir et les embellir, et qu'il est certain que s'il vivait encore il souscrirait sans difficulté à tous ces petits embellissements et éclaircissements

qu'on a donnés à ses pensées, et qu'il les aurait mises lui-
même en cet état s'il avait vécu davantage et s'il avait eu le
loisir de les repasser, puisque l'on n'a rien mis que de nécessaire et qui vient naturellement dans l'esprit à la première
lecture qu'on fait des fragments, je ne vois pas que vous
puissiez raisonnablement et par un scrupule que vous me
permettrez de dire qui serait très mal fondé, vous opposer à
la gloire de celui que vous aimez. Les autres ouvrages que
nous avons de lui nous disent assez qu'il n'aurait pas laissé
ses premières pensées en l'état qu'il les avait écrites d'abord ;
et quand nous n'aurions que l'exemple de la 18ᵉ Lettre qu'il
a refaite jusqu'à la 13 fois, nous serions trop forts, et nous
aurions droit de vous dire que l'auteur serait parfaitement
d'accord avec ceux qui ont osé faire dans ses écrits ces petites
corrections, s'il était encore en état de pouvoir nous dire lui-
même son avis. C'est, madame, ce qui a fait que je me suis
rendu au sentiment de M. de Roannez, de M. Arnauld, de
M. Nicole, de M. du Bois et de M. de la Chaise, qui tous
conviennent d'une voix que les pensées de M. Pascal sont
mieux qu'elles n'étaient, sans toutefois qu'on puisse dire
qu'elles soient autres qu'elles étaient lorsqu'elles sont sorties
de ses mains, c'est-à-dire sans qu'on ait changé quoi que ce
soit à son sens ou à ses expressions. Car d'y avoir ajouté de
petits mots, d'y avoir fait de petites transpositions, mais en
gardant toujours les mêmes termes, ce n'est pas à dire qu'on
ait rien changé à ce bel ouvrage. La réputation de M. Pascal
est trop établie pour que le public s'imagine, lorsqu'il trouvera ces fragments admirables, et plus suivis et plus liés si
vous voulez qu'il n'appartient à des fragments, que ce soient
d'autres personnes que M. Pascal qui les aient mis en cet
état. Cette pensée ne viendra jamais à personne, et on ne
blessera point la sincérité chrétienne même la plus exacte en
disant qu'on donne ces fragments tels qu'on les a trouvés et
qu'ils sont sortis des mains de l'auteur, et tout le reste que
vous dites si bien et d'une manière si agréable que vous
m'entraîneriez à votre sentiment, pour peu que je visse que
le monde fût capable d'entrer dans les soupçons que vous
appréhendez. L'ouvrage, en l'état qu'il est, est toujours un
fragment, et cela suffit pour que tout ce que l'on a dit et que
vous voulez qu'on dise soit véritable.

Mais afin que vous puissiez mieux juger de la vérité de ce que j'avance, et que je ne voudrais pas vous dire pour quoi que ce soit au monde si je ne le croyais très vrai en toutes ses circonstances, je vous envoie une feuille d'exemple des corrections qu'on a faites, que je dictai hier à M. votre fils. Je suis assuré, madame, que quand vous aurez vu ce que c'est, vous êtes trop raisonnable pour ne vous pas rendre et pour n'être pas bien aise que la chose soit au point qu'elle est, c'est-à-dire aussi parfaite que des fragments le peuvent être. Quand vous verrez après cela la préface qu'on a faite et que je tâcherai de vous envoyer mardi prochain ou au moins d'aujourd'hui en huit jours tout au plus tard, vous ne vous contenterez pas de donner simplement les mains à ce qu'on a fait ; mais vous en aurez de la joie, et vos *entrailles tressailleront d'allégresse,* selon l'expression de l'Écriture, en voyant combien dignement l'on a parlé d'un frère aussi digne de louanges et d'estime que celui que vous aviez, et qui vous doit être bien plus cher où il est qu'il ne l'était lorsqu'il était sur la terre.

Je vous dirai encore, sans craindre de vous importuner et sans faire même de réflexion comme vous, que je suis à la fin de la quatrième page, qui est le seul endroit de votre lettre qui m'a déplu ; car à quoi bon de faire de semblables excuses à ses amis, principalement lorsqu'on écrit aussi agréablement que vous faites. Pardonnez-moi cette petite digression qui est venue si à propos que je n'ai pu m'empêcher de la faire. Je vous dirai (dis-je), madame, que j'ai examiné les corrections avec un front aussi rechigné que vous auriez pu faire ; que j'étais aussi prévenu et aussi chagrin que vous contre ceux qui avaient osé se rendre de leur autorité privée et sans votre aveu les correcteurs de M. Pascal ; mais que j'ai trouvé leurs changements et leurs petits embellissements si raisonnables que mon chagrin a bientôt été dissipé, et que j'ai été forcé, malgré que j'en eusse, à changer ma malignité en reconnaissance et en estime pour ces mêmes personnes que j'ai reconnu n'avoir eu que la gloire de M. votre frère en vue en tout ce qu'ils ont fait. J'espère que M. Périer et vous en jugerez tout comme moi et ne voudrez plus, après que vous aurez vu ce que je vous envoie, qu'on retarde davantage l'impression du plus bel ouvrage qui fut jamais. Je me charge des approbations et de tout le reste ; que ne ferais-je point pour de tels amis que vous ?

Si j'avais cru M. de Roannez et tous vos amis, c'est-à-dire M. Arnauld, M. Nicole, etc., qui n'ont qu'un même sentiment dans cette affaire, quoique ces deux derniers craignent plus que M. de Roannez de rien faire qui vous puisse déplaire, parce que peut-être ils ne sont pas aussi assurés que M. de Roannez dit qu'il l'est que vous trouverez bon tout ce qu'il fera ; si, dis-je, je les avais crus, les fragments de M. Pascal seraient bien avancés d'imprimer. Il est assurément de conséquence de ne pas retarder davantage l'impression, et je vous supplie, en nous envoyant la copie des deux cahiers qui nous manquent et que je vous ai marqués dans ma dernière lettre, de nous envoyer aussi une permission de mettre cet ouvrage sous la presse, et d'avoir assez de confiance en tous vos amis, au nom desquels je vous écris et qui joignent leurs prières aux miennes, pour croire que l'on ne fait rien en tout ceci, que de très bien et de très avantageux à celui que vous aimez et qui est si digne d'être aimé. Je vous conjure de me recommander à ses saintes prières lorsque vous vous y recommanderez vous-même, et de lui bien dire, dans le secret de votre oraison, que je suis aussi sensible pour tout ce qui peut le toucher, c'est-à-dire les siens et sa mémoire bienheureuse, que si j'avais l'avantage d'être son propre frère. Je vous dis ceci avec une effusion qu'il n'y a que Dieu et celui qui est mort en lui qui puisse voir, et je lui demande de tout mon cœur de vous la faire connaître telle qu'elle est effectivement.

Que puis-je vous avoir mandé dans ma lettre précédente qui vous accable ? Vous m'accablez bien davantage en me parlant de ce prétendu accablement. Je vous supplie, madame, de supprimer à l'avenir ces expressions qui flattent l'amour-propre et qui respirent un certain air flatteur qui ne doit point être entre des personnes aussi unies que nous par les liens de la charité : je vous demande cette grâce à mains jointes.

Je me sens encore obligé de vous dire en relisant votre lettre, quoiqu'il me semble que j'aie déjà satisfait et suffisamment, si je ne me trompe, à vos appréhensions, que vous ne devez point craindre qu'on diminue la gloire de l'auteur en

voulant l'augmenter, et que le monde, sachant qu'on a travaillé sur ses écrits, ne puisse plus discerner ce qui est de
l'auteur et ce qui est des correcteurs. Vous souhaitez qu'on
dise positivement que ce sont de petits morceaux de papier
qu'on a trouvés mal écrits et que c'étaient les premières
expressions des pensées qui lui venaient lorsqu'il méditait sur
son grand ouvrage contre les athées ; que ni lui ni personne
n'a repassé dessus que pour les mettre en ordre seulement ;
qu'on a encore les originaux en la manière qu'on les a
trouvés, etc. On dira tout cela, et on l'a dit par avance dans
la préface de la manière dont vous le voulez, et ce qui est de
mieux, c'est que tout cela est vrai et exact à la lettre, et sans
équivoque aucune, comme je crois vous l'avoir déjà dit
ci-dessus. Que voulez-vous de plus ? Cela fera tous les bons
effets que vous espérez, et le meilleur encore que vous ne
dites pas, c'est qu'on ne trouvera rien qui mérite d'être
excusé, et qu'on regrettera seulement que l'auteur n'ait pas
assez vécu pour achever un ouvrage qui, tout imparfait qu'il
est, est si achevé et si admirable. Après cela, je ne sais plus
que vous dire ; et si vous n'êtes pas contente, vous avez tort.
Voilà comment il faut parler à ses amis, et de tels amis que
M. Périer et vous qui ne pouvez trouver mauvaise ma liberté,
connaissant mon cœur au point que vous le connaissez, et
étant toujours pour vous tel que je dois être, c'est-à-dire plus
à vous qu'à moi-même.

On n'a pas fait une seule addition. Vous avez regardé le
travail de M. de Roannez comme un grand commentaire, et
rien n'est moins semblable à ce qu'il a fait que cette idée que
vous vous en étiez formée.

Je ne parle point des pensées qu'on a retranchées, puisque
vous n'en parlez pas et que vous y consentez. Mais je vous
dirai pourtant que j'en ai fait un petit cahier que je garderai
toute ma vie comme un trésor pour me nourrir en tout
temps ; car je ne voudrais pas laisser perdre la moindre chose
de M. Pascal, dont il ne nous reste rien que d'infiniment précieux, ne fût-ce que le petit billet du mois que vous m'avez
donné.

Ce serait à moi à faire des excuses, puisque me voici à la
neuvième page. Mais je n'ai garde après ce que je vous ai
dit. J'embrasse toute la chère famille. Adieu. Je vous supplie

de me faire faire une copie de cette lettre-ci par un de MM. vos enfants, ou de me la renvoyer si vous ne la voulez pas garder, comme elle ne le mérite pas, parce que j'en aurai à faire pour la montrer à M. de Roannez ; je crois que cela fera un bon effet ; je lui lirai la vôtre ; et si je n'avais été si pressé, il aurait vu celle-ci avant que de vous l'envoyer ; mais je n'ai eu que le temps de l'écrire, et encore bien à la hâte. Lisez mon griffonnage, si vous pouvez.

On m'a dit que vous saviez des histoires admirables de *songes*, de *sorciers, sortilèges, apparitions*, etc. J'en fais un petit recueil et je voudrais que vous pussiez voir ce que j'ai déjà écrit. Je ne mets rien dans mon livre que de très exact et de très vrai, et le plus circonstancié que je puis. Si vous pouvez m'envoyer quelque chose de ce genre ou si vous en apprenez de personnes bien sûres, je vous supplie de me faire cette grâce. Toutes ces choses, lorsqu'elles sont véritables, sont de grandes preuves de la religion.

Faites-moi, à propos de cela, faire une copie du billet qu'on trouva sur M. Pascal, dont M. de Roannez m'a parlé, figuré comme il est, *feu, flamme, jour de saint Chrysogone*, etc. Je serais bien aise de l'avoir.

Encore une fois, mille adieux. Je suis tout à vous. N'oubliez pas de faire mes compliments à mes chères sœurs et à M. Domat. Adieu encore une fois : je ne saurais trop vous le dire.

Ce 11ᵉ.

1ᵉʳ *P.-S.* — Quand j'eus achevé ma lettre, il était trop tard pour l'envoyer à la poste, de sorte que j'ai été obligé de différer jusqu'aujourd'hui ; et comme j'en ai fait ce que je désirais, il n'est pas nécessaire que vous m'en fassiez faire une copie.

2ᵉ *P.-S.* — Il est arrivé quelque chose depuis qui m'oblige à vous prier de m'en faire faire une copie par un de vos enfants ou de Mlles vos filles. Je leur serai très-obligé de la peine qu'elles prendront.

Je ne vous puis dire, madame, la joie que j'ai eue de voir la lettre du 30 novembre que vous avez écrite à M. de Roannez, et qu'il m'a envoyée aussitôt ; c'est une réponse par avance à cette grande lettre que je vous écris présentement. Cependant je ne ferai point commencer à imprimer, quoique la chose presse extrêmement, que je n'aie eu votre dernière réponse à tout ce que je vous mande, quoique ce que vous avez mandé à M. de Roannez me donne lieu d'espérer que votre réponse sera aussi favorable que nous le souhaitons. Je vous dois dire, madame, que M. votre fils est bien aise de se voir bientôt au bout de ses sollicitations auprès de moi et de vos autres amis, et de n'être plus obligé à nous tenir tête avec l'opiniâtreté qu'il faisait et dont nous ne pénétrions pas bien les raisons. Car la force de la vérité l'obligeait à se rendre, et cependant il ne se rendait point et revenait toujours à la charge ; et la chose allait quelquefois si loin que nous ne le regardions plus comme un Normand, qui sont gens naturellement complaisants, mais comme le plus opiniâtre Auvergnat qui fût jamais : c'est tout dire. Mais maintenant nous ferons bientôt la paix, et j'espère que votre satisfaction, et la gloire, et l'applaudissement, qui sont inséparables de la publication de cet ouvrage, achèveront de mettre fin aux petits différends que nous avons eus, M. de Roannez et moi, avec M. votre fils. J'aurais mille choses à vous dire de lui qui vous consoleraient infiniment ; mais je n'ai pas assez de temps ; ce sera pour une autre fois. N'oubliez pas mes histoires. Je suis tout à vous ; vous le savez.

II

L'ÉDITION DE 1669 ET LES ÉDITIONS
DE 1670

APPROBATIONS DE NOSSEIGNEURS LES PRÉLATS

Approbation de Monseigneur de Comminges.

Ces pensées de M. Pascal font voir la beauté de son génie,
sa solide piété et sa profonde érudition. Elles donnent une si
excellente idée de la Religion, que l'on acquiesce sans peine
à ce qu'elle contient de plus impénétrable. Elles touchent si
bien les principaux points de la Morale, qu'elles découvrent
d'abord la source et le progrès de nos désordres et les moyens
de nous en délivrer, et elles effleurent les autres sciences avec
tant de suffisance, que l'on s'aperçoit aisément que M. Pascal
ignorait peu de choses de ce que les hommes savent. Quoique
ces Pensées ne soient que les commencements des raisonnements qu'il méditait, elles ne laissent pas d'instruire profondément. Ce ne sont que des semences ; mais elles produisent
leurs fruits en même temps qu'elles sont répandues. L'on
achève naturellement ce que ce savant homme avait eu dessein
de composer, et les lecteurs deviennent eux-mêmes auteurs
en un moment pour peu d'application qu'ils aient. Rien n'est
donc plus capable de nourrir utilement et agréablement
l'esprit que la lecture de ces essais, quelque informes qu'ils
paraissent, et il n'y a guère eu de production parfaite
depuis longtemps qui ait mieux mérité selon mon jugement

d'être imprimée que ce livre imparfait. A Paris, le 4 septembre 1669.

GILBERT, *E. de Comenge*[1].

De Monseigneur l'Évêque d'Aulonne, suffragant de Clermont.

Après avoir lu fort exactement et avec beaucoup de consolation les Pensées de M. Pascal touchant la religion chrétienne, il me semble que les vérités qu'elles contiennent peuvent être fort bien comparées aux essences, dont on n'a point accoutumé de donner beaucoup à la fois pour les rendre plus utiles aux corps malades, parce qu'étant toutes remplies d'esprit, on n'en saurait prendre si peu que toutes les parties du corps ne s'en ressentent. Ce sont les images des pensées de ce recueil. Une seule peut suffire à un homme pour en nourrir son âme tout un jour, s'il les lit à cette intention, tant elles sont remplies de lumières et de chaleur. Et bien loin qu'il y ait rien dans ce recueil qui soit contraire à la foi de l'Église

---

1. L'évêque de Comminges envoya en outre la lettre suivante à M. Périer :

De Paris, le 21 de janvier 1670.

Monsieur, un voyage que j'ai fait m'a empêché de faire plus tôt réponse à la lettre que vous m'avez si obligeamment écrite ; je ne mérite aucun remercîment de l'approbation que j'ai donnée aux pensées de M. Pascal, mais je vous en dois beaucoup de l'honneur que vous m'avez fait de vouloir que mon nom parût dans cet excellent ouvrage. Pour les endroits, Monsieur, sur lesquels j'ai proposé des doutes, j'ai sujet de me louer de la bonté de ceux qui ont pris soin de l'impression, et ils ont bien voulu avoir assez de condescendance pour faire les changements qui m'ont paru nécessaires : je vous supplie d'excuser en cela ma faiblesse, et d'être persuadé que je n'ai point eu la présomption de croire que mon sentiment dût prévaloir ; mais j'ai pensé devant Dieu être obligé de l'exposer sincèrement. Au surplus, Monsieur, je vous dis en vérité que je n'ai rien lu qui m'ait paru si plein de lumière que ces pensées. Nous n'étions pas dignes de la perfection de cet ouvrage. Je suis, Monsieur, votre très humble et très obéissant serviteur.

GILBERT DE CHOYSEUIL, *évêque de Comenge.*

catholique, apostolique et romaine, tout y est entièrement
conforme à sa doctrine et à ses maximes dans les mœurs : car
l'auteur était trop bien informé de la doctrine des Pères et
des Conciles pour penser ou parler un autre langage que le
leur, ainsi que tous les lecteurs le pourront facilement reconnaître par la lecture de tout cet ouvrage, et particulièrement
par cette excellente pensée de la page 242, dont voici les
propres termes : *Le corps n'est non plus vivant sans le chef que le
chef sans le corps. Quiconque se sépare de l'un ou de l'autre n'est
plus du corps et n'appartient plus à* Jésus-Christ. *Toutes les
vertus, le martyre, les austérités et toutes les bonnes œuvres sont
inutiles hors de l'Église et de la communion du Chef de l'Église,
qui est le Pape.* Fait en l'abbaye de Saint-André-les-Clermont,
le 24 novembre 1669.

Jean, E. d'Aulonne, suffragant de Clermont.

De Monseigneur l'Évêque d'Amiens.

Nous avons lu le livre posthume de M. Pascal, qui aurait
eu besoin des derniers soins de son auteur. Quoiqu'il ne
contienne que des fragments et des semences des discours, on
ne laisse pas d'y remarquer des lumières très sublimes et des
délicatesses très agréables. La force et la hardiesse des pensées
surprennent quelquefois l'esprit ; mais plus on y fait d'attention, plus on les trouve saines et tirées de la philosophie et
de la théologie des Pères. Un ouvrage si peu achevé nous
remplit d'admiration et de douleur de ce qu'il n'y a point
d'autre main qui puisse donner la perfection à ces premiers
traits que celle qui en a su graver une idée si vive et si remarquable, ni nous consoler de la grande perte que nous avons
faite par sa mort. Le public est obligé aux personnes qui lui
ont conservé des pièces si précieuses, quoiqu'elles ne soient
point limées ; et, telles qu'elles sont, nous ne doutons pas
qu'elles ne soient très utiles à ceux qui aimeront la vérité et
leur salut. Donné à Paris, où nous nous sommes trouvés
pour les affaires de notre Église, le premier jour de novembre
1669.

François, E. d'Amiens.

Approbation des Docteurs.

Nous soussignés, docteurs en théologie de la Faculté de
Paris, certifions avoir lu le recueil des Pensées de M. Pascal,
trouvées dans son cabinet après sa mort, que nous avons
jugées catholiques et pleines de piété. Le public a beaucoup perdu de ce que l'auteur n'a pas eu le temps de donner
à cet ouvrage toute sa perfection. Les athées en eussent encore
été plus pleinement convaincus, la religion catholique plus
puissamment confirmée et la piété des fidèles plus vivement
excitée : c'est ce que nous croyons et attestons. A Paris, le
5 septembre 1669.

> DE BREDA, *curé de Saint-André-des-Arts.*
> LE VAILLANT, *curé de Saint-Christophe.*
> GRENET, *curé de Saint-Benoît.*
> MARLIN, *curé de Saint-Eustache.*
> J. L'ABBÉ.   PETITPIED.
> L. MARAIS.   T. ROULLAND.
> PH. LE FERON.

*Approbation particulière de M. Le Vaillant, docteur de la Faculté
de Paris, ancien prédicateur, curé de Saint-Christophe, et
ci-devant théologal de l'église de Reims.*

Quelle apparence de prendre tant de plaisir à lire les
Pensées de M. Pascal et de n'en dire pas et témoigner les
siennes en particulier. Je savais assez, avec tous les honnêtes
gens, ce que pouvait ce rare esprit en tant d'autres matières
et surtout dans ses Lettres, qui ont surpris et étonné tout le
monde ; mais qu'il dût nous donner et laisser une méthode
si naturelle et néanmoins si extraordinaire pour montrer,
défendre et appuyer l'excellence et la grandeur de notre religion, c'est ce que je n'eusse pas pensé si je n'en eusse pas vu
les preuves très évidentes dans cet ouvrage. Il est vrai qu'il
n'est pas achevé, et les raisonnements n'ont pas toujours leur
étendue et leur perfection, ce ne sont souvent que des com-

mencements, des essais et comme des restes de pensées d'une
haute et merveilleuse élévation; mais telles que puissent être
ces pensées, elles méritent bien justement l'éloge du prophète:
Reliquiæ cogitationis diem festum agent tibi, restes précieuses
certainement. Disons hardiment reliques honorables d'un
illustre mort, qui du jour auquel elles paraîtront en public
en feront un jour de fête et de joie pour tous les fidèles,
mais de honte aussi et de confusion pour tous les impies, les
libertins et les athées, pour tous ceux qui, se piquant de fort
esprit, n'ont dans leurs forces imaginaires que de la faiblesse
et de l'infirmité: *Infirmus dicet ego fortis sum.* Ces malheureux
infirmes verront dans ce livre leur misère et leur vanité; ils
trouveront leur défaite et leur déroute dans la victoire et le
triomphe de l'auteur des Pensées, que j'ai lues avec tant
d'admiration, que j'approuve avec tant de reconnaissance et
que je certifie dans la dernière sincérité être très conformes
à la foi et très avantageuses aux bonnes mœurs. Fait à Paris,
le sixième septembre 1669.

                                    A. Le Vaillant.

De M. Fortin, docteur en théologie de la Faculté de Paris,
proviseur du collège d'Harcourt.

L'étroite liaison que j'ai eue avec M. Pascal durant sa vie
m'a fait prendre un singulier plaisir à lire ces Pensées, que
j'avais autrefois entendues de sa propre bouche. Ce sont les
entretiens qu'il avait d'ordinaire avec ses amis. Il leur parlait
des choses de Dieu et de la religion avec tant de science et de
soumission, qu'il est difficile de trouver un esprit plus élevé
et plus humble tout ensemble. Ceux qui liront ce recueil,
qui contient des discours tous divins, jugeront aisément de la
grandeur de son âme et de la force de la grâce qui l'animait.
Ils ne trouveront rien qui ne soit dans les règles de la religion
et qui n'inspire des sentiments d'une véritable et sincère
piété. C'est le témoignage que je me sens obligé d'en rendre
au public. A Paris, ce 9 août 1669.

                                    T. Fortin.

De M. Le Camus, docteur en théologie de la Faculté de Paris,
conseiller et aumônier ordinaire du roi.

Il m'est arrivé, en examinant cet ouvrage en l'état qu'il
est, ce qui arrivera presque à tous ceux qui le liront, qui est
de regretter plus que jamais la perte de l'auteur, qui était
seul capable d'achever ce qu'il avait si heureusement commencé.
En effet, si ce livre, tout imparfait qu'il est, ne laisse pas
d'émouvoir puissamment les personnes raisonnables et de
faire connaître la vérité de la religion chrétienne à ceux qui
la chercheront sincèrement, que n'eût-il pas fait si l'auteur
y eût mis la dernière main? Et si ces diamants bruts épars
çà et là jettent tant d'éclat et de lumière, quel esprit n'aurait-il
pas ébloui, si ce savant ouvrier avait eu le loisir de les polir
et de les mettre en œuvre? Au reste, s'il eût vécu plus longtemps, ses secondes pensées auraient été sans doute dans un
meilleur ordre que ne le sont les premières que l'on donne
au public dans cet écrit, mais elles ne pouvaient être plus
sages; elles auraient été plus polies et plus liées, mais elles ne
pouvaient être ni plus solides ni plus lumineuses. C'est le
témoignage que nous en rendons, et que nous n'y avons rien
remarqué qui ne soit conforme à la créance et à la doctrine
de l'Église. A Paris, le 21 de septembre 1669.

> E. LE CAMUS, *docteur de la Faculté*
> *de théologie de Paris, conseiller et*
> *aumônier du roi.*

De Monsieur de Ribeyran, archidiacre de Comminges.

J'ai lu avec admiration ce livre posthume de M. Pascal. Il
semble que cet homme incomparable non seulement voit,
comme les anges, les conséquences dans leurs principes, mais
qu'il nous parle comme ces purs esprits, par la seule direction
de ses pensées. Souvent un seul mot est un discours tout
entier. Il fait comprendre tout d'un coup à ses lecteurs ce
qu'un autre aurait bien de la peine d'expliquer par un raisonnement fort étendu. Et tant s'en faut que nous devions

regretter qu'il n'ait pas achevé son ouvrage, que nous devons
remercier au contraire la Providence divine de ce qu'elle l'a
permis ainsi. Comme tout y est pressé, il en sort tant de
lumières de toutes parts, qu'elles font voir à fond les plus
hautes vérités en elles-mêmes, qui peut-être auraient été
obscurcies par un plus long embarras de paroles. Mais si ces
pensées sont des éclairs qui découvrent les vérités cachées aux
esprits dociles et équitables, ce sont des foudres qui accablent
les libertins et les athées ; et puisque nous devons désirer pour la
gloire de Dieu l'instruction des uns et la confusion des autres,
il n'y a rien qui ne doive porter les amis de M. Pascal à
publier ces excellentes productions de ce rare esprit, qui ne
contiennent rien, selon mon jugement, qui ne soit très catholique et très édifiant. Fait à Paris, le 7 septembre 1669.

DE RIBEYRAN, *archidiacre de Comenge.*

De Monsieur de Drubec, docteur de Sorbonne,
abbé de Boulancourt.

Un ancien a dit assez élégamment que l'on doit considérer,
eu égard à la postérité, tout ce que les auteurs n'achèvent
pas, comme s'il n'avait jamais été commencé : mais je ne puis
faire ce jugement des Pensées de M. Pascal. Il me semble que
l'on ferait grand tort à la postérité aussi bien qu'à notre
siècle, de supprimer ces admirables productions, encore
qu'elles ne puissent non plus recevoir leur perfection que ces
anciennes figures que l'on aime mieux laisser imparfaites que
de les faire retoucher. Et, comme les plus excellents ouvriers se
servent plus utilement de ces morceaux pour former les idées
des ouvrages qu'ils méditent, qu'ils ne feraient de beaucoup
d'autres pièces plus finies, ces fragments de M. Pascal donnent
des ouvertures sur toutes les matières dont ils traitent qu'on
ne trouverait point dans des volumes achevés. Ainsi, selon
mon jugement, on ne doit pas envier au public le présent que
lui font les amis de ce philosophe chrétien des précieuses
reliques de son esprit, et non seulement je ne trouve rien qui
puisse empêcher l'impression, mais je crois que nous leur

devons beaucoup de reconnaissance du soin qu'ils ont pris de
les ramasser. Donné à Paris, le 5 septembre 1669.

FRANÇOIS MALET DE GRAVILLE DRUBEC.

LETTRE DE M. ARNAULD A M. PÉRIER, CONSEILLER DE LA COUR DES AIDES A CLERMONT

Ce 20 novembre [1669][1].

Je dois commencer, monsieur, par me réjouir de votre con-
valescence après une si grande maladie et vous faire des excuses
de ce que je vous réponds si tard sur une affaire qui vous
tient beaucoup à cœur ; je l'aurais fait dès le dernier ordinaire
sans un accident qui m'a tout à fait troublé. Un fort honnête homme nommé M. Collé, qui était un des précepteurs
des enfants qui étaient au Chesnay, était venu demeurer avec
moi depuis trois mois ; j'en étais satisfait autant qu'on peut
l'être d'une personne pour bien des raisons qu'il serait trop
long de vous écrire. Dimanche, descendant pour aller voir un
de ses amis qui le demandait, il tomba sur les degrés et se fit
un trou à la tête qui ne paraissait rien d'abord et n'avait aucun mauvais accident. Mais 24 heures après il lui a pris une
grande fièvre et des vomissements continuels dont il mourut
mercredi. Cela m'a causé une très sensible affliction aussi bien
que M. et Mme Angra qui ne s'en peuvent consoler, non seulement parce qu'il prenait la peine d'instruire leur fils, mais
aussi parce qu'ils avaient pour lui une tendresse et une affection inimaginable, étant de l'humeur du monde la plus accom-
modante et la plus douce.

Voilà, monsieur, ce qui m'a empêché, non seulement de
vous écrire plus tôt, mais aussi de conférer avec ces messieurs
sur les difficultés de M. Le Camus. J'espère que tout s'ajus-
tera, et que, hors quelques endroits qu'il sera assurément bon

---

1. IIIᵉ Recueil MS. du P. Guerrier, p. 286. — Cette lettre a été
imprimée dans les Œuvres d'Arnauld, avec la date inexacte de 1668
(cf. Ed. de Lausanne, t. I, p. 642).

de changer, on les fera convenir de laisser les autres comme
ils sont ; mais souffrez, monsieur, que je vous dise qu'il ne
faut pas être si difficile, ni si religieux à laisser un ouvrage
comme il est sorti des mains de l'auteur, quand on le veut
exposer à la censure publique. On ne saurait être trop exact
quand on a affaire à des ennemis d'aussi méchante humeur
que les nôtres. Il est bien plus à propos de prévenir les chi-
caneries par quelque petit changement, qui ne fait qu'adou-
cir une expression, que de se réduire à la nécessité de faire
des apologies. C'est la conduite que nous avons tenue touchant
des considérations sur les dimanches et les fêtes, de feu M. de
Saint-Cyran, que feu Savereux a imprimées. Quelques-uns
de nos amis les avaient revues avant l'impression ; et M. Nicole, qui est fort exact, les ayant encore examinées depuis
l'impression, y avait fait faire beaucoup de cartons. Cependant les docteurs, à qui on les avait données pour les approuver,
y ont encore fait beaucoup de remarques, dont plusieurs nous
ont paru raisonnables et qui ont obligé à faire encore de nouveaux cartons. Les amis sont moins propres à faire ces sortes
d'examen que les personnes indifférentes, parce que l'affection
qu'ils ont pour un ouvrage les rend plus indulgents sans qu'ils
le pensent, et moins clairvoyants. Ainsi, monsieur, il ne faut
pas vous étonner, si ayant laissé passer de certaines choses
sans en être choqués, nous trouvons maintenant qu'on les doit
changer, en y faisant plus d'attention après que d'autres les
ont remarquées. Par exemple, l'endroit de la page 293[1] me
paraît maintenant souffrir de grandes difficultés, et ce que
vous dites pour le justifier, que, selon saint Augustin, il n'y a
point en nous de justice qui soit essentiellement juste, et qu'il
en est de même de toutes les autres vertus, ne me satisfait
point. Car vous reconnaîtrez, si vous y prenez bien garde,
que M. P. n'y parle pas de la justice, vertu qui fait dire qu'un
homme est juste, mais de la justice *quæ jus est*, qui fait dire
qu'une chose est juste, comme : il est juste d'honorer
son père et sa mère, de ne tuer point, de ne commettre
point d'adultère, de ne point calomnier, etc... Or, en
prenant le mot de justice en ce sens, il est faux et très

---

1. Voir plus bas page CLXXVIII.

dangereux de dire qu'il n'y ait rien parmi les hommes d'essentiellement juste ; et ce qu'en dit M. Pascal peut être venu d'une impression qui lui est restée d'une maxime de Montagne, que les lois ne sont point justes en elles-mêmes, mais seulement parce qu'elles sont lois. Ce qui est vrai, au regard de la plupart des lois humaines qui règlent des choses indifférentes d'elles-mêmes, avant qu'on les eût réglées, comme que les aînés aient une telle part dans les biens de leurs père et mère ; mais très faux, si on le prend généralement, étant, par exemple, très juste de soi-même, et non seulement parce que les lois l'ont ordonné, que les enfants n'outragent pas leurs pères. C'est ce que saint Augustin dit expressément de certains désordres infâmes, qu'ils seraient mauvais et défendus, quand toutes les nations seraient convenues de les regarder comme des choses permises. Ainsi, pour vous parler franchement, je crois que cet endroit est insoutenable, et on vous supplie de voir parmi les papiers de M. Pascal, si on n'y trouvera point quelque chose qu'on puisse mettre à la place. Enfin, vous pouvez, monsieur, vous assurer que je travaillerai dans cette affaire avec tout le soin et toute l'affection qui me sera possible. Je salue Mlle Périer et tous vos enfants, et je m'estimerai toujours heureux de pouvoir faire quelque chose pour votre service.

Desprez me vient présentement d'apporter votre réponse aux difficultés de M. l'abbé Le C... J'en suis ravi, parce que cela facilitera bien toutes choses. Vous verrez dans cette lettre pourquoi on a trouvé à redire à la page 295, et que ce n'est point à cause de la transposition.

RELATION D'UN ENTRETIEN DE Mgr L'ARCHEVÊQUE DE PARIS AVEC M. DESPREZ, LIBRAIRE, ENVOYÉE PAR CELUI-CI A MADAME PÉRIER.

Le dimanche de devant Noël, M. l'archevêque envoya chez nous M. Messat, l'un de ses aumôniers, pour me demander de sa part les *Pensées* de M. Pascal, mais n'ayant rencontré que ma cousine, il s'en retourna sans lui rien dire ; et le lendemain, sur les cinq heures du soir, cet aumônier revint chez nous ; il me dit qu'il venait de la part de ce prélat, me demander, qu'on lui avait dit qu'il y en avait de deux impressions, qu'il désirait les voir toutes les deux pour en voir la différence : je lui dis qu'il n'y en avait point de reliés, que je le suppliais très instamment d'assurer M. l'Archevêque qu'il n'y avait qu'une édition de ce livre, et que ceux qui l'avaient voulu persuader du contraire avaient imposé à la vérité. Il me dit encore que puisqu'il n'y en avait point de reliés je lui en donnasse en feuilles. Je lui répondis que j'avais envoyé toute l'édition chez les relieurs. Il me dit de lui en faire faire un incessamment et qu'il n'importait pas comment il fut complet. Je lui demandai qui avait ses armes et ses chiffres, il me l'enseigna et s'en alla ensuite. Je fus à l'heure même prendre l'avis de M. Arnauld sur ce que j'avais à faire, il me dit qu'il craignait qu'il n'y eût quelque cabale pour empêcher le débit de ce livre ; néanmoins qu'il ne croyait pas qu'il y eût lieu de l'appréhender à cause des approbations et qu'il fallait que je lui portasse ce livre le lendemain. J'en fis relier un toute la nuit ; je fis mettre dessus ses armes et ses chiffres en sorte qu'il pouvait passer pour raisonnable. Comme j'étais prêt à partir, ce même aumônier revint encore chez nous, il me dit qu'il ne s'était pas bien expliqué le jour précédent ; qu'il venait me dire de la part de M. l'archevêque qu'on avait dit au prélat qu'il y avait quelque chose dans ce livre qui pourrait lui faire donner quelque atteinte si on ne le changeait, et qu'il valait mieux y faire un carton avant que de l'exposer en vente, afin qu'on le pût voir dans un état où personne n'y pût trouver à redire, et que M. l'archevêque me priait de ne le point débiter avant qu'il ne l'eût vu. Je lui dis que la famille de feu M. Pascal et tous ses amis étaient bien obligés à M. l'archevêque de la bonté qu'il avait et de la part qu'il voulait bien prendre dans ce qui regardait la mémoire de M. Pascal, que je ne manquerais pas de vous le témoigner lorsque j'aurais l'honneur de vous écrire. Enfin il me demanda s'il n'y avait pas moyen d'avoir un livre en quelque état qu'il fût, relié ou non relié. Je lui dis que j'allais faire tous mes efforts pour en pouvoir porter un en ce jour-là à M. l'archevêque (j'en avais pourtant un dans ma poche). Il s'en retourna comme il était venu. Je crus qu'il était nécessaire de revoir encore M. Arnauld. Je le fus trouver à l'hôtel de Longueville où il était avec Son Altesse[1], M. de Comminges, MM. les abbés de Lalane, de Lavergne, M. le promoteur d'Alet et quelques autres, où après avoir exposé mon affaire, on dit qu'on craignait que M. l'archevêque ne voulût se rendre maître des livres qu'on imprimerait à Paris en ne permettant pas qu'on en imprimât qu'il ne les eût vus ou son conseil, et que ce serait établir une manière d'inquisition et qu'il fallait empêcher cela ; enfin on arrêta que j'irais incessamment lui porter notre livre. M. de Comminges dit qu'il saurait bien le défendre à la cour et partout ailleurs en cas qu'on voulût faire quelque chose contre. Je m'en allai donc à la garde de Dieu voir ledit Seigneur ; mais par malheur pour moi je n'avais pas ce jour-là mon habit à mong[2]   , mais je crus que ce bon prélat n'y prendrait pas garde de si près. Étant arrivé je demandai au suisse si je pourrais avoir l'honneur de parler à Monseigneur, il me dit que personne ne pouvait parler à lui et que ce prélat se préparait pour aller à vêpres faire l'office. Je demandai l'aumônier qui était venu chez nous ; je le fus trouver en son appartement que le suisse m'avait enseigné, où l'ayant trouvé, il eut une très grande joie de voir le livre que j'apportais. Il loua extrêmement mon exactitude et me dit que M. l'archevêque allait être ravi de l'avoir, de sorte qu'il me mena par plusieurs petits escaliers dérobés à la grande salle qui précède l'antichambre de M. l'archevêque où il me laissa un moment pendant qu'il fut voir si je pourrais avoir audience de M. l'archevêque. A peine fut-il entré qu'il rouvrit la porte et me fit signe d'avancer. Il ne me le fallut pas faire dire deux fois. A l'entrée de la chambre je fis une très profonde révérence et continuai à en faire jusqu'à ce que je fusse auprès de lui. Le prélat m'aborda par un *bonjour, M. Desprez !* qui en valait plus de quatre, tant la manière dont il fut prononcé était tendre et pleine d'une grande bonté : ce bonjour-là contribua beaucoup à m'assurer dans les réponses que je me préparais de lui faire. Ce fut moi qui eus l'honneur de parler le premier. Je dis à M. l'archevêque que j'étais extrêmement

---

1. Madame de Longueville.

2. Le mot n'est pas achevé dans le MS. du P. Guerrier *(Note de Faugère).*

fâché de ce que le désir qu'il avait de voir le livre de M. Pascal eût prévenu mon devoir, que je n'aurais eu garde de manquer de lui en apporter un ; mais que j'espérais d'avoir l'honneur de le lui présenter d'une manière plus propre. Après qu'il eut regardé la couverture, il me dit : il est fort bien, il est fort bien. Cette continuation de bonté releva de beaucoup mon courage qui n'avait pas toute la fermeté que je désirais.

Ensuite ce prélat me dit : M. Desprez, il y a un fort habile homme qui m'est venu voir ; ce n'est pourtant pas, me dit-il, un homme de notre métier, je veux dire qu'il n'est pas théologien, mais c'est un fort habile homme et fort éclairé : il m'a dit qu'il avait lu le livre de M. Pascal et qu'il fallait demeurer d'accord que c'était un livre admirable ; mais qu'il y avait un endroit dans ce livre où il y avait quelque chose qui semblait favoriser la doctrine des jansénistes et qu'il valait mieux faire un carton que d'y laisser quelque chose qui en pût troubler le débit ; qu'il en serait fâché à cause de l'estime qu'il avait pour la mémoire de feu M. Pascal.

Je lui exprimai de mon mieux quelle était la grandeur des obligations que lui avaient non seulement les parents, mais même les amis de M. Pascal, de la grâce qu'il leur faisait de vouloir bien s'intéresser dans ce qui regardait la conservation de sa réputation. Je le suppliai très humblement de vouloir bien me permettre de vous écrire ce qu'il avait la bonté de me dire ; il y consentit volontiers. — Et que pour ce que lui avait dit cette personne je ne lui en pouvais pas parler parce que cela n'était pas de mon métier, mais que je le pouvais assurer que depuis qu'on imprime on n'avait point imprimé de livre qui ait été examiné avec plus de rigueur et plus de sévérité que celui-là ; que les approbateurs l'avaient gardé six mois pendant lesquels ils l'avaient lu et relu, et que tous les changements qu'ils ont trouvé à propos de faire on les avait faits sans en excepter un seul ; que personne ne pouvait lui en rendre un compte plus exact que moi, d'autant que M. votre fils m'avait chargé du soin de ces approbations ; que c'était moi qui en avais été le solliciteur auprès de messeigneurs les prélats et de MM. les docteurs ; que c'était pourquoi je pouvais lui en parler positivement et partant qu'il devait être assuré qu'on n'y avait rien laissé passer qui pût

commettre ni celui qui en était l'auteur, ni sa mémoire. Il
me dit : Voilà qui est bien ; qui sont les approbateurs ? Je les
lui nommai ; il dit : « Ce sont de fort honnêtes gens ; je suis
assuré, continua-t-il, que M. l'abbé le Camus n'y aura rien
laissé passer que de fort à propos. Voyons un peu son approbation. » Il la lut tout au long et la trouva bien écrite et
bien d'un homme de qualité ; et après avoir regardé dans le
livre le nom de tous les approbateurs, il dit en branlant la
tête : « Hum ! hum ! voilà de leurs gens. » Je lui dis qu'il
pouvait bien voir qu'on ne les avait point affectés. Puis il
commença à dire : « C'est un grand fait que ces gens-là ne
sauraient s'empêcher de parler de leurs grâces. Une chose où
il faut dire *O altitudo*, ils la veulent faire passer pour article
de foi, et ils regardent comme des hérétiques ceux qui ne la
croient pas comme eux. » — A cela je ne lui répondis rien.
Il me dit ensuite : « J'ai une chose qui pourrait bien servir
à faire vendre votre livre, et qui serait bonne à mettre au
commencement. » — Je lui dis que je ne savais pas ce que
c'était. « C'est, me dit-il, un témoignage par écrit qu'a rendu
le curé de Saint-Étienne, de l'esprit dans lequel est mort
M. Pascal. » Je lui dis qu'il n'était pas encore venu jusqu'à
moi. — « Il faut, me dit-il, que je vous le montre. » Il s'en
alla dans son cabinet le prendre et me laissa avec son aumônier, lequel me dit : « Ce témoignage que vous va faire voir
M. l'archevêque contribuerait beaucoup au débit de votre
livre, il ne ferait au plus qu'un petit carton lequel on pourrait mettre au commencement. Je lui répondis que je ne
pouvais pas ajouter une panse d'A sans votre permission. Il
me dit que cela était juste et d'un fort honnête homme.
M. l'Archevêque revint sur ses pas et le peu de temps qu'il
fut me fit croire que le témoignage était toujours sur sa table
pour le montrer à tous venants, comme le rouleau de parchemin sur lequel on fait signer la censure de M. Arnauld est
toujours sur la table du syndic de la faculté. Il vint donc à
moi avec ce papier à la main. — « Tenez, M. Desprez, me
dit le prélat, lisez. » — Je pris donc ce papier fort respec-
tueusement et le lut. Il contenait en substance que feu
M. Pascal deux ans avant sa mort s'était séparé de ces Messieurs à cause qu'ils étaient trop attachés à soutenir ou défendre la doctrine de Jansénius et à combattre l'autorité du

Pape ; il est souscrit de M. le curé de Saint-Étienne. J'ai remarqué que tout ce qui est contenu dans ce papier est écrit d'une manière de lettre bâtarde assez longue, qui est d'un caractère tout différent de la signature. Pour moi je crus en le voyant qu'on avait donné à ce bon homme son affaire toute dressée et qu'il l'avait signée, parce que l'apparence y est tout entière. Après donc que je l'eus lu en lui remettant entre les mains il me dit ; « Eh bien M. Desprez que dites-vous de cela ? » — Je lui dis que je n'avais rien à lui dire ; que M. le curé de Saint-Étienne était un fort honnête homme et un des curés de son diocèse qui faisait le mieux son devoir. — « Voilà, continua le prélat, un témoignage fort authentique » ; et commença à dire tout le bien possible de M. Pascal, que l'Église avait beaucoup perdu à sa mort et qu'il était une des plus brillantes lumières de notre siècle, qu'il avait tant de vénération pour sa mémoire que pour peu qu'on lui eût témoigné de désirer son approbation il l'aurait donnée de tout son cœur. — Je lui dis que ç'aurait été la faveur la plus considérable que cet ouvrage aurait pu recevoir. — Il me dit : « Je l'aurais fait très volontiers » ; et ensuite, comme revenant de bien loin, et regardant ce livre qu'il avait entre les mains, il dit à son aumônier : « Je trouve étrange qu'on imprime comme cela des livres qui regardent la religion sans m'en parler et sans ma participation ; il n'y a qu'à Paris où cela ne se pratique pas ; car dans tous les autres diocèses on n'oserait rien imprimer qui regarde la piété sans la participation de l'évêque ou de ses grands vicaires. N'est-il pas vrai, dit-il à cet aumônier ? » — Il lui répondit : « il est vrai Monseigneur et cela est même très important. » — Il faut, dit le prélat, que je pense un peu à cela. Puis, s'adressant à moi, il me dit : « Que n'avez-vous pris l'approbation de nos professeurs ? « Vraiment, lui dis-je, Monseigneur, si nous en étions réduits là, nous n'aurions qu'à fermer nos boutiques, parce que comme ces messieurs-là ont d'autres choses à faire, ils ne se donnent la peine de lire nos livres que quand ils n'ont plus rien qui les occupe. Que je leur porte un livre comme celui de M. Pascal, ils me le garderont six mois ; et après ce temps-là, si c'est un livre qu'ils ne veuillent pas qui paraisse, ils le rendent sans donner d'approbation et sans vouloir même dire la raison pourquoi ils ne la donnent pas. — Point du tout,

reprit le prélat ; donnez-moi un livre comme celui-là, je vous
le rendrai lu et examiné dans quinze jours. — Je n'en doute
point, Monseigneur, répliquai-je au prélat ; mais ils le feront
par obéissance et par le respect qu'ils portent à votre autorité. Mais qu'un homme comme moi s'adresse à eux pour
cela, ils me considéreront comme rien. »

Ensuite le prélat parla à son aumônier de l'estime qu'avait
faite du livre de M. Pascal celui qui l'avait lu et qui lui en
avait parlé. C'est, lui dit-il, M. de Lamothe-Fénelon. Cet
aumônier lui dit qu'il le savait bien.

« Je dis à Monseigneur l'archevêque qu'il fallait qu'il prît
la peine de commencer la lecture de ce livre par la préface,
parce que cette lecture était nécessaire pour bien entendre le
livre et qu'il ne fallait pas même omettre le petit avertissement, et ayant pris le livre d'entre ses mains pour le lui
montrer, et l'ayant trouvé, je lui demandai s'il trouverait
bon que je le lusse ; il me dit que je lui ferais plaisir. Je le
lus donc et lui fis remarquer l'endroit où il est parlé du fleuron. Il me dit qu'il cesserait toute autre lecture jusqu'à ce
qu'il eût lu notre livre ; ensuite il me parla de la personne
particulière de M. Pascal, d'où il était, de sa famille, etc. Je
le lui dis ; je lui fis une discussion autant exacte que je pus
des grâces que Dieu a répandues si abondamment sur toute
votre maison ; je m'arrêtai beaucoup à lui établir le mérite
particulier de Mme Périer qui ne dégénère en rien de celui
de feu M. son frère. Je lui parlai de M. Périer le jeune, et ce
qui m'en donna l'occasion fut la machine de feu M. Pascal
dont je parlai à ce prélat d'une manière qu'il me témoigna
me vouloir du mal de ne lui avoir pas procuré la vue d'une si
admirable chose, et d'autant plus qu'étant entre les mains de
M. Périer il aurait eu le bien de le connaître. Ce qui aug-
menta son déplaisir fut le plan de son esprit que je lui fis
autant que je le pus et autant que mes faibles lumières et
l'habitude que j'ai eu l'honneur d'avoir avec lui me le put
permettre, si bien que comme il était la veille de Noël, le
dernier coup de Vêpres sonnant on lui vint dire qu'il était
temps d'aller à l'église. Je lui demandai s'il n'avait rien à
me commander. Il me fit toutes les amitiés imaginables, il
me fit l'honneur de me venir conduire jusques sur le pas de
la porte de sa chambre et me dit en le quittant de lui faire

l'amitié de le venir voir (ce sont ses mêmes termes) et que je
lui ferais plaisir[1].

LETTRE DE M. PÉRÉFIXE, ARCHEVÊQUE DE PARIS
A MONSIEUR PÉRIER, CONSEILLER A LA COUR DES AIDES
DE CLERMONT

Du 2 mars 1670.

Monsieur, je puis vous assurer que si j'ai reçu avec beaucoup de joie le Livre de M. Pascal qu'il vous a plu de me
faire présenter par le sieur Desprez, je ne l'ai pas lu avec
moins de satisfaction. Mais je vous avoue que quelques témoignages que j'aie pu donner de l'estime très particulière que
je faisais de sa personne, je n'eusse jamais espéré qu'ils
m'eussent dû procurer une Lettre aussi obligeante et aussi
pleine de reconnaissance que la vôtre. C'est à mon avis bien
payer l'acceptation d'un présent, qui porte avec soi sa recom-
mandation et son prix. Car quelque éloge que j'en puisse
faire, je sais bien que mes paroles ne répondront jamais à
l'idée que j'en ai conçue. Mais je croirais faire tort à la
mémoire d'un si grand homme de supprimer un Acte que
j'ai par devers moi, qui le regarde et qui rends le témoignage
le plus authentique et le plus avantageux qu'on puisse donner
de la pureté de ses sentiments. Comme vous prenez part,
Monsieur, à son honneur et à sa gloire, je ne fais pas de difficulté, Monsieur, de vous le confier et de vous en envoyer une
Copie. Il serait à souhaiter qu'on l'eût mis à la tête de son
Livre : mais comme la première Édition ne durera pas longtemps, on pourrait facilement le faire ajouter à la seconde.
Quand on aura ce dessein, vous me ferez plaisir, Monsieur,
de m'en donner avis. Car quoique cet Acte seul puisse tenir
lieu d'une Approbation générale et universelle, je ne laisserai
pas d'avoir une très grande satisfaction de l'accompagner de
la mienne, puisqu'en donnant au public les marques des
sentiments d'estime que j'avais pour Monsieur votre beau-

---

1. *Note du P. Guerrier* : Copié sur l'original.

frère, je pourrai avoir lieu en même temps de vous faire connaître en particulier que je suis véritablement, *etc*...

HARDOUIN, Archevêque de Paris.

RÉPONSE A LA PRÉCÉDENTE

De Clermont, ce 12 mars 1670.

MONSEIGNEUR,

Je vous étais infiniment obligé de la manière avantageuse dont Votre Grandeur avait parlé de M. Pascal lorsque son livre lui fut présenté par le sieur Desprez; mais je vous le suis à présent incomparablement davantage par le témoignage que vous m'en avez donné par la lettre qu'il vous a plu de me faire l'honneur de m'écrire, que je reçus avant-hier, puisque le nom est le plus glorieux titre que nous puissions jamais avoir pour l'honneur de la mémoire de M. Pascal, et la plus importante et la plus authentique approbation de son livre comme venant d'une personne des plus éclairées de ce siècle et que nous considérons ainsi que tout le monde pour la deuxième personne de l'Église.

Cette obligation, Monseigneur, est si grande que je ne sais comment vous en faire mes remerciements, parce qu'en quelque manière que je les fasse, ils seraient toujours beaucoup au-dessous de ce que je dois, je vous supplie néanmoins, Monseigneur, de les recevoir et de les avoir pour agréables, vous les faisant tels que je les puis faire, pénétré de sentiments de reconnaissance, prosterné à vos pieds, comme je m'y mets d'esprit, et avec toute l'humilité et le respect qui me sont possibles.

Pour le regard de la *Déclaration* que vous m'avez fait l'honneur de me confier, et que vous proposez de faire mettre à la tête du livre de M. Pascal en une seconde édition, je vous supplie, Monseigneur, de me permettre de vous dire avec tout le respect que je vous dois, que les sentiments de M. Pascal ont toujours été universellement connus si catholiques et orthodoxes, particulièrement par tous ceux qui l'ont fréquenté, et la pureté de sa foi paraît si clairement dans

tout ce qu'on a vu de lui, aussi bien que dans ce petit livre
que nous venons de donner au public, qui contient ses véritables pensées sur la religion et qui a été honoré de tant
d'illustres approbations, que je n'estime pas qu'il y ait personne qui puisse douter de sa foi, ni par conséquent qu'il
soit nécessaire d'avoir des justifications sur ce sujet. Ainsi,
Monseigneur, pour cette raison qui, ce me semble, peut
suffire, et pour quelques autres qui ne se peuvent bien expliquer que de bouche et qui d'ailleurs sont trop particulières
pour les confier à une lettre, je m'assure que vous ne désap-
prouverez pas que je n'ajoute rien à ce livre. Aussi bien,
puisqu'il a l'honneur d'être estimé de Votre Grandeur, et
qu'il a été approuvé par de très illustres prélats et de plusieurs célèbres docteurs, il y a sujet de croire qu'il est à
couvert de toute atteinte, *etc.*

LETTRE DE M. ARNAULD A M. PERIER, A L'OCCASION DE LA PRÉCÉDENTE

Ce 23 mars 1670.

Je viens, Monsieur, de recevoir votre lettre et j'y réponds à
l'instant. Cette lettre que vous avez écrite à M. de Paris est fort
judicieuse, et vous ne pouviez d'abord prendre un meilleur
tempérament. Mais si M. de Paris vous écrit encore, comme
il a dit à M. D... qu'il le ferait, je ne vois pas que vous
puissiez vous dispenser d'éclaircir les choses davantage et de
faire voir que Monsieur le curé de Saint-Étienne s'est mépris
sur cette déclaration et quelle a été la cause de cette méprise.

C'est une justice que vous devez à la vérité et à la mémoire
de M. Pascal que de ne pas laisser triompher M. de Paris
de cette fausse attestation[1], vous savez encore qu'on a fait
une lettre sur ce sujet où tout cela est parfaitement bien
expliqué, laquelle a été imprimée à la fin d'une réponse à un

---

1. Dans le *Recueil* des lettres d'Arnauld la phrase a été atténuée de
la façon suivante : « *Ne pas laisser Monsieur de Paris dans cette fausse
persuasion.* »

écrit du P. Annat contre M. d'Alet[1]. Il est nécessaire ou d'envoyer cette lettre à M. de Paris ou d'en prendre les principaux points, en les insérant dans la réponse que vous seret obligé de lui faire, s'il vous récrit.

Au reste M. Desprez m'a demandé mon avis s'il mettraiz deuxième édition à celle qu'il débite présentement et je lui ai dit qu'il était très important de le faire, afin que M. de Paris ne parlât plus d'y rien ajouter, voyant que c'est une chose faite. Quand il ne le trouverait pas bon, il ne saurait à qui s'en prendre, parce que M. Desprez doit prétendre cause d'ignorance de tout ce qui se passe entre vous et M. de Paris. Je salue Madame votre femme, et tous Messieurs vos enfants; je vous prie aussi de faire mes baise-mains à M. de Fontenilles et à M. Freval; je suis tout à vous[2].

L'ÉDITION DE 1669

Les dernières lignes de la lettre d'Arnauld apportent la solution d'un problème qui a été longtemps une énigme pour les bibliophiles : quelle est l'édition *princeps* des *Pensées*? En effet, la plupart des exemplaires connus de 1670 portaient *Seconde édition,* et ceux qui n'avaient pas cette mention étaient suspects. Mais la Bibliothèque Nationale a fait en 1851 une acquisition qui a tranché le débat : elle possède un exemplaire de 1669, sans approbations ni avertissements avec une table des matières incomplète. C'est une sorte d'édition avant la lettre qui donne la primauté aux éditions subséquentes du même type, c'est-à-dire à 365 pages, avec XLI feuillets préliminaires et 10 feuillets de table. — Ensuite vient l'édition de 334 pages numérotées (avec une double erreur de pagination : 312 suivi d'une reprise de 307; puis 313 imprimé pour 331, et suivi de 314 au lieu de 332; ce qui fait 358 pages) qui avait été longtemps prise pour l'édition *princeps*. — Deux éditions suspectes sont également de 1670 :

---

1. *Lettre d'un théologien à un de ses amis datée du 15 juillet 1666* (Cf. le *Recueil d'Utrecht,* 1740, p. 349).

2. Pour la suite de cette affaire, qui ne concerne plus l'édition des *Pensées,* voir le *Recueil d'Utrecht,* p. 371 sqq.

l'une en 348 pages, l'autre en 365 pages (mais avec XL feuillets
préliminaires, 10 feuillets de table et un fleuron remplaçant
sur le titre le chiffre de Desprez[1]).

D'autre part entre l'impression de 1669 qui à proprement
parler n'est pas une édition, et l'édition *princeps* de 1670, il
y a des différences qui ont été masquées par des cartons, ou
quand elles ne portaient que sur un mot, signalées dans un
erratum. Ces différences sont remarquables, parce qu'elles
représentent les derniers sacrifices exigés par les approbateurs
qui ont examiné le Recueil pendant qu'on l'imprimait, quelques-uns même après l'impression et sur un exemplaire analogue à celui qui nous est parvenu. Aussi avons-nous cru
qu'il convenait de reproduire dans le *Tableau* suivant celles
que nous avions pu relever.

Édit. de 1669	Édit. de 1670
Titre I. *Page 3.* — Mais en vérité je ne puis m'empêcher de leur dire que cette négligence n'est pas supportable.	Mais en vérité je ne puis m'empêcher de leur dire ce que j'ai dit souvent que cette négligence n'est pas supportable.
Titre II. *Page 26.* — La seule religion contre la nature, contre le sens commun, contre nos plaisirs, est la seule qui ait toujours été.	La seule religion contraire à la nature, en l'état qu'elle est, qui combat tous nos plaisirs, et qui paraît d'abord contraire au sens commun, est la seule qui ait toujours été.
Titre V. *Page 49.* — (Entre le § 5 : *La superstition est différente de la superstition,* et § 6 : *Il n'y a rien de si conforme à la raison que le désaveu de la raison dans les choses qui sont de la foi.*)	

---

1. Cf. l'avant-propos à la reproduction de l'*édition de* 1670 donnée
à la *Librairie des Bibliophiles* (1874), et l'article de F. Comtet dans
les *Études religieuses de la Compagnie de Jésus* (15 juin 1894).

ÉDIT. DE 1669

C'est une impiété de ne pas croire l'Eucharistie, parce qu'on n'y voit pas Jésus-Christ, car on ne l'y doit pas voir, quoiqu'il y soit. Mais quand il s'agit d'une chose qui tombe sous les sens, c'est une superstition de la croire si on ne la voit ; parce qu'on doit la voir si elle est.

TITRE IX. 9ᵉ et dernier fragment. — Si c'est un aveuglement surnaturel de vivre sans chercher ce qu'on est...

TITRE XII, en tête. — Tout ce qui ne va point à la charité dans l'Évangile est figures.

TITRE XVI, fr. IX. — Les Juifs refusent, non pas tous.

Jésus-Christ n'a pas dompté les nations en main armée.

TITRE XVIII, fr. 11. — Jésus-Christ est venu aveugler ceux qui voyaient clair ; guérir les malades et laisser mourir les sains ; appeler les pécheurs à la pénitence et les justifier, et laisser les justes dans leurs péchés ; remplir les indigents et laisser les riches vides.

TITRE XIX, fr. 1, 3ᵉ paragraphe. — Que Dieu n'avait point d'égard à la postérité charnelle d'Abraham.

ÉDIT. DE 1670

Paragraphe supprimé.

Si c'est un aveuglement qui n'est pas naturel de vivre sans chercher ce qu'on est...

Ligne supprimée.

Les Juifs le refusent, non pas tous.

Jésus-Christ n'a pas dompté les nations à main armée.

Jésus-Christ est venu, afin que ceux qui ne voyaient point vissent et que ceux qui voyaient devinssent aveugles : il est venu guérir les malades, et laisser mourir les sains ; appeler les pécheurs à la pénitence, et les justifier ; et laisser ceux qui se croyaient justes dans leurs péchés, remplir les indigents, et laisser les riches vides.

Que Dieu n'avait point d'égard au peuple charnel qui devait sortir d'Abraham,

ÉDIT. DE 1669

ÉDIT. DE 1670

Fr. 2, *début.* — Je dis que le sabbat n'était qu'un signe ; institué en mémoire de la sortie d'Égypte. Donc il n'est plus nécessaire, puisqu'il faut oublier l'Égypte.

Paragraphe supprimé.

Fr. 3. — Je dis que la circoncision n'était qu'une figure.

Je dis que la circoncision était une figure.

Titre XX, *début.* — J'admire avec quelle hardiesse quelques personnes entreprennent de parler de Dieu, en adressant leurs discours aux impies. Leur premier chapitre est de prouver la Divinité par les ouvrages de la nature. Je n'attaque pas la solidité de ces preuves ; mais je doute beaucoup de l'utilité et du fruit qu'on en veut tirer, et si elles me paraissent assez conformes à la raison, elles ne me paraissent pas assez conformes, et assez proportionnées à la disposition de l'esprit de ceux pour qui elles sont destinées.

La plupart de ceux qui entreprennent de prouver la Divinité aux Impies, commencent d'ordinaire par les ouvrages de la nature, et ils y réussissent rarement ; je n'attaque pas la solidité de ces preuves consacrées par l'Écriture sainte : elles sont conformes à la raison, mais souvent elles ne sont pas assez conformes et assez proportionnées à la disposition de l'esprit de ceux pour qui elles sont destinées.

Titre XXVII, fr. 4. — *Si opera non fecissem in eis quæ memo alius fecit, peccatum non haberent.*

Si opera non fecissem in eis quæ nemo alius fecit, peccatum non haberent. Si je n'avais fait parmi eux des œuvres que jamais aucune autre n'a faites, ils n'auraient point de péché.

Ibid. C'est particulièrement les miracles qui rendent les Juifs coupables dans leur incrédulité. Car les preuves que

... C'est particulièrement les miracles qui rendaient les Juifs coupables dans leur incrédulité. Car les preuves

Jésus-Christ et les apôtres tirent de l'Écriture ne sont pas démonstratives. Ils disent seulement que Moïse a dit qu'un prophète viendrait : mais ils ne prouvent pas que ce soit celui-là et c'est toute la question. Ces passages ne servent donc qu'à montrer qu'on n'est pas contraire à l'Écriture, et qu'il n'y paraît point de répugnance, mais non pas qu'il y ait accord. Or, cela suffit : exclusion de répugnance avec miracles.

Ibid., fr. 5. — Les prophéties ne pouvaient pas prouver Jésus-Christ pendant sa vie. Et ainsi on n'eût pas été coupable de ne pas croire en lui avant sa mort, si ses miracles n'eussent pas suffi sans la doctrine. Or, ceux qui ne croyaient pas en lui encore vivant étaient pécheurs, comme le dit lui-même, et sans excuse. Donc il fallait qu'ils eussent une démonstration à laquelle ils résistassent. Or, ils n'avaient pas des preuves suffisantes dans l'Écriture, les prophéties n'étant pas encore accomplies ; mais seulement les miracles. Donc ils suffisent quand la doctrine n'est pas manifestement contraire, et on y doit croire. Jésus-Christ a vérifié qu'il

qu'on eût pu tirer de l'Écriture pendant la vie de Jésus-Christ n'auraient pas été démonstratives. On y voit, par exemple, que Moïse a dit qu'un Prophète viendrait ; mais cela n'aurait pas prouvé que Jésus-Christ fut ce Prophète, et c'était toute la question. Ces passages faisaient voir qu'il pouvait être le Messie, et cela avec ses miracles devait déterminer à croire qu'il l'était effectivement.

Les prophéties seules ne pouvaient pas prouver Jésus-Christ pendant sa vie. Et ainsi on n'eût pas été coupable de ne pas croire en lui avant sa mort, si les miracles n'eussent pas été décisifs. Donc les miracles suffisent quand on ne voit pas que la doctrine soit contraire, et on y doit croire.

ÉDIT. DE 1669   ÉDIT. DE 1670

était le Messie, jamais en vé-
rifiant sa doctrine sur l'Écriture ou les prophéties, et
toujours par ses miracles.

Ibid., fr. 6. — Quand donc
on voit les miracles et la
doctrine non suspecte, tout
ensemble d'un côté, il n'y a
pas de difficulté. Mais quand
on voit les miracles et la doctrine suspecte du même côté,
alors il faut voir lequel est le
plus clair des miracles ou de
la doctrine. Et c'est encore
ici une des règles pour discerner les miracles, qui est fondée sur ce principe immobile,
que Dieu ne peut induire en
erreur.

TITRE XXVIII, fr. 51. —
Voilà ce que c'est que la foi :
Dieu sensible au cœur.

Ibid., fr. 68. — Il faut
donc, après avoir connu la
vérité par la raison, tâcher de
la sentir et de mettre notre
foi dans le sentiment.

TITRE XXIX. *Page* 293. —
J'ai passé longtemps de ma
vie, en croyant qu'il y avait
une justice ; et en cela je ne
me trompais pas ; car il y en
a selon que Dieu nous l'a
voulu révéler. Mais je ne le
prenais pas ainsi, et c'est en
quoi je me trompais ; car je
croyais que notre justice était
essentiellement juste, et que

Ainsi, quand même la doc-
trine serait suspecte comme
celle de JÉSUS-CHRIST pouvait
l'être à Nicodème, à cause
qu'elle semblait détruire les
traditions des Pharisiens, s'il
y a des miracles clairs et évidents du même côté, il faut
que l'évidence du miracle
l'emporte sur ce qu'il y pourrait avoir de difficulté de la
part de la doctrine, ce qui est
fondé sur ce principe immobile, que Dieu ne peut induire
en erreur.

Voilà ce que c'est que la
foi parfaite : Dieu sensible au
cœur.

Il faut donc, après avoir
connu la vérité par la raison,
tâcher de la sentir, et de
mettre notre foi dans le sentiment du cœur.

Fragment supprimé (*Cf. la
lettre d'Arnauld du* 20 *novembre* 1669, *supra* p. CLXI).

ÉDIT. DE 1669   ÉDIT. DE 1670

j'avais de quoi la connaître
et en juger. Mais je me suis
trouvé tant de fois en faute
de jugement droit, qu'en-
fin je suis entré en défiance
de moi, et puis des autres.
J'ai vu tous les pays, et tous
les hommes changeants. Et
ainsi après bien des changements de jugement touchant
la véritable justice, j'ai connu
que notre nature n'était
qu'un continuel changement ;
et je n'ai plus changé depuis ;
et si je changeais, je confir-
merais mon opinion.

Pensées sur la mort: Car si
nous ne passons par le milieu,
nous ne trouvons en nous...

Cet horrible changement,
ayant infecté une si sainte
vie...

L'âme ressuscite à une nouvelle vie dans le même baptême. L'âme quitte la terre et
monte au ciel à l'heure de la
mort. Et elle s'arrête à la
droite au temps où Dieu l'or-
donne.

Après le Jugement il mon-
tera au ciel, et sera à la
droite.

Si nous ne passons sur le
milieu, *etc.* (*avec division du
paragraphe en trois*).

Ce changement, ayant, *etc.*
(*avec paragraphe nouveau*).

L'âme ressuscite à une nouvelle vie dans les sacrements.
Et enfin l'âme quitte la terre,
et monte au ciel en menant
une vie céleste, ce qui fait
dire à saint Paul : *Conversa-
tio nostro in cœlis est.*

Après le Jugement il mon-
tera au ciel et y demeurera
éternellement.

III

LA PRÉFACE DE PORT-ROYAL ET LE PLAN DE L'APOLOGIE

PRÉFACE DE L'ÉDITION DE PORT-ROYAL

Où l'on fait voir de quelle manière ces Pensées ont été écrites et recueillies ; ce qui en a fait retarder l'impression ; quel était le dessein de l'auteur dans cet ouvrage et comment il a passé les dernières années de sa vie [1].

Pascal, ayant quitté fort jeune l'étude des mathématiques.

---

1. Mme Périer donne l'histoire de cette *Préface* dans une lettre du 1ᵉʳ avril 1670 écrite à M. Vallant pour Mme de Sablé : « Je vois que madame la marquise témoigne de désirer de savoir qui a fait la préface de notre livre. Vous savez, monsieur, que je ne dois rien avoir de secret pour elle ; c'est pourquoi je vous supplie de lui dire que c'est mon fils qui l'a faite. Mais je la supplie très humblement de n'en rien témoigner à personne ; je n'en excepte rien et je vous demande la même grâce, et afin que vous en sachiez la raison, je vous dirai toute l'histoire. Vous savez que M. de Lachaize en avait fait une qui était assurément fort belle ; mais comme il ne nous en avait rien communiqué, nous fûmes bien surpris, lorsque nous la vîmes, de ce qu'elle ne contenait rien de toutes les choses que nous voulions dire, et qu'elle en contenait plusieurs que nous ne voulions pas dire. Cela obligea M. Périer de lui écrire pour le prier de trouver bon qu'on y changeât ou qu'on en fît une autre ; et M. Périer se résolut, en effet, d'en faire une ; mais comme il n'a jamais un moment de loisir, après avoir bien attendu, comme il vit que le temps pressait, il manda ses intentions à mon fils et lui ordonna de la faire. Cependant comme mon fils voyait que ce procédé faisait de la peine à M. de R[oannez], à M. de Lachaize et aux autres, il ne se vanta point de cela et fit comme si cette préface était venue d'ici [*de Clermont*] toute faite. Ainsi, monsieur, vous voyez bien que entre toutes les autres raisons qu'ils prétendent avoir de se plaindre, cette finesse dont mon fils a usé les choquerait assurément... »

de la physique, et des autres sciences profanes, dans lesquelles il avait fait un si grand progrès, commença, vers la trentième année de son âge, à s'appliquer à des choses plus sérieuses et plus relevées, et à s'adonner uniquement, autant que sa santé le put permettre, à l'étude de l'Écriture, des Pères, et de la morale chétienne.

Mais quoiqu'il n'ait pas moins excellé dans ces sortes de sciences, comme il l'a bien fait paraître par des ouvrages qui passent pour assez achevés en leur genre, on peut dire néanmoins que, si Dieu eût permis qu'il eût travaillé quelque temps à celui qu'il avait dessein de faire sur la religion, et auquel il voulait employer tout le reste de sa vie, cet ouvrage eût beaucoup surpassé tous les autres qu'on a vus de lui : parce qu'en effet les vues qu'il avait sur ce sujet étaient infiniment au-dessus de celles qu'il avait sur toutes les autres choses.

Je crois qu'il n'y aura personne qui n'en soit facilement persuadé en voyant seulement le peu que l'on en donne à présent, quelque imparfait qu'il paraisse ; et principalement sachant la manière dont il y a travaillé, et toute l'histoire du recueil qu'on en a fait. Voici comment tout cela s'est passé.

Pascal conçut le dessein de cet ouvrage plusieurs années avant sa mort ; mais il ne faut pas néanmoins s'étonner s'il fut si longtemps sans en rien mettre par écrit ; car il avait toujours accoutnmé de songer beaucoup aux choses, et de les disposer dans son esprit avant que de les produire au dehors, pour bien considérer et examiner avec soin celles qu'il fallait mettre les premières ou les dernières, et l'ordre qu'il leur devait donner à toutes, afin qu'elles pussent faire l'effet qu'il désirait. Et comme il avait une mémoire excellente, et qu'on peut dire même prodigieuse, en sorte qu'il a souvent assuré qu'il n'avait jamais rien oublié de ce qu'il avait une fois bien imprimé dans son esprit ; lorsqu'il s'était ainsi quelque temps appliqué à un sujet, il ne craignait pas que les pensées qui lui étaient venues lui pussent jamais échapper ; et c'est pour- quoi il différait assez souvent de les écrire, soit qu'il n'en eût pas le loisir, soit que sa santé, qui a presque toujours été languissante, ne fût pas assez forte pour lui permettre de travailler avec application.

C'est ce qui a été cause que l'on a perdu à sa mort la plus

grande partie de ce qu'il avait déjà conçu touchant son
dessein; car il n'a presque rien écrit des principales raisons
dont il voulait se servir, des fondements sur lesquels il prétendait appuyer son ouvrage, et de l'ordre qu'il voulait y
garder; ce qui était assurément très considérable. Tout cela
était parfaitement bien gravé dans son esprit et dans sa mémoire; mais ayant négligé de l'écrire lorsqu'il l'aurait peut-
être pu faire, il se trouva, lorsqu'il l'aurait bien voulu, hors
d'état d'y pouvoir du tout travailler.

Il se rencontra néanmoins une occasion, il y a environ dix
ou douze ans[1], en laquelle on l'obligea, non pas d'écrire ce
qu'il avait dans l'esprit sur ce sujet-là[2], mais d'en dire
quelque chose de vive voix. Il le fit donc en présence et à la
prière de plusieurs personnes très considérables de ses amis.
Il leur développa en peu de mots le plan de tout son ouvrage;
il leur représenta ce qui en devait faire le sujet et la matière;
il leur en rapporta en abrégé les raisons et les principes, et il
leur expliqua l'ordre et la suite des choses qu'il y voulait
traiter. Et ces personnes, qui sont aussi capables qu'on le
puisse être de juger de ces sortes de choses, avouent qu'elles
n'ont jamais rien entendu de plus beau, de plus fort, de plus
touchant, ni de plus convaincant : qu'elles en furent charmées;
et que ce qu'elles virent de ce projet et de ce dessein dans un
discours de deux ou trois heures fait ainsi sur-le-champ, et
sans avoir été prémédité ni travaillé, leur fit juger ce que ce
pourrait être un jour, s'il était jamais exécuté et conduit à
sa perfection par une personne dont elles connaissaient la
force et la capacité; qui avait accoutumé de travailler tellement tous ses ouvrages, qu'il ne se contentait presque jamais
de ses premières pensées, quelque bonnes qu'elles parussent
aux autres; et qui a refait souvent, jusqu'à huit ou dix fois,

---

1. C'est-à-dire (la préface étant de la fin de 1669) de 1657 à 1659.
2. Cette incidente est assez importante; si on la prend à la lettre,
il faut en conclure que Pascal n'avait pas écrit d'avance son exposi-
tion orale ; le résumé d'Étienne Périer aurait été fait seulement à
l'aide des souvenirs des auditeurs. Cependant le manuscrit contient un
long fragment avec cette indication *A. P. R.* qui semble se rapporter
à la conférence dont parle Étienne Pascal (fr. 416 et 430).

des pièces que tout autre que lui trouvait admirables dès la première [1].

Après qu'il leur eut fait voir quelles sont les preuves qui font le plus d'impression sur l'esprit des hommes, et qui sont les plus propres à les persuader, il entreprit de montrer que la religion chrétienne avait autant de marques de certitude et d'évidence que les choses qui sont reçues dans le monde pour les plus indubitables.

Il commença d'abord par une peinture de l'homme, où il n'oublia rien de tout ce qui le pouvait faire connaître et au dedans et au dehors de lui-même, et jusqu'aux plus secrets mouvements de son cœur. Il supposa ensuite un homme qui, ayant toujours vécu dans une ignorance générale, et dans l'indifférence à l'égard de toutes choses, et surtout à l'égard de soi-même, vient enfin à se considérer dans ce tableau, et à examiner ce qu'il est. Il est surpris d'y découvrir une infinité de choses auxquelles il n'a jamais pensé ; et il ne saurait remarquer, sans étonnement et sans admiration, tout ce que Pascal lui fait sentir de sa grandeur et de sa bassesse, de ses avantages et de ses faiblesses, du peu de lumière qui lui reste, et des ténèbres qui l'environnent presque de toutes parts, et enfin de toutes les contrariétés étonnantes qui se trouvent dans sa nature. Il ne peut plus après cela demeurer dans l'indifférence, s'il a tant soit peu de raison ; et quelque insensible qu'il ait été jusqu'alors, il doit souhaiter, après avoir ainsi connu ce qu'il est, de connaître aussi d'où il vient et ce qu'il doit devenir.

---

1. Étienne Périer fait allusion à ce que dit Wendrock (Nicole) dans sa *Préface* à la traduction latine des *Provinciales* : « Il était souvent vingt jours entiers sur une seule Lettre. Il en recommençait même quelques-unes jusqu'à sept ou huit fois, afin de les mettre au degré de perfection où nous les voyons. On ne doit point être surpris qu'un esprit aussi vif que Montalte ait eu cette patience. Autant qu'il a de vivacité, autant a-t-il de pénétration pour découvrir les moindres défauts dans les ouvrages d'esprit : souvent à peine trouve-t-il supportable ce qui fait presque l'admiration des autres. » La dix-huitième *Provinciale* fut la plus travaillée de toutes. Pascal la refit treize fois, plus peut-être d'ailleurs par scrupule théologique que par scrupule littéraire. Cf. *la lettre de Brienne, supra,* p. CXLVIII.

Pascal, l'ayant mis dans cette disposition de chercher à s'instruire sur un doute si important, l'adresse premièrement aux philosophes, et c'est là qu'après lui avoir développé tout ce que les plus grands philosophes de toutes les sectes ont dit sur le sujet de l'homme, il lui fait observer tant de défauts, tant de faiblesses, tant de contradictions, et tant de faussetés dans tout ce qu'ils en ont avancé, qu'il n'est pas difficile à cet homme de juger que ce n'est pas là où il doit s'en tenir.

Il lui fait ensuite parcourir tout l'univers et tous les âges, pour lui faire remarquer une infinité de religions qui s'y rencontrent ; mais il lui fait voir en même temps, par des raisons si fortes et si convaincantes, que toutes ces religions ne sont remplies que de vanité, de folies, d'erreurs, d'égarements et d'extravagances, qu'il n'y trouve rien encore qui le puisse satisfaire,

Enfin il lui fait jeter les yeux sur le peuple juif ; et il lui en fait observer des circonstances si extraordinaires, qu'il attire facilement son attention. Après lui avoir représenté tout ce que ce peuple a de singulier, il s'arrête particulièrement à lui faire remarquer un livre unique par lequel il se gouverne, et qui comprend tout ensemble son histoire, sa loi et sa religion. A peine a-t-il ouvert ce livre, qu'il y apprend que le monde est l'ouvrage d'un Dieu, et que c'est ce même Dieu qui a créé l'homme à son image, et qu'il l'a doué de tous les avantages du corps et de l'esprit qui convenaient à cet état. Quoiqu'il n'ait rien encore qui le convainque de cette vérité, elle ne laisse pas de lui plaire ; et la raison seule suffit pour lui faire trouver plus de vraisemblance dans cette supposition, qu'un Dieu est l'auteur des hommes et de tout ce qu'il y a dans l'univers, que dans tout ce que ces mêmes hommes se sont imaginé par leurs propres lumières. Ce qui l'arrête en cet endroit est de voir, par la peinture qu'on lui a faite de l'homme, qu'il est bien éloigné de posséder tous ces avantages qu'il a dû avoir lorsqu'il est sorti des mains de son auteur ; mais il ne demeure pas longtemps dans ce doute ; car dès qu'il poursuit la lecture de ce même livre, il y trouve qu'après que l'homme eut été créé de Dieu dans l'état d'innocence, et avec toute sorte de perfections, sa première action fut de se révolter contre son créateur, et d'employer à l'offenser tous les avantages qu'il en avait reçus.

Pascal lui fait alors comprendre que ce crime ayant été le plus grand de tous les crimes en toutes ces circonstances, il avait été puni non seulement dans ce premier homme, qui, étant déchu par là de son état, tomba tout d'un coup dans la misère, dans la faiblesse, dans l'erreur et dans l'aveuglement, mais encore dans tous ses descendants à qui ce même homme a communiqué et communiquera encore sa corruption dans toute la suite des temps.

Il lui montre ensuite divers endroits de ce livre où il a découvert cette vérité. Il lui fait prendre garde qu'il n'y est plus parlé de l'homme que par rapport à cet état de faiblesse et de désordre ; qu'il y est dit souvent que toute chair est corrompue, que les hommes sont abandonnés à leurs sens, et qu'ils ont une pente au mal dès leur naissance. Il lui fait voir encore que cette première chute est la source, non seulement de tout ce qu'il y a de plus incompréhensible dans la nature de l'homme, mais aussi d'une infinité d'effets qui sont hors de lui, et dont la cause lui est inconnue. Enfin il lui repré-sente l'homme si bien dépeint dans tout ce livre, qu'il ne lui paraît plus différent de la première image qu'il lui en a tracée.

Ce n'est pas assez d'avoir fait connaître à cet homme son état plein de misère ; Pascal lui apprend encore qu'il trouvera dans ce même livre de quoi se consoler. Et en effet, il lui fait remarquer qu'il y est dit que le remède est entre les mains de Dieu ; que c'est à lui que nous devons recourir pour avoir les forces qui nous manquent ; qu'il se laissera fléchir, et qu'il enverra même aux hommes un libérateur, qui satisfera pour eux, et qui suppléera à leur impuissance.

Après qu'il lui a expliqué un grand nombre de remarques très particulières sur le livre de ce peuple, il lui fait encore considérer que c'est le seul qui ait parlé dignement de l'Être souverain, et qui ait donné l'idée d'une véritable religion. Il lui en fait concevoir les marques les plus sensibles qu'il applique à celles que ce livre a enseignées ; et il lui fait faire une attention particulière sur ce qu'elle fait consister l'essence de son culte dans l'amour de Dieu qu'elle adore ; ce qui est un caractère tout singulier, et qui la distingue visiblement de toutes les autres religions, dont la fausseté paraît par le défaut de cette marque si essentielle.

Quoique Pascal, après avoir conduit si avant cet homme

qu'il s'était proposé de persuader insensiblement, ne lui ait
encore rien dit qui le puisse convaincre des vérités qu'il lui
a fait découvrir, il l'a mis néanmoins dans la disposition de
les recevoir avec plaisir, pourvu qu'on puisse lui faire voir
qu'il doit s'y rendre, et de souhaiter même de tout son cœur
qu'elles soient solides et bien fondées, puisqu'il y trouve de
si grands avantages pour son repos et pour l'éclaircissement
de ses doutes. C'est aussi l'état où devrait être tout homme
raisonnable, s'il était une fois bien entré dans la suite de
toutes les choses que Pascal vient de représenter : il y a sujet
de croire qu'après cela il se rendrait facilement à toutes les
preuves que l'auteur apportera ensuite pour confirmer la
certitude et l'évidence de toutes ces vérités importantes dont
il avait parlé, et qui font le fondement de la religion chrétienne, qu'il avait dessein de persuader.

Pour dire en peu de mots quelque chose de ces preuves,
après qu'il eut montré en général que les vérités dont il
s'agissait étaient contenues dans un livre de la certitude
duquel tout homme de bon sens ne pouvait douter, il s'arrêta
principalement au livre de Moïse, où ces vérités sont particulièrement répandues, et il fit voir, par un très grand nombre
de circonstances indubitables, qu'il était également impossible
que Moïse eût laissé par écrit des choses fausses, ou que le
peuple à qui il les avait laissées s'y fût laissé tromper, quand
même Moïse aurait été capable d'être fourbe.

Il parla aussi des grands miracles qui sont rapportés dans
ce livre ; et comme ils sont d'une grande conséquence pour la
religion qui y est enseignée, il prouva qu'il n'était pas
possible qu'ils ne fussent vrais, non seulement par l'autorité
du livre où ils sont contenus, mais encore par toutes les
circonstances qui les accompagnent et qui les rendent indubitables.

Il fit voir encore de quelle manière toute la loi de Moïse
était figurative ; que tout ce qui était arrivé aux Juifs n'avait
été que la figure des vérité accomplies à la venue du Messie,
et que, le voile qui couvrait ces figures ayant été levé, il
était aisé d'en voir l'accomplissement et la consommation
parfaite en faveur de ceux qui ont reçu Jésus-Christ.

Il entreprit ensuite de prouver la vérité de la religion par
les prophéties ; et ce fut sur ce sujet qu'il s'étendit beaucoup

plus que sur les autres. Comme il avait beaucoup travaillé
là-dessus, et qu'il y avait des vues qui lui étaient toutes particulières, il les expliqua d'une manière fort intelligible : il en
fit voir le sens et la suite avec une facilité merveilleuse, et il
les mit dans tout leur jour et dans toute leur force.

Enfin, après avoir parcouru les livres de l'Ancien Testament, et fait encore plusieurs observations convaincantes
pour servir de fondements et de preuves à la vérité de la
religion, il entreprit encore de parler du Nouveau Testament,
et de tirer ses preuves de la vérité même de l'Évangile.

Il commença par Jésus-Christ ; et quoiqu'il l'eût déjà prouvé
invinciblement par les prophéties et par toutes les figures de
la loi, dont on voyait en lui l'accomplissement parfait, il
apporta encore beaucoup de preuves tirées de sa personne
même, de ses miracles, de sa doctrine et des circonstances de
sa vie.·

Il s'arrêta ensuite sur les apôtres ; et pour faire voir la vérité
de la foi qu'ils ont publiée hautement partout, après avoir
établi qu'on ne pouvait les accuser de fausseté qu'en supposant
ou qu'ils avaient été des fourbes, ou qu'ils avaient été trompés
eux-mêmes, il fit voir clairement que l'une et l'autre de ces
suppositions était également impossible.

Enfin il n'oublia rien de tout ce qui pouvait servir à la
vérité de l'histoire évangélique, faisant de très belles remarques sur l'Évangile même, sur le style des évangélistes, et sur
leurs personnes ; sur les apôtres en particulier, et sur leurs
écrits ; sur le nombre prodigieux de miracles ; sur les martyrs ;
sur les saints ; en un mot, sur toutes les voies par lesquelles
la religion chrétienne s'est entièrement établie. Et quoiqu'il
n'eût pas le loisir, dans un simple discours, de traiter au
long une si vaste matière, comme il avait dessein de faire dans
son ouvrage, il en dit néanmoins assez pour convaincre que
tout cela ne pouvait être l'ouvrage des hommes, et qu'il n'y
avait que Dieu seul qui eût pu conduire l'événement de tant
d'effets différents qui concourent tous également à prouver
d'une manière invincible la religion qu'il est venu lui-même
établir parmi les hommes.

Voilà en substance les principales choses dont il entreprit
de parler dans tout ce discours, qu'il ne proposa à ceux qui
l'entendirent que comme l'abrégé du grand ouvrage qu'il

méditait; et c'est par le moyen d'un de ceux qui y furent
présents qu'on a su depuis le peu que je viens d'en rapporter[1].

Parmi les fragments que l'on donne au public, on verra
quelque chose de ce grand dessein : mais on y en verra bien
peu ; et les choses mêmes que l'on y trouvera sont si imparfaites, si peu étendues, et si peu digérées, qu'elles ne peuvent
donner qu'une idée très grossière de la manière dont il se
proposait de les traiter.

Au reste, il ne faut pas s'étonner si, dans le peu qu'on en
donne, on n'a pas gardé son ordre et sa suite pour la distri-
bution des matières. Comme on n'avait presque rien qui se
suivît, il eût été inutile de s'attacher à cet ordre ; et l'on s'est
contenté de les disposer à peu près en la manière qu'on a
jugé être plus propre et plus convenable à ce que l'on en
avait. On espère même qu'il y aura peu de personnes qui,
après avoir bien conçu une fois le dessein de l'auteur, ne sup-
pléent d'eux-mêmes au défaut de cet ordre, et qui, en considérant avec attention les diverses matières répandues dans
ces fragments, ne jugent facilement où elles doivent être rapportées suivant l'idée de celui qui les avait écrites.

Si l'on avait seulement ce discours-là par écrit tout au long
et en la manière qu'il fut prononcé, l'on aurait quelque sujet
de se consoler de la perte de cet ouvrage, et l'on pourrait dire
qu'on en aurait au moins un petit échantillon, quoique fort
imparfait. Mais Dieu n'a pas permis qu'il nous ait laissé ni
l'un ni l'autre ; car peu de temps après il tomba malade d'une
maladie de langueur et de faiblesse qui dura les quatre dernières années de sa vie, et qui, quoiqu'elle parût fort peu au
dehors, et qu'elle ne l'obligeât pas de garder le lit ni la
chambre, ne laissait pas de l'incommoder beaucoup, et de le
rendre presque incapable de s'appliquer à quoi que ce fût : de
sorte que le plus grand soin et la principale occupation de
ceux qui étaient auprès de lui était de le détourner d'écrire,
et même de parler de tout ce qui demandait quelque conten-

---

1. Cf. le *Discours sur les Pensées de M. Pascal*, qui a été écrit anté-
rieurement à cette *Préface*, et qu'Étienne Périer n'a peut-être fait que
résumer, *infra*, p. CXLIX.

tion d'esprit, et de ne l'entretenir que de choses indifférentes et incapables de le fatiguer.

C'est néanmoins pendant ces quatre dernières années de langueur et de maladie qu'il a fait et écrit tout ce que l'on a de lui de cet ouvrage qu'il méditait, et tout ce que l'on en donne au public. Car, quoiqu'il attendît que sa santé fût entièrement rétablie pour y travailler tout de bon, et pour écrire les choses qu'il avait déjà digérées et disposées dans son esprit, cependant, lorsqu'il lui survenait quelques nouvelles pensées, quelques vues, quelques idées, ou même quelque tour et quelques expressions qu'il prévoyait lui pouvoir un jour servir pour son dessein, comme il n'était pas alors en état de s'y appliquer aussi fortement que lorsqu'il se portait bien, ni de les imprimer dans son esprit et dans sa mémoire, il aimait mieux en mettre quelque chose par écrit pour ne les pas oublier ; et pour cela il prenait le premier morceau de papier qu'il trouvait sous sa main, sur lequel il mettait sa pensée en peu de mots, et fort souvent même seulement à demi-mot : car il ne l'écrivait que pour lui, et c'est pourquoi il se contentait de le faire fort légèrement, pour ne pas se fatiguer l'esprit, et d'y mettre seulement les choses qui étaient nécessaires pour le faire ressouvenir des vues et des idées qu'il avait.

C'est ainsi qu'il a fait la plupart des fragments qu'on trouvera dans ce recueil : de sorte qu'il ne faut pas s'étonner s'il y en a quelques-uns qui semblent assez imparfaits, trop courts et trop peu expliqués, dans lesquels on peut même trouver des termes et des expressions moins propres et moins élégantes. Il arrivait néanmoins quelquefois, qu'ayant la plume à la main, il ne pouvait s'empêcher, en suivant son inclination, de pousser ses pensées, et de les étendre un peu davantage, quoique ce ne fût jamais avec la même force et la même application d'esprit que s'il eût été en parfaite santé. Et c'est pourquoi l'on en trouvera aussi quelques-unes plus étendues et mieux écrites, et des chapitres plus suivis et plus parfaits que les autres.

Voilà de quelle manière ont été écrites ces Pensées. Et je crois qu'il n'y aura personne qui ne juge facilement, par ces légers commencements et par ces faibles essais d'une personne malade, qu'il n'avait écrits que pour lui seul, et pour se re-

mettre dans l'esprit des pensées qu'il craignait de perdre,
qu'il n'avait jamais revus ni retouchés, quel eût été l'ouvrage
entier, s'il eût pu recouvrer sa parfaite santé et y mettre la
dernière main, lui qui savait disposer les choses dans un si
beau jour et un si bel ordre, qui donnait un tour si particulier, si noble et si relevé, à tout ce qu'il voulait dire, qui
avait dessein de travailler cet ouvrage plus que tous ceux qu'il
avait jamais faits, qui y voulait employer toute la force
d'esprit et tous les talents que Dieu lui avait donnés, et
duquel il a dit souvent qu'il lui fallait dix ans de santé pour
l'achever.

Comme l'on savait le dessein qu'avait Pascal de travailler
sur la religion, l'on eut un très grand soin, après sa mort,
de recueillir tous les écrits qu'il avait faits sur cette manière.
On les trouva tous ensemble enfilés en diverses liasses, mais
sans aucun ordre, sans aucune suite, parce que, comme
je l'ai déjà remarqué, ce n'étaient que les premières expressions de ses pensées qu'il écrivait sur de petits morceaux de
papier à mesure qu'elles lui venaient dans l'esprit. Et tout
cela était si imparfait et si mal écrit, qu'on a eu toutes les
peines du monde à le déchiffrer.

La première chose que l'on fit fut de les faire copier tels
qu'ils étaient, et dans la même confusion qu'on les avait
trouvés. Mais lorsqu'on les vit en cet état, et qu'on eut plus
de facilité de les lire et de les examiner que dans les originaux,
ils parurent d'abord si informes, si peu suivis, et la plupart
si peu expliqués, qu'on fut fort longtemps sans penser du
tout à les faire imprimer, quoique plusieurs personnes de
très grande considération le demandassent souvent avec des
instances et des sollicitations fort pressantes; parce que l'on
jugeait bien qu'en donnant ces écrits en l'état où ils étaient,
on ne pouvait pas remplir l'attente et l'idée que le monde
avait de cet ouvrage, dont on avait déjà beaucoup entendu
parler.

Mais enfin on fut obligé de céder à l'impatience et au grand
désir que tout le monde témoignait de les voir imprimés. Et
l'on s'y porta d'autant plus aisément, que l'on crut que ceux
qui les liraient seraient assez équitables pour faire le discernement d'un dessein ébauché d'avec une pièce achevée, et
pour juger de l'ouvrage par l'échantillon, quelque imparfait

qu'il fût. Et ainsi l'on se résolut de le donner au public. Mais comme il y avait plusieurs manières de l'exécuter, l'on a été quelque temps à se déterminer sur celle que l'on devait prendre.

La première qui vint dans l'esprit, et celle qui était sans doute la plus facile, était de les faire imprimer tout de suite dans le même état où on les avait trouvés. Mais l'on jugea bientôt que, de le faire de cette sorte, ç'eût été perdre presque tout le fruit qu'on en pouvait espérer, parce que les pensées plus suivies, plus claires et plus étendues, étant mêlées et comme absorbées parmi tant d'autres à demi digérées, et quelques-unes même presque inintelligibles à tout autre qu'à celui qui les avait écrites, il y avait tout sujet de croire que les unes feraient rebuter les autres, et que l'on ne considérerait ce volume, grossi inutilement de tant de pensées imparfaites, que comme un amas confus, sans ordre, sans suite, et qui ne pouvait servir à rien.

Il y avait une autre manière de donner ces écrits au public, qui était d'y travailler auparavant, d'éclaircir les pensées obscures, d'achever celles qui étaient imparfaites ; et, en prenant dans tous ces fragments le dessein de l'auteur, de suppléer en quelque sorte l'ouvrage qu'il voulait faire. Cette voie eût été assurément la meilleure ; mais il était aussi très difficile de la bien exécuter. L'on s'y est néanmoins arrêté assez long-temps, et l'on avait en effet commencé à y travailler. Mais enfin on s'est résolu de la rejeter aussi bien que la première, parce que l'on a considéré qu'il était presque impossible de bien entrer dans la pensée et dans le dessein d'un auteur, et surtout d'un auteur tel que Pascal ; et que ce n'eût pas été donner son ouvrage, mais un ouvrage tout différent.

Ainsi, pour éviter les inconvénients qui se trouvaient dans l'une et l'autre de ces manières de faire paraître ces écrits, on en a choisi une entre deux, qui est celle que l'on a suivie dans ce recueil. On a pris seulement parmi ce grand nombre de pensées celles qui ont paru les plus claires et les plus achevées ; et on les donne telles qu'on les a trouvées, sans y rien ajouter ni changer ; si ce n'est qu'au lieu qu'elles étaient sans suite, sans liaison, et dispersées confusément de côté et d'autre, on les a mises dans quelque sorte d'ordre, et réduit sous les mêmes titres celles qui étaient sur les mêmes sujets ;

et l'on a supprimé toutes les autres qui étaient ou trop
obscures, ou trop imparfaites.

Ce n'est pas qu'elles ne continssent aussi de très belles
choses, et qu'elles ne fussent capables de donner de grandes
vues à ceux qui les entendraient bien. Mais comme on ne
voulait pas travailler à les éclaircir et à les achever, elles
eussent été entièrement inutiles en l'état où elles sont. Et
afin que l'on en ait quelque idée, j'en rapporterai ici seulement une pour servir d'exemple; et par laquelle on pourra
juger de toutes les autres que l'on a retranchées. Voici donc
quelle est cette pensée, et en quel état on l'a trouvée parmi
ces fragments : « Un artisan qui parle des richesses, un pro-
cureur qui parle de la guerre, de la royauté, etc. Mais le riche
parle bien des richesses, le roi parle froidement d'un grand
don qu'il vient de faire, et Dieu parle bien de Dieu. »

Il y a dans ce fragment une fort belle pensée : mais il y a
peu de personnes qui la puissent voir, parce qu'elle y est
expliquée très imparfaitement et d'une manière fort obscure,
fort courte et fort abrégée; en sorte que, si on ne lui avait
ouï dire de bouche la même pensée, il serait difficile de la
reconnaître dans une expression si confuse et si embrouillée.
Voici à peu près à quoi elle consiste.

Il avait fait plusieurs remarques très particulières sur le style
de l'Écriture, et principalement de l'Évangile, et il y trouvait des
beautés que peut-être personne n'avait remarquées avant lui. Il
admirait entre autres choses la naïveté, la simplicité, et, pour le
dire ainsi, la froideur avec laquelle il semble que Jésus-Christ y
parle des choses les plus grandes et les plus relevées, comme
sont, par exemple, le royaume de Dieu, la gloire que posséderont
les saints dans le ciel, les peines de l'enfer, sans s'y étendre,
comme ont fait les Pères et tous ceux qui ont écrit sur ces
matières. Et il disait que la véritable cause de cela était que
ces choses, qui à la vérité sont infiniment grandes et relevées à
notre égard, ne le sont pas de même à l'égard de Jésus-
Christ; et qu'ainsi il ne faut pas trouver étrange qu'il en
parle de cette sorte sans étonnement et sans admiration;
comme l'on voit, sans comparaison, qu'un général d'armée
parle tout simplement et sans s'émouvoir du siège d'une place
importante, et du gain d'une grande bataille; et qu'un roi
parle froidement d'une somme de quinze ou vingt millions,

dont un particulier et un artisan ne parleraient qu'avec de grandes exagérations.

Voilà quelle est la pensée qui est contenue et renfermée sous le peu de paroles qui composent ce fragment ; et dans l'esprit des personnes raisonnables, et qui agissent de bonne foi, cette considération, jointe à quantité d'autres semblables, pouvait servir assurément de quelque preuve de la divinité de Jésus-Christ.

Je crois que ce seul exemple peut suffire, non seulement pour faire juger quels sont à peu près les autres fragments qu'on a retranchés, mais aussi pour faire voir le peu d'application et la négligence, pour ainsi dire, avec laquelle ils ont presque tous été écrits ; ce qui doit bien convaincre de ce que j'ai dit, que Pascal ne les avait écrits en effet que pour lui seul, et sans présumer aucunement qu'ils dussent jamais paraître en cet état. Et c'est aussi ce qui fait espérer que l'on sera assez porté à excuser les défauts qui s'y pourront rencontrer.

Que s'il se trouve encore dans ce recueil quelques pensées un peu obscures, je pense que, pour peu qu'on s'y veuille appliquer, on les comprendra néanmoins très facilement, et qu'on demeurera d'accord que ce ne sont pas les moins belles, et qu'on a mieux fait de les donner telles qu'elles sont, que de les éclaircir par un grand nombre de paroles qui n'auraient servi qu'à les rendre traînantes et languissantes, et qui en auraient ôté une des principales beautés, qui consiste à dire beaucoup de choses en peu de mots.

L'on en peut voir un exemple dans un des fragments du chapitre des *Preuves de Jésus-Christ par les prophéties*, qui est conçu en ces termes : « Les prophètes sont mêlés de prophéties particulières, et de celles du Messie : afin que les prophéties du Messie ne fussent pas sans preuves, et que les prophéties particulières ne fussent pas sans fruit. » Il rapporte dans ce fragment la raison pour laquelle les prophètes, qui n'avaient en vue que le Messie, et qui semblaient ne devoir prophétiser que de lui et de ce qui le regardait, ont néanmoins souvent prédit des choses particulières qui paraissaient assez indifférentes et inutiles à leur dessein. Il dit que c'était afin que ces événements particuliers s'accomplissant de jour en jour aux yeux de tout le monde, en la manière qu'ils les avaient prédits, ils fussent incontestablement reconnus pour prophètes, et qu'ainsi l'on ne pût douter de la vérité et de la certitude de toutes les choses qu'ils prophétisaient du Messie. De sorte que, par ce moyen, les prophéties du Messie tiraient, en quelque façon, leurs preuves et leur autorité de ces prophéties particulières vérifiées et accomplies ; et ces prophéties particulières servant ainsi à prouver et à autoriser celles du Messie, elles n'étaient pas inutiles et infructueuses. Voilà le sens de ce fragment étendu et développé. Mais il n'y a sans doute personne qui ne prît bien plus de plaisir de le découvrir soi-même dans les seules paroles de l'auteur, que de le voir ainsi éclairci et expliqué.

Il est encore, ce me semble, assez à propos, pour détromper quelques personnes qui pourraient peut-être s'attendre de trouver ici des preuves et des démonstrations géométriques de l'existence de Dieu, de l'immortalité de l'âme, et de plusieurs autres articles de foi chrétienne, de les avertir que ce n'était pas là le dessein de Pascal. Il ne prétendait point prouver toutes ces vérités de la religion par de telles démonstrations fondées sur des principes évidents, capables de convaincre l'obstination des plus endurcis, ni par des raisonnements métaphysiques, qui souvent égarent plus l'esprit qu'ils ne le persuadent, ni par des lieux communs tirés de divers effets de la nature, mais par des preuves morales qui vont plus au cœur qu'à l'esprit. C'est-à-dire qu'il voulait plus travailler à toucher et à disposer le cœur, qu'à convaincre et à persuader l'esprit ; parce qu'il savait que les passions et les attachements vicieux qui corrompent le cœur et la volonté, sont les plus grands obstacles et les principaux empêchements que nous ayons à la foi, et que, pourvu que l'on pût lever ces obstacles, il n'était pas difficile de faire recevoir à l'esprit les lumières et les raisons qui pouvaient le convaincre.

On sera facilement persuadé de tout cela en lisant ces écrits. Mais Pascal s'en est encore expliqué lui-même dans un de ses fragments qui a été trouvé parmi les autres, et que l'on n'a point mis dans ce recueil. Voici ce qu'il dit dans ce fragment : « Je n'entreprendrai pas ici de prouver par des raisons naturelles, ou l'existence de Dieu, ou la Trinité, ou l'immortalité de l'âme, ni aucune des choses de cette nature ; non seulement parce que je ne me sentirais pas assez fort pour trouver dans la nature de quoi convaincre des athées endurcis, mais encore parce que cette connaissance, sans Jésus-Christ, est inutile et stérile. Quand un homme serait persuadé que les proportions des nombres sont des vérités immatérielles, éternelles, et dépendantes d'une première vérité en qui elles subsistent et qu'on appelle Dieu, je ne le trouverais pas beaucoup avancé pour son salut. »

On s'étonnera peut-être aussi de trouver dans ce recueil une si grande diversité de pensées, dont il y en a même plusieurs qui semblent assez éloignées du sujet que Pascal avait entrepris de traiter. Mais il faut considérer que son dessein était bien plus ample et plus étendu qu'on ne se l'imagine, et qu'il ne se bornait pas seulement à réfuter les raisonnements des athées, et de ceux qui combattent quelques-unes des vérités de la foi chrétienne. Le grand amour et l'estime singulière qu'il avait pour la religion faisait que non seulement il ne pouvait souffrir qu'on la voulût détruire et anéantir tout à fait, mais même qu'on la blessât et qu'on la corrompît en la moindre chose. De sorte qu'il voulait déclarer la guerre à tous ceux qui en attaquent ou la vérité ou la sainteté; c'est-à-dire non seulement aux athées, aux infidèles et aux hérétiques, qui refusent de soumettre les fausses lumières de leur raison à la foi, et de reconnaître les vérités qu'elle nous enseigne; mais même aux chrétiens et aux catholiques, qui, étant dans le corps de la véritable Église, ne vivent pas néanmoins selon la pureté des maximes de l'Évangile, qui nous y sont proposées comme le modèle sur lequel nous devons nous régler et conformer toutes nos actions.

Voilà quel était son dessein : et ce dessein était assez vaste et assez grand pour pouvoir comprendre la plupart des choses qui sont répandues dans ce recueil. Il s'y en pourra néanmoins trouver quelques-unes qui n'y ont nul rapport, et qui en effet n'y étaient pas destinées, comme, par exemple, la plupart de celles qui sont dans le chapitre des *Pensées diverses*, lesquelles on a aussi trouvées parmi les papiers de Pascal, et que l'on a jugé à propos de joindre aux autres; parce que l'on ne donne pas ce livre-ci simplement comme un ouvrage fait contre les athées ou sur la religion, mais comme un recueil de *Pensées sur la religion et sur quelques autres sujets*.

Je pense qu'il ne reste plus, pour achever cette préface,
que de dire quelque chose de l'auteur après avoir parlé de
son ouvrage. Je crois que non seulement cela sera assez à
propos, mais que ce que j'ai dessein d'en écrire pourra
même être très utile pour faire connaître comment Pascal
est entré dans l'estime et dans les sentiments qu'il avait pour
la religion, qui lui firent concevoir le dessein d'entreprendre
cet ouvrage.

On voit, dans la préface des Traités de l'équilibre des
liqueurs, de quelle manière il a passé sa jeunesse, et le grand
progrès qu'il y fit en peu de temps dans toutes les sciences
humaines et profanes auxquelles il voulut s'appliquer, et particulièrement en la géométrie et aux mathématiques; la manière étrange et surprenante dont il les apprit à l'âge de onze
ou douze ans; les petits ouvrages qu'il faisait quelquefois, et
qui surpassaient toujours beaucoup la force et la portée d'une
personne de son âge; l'effort étonnant et prodigieux de son
imagination et de son esprit qui parut dans sa machine arithmétique, qu'il inventa, âgé seulement de dix-neuf à vingt
ans; et enfin les belles expériences du vide qu'il fit en présence des personnes les plus considérables de la ville de
Rouen, où il demeura pendant quelque temps, pendant que
le président Pascal son père y était employé pour le service
du roi dans la fonction d'intendant de justice. Ainsi je ne
répéterai rien ici de tout cela, et je me contenterai seulement
de représenter en peu de mots comment il a méprisé toutes
ces choses, et dans quel esprit il a passé les dernières années
de sa vie, en quoi il n'a pas moins fait paraître la grandeur
et la solidité de sa vertu et de sa piété, qu'il avait montré
auparavant la force, l'étendue et la pénétration admirable de
son esprit.

Il avait été préservé pendant sa jeunesse, par une protection
particulière de Dieu, des vices où tombent la plupart des
jeunes gens; et ce qui est assez extraordinaire à un esprit
aussi curieux que le sien, il ne s'était jamais porté au libertinage pour ce qui regarde la religion, ayant toujours porté
sa curiosité aux choses naturelles. Et il a dit plusieurs fois
qu'il joignait cette obligation à toutes les autres qu'il avait à
son père, qui, ayant lui-même un très grand respect pour la
religion, le lui avait inspiré dès l'enfance, lui donnant pour

maxime, que tout ce qui est l'objet de la foi ne saurait l'être de la raison, et beaucoup moins y être soumis.

Ces instructions, qui lui étaient souvent réitérées par un père pour qui il avait une très grande estime, et en qui il voyait une grande science accompagnée d'un raisonnement fort et puissant, faisaient tant d'impression sur son esprit, que, quelque discours qu'il entendît faire aux libertins, il n'en était nullement ému ; et, quoiqu'il fût fort jeune, il les regardait comme des gens qui étaient dans ce faux principe, que la raison humaine est au-dessus de toutes choses, et qui ne connaissaient pas la nature de la foi.

Mais enfin, après avoir ainsi passé sa jeunesse dans des occupations et des divertissements qui paraissaient assez innocents aux yeux du monde, Dieu le toucha de telle sorte, qu'il lui fit comprendre parfaitement que la religion chrétienne nous oblige à ne vivre que pour lui, et à n'avoir point d'autre objet que lui. Et cette vérité lui parut si évidente, si utile et si nécessaire, qu'elle le fit résoudre de se retirer, et de se dégager peu à peu de tous les attachements qu'il avait au monde pour pouvoir s'y appliquer uniquement.

Ce désir de la retraite, et de mener une vie plus chrétienne et plus réglée, lui vint lorsqu'il était encore fort jeune ; et il le porta dès lors à quitter entièrement l'étude des sciences profanes pour ne s'appliquer plus qu'à celles qui pouvaient contribuer à son salut et à celui des autres. Mais de continuelles maladies qui lui survinrent le détournèrent quelque temps de son dessein, et l'empêchèrent de le pouvoir exécuter plus tôt qu'à l'âge de trente ans.

Ce fut alors qu'il commença à y travailler tout de bon ; et, pour y parvenir plus facilement, et rompre tout d'un coup toutes ses habitudes, il changea de quartier, et ensuite se retira à la campagne[1], où il demeura quelque temps ; d'où, étant de retour, il témoigna si bien qu'il voulait quitter le monde, qu'enfin le monde le quitta. Il établit le règlement de sa vie dans sa retraite sur deux maximes principales, qui sont de renoncer à tout plaisir et à toute superfluité. Il les

---

1. Allusion, dont on remarque la discrétion, à la retraite à Port-Royal-des-Champs.

avait sans cesse devant les yeux, et il tâchait de s'y avancer et
de s'y perfectionner toujours de plus en plus.

C'est l'application continuelle qu'il avait à ces deux grandes
maximes qui lui faisait témoigner une si grande patience
dans ses maux et dans ses maladies, qui ne l'ont presque
jamais laissé sans douleur pendant toute sa vie; qui lui faisait
pratiquer des mortifications très rudes et très sévères envers
lui-même; qui faisait que non seulement il refusait à ses sens
tout ce qui pouvait leur être agréable, mais encore qu'il
prenait sans peine, sans dégoût, et même avec joie, lorsqu'il
le fallait, tout ce qui leur pouvait déplaire, soit pour la nourriture, soit pour les remèdes; qui le portait à se retrancher
tous les jours de plus en plus tout ce qu'il ne jugeait pas lui
être absolument nécessaire, soit pour le vêtement, soit pour
la nourriture, pour les meubles, et pour toutes les autres
choses; qui lui donnait un amour si grand et si ardent pour
la pauvreté, qu'elle lui était toujours présente, et que,
lorsqu'il voulait entreprendre quelque chose, la première
pensée qui lui venait en l'esprit, était de voir si la pauvreté
pouvait être pratiquée, et qui lui faisait avoir en même temps
tant de tendresse et tant d'affection pour les pauvres, qu'il
ne leur a jamais pu refuser l'aumône, et qu'il en a fait même
fort souvent d'assez considérables, quoiqu'il n'en fît que de
son nécessaire; qui faisait qu'il ne pouvait souffrir qu'on
cherchât avec soin toutes commodités, et qu'il blâmait tant
cette recherche curieuse et cette fantaisie de vouloir exceller
en tout, comme de se servir en toutes choses des meilleurs
ouvriers, d'avoir toujours du meilleur et du mieux fait, et
mille autres choses semblables qu'on fait sans scrupule, parce
qu'on ne croit pas qu'il y ait de mal, mais dont il ne jugeait
pas de même: et enfin qui lui a fait faire plusieurs actions
très remarquables et très chrétiennes, que je ne rapporte pas
ici, de peur d'être long, et parce que mon dessein n'est pas
de faire une Vie[1], mais seulement de donner quelque idée
de la piété et de la vertu de M. Pascal à ceux qui ne l'ont

---

1. Étienne Périer pense à la *Vie* écrite par sa mère, à laquelle il
emprunte la fin de sa *Préface*, et dont la prudence politique de
Port-Royal retarda longtemps la publication.

pas connu ; car, pour ceux qui l'ont vu et qui l'ont un peu
fréquenté pendant les dernières années de sa vie, je ne pré-
tends pas leur rien apprendre par là ; et je crois qu'ils jugeront, bien au contraire, que j'aurais pu dire encore beaucoup
d'autres choses que je passe sous silence.

DISCOURS SUR LES PENSÉES DE M. PASCAL
OU L'ON ESSAIE DE FAIRE VOIR QUEL ÉTAIT SON DESSEIN [1]

Avertissement. — Ce discours avait été fait pour servir de préface
au recueil des *Pensées de M. Pascal*, mais parce qu'il fut trouvé trop
étendu pour lui donner ce nom, on ne voulut point s'en servir : et il
était même bien juste qu'il cédât à la préface qu'on voit au commencement de ce recueil, quand ce n'aurait été qu'afin de ne rien mêler
d'étranger aux Pensées de M. Pascal et de n'y rien joindre qui ne
vînt de la même famille et du même esprit. Depuis, comme on a jugé
que ce discours pourrait n'être pas tout à fait inutile pour faire voir
à peu près quel était le dessein de M. Pascal, on a voulu le rendre
public ; parce que ce dessein était si grand et si important qu'on a
cru qu'il ne fallait rien négliger, pour petit qu'il fût, de ce qui pouvait y avoir quelque rapport. C'est par cette même raison qu'à ce
discours on en a joint un autre sur les preuves des livres de Moïse
qui n'avait pas été fait pour voir le jour, non plus que le traité où
l'on fait voir qu'il y a des démonstrations d'une autre espèce et aussi
certaines que celles de la géométrie et qu'on en peut donner de telles
pour la religion chrétienne. Quelque succès qu'ils aient les uns et
les autres, on s'estimerait trop heureux, s'il plaisait à Dieu, qui fait
servir les moindres choses à ses plus grands desseins, qu'une seule
personne dans le monde en profitât.

Ce qu'on a vu jusqu'ici de M. Pascal a donné une si haute
idée de la grandeur de son esprit qu'il ne faut pas s'étonner
que ceux qui savaient qu'il avait dessein d'écrire sur la vérité
de la religion, aient eu beaucoup d'impatience de voir ce
qu'on en avait trouvé dans ses papiers après sa mort. Ses amis,
de leur côté, n'en avaient pas moins de le publier ; et, comme

---

1. Discours écrit par Filleau de la Chaise (*vide supra*, p. LIII et
p. CLXXX); il parut en 1672, sous le nom de Dubois de la Cour. Voir
Sainte-Beuve, *Port-Royal*, 5e édit., t. III, p. 386.

ils savaient encore mieux le prix de ce qui leur restait de lui, que ceux qui n'en jugeaient que par conjecture, il ne faut pas douter qu'ils ne se soient sentis pressés de rendre ce dernier devoir à un homme dont la mémoire leur est si chère et de faire part au monde d'une chose qu'ils croyaient avec raison lui devoir être si utile.

Car quoique M. Pascal n'eût encore rien écrit sur ce sujet que quelques pensées détachées, qui auraient pu trouver leur place dans l'ouvrage qu'il méditait, mais qui n'en auraient fait qu'une très petite partie et qui n'en sauraient donner qu'une idée fort imparfaite, on peut dire néanmoins qu'on n'a encore rien vu d'approchant sur cette matière. Cependant on ne saurait presque prévoir de quelle manière les précieux restes de ce grand dessein seront reçus dans le monde. Quantité de gens seront sans doute choqués d'y trouver si peu d'ordre, de ce que tout y est imparfait et de ce qu'il y a même quantité de pensées sans suite ni liaison et dont on ne voit point où elles tendent ; mais qu'ils considèrent que ce que M. Pascal avait entrepris, n'étant pas de ces choses qu'on peut dire achevées dès qu'on en a conçu le dessein, ou de ces ouvrages dans le train ordinaire et qui sont aussi bons d'une façon que d'une autre, il y avait encore bien loin du projet à l'exécution. Ce devait être un composé de quantité de pièces et de ressorts différents, il y fallait désabuser le monde d'une infinité d'erreurs et lui apprendre autant de vérités ; enfin il y fallait parler de tout et en parler raisonnablement ; à quoi le chemin n'est guère frayé. Car en effet tout conduit à la religion ou tout en détourne ; et comme c'est le plus grand des desseins de Dieu ou plutôt le centre de tous ses desseins et qu'il n'a rien fait que pour Jésus-Christ, il n'y a rien dans le monde qui n'ait rapport à lui, rien dans les choses vivantes ou inanimées, rien dans les actions ou les pensées des hommes, qui ne soit des suites du péché ou des effets de la grâce et dans quoi Dieu n'ait pour but de dissiper nos ténèbres, ou de les augmenter lorsque nous les aimons. Ainsi tout pouvait entrer dans le livre de M. Pascal ; et quelque esprit qu'il eût, il aurait pu employer sa vie au seul amas de tant de matières et laisser encore bien des choses à dire. Faut-il donc s'étonner que n'y ayant donné que les quatre ou cinq dernières années de sa vie, et encore avec beaucoup d'interruption, on n'ait trouvé après sa mort que des matériaux informes et en petite quantité?

D'ailleurs, comme la plupart se sont voulu figurer par avance ce que ce pourrait être que cet ouvrage et que chacun s'est imaginé que M. Pascal aurait dû s'y prendre comme il aurait fait lui-même, il est certain que bien des gens y seront trompés.

Ceux qui ne trouvent rien d'assuré que les preuves de géométrie en veulent de l'existence de Dieu et de l'immortalité de l'âme qui les conduisent de principe en principe comme leurs démonstrations. D'autres demandent de ces raisons communes qui prouvent peu ou qui ne prouvent qu'à ceux qui sont déjà persuadés ; et d'autres des raisons métaphysiques, qui ne sont souvent que des subtilités peu capables de faire impression sur l'esprit et dont il se défie toujours. Enfin il y en a qui n'ont de goût que pour ce qu'on appelle lieux communs et pour je ne sais quelle éloquence de mots, dénuée de vérité, qui ne fait qu'éblouir et ne va jamais jusqu'au cœur.

Il est certain que ni les uns ni les autres ne trouveront pas ce qu'ils demandent dans ces fragments ; mais il est vrai aussi qu'ils l'y trouveraient s'ils n'étaient abusés par de fausses idées de ce qu'ils cherchent. Tout y est plein de traits d'une éloquence inimitable et de cette éloquence qui vient d'un sentiment vif des choses et d'une profonde intelligence et qui ne manque jamais de remuer et de produire quelque effet. Il y a des preuves métaphysiques aussi convaincantes qu'on en peut donner en cette matière ; des démonstrations même pour ceux qui s'y connaissent, fondées sur des principes aussi incontestables que ceux des géomètres.

Mais le malheur est que ces principes appartiennent plus au cœur qu'à l'esprit et que les hommes sont si peu accoutumés à étudier leur cœur qu'il n'y a rien qui leur soit plus inconnu. Ce n'est presque jamais là que se portent leurs méditations : et quoiqu'ils ne fassent toute leur vie et en toutes choses, que suivre les mouvements de leur cœur, ce n'est que comme des aveugles qui se laissent mener sans savoir comment leurs guides sont faits et sans rien connaître de ce qui se trouve dans leur chemin. Il n'y a donc pas lieu de s'étonner qu'ils soient insensibles aux lumières que Dieu y a mises, s'ils ne tournent jamais les yeux de ce côté-là et qu'ils ne cessent

même de se remplir de choses qui leur en ôtent la vue ; et
s'ils s'en trouve quelques-uns qui s'appliquent à l'étude du
cœur humain, peuvent-ils se vanter d'aller jusqu'au fond et
de percer cet abîme de préjugés, de faux sentiments et de passions, où cette lumière est presque étouffée ?

La vérité est qu'il ne faut pas tant penser à prouver Dieu
qu'à le faire sentir et que ce dernier même est le plus utile
et tout ensemble le plus aisé ; et pour le sentir, il faut le chercher dans les sentiments qui subsistent encore en nous et qui
nous restent de la grandeur de notre première nature. Car
enfin si Dieu a laissé de ses marques dans tous ses ouvrages,
comme on n'en peut pas douter, nous les trouverons bien
plutôt en nous-mêmes que dans les choses extérieures qui ne
nous parlent point et dont nous n'apercevons qu'une légère
superficie, exclus pour jamais d'en connaître le fond et la
nature ; et s'il est inconcevable qu'il n'ait pas gravé dans ses
créatures ce qu'elles lui doivent pour l'être qu'il leur a donné,
ce sera bien plutôt dans son propre cœur que l'homme pourra
trouver cette importante leçon que dans les choses inanimées,
qui accomplissent la volonté de Dieu sans le savoir et pour
qui l'être ne diffère point du néant.

Tant s'en faut donc qu'il faille s'étonner qu'on puisse trouver Dieu par cette voie qu'une des choses du monde la plus
étonnante, c'est que nous ne l'y trouvions pas ; et il n'y avait
qu'un renversement pareil à celui que le péché a fait
dans l'homme, qui lui pût ôter le sentiment de cette présence
de Dieu, que son immensité rend perpétuelle partout. Qu'il
se console pourtant ; ce sceau de Dieu dans ses ouvrages est
éternel et ineffaçable, et le sentiment n'en saurait être éteint,
que la faculté de connaître et de sentir n'y soit détruite. Elle
est faible, à la vérité, et languissante ; mais de cela même
qu'elle connaît sa langueur, elle subsiste et elle peut être rétablie. Elle le sera même tôt ou tard si elle la reconnaît sincèrement et qu'elle en gémisse ; et elle fera trouver à l'homme,
dans son propre cœur, ces traces de Dieu, qu'il chercherait en
vain dans les ouvrages morts de la nature, puisqu'ils ne lui
apprendraient jamais ni quel est ce Dieu ni ce qu'il demande
de lui.

Voilà proprement quel était le dessein de M. Pascal : il
voulait rappeler les hommes à leur cœur et leur faire commen-

cer par se bien connaître eux-mêmes. Toute autre voie, quoique bonne en soi, ne convenait point, selon lui, à la manière dont ils sont faits ; au lieu que celle-ci lui paraissait conforme à l'état de leur cœur et de leur esprit, et d'autant plus propre à les rendre capables de connaître Dieu et d'y croire qu'elle les porte à souhaiter qu'il soit et à faire consister tout leur bien et toute leur consolation à n'en pouvoir douter.

C'est ce qui paraît par tout ce qu'on voit dans ces fragments et par diverses choses qu'on en a retranchées, comme trop imparfaites et qui ne marquaient que l'ordre qu'il se proposait de garder. Mais, outre cela, on le fait encore par un discours qu'il fit un jour en présence de quelques-uns de ses amis et qui fut comme le plan de l'ouvrage qu'il méditait. Il parla pour le moins deux heures ; et quoique ceux qui s'y trouvèrent fussent des gens d'un esprit à admirer peu de choses, comme on en conviendrait aisément si je les nommais, ils reconnaissent encore présentement qu'ils en furent transportés ; que cette ébauche, toute légère qu'elle était, leur donna l'idée du plus grand ouvrage dont un homme puisse être capable ; et que l'éloquence, la profondeur, l'intelligence de ce qu'il y a de plus caché dans l'Écriture, la découverte de quantité de choses qui avaient jusqu'ici échappé à tout le monde, et tout ce qu'ils virent de l'esprit de M. Pascal, dans ce peu de temps, ne leur permit pas de douter qu'il ne fût propre à exécuter un si grand dessein et leur persuada de plus que, s'il ne l'achevait, il demeurerait longtemps imparfait.

Soit qu'à ce qu'il y avait d'effectif et de sa part et de la leur, il s'y joignît encore quelque chose de cette union d'esprit et de sentiments qui échauffe et donne de nouvelles forces, ou que ce fût un de ces moments heureux où les plus habiles se surpassent eux-mêmes et où les impressions se font si vives et si profondes ; tout ce que dit alors M. Pascal leur est encore présent et c'est d'un d'eux que plus de huit ans après on a appris ce qu'on en va dire.

Après donc qu'il leur eut exposé ce qu'il pensait des preuves dont on se sert d'ordinaire, et fait voir combien celles qu'on tire des ouvrages de Dieu sont peu proportionnées à l'état naturel du cœur humain, et combien les hommes ont la tête peu propre aux raisonnements métaphysiques, il montra clairement qu'il n'y a que les preuves morales et historiques,

et de certains sentiments qui viennent de la nature et de
l'expérience qui soient de leur portée; et il fit voir que ce
n'est que sur des preuves de cette sorte que sont fondées les
choses qui sont reconnues dans le monde pour les plus
certaines. Et en effet, qu'il y ait une ville qu'on appelle
Rome, que Mahomet ait été, que l'embrasement de Londres
soit véritable, on aurait de la peine à le démontrer; cependant ce serait être fou d'en douter et de ne pas exposer sa vie
là-dessus, pour peu qu'il y eût à gagner. Les voies par où
nous acquérons ces sortes de certitudes, pour n'être pas
géométriques, n'en sont pas moins infaillibles, et ne nous
doivent pas moins porter à agir; et ce n'est même que là-
dessus que nous agissons presque en toutes choses.

M. Pascal entreprit donc de faire voir que la religion
chrétienne était en aussi forts termes que ce qu'on reçoit de
plus indubitablement entre les hommes; et suivant son
dessein de leur apprendre à se connaître, il commença par
une peinture de l'homme, qui, pour n'être qu'un raccourci,
ne laissait pas de contenir tout ce qu'on a jamais dit de plus
excellent sur ce sujet, et ce qu'il en avait pensé lui-même,
qui allait bien au delà. Jamais ceux qui ont le plus méprisé
l'homme n'ont poussé si loin son imbécillité, sa corruption,
ses ténèbres; et jamais sa grandeur et ses avantages n'ont été
portés si haut par ceux qui l'ont le plus relevé. Tout ce qu'on
voit dans ces fragments touchant les illusions de l'imagination, la vanité, l'envie, l'orgueil, l'amour-propre, l'égare-
ment des païens, l'aveuglement des athées; et de l'autre côté,
ce qu'on y trouve de la pensée de l'homme, de la recherche
du vrai bien, du sentiment de la misère, de l'amour de la
vérité; tout cela fait assez voir à quel point il avait étudié et
connu l'homme, et l'aurait bien mieux fait encore, s'il avait
plu à Dieu qu'il y mît la dernière main.

Que chacun s'examine sérieusement sur ce qu'il trouvera
dans ce recueil, et qu'on se mette à la place d'un homme
que M. Pascal supposait avoir fait du sens, et qu'il se proposait en idée de pousser à bout, et d'atterrer, pour le mener
ensuite pied à pied à la connaissance de la vérité : on verra
sans doute qu'il n'est pas possible qu'il ne vienne ensuite à
s'effrayer de ce qu'il découvrira en lui, et à se regarder
comme un assemblage monstrueux de parties incompatibles;

que cet amour pour la vérité, qui ne peut s'effacer de son cœur, joint à une si grande incapacité de la bien connaître, ne le surprenne; que cet orgueil né avec lui et qui trouve à se nourrir dans le fond même de la misère et de la bassesse ne l'étonne; que ce sentiment sourd, au milieu des plus grands biens, qu'il lui manque quelque chose, quoiqu'il ne lui manque rien de ce qu'il connaît, ne l'attriste; et qu'enfin ces mouvements involontaires du cœur qu'il condamne, et qu'il a la peine de combattre lors même qu'il se croit sans défauts, et ceux qui lui causent toujours quelque trouble, s'il veut bien s'observer, quelque abandonné qu'il soit au crime, ne le démontent, et ne lui fassent douter qu'une nature si pleine de contrariétés, et double et unique tout ensemble, comme il sent la sienne, puisse être une simple production du hasard, ou être sortie telle des mains de son auteur.

Quoiqu'un homme en cet état soit encore bien loin de connaître Dieu, il est au moins certain que rien n'est plus propre à lui persuader qu'il peut y avoir autre chose que ce qu'il connaît et que cette chose inconnue peut lui être d'assez grande conséquence pour chercher s'il n'y a rien qui puisse l'en instruire : et même on ne saurait nier que ceux qu'on aurait mis dans cette disposition ne fussent tout autrement capables d'être touchés des autres preuves de Dieu, et qu'ils ne reçussent avec d'autant plus de joie l'éclaircissement de leurs doutes, qu'on leur apprendrait en même temps le remède à cet abîme de misères dont les hommes sont entourés, et dans lesquelles il est inconcevable comment ceux qui n'en espèrent point peuvent avoir le moindre repos.

C'est à cet étrange repos que M. Pascal en voulait principalement, et on le trouvera poussé dans ses écrits avec tant de force et d'éloquence, qu'il est mal aisé d'y donner quelque attention sans en être ému; et que ces gens qui ont pris leur parti, et qui savent, disent-ils, à quoi ils doivent s'en tenir, auront peut-être de la peine à s'empêcher d'être ébranlés. Aussi ne croyait-il pas qu'il pût subsister avec la moindre étincelle de bon sens; et après avoir supposé qu'un homme raisonnable n'y pouvait demeurer, non plus que dans l'ignorance de son véritable état présent et à venir, il lui fit chercher tout ce qui lui pouvait donner quelque lumière, et examina premièrement ce qu'en avaient dit ceux qu'on appelle philosophes.

Mais il n'eut guère de peine à montrer qu'il fallait être peu difficile pour s'en contenter, qu'ils n'avaient fait autre chose que se contredire les uns les autres et se contredire eux-mêmes, qu'ils avaient trouvé tant de sortes de vrais biens qu'il était impossible qu'aucun d'eux eût rencontré, puisque apparemment il doit être de telle nature, qu'on ne puisse s'y méprendre, et que les faux biens ne sauraient lui ressembler. Que si quelques-uns d'eux avaient connu que les hommes naissent méchants, aucun ne s'était avisé d'en dire la raison, ni même de la chercher, quoiqu'il n'y eût rien dans le monde de si digne de leur curiosité; que les uns avaient fait l'homme tout grand, malgré ce qu'il sent en lui de bassesse; et les autres tout méprisable, malgré l'instinct qui l'élève; les uns maître de la félicité, les autres misérable sans ressource; les uns capable de tout, les autres de rien; enfin, qu'il n'y avait point de secte qui en parlât si raisonnablement que chacun ne sentît en soi de quoi la démentir.

Cet homme ne pouvant donc se satisfaire de cela ni abandonner aussi une recherche si importante, et jugeant bien que ce n'était pas de gens faits comme lui, et aveugles comme lui, qu'il devait attendre quelque éclaircissement; M. Pascal lui fit venir à l'esprit, que peut-être lui et ses semblables avaient-ils un auteur qui aurait pu se communiquer à eux, et leur donner des marques de leur origine et du dessein qu'il aurait eu en leur donnant l'être. Et là-dessus parcourant tout l'univers et tous les âges, il rencontre une infinité de religions, mais dont aucune n'est capable de le toucher. Comme il a du sens, il conçoit quelque chose de ce qui doit convenir à l'être souverain s'il y en a un, et de ce qu'il doit avoir appris aux hommes, au cas qu'il se soit fait connaître à eux, comme il a dû faire s'il y a une religion véritable.

Mais, au lieu de cela, que trouve-t-il dans cette recherche? Des religions qui commencent avec de certains peuples et finissent avec eux; des religions où l'on adore plusieurs dieux et des dieux plus ridicules que les hommes; des religions qui n'ont rien de spirituel ni d'élevé, qui autorisent le vice, qui s'établissent tantôt par la force et tantôt par la fourberie, qui sont sans autorité, sans preuve, sans rien de surnaturel,

qui n'ont qu'un culte grossier et charnel, où tout est extérieur, tout sentant l'homme, tout indigne de Dieu, et qui, le
laissant dans la même ignorance de la nature de Dieu et de
la sienne, ne font que lui apprendre de plus en plus jusqu'où
peut aller l'extravagance des hommes. Enfin, plutôt que d'en
choisir aucune, et d'y établir son repos, il prendrait le parti
de se donner lui-même la mort, pour sortir tout d'un coup
d'un état si misérable; lorsque, près de tomber dans le
désespoir, il découvre un certain peuple, qui d'abord attire
son attention par quantité de circonstances merveilleuses et
uniques.

C'est ce peuple juif dont M. Pascal fait remarquer tant de
choses (qu'on trouvera pour la plupart dans le Recueil de ses
Pensées) qu'il faut n'avoir guère de curiosité pour ne pas les
approfondir. Ce sont des gens tout sortis d'un même homme,
et qui ayant toujours eu un soin extraordinaire de ne point
s'allier avec les autres Nations et de conserver leurs généalogies, peuvent donner au monde, plutôt qu'aucun autre peuple,
une histoire digne de créance, puisque enfin ce n'est proprement que l'histoire d'une seule famille, qui ne peut être
sujette à confusion ; mais pourtant d'une famille si nombreuse,
que s'il s'était mêlé de l'imposture, il serait impossible,
comme les hommes sont faits, que quelqu'un d'eux ne l'eût
découverte et publiée; outre que cette histoire étant la plus
ancienne de toutes, elle n'a pu rien emprunter des autres,
et que par cela seul elle mérite une vénération particulière.

Car, quoi qu'on puisse conter touchant les histoires de la
Chine et quelques autres, le moindre discernement suffit pour
voir que ce ne sont que des fables ridicules, et que celle-ci
peut être véritable. Plus on examine celles-là, plus on en sent
la fausseté: au lieu qu'à mesure qu'on approfondit celle-ci,
elle se confirme elle-même et elle devient incontestable. Et
enfin, quand il sera question de choisir entre des hommes
tombés du soleil ou sortis d'une montagne, et des hommes
créés par un Dieu tout-puissant, il faut se connaître bien peu
à ce qui a l'air de vérité, pour balancer un moment.

Cet homme donc, ravi de cette découverte, et résolu de la
pousser comme sa dernière ressource, trouve d'abord que ce
peuple si considérable se gouverne par un livre unique, qui
comprend tout ensemble son histoire, ses lois et sa religion;

et tout cela tellement joint et inséparable que son attention en redouble, et qu'il croit en pouvoir conclure que s'il y a quelque chose de vrai, il faut que tout le reste le soit.

Mais, ce qui est étonnant, il n'a pas ouvert ce livre qu'avec l'histoire de ce peuple il y trouve aussi celle de la naissance du monde ; que le ciel et la terre sont l'ouvrage d'un Dieu ; que l'homme a été créé, et que son auteur s'est fait connaître à lui ; qu'il lui a soumis toutes les autres créatures ; qu'il l'a fait à son image, et par conséquent doué d'intelligence et de lumière, et capable de bien et de vérité ; libre dans ses jugements et dans ses actions, et dans une parfaite conformité des mouvements de son cœur à la justice et à la droite raison. Car enfin, c'est ce qu'emporte cette ressemblance avec Dieu, à qui l'homme ne peut ressembler par le corps ; et ce souffle de vie dont Dieu l'anima, qui ne peut être autre chose qu'un rayon de cette vie tout intelligente et toute pure qui fait son essence.

Voilà, à dire vrai, bien des doutes levés, et par un moyen bien facile. L'éternité du monde où l'on se perd, et cette rencontre fortuite de quelques atomes ne sont assurément pas si aisés à concevoir ; et lorsqu'il s'agit d'expliquer cet ordre admirable de l'univers, la génération des plantes et des animaux, l'artifice du corps humain, et ce qu'on entend surtout par les noms d'âme et de pensée, qu'il s'en faut que cette éternité et ces atomes ne paraissent aussi bien imaginés, et que l'esprit n'ait autant d'envie de s'y rendre !

Que cet homme s'estimerait donc heureux, s'il pouvait trouver que ce fût là une vérité ! Dans l'espérance qu'il conçoit de ce commencement de lumière, il n'est rien qu'il ne donnât pour cela. Mais comme il ne voudrait point d'un repos où il lui restât quelque doute, et qu'il craint autant de se tromper que de demeurer dans l'incertitude où il est, il veut voir le fond de la chose et l'examiner avec la dernière exactitude.

Il remarque premièrement, comme une circonstance qu'on ne saurait trop admirer, que celui qui a écrit cela ait compris tant de choses, et des choses si considérables dans un seul chapitre, et encore bien court. Et au lieu que tous les hommes sont naturellement portés à agrandir les moindres choses, et que tout autre peut-être aurait cru déshonorer un si grand sujet, en le touchant si légèrement, il admire que celui-ci en ait pu parler d'une manière si simple ; et qu'étant, ou voulant qu'on le crût, choisi pour l'annoncer aux hommes, il ait si peu songé à se faire valoir, à prévenir l'esprit de ses lecteurs, à donner du lustre à ce qu'il disait, ou à le prouver. Un caractère si rare, ou plutôt si unique, mérite sans doute quelque respect ; et il y a grande apparence que quiconque a pu traiter ainsi des choses de cette nature, a bien senti que tout leur prix consistait dans leur vérité, sans qu'elles eussent aucun besoin d'ornements étrangers, et qu'il était même persuadé qu'elles étaient, ou bien connues, ou bien aisées à croire.

Mais cependant il se présente d'abord une difficulté qui paraît insurmontable ; et au même temps qu'on voit clairement que si c'est un Dieu qui a créé les hommes, et qu'il ait lui-même rendu témoignage de la bonté de ses ouvrages, il faut que l'homme ait été créé dans l'état que j'ai dit : on s'en sent si éloigné que l'on ne sait plus où l'on en est. Bien loin qu'on puisse se prendre pour une image de Dieu, on ne trouve pas en soi le moindre trait de ce qu'on se figure en lui, et plus on se connaît, moins se trouve-t-on disposé à révérer un Dieu à qui on ressemblerait.

Il est sans doute qu'on serait peu éclairci, si on en demeurait là. Mais ce serait être bien négligent et bien coupable que de ne pousser pas plus avant une recherche si importante. Car cette ouverture qu'un Dieu nous ait faits, a de si grandes suites, qu'il n'y a que la crainte de trouver plus qu'on ne voudrait, qui puisse empêcher de l'approfondir. Cet homme que M. Pascal supposait incapable de cette horrible crainte d'apprendre son devoir, et qui connaissait trop son incapacité, pour qu'il pût décider de lui-même une chose si importante, ne s'en tint donc pas là, et n'attendit guère à en trouver l'éclaircissement.

Car ce qu'il voit incontinent après, c'est que ce même homme, que nous avons peint si éclairé, si maître de lui, eut à peine connu son auteur, qu'il l'offensa ; que le premier usage qu'il fit de ce présent si précieux de la liberté, ce fut de s'en servir à violer le premier commandement qu'il en avait reçu ; et qu'oubliant tout d'un coup ce qu'on peut penser que devait à Dieu une créature qui venait d'être tirée du néant pour posséder l'univers et pour en connaître l'auteur, il aspira à sortir de sa dépendance, à acquérir par soi-même les connaissances qu'il avait plu à Dieu de lui cacher, et en un mot à devenir son égal.

Il n'est pas besoin d'exagération pour persuader, ni de beaucoup de lumière pour comprendre que ç'a été le plus grand de tous les crimes, en toutes ses circonstances. Aussi fut-il puni comme il le méritait : et outre la mort dont Adam avait été menacé, il tomba encore dans un état déplorable, qui ne pouvait être mieux marqué que par cette raillerie si amère, qu'il eut la douleur d'entendre de la propre bouche de Dieu ; car au lieu de demeurer une image de la sainteté et de la justice de son auteur, comme il le pouvait, et de lui devenir égal, comme il l'avait prétendu, il perdit en ce moment tous les avantages dont il n'avait pas voulu bien user ; son esprit se remplit de nuages ; Dieu se cacha pour lui dans une nuit impénétrable ; il devint le jouet de la concupiscence et l'esclave du péché ; de tout ce qu'il avait de lumière et de connaissance, il n'en conserva qu'un désir impuissant de connaître, qui ne servit plus qu'à le tourmenter ; il ne lui resta d'usage de sa liberté que pour le péché, et il se trouva sans force pour le bien. Enfin il devint ce monstre incompréhensible, qu'on appelle l'homme ; et communiquant de plus sa corruption à tout ce qui sortit de lui, il peupla l'univers de misérables, d'aveugles et de criminels comme lui.

C'est ce que cet homme rencontre bientôt après, et dans tout le reste de ce livre, car M. Pascal supposant qu'il ne pouvait manquer d'être attiré par une si grande idée, et le lui faisant parcourir avec avidité, et même tous ceux de l'ancien Testament, il lui fit remarquer qu'il n'y est plus parlé que de la corruption de toute chair, de l'abandonnement des hommes à leur sens, et de leur pente au mal dès leur naissance : et puis, s'étendant sur les choses qui rendent ce livre singulier et digne de vénération, il lui fit voir que c'était le seul livre du monde où la nature de l'homme fût parfaitement peinte, et dans ses grandeurs, et dans ses misères, et lui montra le portrait de son cœur en une infinité d'endroits. Tout ce qu'il avait découvert, en s'étudiant lui-même, lui parut là-dedans au naturel ; et cette lecture ayant même porté une nouvelle lumière dans les ténèbres de son intérieur, non seulement il vit plus clairement ce qu'il y avait déjà aperçu ; mais il y trouva même un nombre infini de choses qui lui avaient échappé, et qui n'avaient jamais été découvertes par aucun de ceux qui s'y sont le plus appliqués.

Il admire ensuite, non seulement que ce livre fasse mieux connaître l'homme qu'il ne se connaît lui-même, mais aussi qu'il soit le seul au monde qui ait dignement parlé de l'Être souverain, et qui le lui fasse concevoir autant au-dessus de ce qu'il s'en était imaginé, que tout ce qu'il avait vu jusque-là lui paraissait au-dessous : et en effet, quand il n'y aurait que cela qu'il est l'unique qui, l'obligeant de connaître un Dieu, ait parlé de l'aimer et de ne rien faire que pour lui, il est l'unique qui mérite qu'on s'y arrête. Car enfin, n'ayant rien que nous ne tenions de Dieu, ni mouvement, ni vie, ni pensée, nous ne faisons rien dont il ne doive être la fin, et toutes nos actions ne sont bonnes, ou mauvaises, que selon qu'elles tendent à ce but, ou qu'elles s'en écartent. Je ne parle pas de celles qui sont purement corporelles, et où notre volonté n'a point de part : celles-là ne sont pas proprement nôtres, et ne sont que partie des mouvements de ce grand corps de l'univers, qui glorifient Dieu à leur manière. Mais pour celles que nous faisons, parce que nous voulons les faire, il n'y en a point dont nous ne devions lui rendre compte, et qui ne doive lui marquer que nous ne voulons que ce qu'il veut, afin que tous les êtres créés, et ceux qui pensent, et ceux qui ne pensent point, soient dans une continuelle soumission à la volonté de leur auteur, qui ne peut avoir eu d'autre dessein en les créant.

Mais comme ce serait encore peu que d'accomplir cette volonté, si on ne l'aimait, et que ce ne serait presque qu'agir comme les choses inanimées, il a plu à Dieu de mettre dans l'homme une partie dominante, capable de choix et d'amour, et qui, penchant toujours du côté qu'elle aime le mieux, donnât la pente à tout le reste, et pût lui faire un sacrifice volontaire de l'homme tout entier.

C'est en peu de mots l'idée d'une religion véritable : ou il n'y en a point, ou c'est en cela qu'elle doit consister. Car la crainte, l'admiration, l'adoration même séparées de l'amour, ne sont que des sentiments morts, où le cœur n'a point de

part, et qui ne sauraient produire une attache telle que doit
être celle de la créature pour son auteur. Cependant quelle
autre religion que la chrétienne a jamais mis dans cet amour
l'essence de son culte? Ce seul défaut suffit, ce me semble,
pour les croire toutes fausses, je ne vois rien qui ait pu
empêcher leurs inventeurs de s'en aviser, qu'un aveuglement
surnaturel, et qui vienne de Dieu même, qui s'est voulu
réserver une chose qui le distingue si visiblement.

Ce serait peu encore que ce livre fît voir clair à l'homme
dans lui-même, s'il ne lui faisait voir clair dans l'ordre du
monde, et s'il ne démêlait ces questions impénétrables qui
ont tant tourmenté les plus grands esprits du paganisme.
Pourquoi, par exemple, cette étrange diversité entre les
hommes, qui sont tous de même nature? Comment la chose
du monde la plus simple, qui est l'âme, ou la pensée, peut-
elle se trouver si diversifiée? S'ils la tiennent d'un Être supérieur, pourquoi la donne-t-il élevée aux uns et rampante aux
autres, pleine de lumière à ceux-ci et de ténèbres à ceux-là,
juste et droite à quelques-uns, et à d'autres injuste et portée
au vice; et cela avec tant de différence et de mélange de ces
qualités l'une avec l'autre, et de celles mêmes qui sont opposées, qu'il n'y a pas deux hommes au monde qui se ressemblent, ni même un homme qui ne soit dissemblable à lui-
même d'un moment à l'autre? Que si l'âme passe des pères
aux enfants, comme les philosophes le croyaient, d'où peut
encore venir cette diversité? Pourquoi un habile homme en
produit-il un sans esprit? Comment un scélérat peut-il venir
d'un honnête homme? Comment les enfants d'un même père
peuvent-ils naître avec des inclinations différentes? Toutes
ces difficultés ne cessent-elles pas par cette chute de la nature
de l'homme, que ce livre dit être tombé de son premier état?
Et ne sont-ce pas des suites nécessaires de l'assujettissement
de l'âme au corps, que l'on ne saurait concevoir que comme
un châtiment, et qui la fait dépendre de la naissance, du
pays, du tempérament, de l'éducation, de la coutume et
d'une infinité de choses de cette nature, qui n'y devraient
faire aucune impression?

D'où vient aussi cette confusion qu'on voit dans le monde,
qui a fait douter à tant de philosophes, qu'il y eût une providence, et qui le fait paraître, à ceux qui le regardent par

d'autres yeux que ceux de la foi, un chaos plus confus que celui dont les païens voulaient que leurs dieux l'eussent tiré? Pourquoi les méchants réussissent-ils presque toujours, et pourquoi ceux qui semblent justes sont-ils misérables et accablés? Pourquoi ce mélange monstrueux de pauvres et de riches, de sains et de malades, de tyrans et d'opprimés? Qu'ont fait ceux-là pour naître heureux, et avoir tout à souhait; ou par où ceux-ci ont-ils mérité de ne venir au monde que pour souffrir? Pourquoi Dieu a-t-il permis qu'il y eût tant d'erreurs, tant d'opinions, de mœurs, de coutumes, de religions différentes? Tout cela est encore éclairci par un petit nombre de principes qui se trouvent dans ce livre, et par ceux-ci entre autres : Que ce n'est pas ici le lieu où Dieu veut que se fasse le discernement des bons et des méchants, dont la distinction serait visible, si ceux-là étaient toujours heureux, et les autres toujours affligés; que ce n'est pas ici non plus le lieu de la récompense; que ce jour viendra; que cependant Dieu veut que les choses demeurent dans l'obscurité; qu'il a laissé marcher les hommes dans leurs voies; qu'il les laisse courir après les désirs de leur cœur, et qu'il ne veut se découvrir qu'à un petit nombre de gens qu'il en rendra lui-même dignes, et capables d'une véritable vertu.

N'est-ce pas encore ici en quoi ce livre est aimable et digne qu'on s'y attache? Non seulement il est le seul qui a bien connu la misère des hommes; mais il est aussi le seul qui leur ait proposé l'idée d'un vrai bien, et promis des remèdes apparents à leurs maux. S'il nous abat, en nous faisant voir notre état plus déplorable encore qu'il ne nous paraissait, il nous console aussi, en nous apprenant qu'il n'est pas désespéré. Il nous flatte peut-être; mais la chose vaut bien la peine de l'expérimenter, et le bonheur qu'il promet réveille au moins nos espérances, en ce qu'il ne paraît pas certainement faux; au lieu qu'il ne faut qu'envisager tout ce qu'on a appelé jusqu'ici vrai bien, pour en voir la fausseté. Qui n'admirera encore que ceux qui ont travaillé à ce livre aient pris des voies si particulières, et qu'ils se soient si fort éloignés des autres dans les remèdes qu'ils promettent aux hommes? C'est déjà une marque qu'ils ont bien vu la faiblesse et l'inutilité de tous ceux que les philosophes nous ont donnés avec tant de confiance et si peu de succès, et par conséquent qu'ils ont plus vu que tout le reste des hommes ensemble.

Mais ce qu'il y a de plus considérable, c'est qu'ils nous apprennent que ces remèdes ne sont point dans nos mains. Tous les autres ont voulu, les uns, qu'il n'y en eût point, les autres, que nous en fussions les maîtres, et par là ont abusé tous ceux qui s'y sont fiés ; au lieu que ceux-ci, avec une sincérité dont il ne semble pas que jamais un imposteur pût s'aviser, nous assurent que nous ne pouvons rien de tout ce qu'ils nous prescrivent, que nous naissons corrompus et dans l'impuissance de résister à cette corruption ; et que tant que nous n'agirons que par nos seules forces, nous succomberons infailliblement à ces mêmes passions qu'ils nous ordonnent de surmonter. Mais en même temps ils nous avertissent que c'est à Dieu que nous devons demander ces forces qui nous manquent, qu'il ne nous les refusera pas, et qu'il enverra même un libérateur aux hommes qui, satisfaisant pour eux à la colère de Dieu, réparera cette impuissance, et les rendra capables de tout ce qu'il demande d'eux.

Que ce système est beau, quoi qu'on en puisse dire, et qu'il est conforme aux apparences et à la raison même, autant qu'elle y peut avoir de part ! Considérons-le tout à la fois, pour en mieux comprendre la grandeur et la majesté. Toutes choses sont créées par un Dieu à qui rien n'est impossible. L'homme sort de ses mains en un état digne de la sagesse de son Auteur. Il se révolte contre lui, et perd tous les avantages de son origine. Le crime et le châtiment passent dans tous les hommes, et par là ils doivent naître injustes et corrompus, comme on voit qu'ils le sont. Il leur reste un sentiment obscur de leur première grandeur ; et il leur est dit qu'ils y peuvent être rétablis. Ils ne sentent en eux aucune force pour cela, et il leur est dit qu'ils n'en ont point en effet, mais qu'ils en doivent demander à Dieu. Ils se trouvent dans un éloignement de Dieu si terrible, qu'ils ne voient aucun moyen de s'en rapprocher ; et on leur promet un médiateur qui fera cette grande réconciliation.

Que peut faire là-dessus un homme de sens et de bonne foi, sinon de reconnaître que jamais on n'a rien dit d'approchant, et que ceux qui ont ainsi parlé, pour peu qu'ils aient des preuves, méritent assurément qu'on les croie? Il y a même bien des gens pour qui c'en serait déjà une grande que d'avoir pu le dire, car en effet cela ne paraîtra pas aisé à inventer à qui l'examinera de près; il ne faut que voir ce qu'ont dit les plus habiles de ceux qui ont voulu discourir sur ce sujet, ou d'eux-mêmes, ou après avoir vu les livres de Moïse, pour juger que cela n'est pas marqué au coin des hommes. En vérité, ce ne sont pas là leurs voies, et il est étrange qu'ils ne s'en aperçoivent pas, et qu'ils ne se servent pas en cela d'une certaine finesse de discernement, dont ils usent dans toutes les autres choses. Car il n'y a personne qui ne convienne qu'à l'égard des choses qui tombent sous nos sens, nous avons en nous un certain sentiment, qui nous fait juger à l'air seulement si ce qui se présente à nos yeux est l'ouvrage de la nature ou des hommes. Que nous l'apportions en naissant, ou qu'il vienne de la coutume, il n'importe; jamais il ne nous trompe. Toutes les fois, par exemple, que dans une montagne d'une île inhabitée nous trouverons des degrés taillés avec quelque régularité, ou quelques caractères intelligibles gravés sur un rocher, nous ne craindrons point d'assurer qu'il y a passé des hommes avant nous, et que cela ne saurait être naturel. Cependant, avons-nous examiné ces deux infinis différents de ce que peuvent l'art et la nature, pour savoir qu'ils n'ont rien de commun? et si nous en jugeons si bien sans cela, pourquoi ne pas étendre plus loin le principe qui nous y conduit, et ne pas discerner par ce que nous sentons en nous, et par ce que nous avons d'expérience, que ces grandes idées sont d'un caractère tout différent de ce que l'esprit humain est capable de produire?

Mais parce que les hommes sont faits de telle sorte, que dès qu'ils sont accoutumés aux choses, ils ne peuvent presque plus juger s'ils étaient capables ou non de les imaginer, on ne prétend point qu'ils se rendent à cela. On leur permet de compter pour rien qu'il n'est point naturel que dans le dessein d'imposer aux hommes, on ait pris à tâche d'assembler ce qu'il y a de plus choquant pour la raison et pour la nature. Qu'ils croient, s'ils le peuvent, qu'il n'y a nulle impossibilité que Moïse et ceux qui l'ont suivi, ces gens si sages et si habiles d'ailleurs, aient pu avancer de leur tête une chose aussi incompréhensible que le péché originel, et qui paraît si contraire à la justice de Dieu, dont ils disent tant de merveilles; et pour comble, qu'ils aient osé leur attribuer un expédient aussi étrange pour en purifier les hommes, que celui d'envoyer son fils unique sur la terre, et de lui faire souffrir la mort. Mais au moins qu'ils se fassent justice, et que, par le peu d'assurance qu'ils trouvent en eux pour juger les moindres choses, ils se reconnaissent incapables de décider par eux-mêmes si cette transmission du péché où tout consiste, est injuste et impossible ; et qu'enfin ils s'estiment heureux de ce qu'en une chose qui les touche de si près, au lieu d'être à la merci de cette pauvre raison à qui il est si aisé d'imposer, ils n'ont à examiner, pour toutes preuves, que des faits et des histoires, c'est-à-dire des choses pour lesquelles ils ont des principes infaillibles.

Car convenant une fois (comme il n'est pas besoin de le prouver) que s'il y a un Dieu, il ne faut pas tant dire qu'il ne saurait faire ce qui est injuste, comme il faut dire que ce qu'il fait ne saurait être injuste, puisque sa volonté est l'unique règle du bien et du mal, il n'est pas question d'examiner ce qu'est la chose en soi, mais seulement si ceux qui nous assurent de la part de Dieu qu'elle est, ont de quoi se faire croire. Et il serait inutile de répondre qu'on a des preuves que ces choses-là sont injustes et impossibles, pour montrer qu'elles ne peuvent être, comme on dit qu'on en a qu'elles sont effectivement, pour montrer qu'elles ne sont, ni injustes, ni impossibles. Il ne se peut qu'il y en ait de part et d'autre, et il faut absolument que les uns ou les autres se trompent ; et ce qui les abuse en effet, c'est que les idées que nous avons de ce qui est juste ou injuste, sont étrangement bornées, puisqu'enfin il ne s'agit entre nous que d'une justice d'homme à homme, c'est-à-dire, entre des frères où tous les droits sont égaux et réciproques, et qu'il s'agit ici d'une justice de Créateur à créature, où les droits sont d'une disproportion infinie. Mais après tout, comme ils n'oseraient se vanter de connaître assez à fond jusqu'où va le pouvoir de Dieu, et ce que c'est que la justice à son égard, pour dire que leurs preuves sont démonstratives, elles ne peuvent être tout au plus que des raisonnements de nature métaphysique, fondés sur des principes inventés par des hommes, et par conséquent suspects ; au lieu que ce qu'on leur donne pour preuves, étant de la nature des faits, c'est-à-dire capables

d'une certitude et d'une évidence entière, la raison et le bon
sens les obligent de commencer par celles-ci, et de conclure,
si elles se trouvent convaincantes, qu'ils se trompaient dans
les leurs, quand même ils ne pourraient en découvrir le
défaut.

Or on ne saurait douter que la plus grande de toutes les
autorités, pour attirer la créance des hommes, ne soit celle
des miracles et des prophéties. Il n'y a point de gens assez
fous pour croire que naturellement on puisse fendre la mer
pour la passer, ou prédire une chose deux mille ans avant
qu'elle arrive. Et quand on prétendrait qu'il y eût eu quelques
miracles, et même des prophéties parmi les païens, c'est
toujours assez pour prouver qu'il y a autre chose que des
hommes ; et il ne serait pas difficile de faire voir qu'il n'y a
rien que d'avantageux à la religion chrétienne dans ces
miracles et dans ces prophéties, s'il y en a eu. Il faut donc
nier absolument qu'il y en ait jamais eu ; ce qui ne serait
pas moins extravagant, puisque de toutes les histoires du
monde il n'y en a point de si appuyée que celle de notre religion, et où tant de choses concourent pour établir la certitude.

C'est ce que M. Pascal aurait fait voir clairement, soit
qu'il la considérât du côté du fait, ou qu'il en examinât le
fond et les beautés ; et chacun en pourra juger par un petit
article qu'on a laissé exprès dans ces fragments, et qui n'est
qu'une espèce de table des chapitres qu'il avait dessein de
traiter, et de chacun desquels il toucha quelque chose en
passant dans le discours dont j'ai parlé.

Premièrement, pour ce qui est de Moïse en particulier, on
ne doutera pas qu'il n'ait été aussi habile et d'aussi grand
sens qu'homme du monde, et qu'ainsi, si ç'avait été un
imposteur, il n'eût pris des voies toutes opposées à celles qu'il
a suivies ; puisqu'à considérer les choses humainement, il
était impossible qu'il réussît. Si ce qu'il a dit des premiers
hommes, par exemple, était faux, il n'y avait rien de si aisé
que de l'en convaincre ; car il met si peu de générations
depuis la création jusqu'au déluge, et de là jusqu'à la sortie
de l'Égypte, que l'histoire de nos derniers Rois ne nous est
pas plus présente que celle-là devait l'être aux Israélites, et
comme il pouvait y avoir de son temps des gens qui devaient
avoir vu Joseph, dont le père avait vu Sem, et que Sem avait

pu vivre cent ans avec Mathusalem, qui devait avoir vu
Adam ; il fallait qu'il eût perdu le sens, pour oser conter à ce
peuple, si soigneux de l'histoire de ses ancêtres, des événements de cette importance, si c'étaient autant de faussetés.
Eussent-ils été d'assez bonne volonté, pour croire que leurs
aïeux vivaient sept ou huit cents ans, si effectivement ils n'en
passaient pas, non plus qu'eux, cent ou six vingts, et pour
recevoir sur sa foi des choses aussi extraordinaires que la
création et le déluge, dont il n'y aurait eu parmi eux ni
traces, ni vestiges, et dont pourtant, à son compte, la mémoire
devait leur être encore toute récente? Il eût fallu qu'il eût été
bien simple pour prendre un parti si bizarre dans le grand
champ où il était d'inventer et de mentir, et pour croire
gagner quelque chose par le nombre des années, et ne pas
voir ce qu'il perdait en faisant si peu de générations; puisqu'il ne faut qu'un sens médiocre, pour juger s'il serait bien
aisé de persuader aujourd'hui à un peuple qui sait tant soit
peu l'histoire de ses pères, que le cinquième ou sixème en
remontant a été créé avec le monde, et qu'il y a de cela deux
mille ans. Ce serait leur dire deux mensonges ridicules pour
un ; et le plus court serait sans doute de proportionner les
générations au nombre des années, pour se cacher dans
l'obscurité.

D'ailleurs, Moïse ne savait-il point à qui il avait affaire, lui qui
connaissait si bien les hommes et les Juifs en particulier, cette
nation si légère, si capricieuse, si difficile à gouverner? Et
est-il croyable que parmi six cent mille hommes qu'il accuse
de tant de défauts et de tant d'ingratitudes, qu'il traitait en
souverain, et si rigoureusement qu'il en faisait mourir vingt
mille à la fois, il ne s'en fût pas trouvé un seul qui se fût
récrié contre ses impostures et ses faux miracles? Car quel
homme s'est jamais vanté de tant de merveilles que celui-là,
et de merveilles si éclatantes? Il prend pour témoins non
seulement ceux en faveur de qui il les fait, mais encore
un pays entier d'ennemis contre qui il les fait; et au lieu de
je ne sais quels miracles sourds et cachés qu'on attribue à
d'autres, on ne voit ici que des miracles publics qui arrivent
coup sur coup, et qui désolent et rétablissent un royaume en
moins de rien. En vérité, il n'est pas imaginable que l'effron-
terie d'un homme puisse aller jusque-là ; et qu'après tout

ce qui est dit des plaies d'Égypte, il ait pu ajouter que le Roi et toute son armée avaient été engloutis par la mer qu'il venait d'ouvrir à ceux qui le suivaient, sans crainte que quelqu'un parmi les Égyptiens en publiât la fausseté, et comme si ce qu'il prétend avoir fait ensuite dans le désert, où il n'avait que ceux de sa nation pour témoins, ne lui eût pas suffi. Mais, ce qu'il y a encore d'admirable, quelle gloire tire cet homme de tout cela, quel avantage pour lui et pour sa famille? Songe-t-il seulement à assurer le commandement à quelqu'un de ses parents? Et avec quelle sincérité rapporte-t-il jusqu'à ses moindres défauts, les faiblesses de son frère et les siennes propres, et ce manque de foi surtout qui paraît si étrange après tout ce qui lui est arrivé et qui l'empêcha de jouir du fruit de tant de travaux!

Enfin, qu'on examine quelle est la loi qu'il a donnée aux Juifs, combien elle est sage et divine; qu'on considère que tout ce qu'ont de bon toutes les lois du monde en a été tiré, et à quel point il faut avoir connu la malice des hommes pour y avoir si pleinement pourvu: et si cela ne suffit, qu'on la regarde encore sous une autre face. Pleine comme elle était d'observances et de cérémonies, où le moindre manquement était si sévèrement puni, comment était-il possible qu'un peuple si changeant, et qui aimait si fort ses aises, et un peuple qui aurait vécu, ou sans religion, ou dans une religion païenne, s'y soumît si aveuglément, à moins que de regarder leur conducteur comme un homme envoyé de Dieu, et qu'ils ne fussent persuadés par la grandeur de ses actions?

Tout cela est si convaincant que si l'opiniâtreté fait qu'on y résiste de bouche, il n'y a qu'un aveuglement horrible qui puisse empêcher qu'on ne s'y rende dans le cœur et qu'on peut défier hardiment qui que ce soit de forger là-dessus une supposition, dont un homme tant soit peu raisonnable se puisse contenter. Mais ce serait perdre le temps que de s'amuser à détruire ici de semblables suppositions; il faudrait entrer pour cela dans un détail que les bornes qu'on s'est prescrites ne permettent pas: et même comme il est impossible que des gens s'imaginent que cela puisse être, que parce qu'ils voudraient en effet qu'il fût et que ce n'est pas aux hommes à changer le cœur, il serait inutile de les accabler de preuves, comme on le pourrait aisément. On se contentera de les avertir de ce qu'ils ont à faire et à combien de choses ils doivent pourvoir, pour donner quelque vraisemblance à leurs conjectures.

Qu'ils nous apprennent premièrement par quel hasard Moïse a trouvé de si heureux et de si anciens fondements à son dessein, puisque apparemment il n'aurait jamais dit à ce peuple qu'il venait à eux de la part du Dieu de leurs pères, s'ils n'eussent eu quelque tradition qu'ils venaient de Jacob et d'Abraham, et que Dieu leur avait parlé. Et cette tradition, où l'avaient-ils prise ? Par où cette opinion, qu'il naîtrait un jour un grand roi de la race de Juda, s'était-elle établie et jusqu'à les obliger de garder si soigneusement leurs généalogies, pour le reconnaître ? Comment ce Moïse, ou qui que ce soit, a-t-il pu si fort imprimer dans l'esprit de tous les Juifs l'attente de ce Messie, que depuis seize cents ans même qu'ils sont dispersés, et qu'ils ne voient nul effet de ces promesses, ils l'attendent toujours avec une patience et une fidélité sans exemple ? Comment cette longue suite de rois et de grands hommes, comment David et Salomon, ces gens si sages et si éclairés, ont-ils donné si aveuglément là-dedans et tiré de là ces écrits qui paraissent si élevés et si divins et qui ne seraient pourtant que des songes et des illusions ? Comment tout ce qu'il y a de sagesse et de vertu épurée dans le monde se trouve-t-il appuyé sur une imposture si signalée ? et comment jamais cet édifice de mensonges et de chimères ne s'est-il en rien démenti ?

Qu'ils nous fassent voir par quel hasard cette loi, inventée par un homme, se trouve en même temps la seule digne d'un Dieu, la seule contraire aux inclinations de la nature et la seule qui ait toujours été. Comment se peut-il faire qu'elle ait été composée avec tant d'artifice qu'elle subsiste et soit abolie et que, comme s'il y avait eu du concert entre Moïse et Jésus-Christ, le dernier, venu pour abolir la religion de l'autre, se fonde presque uniquement sur ce qu'elle porte et en tire ses principales preuves ; en sorte qu'il semble qu'elle ne fût qu'une figure de la sienne et qu'il n'y eût qu'à lever un certain voile pour l'y trouver ? D'où vient que depuis que l'on dit que ces nuages sont dissipés et que l'écorce, qui n'était rien, a laissé à découvert l'intérieur qui était tout, il se rencontre justement que les bénédictions promises à ceux qui garderaient véritablement cette loi, semblent n'être que pour les chrétiens qui ont embrassé cet intérieur, et qu'il n'y a que misère et malédiction pour les Juifs qui demeurent attachés à cette écorce et qui sont plus exacts et plus fidèles que jamais dans tous leurs devoirs? Par quelle destinée enfin, par quelle rencontre des étoiles, la religion de cet homme si indignement traité par les Juifs, qu'on fait voir n'être effectivement que la leur, se trouve-t-elle si opiniâtrément rejetée par eux, embrassée par les autres nations et répandue par tout l'univers? et quelle peut être cette force invisible, qui depuis seize siècles, conservant ce peuple, sans chef, sans armes, sans pays, les oblige en même temps de garder avec tant d'exactitude les livres qui les déclarent rebelles à Dieu et qui sont des preuves incontestables pour les chrétiens, qu'ils regardent comme leurs plus grands ennemis?

En vérité, il n'y a guère de têtes que le dessein d'ajuster tant de hasards ne fît tourner ; et pour en épargner la peine à ceux qui voudraient l'essayer, on veut bien les avertir que quand ils seraient venus à bout d'aplanir cet abîme de difficultés, ils n'auraient encore rien fait et les preuves de notre religion n'auraient pas reçu la moindre atteinte; car il faudrait qu'ils nous montrassent de plus que tout cela a été très facile à Moïse et aux prophètes qui ont marché sur ses traces, de deviner, si longtemps avant qu'elles arrivassent, tant de choses générales et particulières; la venue de Jésus-Christ, la conversion des Gentils, la ruine du peuple juif et l'état où il est ; et cela jusqu'à en marquer le temps et les circonstances. C'est là véritablement que toutes les suppositions demeurent court et qu'il est inutile de se donner la gêne à faire des conjectures. Les hommes ne sont point prophètes par des voies naturelles; et comme la nature ne leur est point soumise pour faire des miracles, l'avenir ne leur est point ouvert pour en faire une histoire par avance, comme on pouvait voir dans Daniel, dès le temps de Nabuchodonosor, celle du changement des monarchies, celle des successeurs d'Alexandre et les années qui restaient jusqu'à la naissance du Messie.

Ce n'est point non plus par un art humain ni par hasard que plusieurs prophètes, et surtout Isaïe, ont parlé de Jésus-Christ si clairement et décrit tant de circonstances particu-

lières de sa naissance, de sa vie et de sa mort, qu'ils ne sont
pas moins ses historiens que les évangélistes ; et que seul
entre les hommes il a l'avantage que son histoire n'ayant été
écrite après sa mort que par ses disciples, elle se trouve faite
et répandue dans le monde plusieurs siècles avant qu'il y
vînt, afin qu'il n'en restât pas le moindre soupçon. Qui a
aussi dicté à Moïse ce qu'il dit aux Juifs en les quittant, de
leurs aventures et de leurs infidélités, de la captivité de Baby-
lone et de leur retour, du dernier siège de Jérusalem où ils
se verraient réduits à manger leurs propres enfants, et de
leur dispersion qui arriverait quand le temps serait venu et
que le pied leur aurait glissé, mais dans laquelle Dieu les
ferait toujours subsister, de peur que leurs ennemis ne vinssent
à le méconnaître et à s'attribuer leur ruine ? Enfin, cette
foule d'hommes qui se succèdent pendant deux mille ans les
uns aux autres, pour avertir le peuple juif que la venue de
celui qu'ils attendent approche ; qui leur marquent précisément quel sera alors l'état du monde ; qui leur prédisent qu'ils
le feront mourir au lieu de le recevoir et que pour cela ils
tomberont dans des malheurs sans ressource ; qui leur déclarent que les Gentils, à qui il a été promis aussi bien qu'à
eux, le recevront à leur défaut ; qui ont dit si assurément
que de tous les endroits de la terre, les peuples viendraient
se soumettre à sa loi, et qui dans tout cela n'ont rien dit qui
ne soit ponctuellement arrivé ; où l'ont-ils pris, et comment
l'ont-ils pu prévoir ?

Si ce qui a été dit jusqu'ici peut donner quelque regret de
la mort de M. Pascal, combien doit-il redoubler en cet endroit
et surtout pour ses amis, qui sachant seuls à quel point il
entendait les prophéties, comment il en savait faire voir le
sens et la suite et avec quelle facilité il les rendait intelligibles et les mettait dans tout leur jour et toute leur force,
savent seuls aussi ce qu'on a perdu en le perdant ! Je sais
bien que ces lambeaux détachés, qu'on en trouvera dans le
recueil de ses pensées, ne donneront qu'une idée imparfaite
du corps qu'il en aurait fait, et que peu de gens me croiront.
Mais enfin ceux qui le savent doivent ce témoignage à la vérité et à sa mémoire. Je dirai donc hardiment que ceux qui
l'écoutaient si attentivement dans l'occasion que j'ai dite, furent
comme transportés quand il vint à ce qu'il avait recueilli des

prophéties. Il commença par faire voir que l'obscurité qui s'y trouve y a été mise exprès, que nous en avons même été averti et qu'il est dit en plusieurs endroits qu'elles seront inintelligibles aux méchants et claires à ceux qui auront le cœur droit ; que l'Écriture a deux sens : qu'elle est faite pour éclairer les uns et pour aveugler les autres ; que ce but y paraît presque partout et qu'il y est même marqué en termes formels.

Aussi est-ce, à dire vrai, le fondement de ce grand ouvrage de l'Écriture ; et qui l'a bien compris ne trouve plus de difficulté à quoi que ce soit : au contraire, cela même lui fait reconnaître cet esprit supérieur, dont tous ceux qui peuvent y avoir quelque part ont été conduits ; puisque quand ils auraient tous concerté ensemble et qu'ensuite ils seraient revenus chacun en leur temps pour y travailler, il ne leur eût pas été possible de rien imaginer de mieux dans le dessein de n'y faire trouver que de l'obscurité à ceux qui n'y cherchaient qu'à s'aveugler et qu'elle fût pleine de lumière pour ceux qui seraient dans les dispositions qui y conduisent.

S'il avait plu à Dieu de créer tous les hommes dans la gloire, comme il le pouvait, cela n'eût pas été nécessaire ; mais il ne l'a pas voulu. C'est à nous à prendre ce qu'il lui a plu de nous donner ; et d'autant plus que n'ayant rien mérité de lui que sa colère, ce n'est pas à des condamnés à se plaindre des conditions de leur grâce. Mais ce qui nous rend bien coupables et sauve admirablement la justice de Dieu, c'est que ce sens grossier et charnel, où les Juifs se sont abusés, est inexplicable en tant de lieux et s'entretient si peu qu'il faut déjà être aveugle pour en être aveuglé ; et qu'au contraire toutes les parties du véritable sens ont un tel rapport et se tiennent par une liaison si indissoluble qu'il faut encore être aveugle pour ne le pas apercevoir. Il y a bien plus ; car cette obscurité, quelle qu'elle soit en quelques endroits, ne saurait empêcher qu'avec un esprit médiocre et un peu de bonne foi, on ne trouve plus de clarté qu'il n'en faut. Imaginons-nous cet homme que M. Pascal menait, pour ainsi dire, par la main ; et nous verrons sans doute qu'il sent dissiper ses nuages à mesure qu'il avance dans l'étude de l'ancien Testament ; et que comparant bien tout ce qu'il voit, et jugeant de ce qu'il n'entendait pas d'abord par ce qu'il trouve de clair dans la suite, tout ce grand mystère se développe insensiblement et lui paraît presque à découvert.

Il voit premièrement que dès qu'il est parlé de la chute
d'Adam, il est dit au serpent qu'il naîtra de la femme de
quoi lui écraser la tête, et il trouve là-dedans comme les premiers traits et une promesse obscure de ce libérateur attendu
par les Juifs. Il remarque dans la suite que cette même chose
qu'il avait à peine inaperçue, va toujours en s'éclaircissant,
jusque-là qu'elle prend enfin le dessus et devient le centre
où tout aboutit ; car il voit incontinent après que cette promesse est faite beaucoup plus clairement à Abraham et qu'elle
est encore réitérée à Jacob, avec assurance que toutes les
nations de la terre seront bénies en leur postérité, dont ce
libérateur naîtra. Puis il rencontre toute la nation juive imbue de cette espérance, et attendant de la race de Juda ce grand
roi qui devait les combler de bien et les rendre maîtres de
tous leurs ennemis. David vient ensuite qui compose tous les
Psaumes, cet ouvrage admirable, en vue de ce Messie, et soupire sans cesse après lui. Enfin arrivent les prophètes, qui tous
unanimement publient que Dieu va accomplir ce qu'il a promis, que son peuple va être délivré de ses péchés, et que ceux
qui languissaient dans les ténèbres vont sortir à la lumière.
Il lui paraît encore clairement que le ciel et la terre doivent
concourir à la production de cet homme extraordinaire, lorsqu'il voit un de ces prophètes s'écrier : « *Que la rosée découle
du plus haut des cieux et que le juste tombe comme une pluie du
sein des nuées, que la terre s'ouvre et qu'elle conçoive et produise le Sauveur.* » Il admire là-dessus les noms qu'ils ont
donnés à cet homme, de Roi éternel, de Prince de paix, de
Père du siècle futur, de Dieu. Il remarque même que les
conquêtes de Cyrus, d'Alexandre, des Romains et tout ce qui
se passe de grand dans le monde, ne sert qu'à mettre l'univers dans l'état où il est dit qu'il sera à sa venue. Enfin, il
voit les Juifs répandus par toute la terre, y porter avec eux les
livres qui contenaient ces promesses faites à tous les hommes,
comme pour leur mettre entre les mains autant de titres incontestables de la part qu'ils y avaient. Que peut-il donc
conclure de tout cela, sinon que ce libérateur promis ne saurait être ce conquérant attendu par les Juifs, qui n'aurait été
que pour eux ; que ces biens qu'il doit donner et ces ennemis

qu'il doit détruire ne sauraient être des biens et des ennemis temporels; et qu'un simple gagneur de batailles ne pouvant être qu'un indigne objet pour de tels préparatifs, il n'y a véritablement qu'un Dieu qui puisse y répondre?

Mais lorsqu'après une attente de quatre mille ans, le ciel s'ouvre pour donner Jésus-Christ à la terre, et qu'il vient dire lui-même aux hommes : C'est pour moi que tout cela a été fait, et c'est moi que vous attendez : qu'il paraît digne de tout cet appareil, et que, pour peu qu'il y en eût moins, on le trouverait indigne de lui ! Il naît véritablement dans l'obscurité, il vit dans l'indigence, il meurt avec ignominie ; mais s'il a caché par là sa divinité, qu'il l'a bien prouvée par ailleurs ! et que l'aveuglement des Juifs et de tant d'autres a dû être grand, pour le méconnaître, et pour croire qu'il y eût d'autre grandeur devant Dieu que celle de la sainteté ! Quand il n'y aurait point de prophéties pour Jésus-Christ, et qu'il serait sans miracles, il y a quelque chose de si divin dans sa doctrine et dans sa vie qu'il en faut au moins être charmé ; et que, comme il n'y a ni véritable vertu ni droiture de cœur sans l'amour de Jésus-Christ, il n'y a non plus ni hauteur d'intelligence ni délicatesse de sentiment sans l'admiration de Jésus-Christ. Rappelons ici le discernement dont j'ai parlé ; et sur ce que nous voyons des derniers efforts de l'esprit humain, examinons sincèrement s'il est en nous d'aller jusque-là. Que Socrate et Épictète paraissent, et qu'au même temps que tous les hommes du monde leur céderont pour les mœurs, ils reconnaissent, eux-mêmes, que toute leur justice et toute leur vertu s'évanouit comme une ombre, et s'anéantit devant celle de Jésus-Christ. Ils nous apprennent, à la vérité, que tout ce qui ne dépend point de nous ne nous touche point, que la mort n'est rien, que nous ne devons faire aux autres que ce que nous voudrions qu'on nous fît. Ce serait quelque chose, s'il n'y avait que des hommes, et qu'il ne s'agît que de régler une république, et de passer doucement cette vie. Mais que ce mépris de la mort est difficile dans l'attente de l'anéantissement, et qu'il est peu capable d'en consoler ! Et s'il y a un Dieu, qu'ils l'ont cru facile à contenter, et que cette vertu toute nôtre, qui ne vient point de lui, et ne tend point à lui, qui n'est fondée que sur nos intérêts et nos commodités, doit peu nous faire espérer en mourant d'en être bien traités, si nous avons quelque idée de ce qu'on lui doit !

Que nous ont-ils appris proprement qu'à faire bonne mine au milieu de nos misères ? Et quand ils auraient été jusqu'à la source en quelque chose, nous ont-ils découvert à fond notre corruption et notre impuissance, et d'où nous en devons attendre les remèdes ? Cet amour-propre qui se cherche partout, et l'orgueil, ou du moins cet applaudissement intérieur dont on se repaît au défaut de la gloire et des richesses, sont-ils guéris par leurs préceptes ? Et combien de gens ont exactement pratiqué toutes leurs maximes, et s'en sont préférés aux autres, qui auraient pourtant eu honte qu'on vît ce qui se passait dans leur cœur ? Toute l'honnêteté humaine, à le bien prendre, n'est qu'une fausse imitation de la charité, cette divine vertu que Jésus-Christ est venu nous enseigner, et jamais elle n'en approche. A quelque point qu'elle l'imite, il y manque toujours quelque chose ; ou plutôt tout y manque, puisqu'elle n'a pas Dieu pour son unique but, car quoi que puissent prétendre ceux qui l'ont portée le plus haut, la justice dont ils se vantent a des bornes bien étroites, et ils ne jugent que de ce qui se passe dans leur enceinte, qui ne va pas plus loin que l'intérêt et la commodité des hommes. Il n'y a que les disciples de Jésus-Christ qui sont dans l'ordre de la justice véritablement universelle, et qui, portant leur vue dans l'infini, jugent de toutes choses par une règle infaillible, c'est-à-dire par la justice de Dieu. Que ne doivent-ils donc point à celui qui a dissipé les nuages qui le couvraient depuis si longtemps, et qui leur a appris qu'ils devaient aspirer à l'éternité, et les véritables moyens d'y arriver ? Et comment pourraient-ils prendre pour un homme comme les autres celui qui non seulement a si bien connu cette justice, mais qui l'a encore si ponctuellement accomplie : puisqu'à en juger sainement, il n'est pas moins au-dessus de l'homme de vivre comme il a vécu, et comme il veut que nous vivions, que de ressusciter les morts et de transporter les montagnes ? Enfin, s'il n'y a point de Dieu, il est inconcevable qu'une aussi haute idée que celle de la religion chrétienne puisse naître dans l'esprit d'un homme, et qu'il puisse y conformer sa vie : et s'il y en a un, Jésus-Christ a dû avoir un commerce si étroit avec lui pour en parler comme il a fait, qu'il mérite bien d'être cru de tout ce qu'il a dit, jusqu'à ne point douter qu'il ne soit son fils, puisqu'il est impossible qu'une si effroyable imposture eût été accompagnée d'une si grande abondance de grâces.

On ne peut faire que d'inutiles efforts pour exprimer ce qu'on pense des grandeurs de JÉSUS-CHRIST ; et quelque imparfaites que soient les idées qu'on en peut avoir, elles passent encore infiniment nos expressions. Peut-être même ne ferais-je que rebattre ce que M. Pascal nous en a laissé dans de certains traits à peine touchés, mais si vifs, qu'il est aisé de voir que peu de gens en ont été plus pénétrés. J'ajouterai seulement que comme la doctrine de JÉSUS-CHRIST est l'accomplissement de la loi, sa personne l'est aussi de nos preuves ; et qu'il a si divinement rempli toutes les merveilles que les prophètes en ont prédites, qu'on ne saurait dire lequel est le plus extravagant, ou de douter, comme font les athées, qu'il ait été promis un Messie, ou de croire, avec les Juifs, qu'il soit encore à venir.

Que ceux qui sentiront quelque doute là-dessus, et que cette vie divine ne touchera pas, s'examinent à la rigueur : ils trouveront assurément que la difficulté qu'ils ont à croire ne vient que de celle qu'ils auraient à obéir ; et que si JÉSUS-CHRIST s'était contenté de vivre comme il a fait, sans vouloir qu'on l'imitât, ils n'auraient nulle peine à le regarder comme un objet digne de leurs adorations. Mais au moins que cela leur rende leurs doutes suspects ; et s'ils connaissent bien le pouvoir du cœur, et de quelle sorte l'esprit en est toujours entraîné, qu'ils se regardent comme juges et parties ; et que, pour en juger équitablement, ils essayent d'oublier pour un temps le malheureux intérêt qu'ils y peuvent avoir. Autrement il ne faut pas qu'ils s'attendent de trouver jamais de lumière : la dureté de leur cœur résistera toujours aux preuves de sentiment, et jamais les autres ne pourront rien sur les nuages de leur esprit.

Cela est étrange ; mais cependant il n'est que trop vrai : non seulement les choses qu'il faut sentir dépendent du cœur, mais encore celles qui appartiennent à l'esprit, lorsque le cœur y peut avoir quelque part. En sorte qu'avec plus de lumière et de vérité qu'il n'en faut pour convaincre, elles ne le font pourtant jamais, et ne portent jamais à agir, que le

cœur ne se soit rendu ; aussi ne le feraient-elles qu'inutilement sans cela. Et c'est ce qui fait le mérite des bonnes
actions, et la malice des mauvaises. Car tant qu'il n'y a que
l'esprit qui agit, ou il juge bien ; et ce n'est que voir ce qui
est, à quoi il n'y a point de mérite ; ou, s'il juge mal, il croit
voir ce qu'il ne voit pas ; ce qui n'est qu'une erreur de fait,
qui ne saurait être criminelle. Mais dès que le cœur s'y
mêle, et qu'il fait que l'esprit juge bien ou mal, selon qu'il
aime, ou qu'il hait ; il arrive, ou qu'il satisfait à la loi en
aimant ce qu'il doit aimer, ce qui ne peut être sans mérite ;
ou qu'en aimant ce qu'il doit haïr, il viole la loi, ce qui n'est
jamais excusable. C'est ce qui fait encore que Dieu ne voulant pas qu'on arrivât à le connaître, comme on arrive aux
vérités de géométrie, où le cœur n'a point de part ; ni que
les bons n'eussent aucun avantage sur les méchants dans cette
recherche, il lui a plu de cacher sa conduite, et de mêler
tellement les obscurités et la clarté, qu'il dépendît de la disposition du cœur de voir, ou de demeurer dans les ténèbres.
En sorte que ceux à qui il se cache ne doivent jamais rien
espérer, qu'ils ne se soient mis, autant qu'ils le peuvent,
dans l'état de ceux qui l'ont trouvé. Mais à peine auront-ils
cessé de compter pour quelque chose ces misérables biens
qu'on veut leur ôter, à peine commenceront-ils à croire que
la pauvreté peut n'être pas un mal, qu'on peut aimer les
outrages et les mépris, qu'il n'y a rien à fuir que d'être désagréable à Dieu, et rien à chercher que de lui plaire ; que
tout leur sera clair ; ou que, s'il leur reste quelque obscurité,
il leur sera clair au moins qu'elle n'est que pour ceux qui
voudront s'y arrêter.

Il a plu à Dieu, par exemple, d'envoyer son Fils unique
sur la terre pour sauver les hommes, et pour y être en même
temps une pierre d'achoppement et un objet de contradiction
à ceux qui s'en rendraient indignes. Pouvait-il rien faire de
mieux que ce qu'il a fait pour cela ? Il a voulu qu'il naquît
de parents obscurs ; il lui a fait passer sa vie sans avoir où
reposer sa tête ; il ne lui a donné que des gens de la lie du
peuple à sa suite ; il n'a pas voulu qu'il dît un mot de science,
ni de tout ce qui passe pour grand entre les hommes ; il l'a
fait passer pour un imposteur ; il l'a fait tomber entre les
mains de ses ennemis, trahi par un de ses disciples et aban-

donné de tout le reste ; il l'a fait trembler aux approches de la mort, qu'il a soufferte en public, et comme un criminel : par où pouvait-il mieux le déguiser à ceux qui n'ont de goût que pour la grandeur humaine, et qui sont sans yeux pour la véritable sagesse ?

Mais aussi il lui a fait commander à la mer et aux vents, à la mort et aux démons ; il lui a fait lire dans l'esprit de ceux qui lui parlaient ; il a répandu son esprit sur lui, et lui a mis à la bouche des choses qui ne pouvaient venir que d'un Dieu ; il lui a fait parler de celles du ciel d'une manière qui surpasse infiniment tous les hommes ; il a voulu qu'il leur apprît l'état de leur cœur, et par où ils pouvaient sortir de leurs misères ; il l'a fait vivre sans la moindre ombre de péché, en sorte que ses plus cruels ennemis n'ont pas seulement trouvé de quoi l'accuser ; il lui a fait prédire sa mort et sa résurrection, et il l'a tiré du tombeau. Qu'y avait-il de plus propre à l'empêcher d'être méconnu de ceux qui aiment la véritable grandeur et la véritable sagesse ? Enfin, parce que tout l'univers et tous les temps y avaient part, et aux mêmes conditions d'obscurité pour les uns, et de clarté pour les autres, il a voulu que son histoire ne fût écrite que par ses disciples, pour la rendre suspecte à ceux qui cherchent à se tromper ; et qu'elle fût tout ensemble la plus indubitable de toutes les histoires, afin qu'ils fussent inexcusables.

Car en un mot, et sans entrer dans ce champ, infini, si elle n'est pas véritable, il faut que les apôtres aient été trompés, ou qu'ils aient été des fourbes ; et l'un et l'autre sont également insoutenables. Comment se pourrait-il qu'ils eussent été abusés, eux qui non seulement se disent témoins de tous les prodiges de la vie de Jésus-Christ, mais qui croyaient même avoir reçu le don d'en faire de semblables ? Pouvaient-ils se tromper à savoir s'ils guérissaient eux-mêmes les maladies et s'ils ressuscitaient les morts ? Et quelle autre marque eussent-ils pu demander pour s'assurer de cette vérité ? Mais si Jésus-Christ leur en avait fait accroire pendant sa vie, comment ne se sont-ils pas désabusés, après l'avoir vu mourir, puisqu'ils le croyaient véritablement Dieu, c'est-à-dire, maître de la mort et de la vie ? Car pour les disciples de Mahomet, par exemple, qui ne s'est dit que prophète, il est aisé qu'ils aient demeuré dans l'erreur après sa mort, et il s'est bien

gardé de leur promettre qu'ils le reverraient. Mais il n'en est
pas de même de ceux de Jésus-Christ, qui a bien été plus
hardi. Aussi reconnaissent-ils que s'il n'est point ressuscité,
tout ce qu'ils ont dit et fait n'est rien. C'est de là qu'ils ont
tiré toute leur fermeté, et il est hors dè toute apparence, et
même impossible, qu'ils ne crussent au moins l'avoir vu
depuis sa mort, et qu'ils ne le crussent avec la dernière assurance, pour s'exposer à tout ce qu'ils ont souffert, et pour
appuyer uniquement là-dessus ce grand ouvrage, où ils ont
si heureusement réussi. Or cela étant, comment peut-on
s'imaginer qu'ils aient tous cru si fortement une chose si
difficile à croire, et dont les yeux seuls sont juges? L'ont-ils
tous songé en une nuit? car ils disent tous l'avoir vu, et nous
les traitons ici de gens de bonne foi. Est-ce un fantôme qui
les a abusés pendant quarante jours, ou quelque imposteur
qui leur a fait accroire qu'il était cet homme qui venait de
mourir à leurs yeux, et qu'ils avaient mis dans le tombeau,
et qui a ensuite trouvé le secret de s'élever dans le ciel à
leur vue? Cela serait ridicule à dire, et d'autant plus que
l'on voit assez, par ce qui nous reste d'eux, qu'ils n'étaient
pas assez simples pour croire que si Jésus-Christ n'eût été
qu'un homme ordinaire, il eût pu se ressusciter lui-même.

On serait tout aussi mal fondé à dire que les apôtres aient
été des trompeurs, et qu'après la mort de leur Maître ils aient
concerté entre eux de dire qu'il était ressuscité, et prétendu
que tout l'univers les en crût sur leur parole : car, quoiqu'on
dise que les hommes sont naturellement menteurs, cela n'est
pas vrai dans le sens où on le prend d'ordinaire. Ils naissent
tels véritablement, en ce qu'ils naissent ennemis de Dieu,
qui est la souveraine vérité, et que leur cœur les porte à des
choses vaines et fausses qu'ils regardent comme très réelles.
Mais hors de là il est certain qu'ils aiment naturellement à
dire vrai, et cela ne saurait être autrement : la pente naturelle
allant à dire ce que l'on sait, ou du moins ce que l'on croit,
c'est-à-dire ce qui est vrai en soi, ou à l'égard de celui qui
le dit. Au lieu que pour le mensonge, il faut de la délibération et du dessein, il faut se donner la peine d'inventer. Aussi
voit-on qu'ils ne mentent jamais que pour l'intérêt, ou pour
la gloire; encore faut-il qu'ils n'y puissent arriver autrement;
et ils prennent même bien garde que ce qu'ils disent soit

vraisemblable, et qu'on n'en puisse découvrir la fausseté, surtout si les conséquences en sont dangereuses : et quand il s'en
trouverait qui prendraient plaisir à mentir pour mentir, ils
ne songent qu'à en jouir dans le moment, et non pas à rien
établir de solide sur leur mensonge. Ainsi il est sans doute que
les apôtres n'ont pu avoir dessein d'imposer dans ce qu'ils
ont dit de la résurrection de JÉSUS-CHRIST. Quels gens étaient-
ce pour se faire croire ? et quelle autorité leur donnait pour
cela leur rang entre les Juifs, ou leur mérite ? N'avaient-ils
rien à inventer de plus fin qu'un mensonge si grossier, dont
il était si aisé de les convaincre, et dont ils n'eussent donné
pour toutes preuves que le rapport de ses disciples ? Et
comment pourrait-on se figurer qu'ils eussent été assez hardis
pour aller attaquer, sur un semblable fondement, tout ce
qu'il y avait de grand parmi les Juifs, et de puissant sur la
terre, et entreprendre de changer une religion aussi ancienne
que le monde, et appuyée sur une infinité de miracles aussi
publics que celui-là aurait été particulier pour eux ? Il ne
suffisait pas qu'ils fussent fourbes, pour former un si étrange
dessein; il fallait encore qu'ils eussent perdu le sens : et en
ce cas l'imposture n'eût guère duré. Et quand ç'auraient été
les plus habiles gens du monde, comme ils l'ont paru depuis,
ils n'en auraient que mieux vu ce qu'il y avait à craindre,
combien il était difficile, légers et changeants comme sont
les hommes, que quelqu'un d'eux ne se laissât gagner aux
promesses, ou aux menaces ; et enfin qu'il était de la dernière
extravagance de s'exposer de gaîté de cœur aux tourments, et
à la mort qui leur était assurée, soit que l'imposture fût
découverte, ou qu'elle réussît.

Je n'entreprendrai pas d'entrer plus avant dans ce qu'on
peut dire pour la vérité de l'histoire évangélique, sur laquelle
M. Pascal nous a laissé de si belles remarques, mais qui ne
sont presque rien au prix de ce qu'il eût fait, s'il eût vécu. Il
avait tant de pénétration pour ces choses-là, et c'est une
source si inépuisable, qu'il n'aurait jamais cessé d'y faire de
nouvelles découvertes. Que n'eût-il point dit du style des
évangélistes et de leurs personnes, des apôtres en particulier
et de leurs écrits, des voies par où cette religion s'est établie,
et de l'état où elle est, de cette étrange quantité de miracles,
de martyrs et de saints, et enfin de tant de choses qui

marquent qu'il est impossible que les hommes seuls s'en
soient mêlés? Quand je serais aussi capable que je le suis
peu, de suppléer à son défaut, ce n'en est pas ici le lieu ; ce
serait achever son ouvrage, dont je n'ai voulu que montrer
le plan. Mais quoique je m'en sois mal acquitté, et quelque
imparfait que nous l'ayons, c'est toujours assez pour faire
voir quel il eût été, et même plus qu'il n'en faut, pour produire l'effet qu'il souhaitait dans l'esprit de ceux qui voudront
bien se servir de leur raison. Car, enfin, il n'a pas prétendu
donner la foi aux hommes, ni leur changer le cœur. Son but
était de prouver qu'il n'y avait point de vérité mieux appuyée
dans le monde que celle de la religion chrétienne ; et que
ceux qui sont assez malheureux pour en douter, sont visiblement coupables d'un aveuglement volontaire, et ne sauraient
se plaindre que d'eux-mêmes. Et c'est ce qui paraîtra clairement à quiconque voudra prendre la chose d'aussi loin que
lui, et envisager tout à la fois, et sans prévention, cette
longue suite de miracles et de prophéties ; cette histoire si
suivie, et plus ancienne que tout ce qu'on connaît dans le
monde, et tout ce qu'il trouvera dans ce recueil. Je dis sans
prévention, parce qu'il en faut au moins quitter une, à
laquelle il est bien aisé de renoncer, quand on se fait justice,
c'est-à-dire à ne vouloir croire que ce qu'on voit sans la
moindre difficulté. Car, quand nous ne serions pas avertis de
la part de Dieu même de ce mélange de l'obscurité aux clartés,
nous sommes faits d'une manière que cela ne doit point nous
arrêter.

Il est sans doute que toutes les vérités sont éternelles,
qu'elles sont liées et dépendantes les unes des autres ; et cet
enchaînement n'est pas seulement pour les vérités naturelles
et morales ; mais encore pour les vérités de fait, qu'on peut
dire aussi en quelque façon éternelles ; puisqu'étant toutes
assignées à de certains points de l'éternité et de l'espace, elles
composent un corps qui subsiste tout à la fois pour Dieu.
Ainsi, si les hommes n'avaient point l'esprit borné et plein
de nuages, et que ce grand pays de la vérité leur fût ouvert,
et exposé tout entier à leurs yeux, comme une province dans
une carte géographique, ils auraient raison de ne vouloir rien
recevoir qui ne fût de la dernière évidence, et dont ils ne
vissent tous les principes et toutes les suites. Mais puisqu'il

n'a pas plu à Dieu de les traiter si avantageusement, et qu'il n'y a point été obligé, il faut qu'ils s'accommodent à leur condition et à la nécessité, et qu'ils agissent au moins raisonnablement dans l'étendue de leur capacité bornée, sans se réduire à l'impossible, et se rendre malheureux et ridicules tout ensemble.

S'ils peuvent une fois se résoudre à cela: bien loin de résister, comme ils font souvent, à l'éclat lumineux que certaines preuves répandent dans l'esprit, ils reconnaîtront sans peine, qu'ils se doivent contenter en toutes choses d'un rayon de lumière, quelque médiocre qu'il leur paraisse, pourvu que ce soit une véritable lumière; que les preuves qui concluent sont quelque chose de réel et de positif, et les difficultés de simples négations, qui viennent de ne pas tout voir; et que, comme il y a des preuves lumineuses qui ne laissent aucune obscurité, il y en a aussi qui éclairent assez pour voir sûrement quelque chose : après quoi, quelque difficulté qu'il reste, elle ne saurait plus empêcher que ce qu'on voit ne soit, et ce n'est plus que le défaut, ou de celui qui montre, et qui ne peut tout éclaircir, ou de celui qui veut voir, et qui n'a pas la vue assez bonne. Car, enfin, il y a une infinité de choses qui ne laissent pas d'être, pour être incompréhensibles; et il serait ridicule, par exemple, de vouloir revenir contre des démonstrations, parce qu'elles auraient des conséquences dont on ne verrait pas bien clairement la liaison.

S'il n'y avait rien d'incompréhensible que dans la religion, peut-être y aurait-il quelque chose à dire. Mais ce qu'il y a de plus connu dans la nature, c'est que presque tout ce que nous savons qui est, nous est inconnu, passé de certaines bornes, quoique nous l'ayons comme sous nos yeux, et entre nos mains. Au lieu que la religion a cet avantage, que ce que nous n'en comprenons pas se trouve fondé sur la nature de Dieu et sur sa justice, dont il est bien certain, quel qu'il soit, que nous n'en saurions connaître que ce qu'il lui plaira de nous en découvrir. Tenons-nous-en donc là, et lui rendons grâces de nous en avoir assez montré pour marcher en assurance, et que ceux qui sont si choqués de notre soumission à des choses qu'on ne saurait comprendre, reconnaissent quelle est leur injustice; puisqu'on ne la leur demande, qu'après avoir montré, par une infinité de preuves, qu'il faut être sans

raison pour ne pas s'y soumettre. Car, après tout, y a-t-il
quelqu'un assez hardi entre les hommes pour soutenir que
Dieu ait dû faire quelque chose de plus que ce qu'il a fait,
et pour se croire en droit, plutôt qu'un autre, de lui demander un miracle en son particulier, au moindre doute que son
cœur lui suggérera ? ou, s'ils n'ont pas plus de privilège pour
cela les uns que les autres, faut-il qu'il se rende visible à
tous les hommes, et qu'il vienne tous les jours se présenter
à leurs yeux comme le soleil ? Et quand il le ferait, que
savent-ils s'ils n'en douteraient point encore toutes les nuits ;
puisqu'enfin, s'ils n'en ont des marques aussi sensibles, ils
en ont au moins d'aussi grandes et d'aussi certaines auxquelles ils résistent, comme l'accomplissement des prophéties
qui est un miracle permanent, et que jusqu'à la fin du monde
tous les hommes pourront voir de leurs propres yeux et
toutes les fois qu'il leur plaira.

Mais la vérité est que ce n'est point le manque de preuves
qui les arrête : ce n'est que leur négligence à s'éclaircir, et la
dureté de leur cœur ; et c'est ce qui fera que, quoiqu'il n'ait
rien paru jusqu'ici de plus propre à tirer les gens de cet
assoupissement que les écrits de M. Pascal, il est cependant
comme assuré qu'il n'y en aura que très peu qui en profite-
ront, et qu'à en juger par l'événement, ce ne sera que pour
les vrais chrétiens qu'il aura travaillé, en s'efforçant de
prouver la vérité de leur religion. Je dis ceci sans aucun
égard à la nécessité de l'inspiration de la foi pour croire avec
utilité, car les hommes n'y peuvent rien. Je parle seulement
de la créance que la raison peut et doit donner ; et c'est à
quoi on ne voit guère moins de difficulté, quand on considère comment les hommes sont faits, et ce qui les occupe
dans le monde.

Les uns s'appliquent aux connaissances, aux recherches de
l'esprit, à l'étude de la nature ; et les autres ne songent proprement à rien, et donnent toute leur vie aux affaires, aux
plaisirs et à la vanité. Pour ceux-ci, qui font sans doute le
plus grand nombre, et même le plus considérable, il est aisé
de voir combien il y en aura peu qui emploient seulement
quelques moments à la lecture de ce recueil ; et parmi ceux-
là combien peu sont capables de l'entendre et d'en être
touchés ! Combien il est difficile de faire entrer dans des

réflexions si profondes, des gens qui ont perdu, pour ainsi
dire, l'usage de penser, et qui n'ont jamais fait le moindre
retour sur eux-mêmes ! Ne suffit-il pas que ce soient des
vérités détachées des sens, pour ne faire aucune impression
sur des esprits nourris de faussetés et de chimères, qui ont
ajouté une seconde corruption à la première corruption de la
nature, et qui n'en connaissent pas seulement les misérables
restes ? Les ramènera-t-on tout d'un coup à un point dont ils
ont pris le contre-pied dès le premier pas qu'ils ont fait dans
la vie ? ou pour les y ramener peu à peu, doit-on s'attendre
que n'ayant de plaisir qu'à ce qui flatte leurs sens ou leur
intérêt, ils en puissent prendre à se voir continuellement
dire que l'ennui est leur plus grand bien, que leur plus
grand mal est de se croire heureux, qu'ils n'approcheront de
l'être qu'à mesure qu'ils ranimeront en eux le sentiment de
leurs misères, et qu'il n'y a que des fous, ou de vrais chrétiens, qui puissent attendre la mort sans désespoir ? Que ces
vérités, toutes consolantes qu'elles sont pour quelques-uns,
leur paraîtront tristes et cruelles ! Qu'elles trouveront peu
d'entrée dans ce violent tourbillon de choses toutes contraires,
dont leur cœur est sans cesse agité, ou qu'elles y feront peu
de séjour ! Il en sera tout au plus comme de ces vaines imagi-
nations des spectres qu'on dissipe en se passant la main sur
les yeux ; et ils fermeraient plutôt le livre pour jamais, s'ils
sentaient que cela pût tirer à conséquence, et qu'ils y entre-
vissent de loin la ruine de ce faux bonheur qui fait toute
l'occupation et toute la douceur de leur vie.

Il ne serait pas mal aisé d'appliquer une partie de cela aux
autres qui se croient si fort au-dessus de ceux-là, et qui leur
ressemblent pourtant par le plus essentiel. Ils pensent à la
vérité, ils ont envie de connaître, ils rencontrent même quelquefois, et par là ils se regardent comme une espèce d'hommes
différents des autres, et les premiers leur font pitié. Mais
qu'ils s'en feraient à eux-mêmes, s'ils voyaient une fois clairement le peu de valeur de ce qui leur coûte tant de peine, et
qui les amuse ; et que cela même les éloigne de le voir !
Quoique ce soient des vérités qu'ils cherchent, et que toute
vérité ait son prix par la liaison qu'elle a avec la vérité essentielle, elles sont creuses néanmoins et inutiles, si elles n'y
conduisent ; et c'en est même si peu le chemin, que de s'oc-

cuper de celles qui tourmentent tant la plupart des hommes, que Dieu a voulu qu'elles leur fussent impénétrables; et que tout ce qu'en ont trouvé les plus habiles, c'est qu'on n'y saurait atteindre, et qu'on s'en passe aisément. Cependant, comme si ceux-ci savaient sûrement d'ailleurs qu'il n'y eût que cela à connaître dans le monde, ils s'y appliquent avec une ardeur infatigable; et ce peu de succès les pique, au lieu de les rebuter. Ils se laissent là comme des misérables indignes de leurs soins, et abandonnent la recherche de ce qu'ils sont, et de ce qu'ils doivent devenir, pour approfondir ce que les sciences ont de plus vain et de plus caché, sans songer qu'il y a longtemps qu'on en sait assez pour l'usage de la vie, et qu'elle ne vaut pas la peine, s'il y manque quelque chose, qu'on s'amuse à le chercher. Aussi n'est-ce, à dire le vrai, ni la commodité de la vie qui les fait agir, ni l'amour de la vérité, qu'ils aiment rarement à voir trouver par d'autres. La curiosité seule les pousse, et la gloire d'aller plus loin que ceux qui les ont précédés; et la plupart même suivent des voies si opposées à la vérité, qu'ils s'en éloignent à mesure qu'ils avancent. Mais le pis est que cela les rend même incapables de la voir quand on la leur montre, et que se remplissant la tête de ce qu'on a inventé de faux, depuis qu'on raisonne dans le monde, cette étrange espèce de tradition leur ôte tellement le goût de la vérité, que c'est pour eux un langage inconnu; et que tout ce qui n'est pas conforme aux impressions qu'ils ont reçues, n'en saurait plus faire sur leur esprit.

Il y en a véritablement quelques-uns parmi ceux-là qui sont dans des voies droites, et peu sujettes à l'erreur. Ceux-ci ne se paient pas de discours, comme les autres; et parce qu'ils cherchent plus à connaître qu'à parler, et qu'ils ne donnent leur créance qu'à ce qu'ils voient clairement, il leur arrive rarement de se tromper. Mais c'est aussi ce qui renferme leurs connaissances dans des bornes bien étroites, n'y ayant que très peu de choses qui soient capables d'une évidence pareille à celles qu'ils demandent. Tout ce qui n'est point démonstration ne leur est rien; et sans songer qu'il y en a de plus d'une sorte, ils s'établissent juges souverains de toutes choses sur un petit nombre de principes qu'ils ont, et ne veulent rien croire que ce qu'on leur prouve à leur manière, et dont on ne leur puisse rendre la dernière raison. Mais ils ne voient pas que l'avantage qu'ils croient en tirer, de ne rien recevoir que d'incontestable, est bien moindre qu'ils ne pensent ; et que, bien loin qu'ils se garantissent par là de l'erreur, c'est au contraire ce qui les y plonge, en les privant d'une infinité de vérités, dont l'ignorance est une erreur très grossière et très positive, et qu'ils se rendent néanmoins presque incapables de goûter. Car l'habitude qu'ils se font de ce doute perpétuel, et de tout réduire aux figures et aux mouvements de la matière, leur gâte peu à peu le sentiment, les éloigne de leur cœur à n'y pouvoir plus revenir, et les porte enfin à se traiter eux-mêmes de machines. Qu'y a-t-il de plus capable de les rendre insensibles aux raisons et aux preuves de M. Pascal, quoiqu'ils aient moins de sujet que personne, de croire qu'il fût homme à s'abuser, et que dans leur ordre même ils l'aient regardé, ou dû regarder au moins avec admiration ?

Enfin, il se trouve une certaine sorte de gens presque aussi rares que les vrais chrétiens, et qui semblent moins éloignés que les autres de le pouvoir devenir. Ceux-là ont connu la corruption des hommes, leurs misères, et la petitesse de leur esprit. Ils en ont recherché des remèdes, sans connaître le fond du mal ; et regardant les choses d'une manière universelle, autant qu'on le peut humainement, ils ont vu ou cru voir ce que les hommes se doivent les uns aux autres ; et quelques-uns ont porté aussi loin qu'il se peut les recherches de l'esprit, et l'idée des vertus naturelles. S'il y avait quelque chose de grand entre les hommes, et que cette gloire qu'ils peuvent recevoir les uns des autres fût de quelque prix, ceux-là seuls y pourraient prétendre quelque part. Et comme ce n'est proprement que parmi eux qu'il y a de l'esprit et de l'honnêteté, il semble qu'on en puisse plus espérer que de tout le reste, et qu'ils n'aient qu'un pas à faire pour arriver au christianisme. Mais c'est, à le prendre en un autre sens, ce qui les en éloigne ; puisqu'il n'y a point de maladies si dangereuses que celles qui ressemblent à la santé, ni de plus grand obstacle à la perfection que de croire qu'on l'a trouvée.

La charité, s'il est permis d'user de cette comparaison, peut être regardée comme un ouvrage admirable, qui aurait été mis entre les mains des hommes, et qui, par le peu de soin qu'ils en ont eu, se serait brisé et mis en pièces. Ils ont en quelque façon senti leur perte; et recueillant ce qui leur restait du débris, ils en ont composé, comme ils ont pu, ce qu'ils appellent l'honnêteté. Mais quelle différence! que de vides! que de disproportions! ce n'est qu'une misérable copie de ce divin original; et malheur à celui qui s'en contente, et qui ne voit pas que ce n'est que son ouvrage, c'est-à-dire rien. Cependant cette différence, tout infinie qu'elle est en soi, est imperceptible à ceux dont je parle; et l'état où ils se sont élevés, étant en effet quelque chose d'assez grand, de la manière dont ils le regardent, ils s'en remplissent entièrement, ils roulent et subsistent là-dessus jusqu'à la mort; et rien n'est plus difficile que de leur faire compter pour rien ce qui les met si fort au-dessus du reste des hommes, et de les porter à se reconnaître méchants : ce qui est le commencement et la perfection du christianisme.

Voilà ce qui donne lieu de croire que peu de gens auraient profité du livre de M. Pascal, quand même il aurait été dans l'état où il le pouvait mettre. Qu'ils y songent pourtant les uns et les autres; la chose en vaut bien la peine; et que ceux qui après avoir accommodé la religion chrétienne à leur cœur, en accomplissent tous les devoirs si à leur aise, aussi bien que ceux qui se sont déterminés à ne rien croire, apprennent une fois, qu'en matière de religion, c'est le comble du malheur que d'avoir pris son parti, si ce n'est le bon, et qu'il n'y en a qu'un qui le soit. Quelque lumière, quelque hauteur d'intelligence qu'on ait, rien n'est si aisé que de s'y tromper, surtout quand on le veut; et de quelque bonne foi apparente qu'on se flatte, il est certain qu'on se repentira d'avoir mal choisi, et qu'on s'en repentira éternellement. Car enfin on ne fait point que les choses soient à force de se les persuader : et quelque fondement qu'on trouve dans ses opinions, l'importance est qu'elles soient véritables; et qu'à ce triste moment qui décidera de notre état pour jamais, à l'ouverture de ce grand rideau qui nous découvrira pleinement la vérité, si nous trouvons plus que nous ne savions, nous ne trouvions pas au moins le contraire de ce que nous avions cru.

RÉSUMÉ DES PENSÉES PAR NICOLE

(Traité de l'Éducation d'un Prince. Seconde partie, XLI-XLIII.)

Tout doit tendre à former le jugement des enfants... Premièrement il faut tâcher de les affermir dans la foi, et de les fortifier contre les maximes de libertinage et d'impiété, qui ne se répandent que trop dans la Cour. Ce n'est pas qu'il faille soumettre la religion à leur examen; mais il faut les faire entrer dans les preuves de la religion, sans qu'ils les considèrent presque comme des preuves, et les accoutumer à regarder tous les impies et les libertins comme les plus impertinents des hommes.

Il faut leur faire remarquer en toutes choses, dans euxmêmes et dans les autres, l'effroyable corruption du cœur de l'homme, son injustice, sa vanité, sa stupidité, sa brutalité, sa misère; et leur faire comprendre par là la nécessité de la réformation de la nature. Il leur faut dire que les hommes ayant cherché divers remèdes à leurs malades, n'ont fait que montrer la grandeur de leurs maux, et l'impuissance où ils sont de les guérir : que ce remède ne pouvant donc se trouver par la raison, il fallait l'apprendre de la religion, c'est-à-dire de Dieu même. Il leur faut dire que cette religion nous découvre tout d'un coup l'origine de nos maux que tous les philosophes ont inutilement cherchée, en nous instruisant des deux états de l'homme, de son innocence et de sa chute; et qu'elle nous en apprend en même temps le remède qui est la rédemption de Jésus-Christ. Il leur faut faire remarquer que cette religion est la plus ancienne de toutes; qu'elle a toujours été dans le monde; qu'elle s'est conservée dans un peuple particulier, qui a gardé le livre qui la contient avec un soin prodigieux. Il leur faut relever les merveilles de ce peuple, et la certitude des miracles de Moïse, qui ont été faits à la vue de six cent mille hommes qui n'eussent pas manqué de le démentir, s'il eût eu la hardiesse de les inventer et de les écrire dans un livre le plus injurieux qu'il soit possible de s'imaginer à ce peuple qui le conservait, puisqu'il découvre partout ses infidélités et ses crimes.

Il leur faut dire que ce livre prédit la venue d'un Médiateur et d'un Sauveur; et que toute la religion de ce peuple
consistait à l'attendre et à le figurer par toutes les cérémonies. Que la venue de ce Sauveur a été annoncée par une
suite de prophètes miraculeux, qui sont venus de temps en
temps pour avertir le monde de sa venue, et qui en ont marqué
le temps, avec les principales circonstances de sa vie et de sa
mort. Qu'il est venu ensuite lui-même dans le temps prédit ;
mais qu'il a été méconnu par les Juifs ; parce que les prophètes
ayant prédit deux avènements de ce Sauveur, l'un dans l'humilité et dans la bassesse, l'autre dans l'éclat et dans la gloire,
l'amour que les Juifs avaient pour les grandeurs de la terre
a fait qu'ils ne se sont attachés qu'à ce qui était dit de l'avènement glorieux du Messie ; ce qui les a empêchés de le
reconnaître dans son avènement de bassesse et d'humilité. Il
leur faut faire comprendre les raisons de cette conduite de
Jésus-Christ, et leur expliquer les merveilles de sa vie, la
certitude de sa résurrection, pour laquelle tous ceux qui en
ont été témoins se sont fait martyriser ; les miracles des
apôtres, la ruine de Jérusalem prédite par Jésus-Christ, la
punition horrible des Juifs, la conversion des peuples, en sorte
qu'en moins de cent cinquante ans la foi de Jésus-Christ
était déjà répandue par tout le monde, et parmi les nations
les plus barbares, comme saint Justin le remarque expressément dans son dialogue contre Tryphon ; et enfin la force
admirable de cette religion, qui a subsisté et s'est accrue
nonobstant les cruautés inouïes que les hommes ont exercées
pour la détruire.

Toutes ces choses étant imprimées de bonne heure dans l'esprit des enfants, les rendent incapables d'être touchés des discours des libertins, et leur font connaître qu'ils ne viennent que d'ignorance et d'aveuglement.

*Il vient de paraître un livre en public, dont ce discours n'est
que l'abrégé, qui est peut-être l'un des plus utiles que l'on puisse
mettre entre les mains des princes qui ont de l'esprit. C'est le
recueil des Pensées de M. Pascal. Outre l'avantage incomparable qu'on en peut tirer pour les affermir dans la véritable
religion par des raisons qui leur paraîtront d'autant plus solides,
qu'ils les approfondiront davantage, et qui laissent cette impression très utile, qu'il n'y a rien de plus ridicule que de faire*

vanité du libertinage et de l'irreligion, ce qui est plus important qu'on ne saurait croire pour les grands. Il y a de plus un air si grand, si élevé et en même temps si simple et si éloigné d'affectation dans tout ce qu'il écrit, que rien n'est plus capable de leur former l'esprit, et de leur donner le goût et l'idée d'une manière noble et naturelle d'écrire et de parler.

Le dessein qu'avait M. Pascal de se renfermer dans les preuves tirées, ou de la connaissance de l'homme, ou des prophéties et de diverses remarques sur l'Écriture, a fait qu'on n'en a pas trouvé d'autres dans ses papiers ; et il est certain qu'il avait quelque éloignement des raisonnements abstraits et métaphysiques, que plusieurs ont employés pour l'établissement des vérités de la foi. Mais il ne faisait pas le même jugement de quelques autres preuves plus sensibles, dont on se peut servir pour la même fin. Il était persuadé, au contraire, que celle que l'on tire de ce que la matière est incapable de penser, est fort solide, et qu'elle fait voir clairement que l'âme n'est point matière, mais une substance d'un autre genre qui n'est point attaché au corps. Peut-être même que s'il avait eu le temps d'exécuter ce qu'il s'était proposé, il aurait mis cette preuve dans son jour, aussi bien que quelques autres de même nature [1].

PLAN DE L'APOLOGIE D'APRÈS Mme PÉRIER

(Extrait du docteur Besoigne, *Histoire de l'abbaye de Port-Royal*, t. IV, p. 469.)

Voici le plan de l'ouvrage, tel que Mme Périer, sa sœur, le rapporte dans sa vie. Je copierai sans rien changer ses propres paroles qu'elle assure à son tour être les propres paroles de son frère.

S'il y a des miracles, il y a donc quelque chose au-dessus de ce que nous appelons la nature. La conséquence est de bon

---

1. C'est un des points qui touchent le plus Nicole ; cf. *le Discours contenant en abrégé les preuves naturelles de l'existence de Dieu et de l'immortalité de l'âme*. Voir les fr. 77, 512 et l'insistance de la famille à défendre les vues propres à Pascal, *supra* p. cxciv et p. ccxliii.

sens: il n'y a qu'à s'assurer de la certitude de la vérité des miracles. Or il y a des règles pour cela qui sont encore dans le bon sens, et ces règles se trouvent justes pour les miracles qui sont dans l'Ancien Testament. Ces miracles sont donc vrais. Il y a donc quelque chose au-dessus de la nature.

Mais ces miracles ont encore des marques que leur principe est Dieu; et ceux du Nouveau Testament en particulier, que celui qui les opérait était le Messie que les hommes devaient attendre. Donc, comme les miracles tant de l'Ancien que du Nouveau Testament prouvent qu'il y a un Dieu, ceux du Nouveau en particulier prouvent que Jésus-Christ était le véritable Messie.

Il démêlait tout cela avec une lumière admirable, et quand nous l'entendions parler, et qu'il développait toutes les circonstances de l'Ancien et du Nouveau Testament où étaient rapportés ces miracles, ils nous paraissaient clairs. On ne pouvait nier la vérité de ces miracles, ni les conséquences qu'il en tirait pour la preuve de Dieu et du Messie, sans choquer les principes les plus communs, sur lesquels on assure toutes les choses qui passent pour indubitables. On a recueilli quelque chose de ses *Pensées*; mais c'est peu, et je croirais être obligée de m'étendre davantage pour y donner plus de jour, selon tout ce que nous lui en avons ouï dire, si un de ses amis ne nous en avait donné une dissertation, sur les œuvres de Moïse, où tout cela est admirablement bien démêlé, et d'une manière qui ne serait pas indigne de mon frère [1].

Je vous renvoie donc à cet ouvrage, et j'ajoute seulement ce qu'il est important de rapporter ici, que toutes les différentes réflexions que mon frère fit sur les miracles lui donnèrent beaucoup de nouvelles lumières sur la religion. Comme toutes les vérités sont tirées les unes des autres, c'était assez qu'il fût appliqué à une, les autres lui venaient comme en foule, et se démêlaient à son esprit d'une manière qui l'enlevait lui-même, à ce qu'il nous a dit souvent; et ce fut à cette occasion qu'il se sentit tellement animé contre les athées, que, voyant dans les lumières que Dieu lui avait données de

---

1. *Discours sur les preuves des livres de Moïse*, par M. de la Chaise, publié en 1672, avec le *Discours sur les pensées de Pascal*, que nous reproduisons plus haut, p. CXCIX.

quoi les convaincre et les confondre sans ressource, il s'appliqua à cet ouvrage, dont les parties qu'on a ramassées nous font avoir tant de regrets qu'il n'ait pas pu les rassembler lui-même, et, avec tout ce qu'il aurait pu ajouter encore, en faire un composé d'une beauté achevée. Il en était assurément très capable. Mais Dieu, qui lui avait donné tout l'esprit nécessaire pour un si grand dessein, ne lui donna pas assez de santé pour le mettre ainsi dans sa perfection.

Il prétendait faire voir que la religion chrétienne avait autant de marques de certitude que les choses qui sont reçues dans le monde pour les plus indubitables. Il ne se servait point pour cela de preuves métaphysiques : ce n'est pas qu'il les crût méprisables quand elles étaient bien mises dans leur jour ; mais il disait qu'elles étaient trop éloignées du raisonnement ordinaire des hommes ; que tout le monde n'en était pas capable, et qu'à ceux qui l'étaient elles ne servaient qu'un moment, car une heure après ils ne savaient qu'en dire et ils craignaient d'être trompés. Il disait aussi que ces sortes de preuves ne peuvent nous conduire qu'à une connaissance spéculative de Dieu : et que connaître Dieu de cette sorte, était ne le connaître pas. Il ne devait pas non plus se servir des raisonnements ordinaires que l'on prend des ouvrages de la nature ; il les respectait pourtant, parce qu'ils étaient consacrés par l'Ecriture sainte et conformes à la raison, mais il croyait qu'ils n'étaient pas assez proportionnés à l'esprit et à la disposition du cœur [de ceux] qu'il avait dessein de convaincre. Il avait remarqué par expérience que bien loin qu'on les emportât par ce moyen, rien n'était plus capable au contraire de les rebuter et de leur ôter l'espérance de trouver la vérité, que de prétendre ainsi les convaincre par ces sortes de raisonnements contre lesquels ils se sont si souvent raidis, que l'endurcissement de leur cœur les a rendus sourds à cette voix de la nature ; et qu'enfin ils étaient dans un aveuglement dont ils ne pouvaient sortir que par Jésus-Christ, hors duquel toute communication avec Dieu nous est ôtée, parce qu'il est écrit que personne ne connaît le Père que le Fils et celui à qui il plaît au Fils de le révéler[1].

---

1. Fr. 242.

La Divinité des Chrétiens ne consiste pas seulement en un Dieu simplement auteur des vérités géométriques et de l'ordre des éléments; c'est la part des païens. Elle ne consiste pas en un Dieu qui exerce sa providence sur la vie et sur les biens des hommes, pour donner une heureuse suite d'années; c'est la part des Juifs. Mais le Dieu d'Abraham et de Jacob, le Dieu des Chrétiens, est un Dieu d'amour et de consolation. C'est un Dieu qui remplit l'âme et le cœur de ceux qui le possèdent. C'est un Dieu qui leur fait sentir intérieurement leur misère, et sa miséricorde infinie; qui s'unit au fond de leur âme; qui les remplit d'humilité, de foi, de confiance et d'amour; qui les rend incapables d'autre fin que de lui-même. Le Dieu des Chrétiens est un Dieu qui fait sentir à l'âme qu'il est son unique bien; que tout son repos est en lui, qu'elle n'aura de joie qu'à l'aimer; et qui lui fait en même temps abhorrer les obstacles qui la retiennent, et l'empêchent de l'aimer de toutes ses forces. L'amour-propre et la concupiscence qui l'arrêtent lui sont insupportables, et Dieu lui fait sentir qu'elle a ce fond d'amour-propre et que lui seul l'en peut guérir.

Voilà ce que c'est que de connaître Dieu en chrétien. Mais pour le connaître de cette manière, il faut connaître en même temps sa misère et son indignité et le besoin qu'on a d'un médiateur pour s'approcher de Dieu et pour s'unir à lui. Il ne faut point séparer ces connaissances, parce qu'étant séparées, elles sont non seulement inutiles, mais nuisibles. La connaissance de Dieu sans celle de notre misère fait l'orgueil; celle de notre misère sans celle de Jésus-Christ fait notre désespoir; mais la connaissance de Jésus-Christ nous exempte de l'orgueil et du désespoir; parce que nous y trouvons Dieu, seul consolateur de notre misère, et la voie unique de la réparer.

Nous pouvons connaître Dieu sans connaître notre misère, et notre misère sans connaître Dieu; ou même Dieu et notre misère, sans connaître les moyens de nous délivrer des misères qui nous accablent; mais nous ne pouvons connaître Jésus-Christ, sans connaître tout ensemble et Dieu et notre misère; parce qu'il n'est pas simplement Dieu, mais un Dieu réparateur.

Ainsi tous ceux qui cherchent Dieu sans Jésus-Christ ne

trouvent aucune lumière qui les satisfasse, ou qui leur soit
véritablement utile; car ou ils n'arrivent pas jusqu'à connaître qu'il y a un Dieu, ou s'ils y arrivent, c'est inutilement
pour eux, parce qu'ils se forment un moyen de communiquer
sans Médiateur avec le Dieu qu'ils ont connu sans médiateur; de sorte qu'ils tombent dans l'athéisme et le déisme,
qui sont les deux choses que la religion abhorre presque également[1].

Il faut donc tendre uniquement à connaître Jésus-Christ,
puisque c'est par lui que nous pouvons prétendre de connaître Dieu d'une manière qui nous soit utile. C'est lui qui
est le vrai Dieu des hommes, des misérables et des pécheurs.
Il est le centre de tout et l'objet de tout ; et qui ne le connaît
point ne connaît rien dans l'ordre de la nature du monde, ni
dans soi-même. Car, non seulement nous ne connaissons Dieu
que par Jésus-Christ, mais nous ne nous connaissons nous-
mêmes que par lui.

Sans Jésus-Christ, il faut que l'homme soit dans le vice et
dans la misère; avec Jésus-Christ, l'homme est exempt de
vice et de misère. En lui est tout notre bonheur, notre
vertu, notre vie, notre lumière, notre espérance; et hors de
lui, il n'y a que vices, que misère, que désespoir, et nous ne
voyons qu'obscurité et confusion dans la nature de Dieu et
dans la nôtre[2].

Dans les preuves que mon frère *(continue Mme Périer)* devait
donner de Dieu et de la religion chrétienne, il ne voulait rien
dire qui ne fût à la portée de tous ceux pour qui elles étaient
destinées, et où l'homme ne se trouvât intéressé de prendre
part, ou en sentant en lui-même toutes les choses qu'on lui faisait remarquer bonnes ou mauvaises, ou en voyant clairement
qu'il ne pouvait prendre un meilleur parti, ni plus raisonnable, que de croire qu'il y a un Dieu dont nous pouvons
jouir, et un Médiateur qui, étant venu pour nous en mériter
la grâce, commence à nous rendre heureux, dès cette vie, par
les vertus qu'il nous inspire, beaucoup plus qu'on ne le peut
être par tout ce que le monde nous promet, et nous donne

---

1. Fr. 556.
2. Fr. 558.

assurance que nous le serons parfaitement dans le Ciel, si nous le méritons par les voies qu'il nous a présentées et dont il nous a donné lui-même l'exemple.

Mais, quoiqu'il fût persuadé que tout ce qu'il avait ainsi à dire sur la religion aurait été très clair et très convaincant, il ne croyait pas cependant qu'il dût l'être à ceux qui étaient dans l'indifférence, et qui, ne trouvant pas en eux-mêmes des lumières qui les persuadassent, négligeaient d'en chercher ailleurs, et surtout dans l'Église où elles éclatent avec plus d'abondance. Car il établissait ces deux vérités comme certaines : que Dieu a mis des marques sensibles, particulièrement dans l'Église, pour se faire connaître à ceux qui le cherchent sincèrement, et qu'il les a couvertes néanmoins de telle sorte qu'il ne sera aperçu que de ceux qui le cherchent de tout leur cœur.

C'est pourquoi, quand il avait à conférer avec quelques athées, il ne commençait jamais par la dispute, ni par établir les principes qu'il avait à dire : mais il voulait auparavant connaître s'ils cherchaient la vérité de tout leur cœur : et il agissait suivant cela avec eux, ou pour les aider à trouver la lumière qu'ils n'avaient pas, s'ils la cherchaient sincèrement, ou pour les disposer à la chercher et à en faire leur plus sérieuse occupation, avant que de les instruire, s'ils voulaient que son instruction leur fût utile.

Ce furent ses infirmités qui l'empêchèrent de travailler davantage à son dessein. Il avait environ trente-quatre ans quand il commença de s'y appliquer. Il employa un an entier à s'y préparer en la manière que ses autres occupations lui permettaient, qui était de recueillir les différentes Pensées qui lui venaient là-dessus ; et à la fin de l'année, qui était la trente-cinquième année de son âge et la cinquième de sa retraite, il retomba dans ses incommodités d'une manière si accablante qu'il ne pouvait plus rien faire dans les quatre années qu'il vécut encore, si on peut appeler vivre la langueur si pitoyable dans laquelle il les passa. *Ici finit le long extrait que j'ai voulu donner de Mme Périer.*

IV

LETTRES SUR L'ÉDITION DE 1670

LETTRE DE M. PAVILLON, ÉVÊQUE D'ALET
A M. PÉRIER [1]

Monsieur, quoique la vérité m'oblige de reconnaître que je ne suis pas tel que vous avez la bonté de me croire, et toute votre chère famille aussi, je vous avoue néanmoins que j'ai reçu une très grande consolation des témoignages d'affection que vous me donnez dans votre lettre, et si cette affection vous a porté à quelque excès à mon égard, je ne puis pas douter pourtant qu'elle ne soit très sincère : ce qui m'en fait espérer un grand secours, pour obtenir de Dieu les grâces qui me sont nécessaires dans l'état où il m'a mis. Je vous prie d'être persuadé, Monsieur, qu'il y a longtemps que Dieu m'a donné beaucoup d'estime pour votre vertu, aussi bien que pour celle de Madame votre femme, et beaucoup d'affection pour tous vos enfants ; étant bien difficile de n'en point avoir pour une maison, à qui Dieu a donné de si grandes marques de son amour. Je l'ai remercié, Monsieur, de tous ses bienfaits ; et soyez, s'il vous plaît, persuadé que je continuerai de le faire du meilleur de mon cœur. J'accepte volontiers le présent que votre chère famille a la bonté de m'envoyer ; et comme il fera une continuelle marque de son amitié que j'estime beaucoup, je la prie aussi de tout mon cœur de considérer l'acceptation que j'en fais comme une preuve de ma reconnaissance que je ne cesserai jamais de continuer dans mes faibles prières et dans mes sacrifices. Je lis et relis

---

1. Cette lettre est de la fin de 1669, d'après le *Recueil d'Utrecht* (p. 361).

avec beaucoup d'édification et de plaisir les écrits de M. Pascal, n'y trouvant rien qui ne soit digne de la solidité et de
la piété de l'esprit de l'auteur. Je ne saurais vous exprimer la
vénération que Dieu m'a donnée pour sa mémoire. Je ne
doute point qu'ayant eu un si grand amour pour toute votre
famille pendant sa vie, il ne le continue dans le ciel en sa
faveur. Je vous supplie d'agréer que je salue M. Domat, que
je sais être lié d'une amitié très étroite avec vous. C'est une
personne de laquelle en vérité je fais une estime toute particulière. Je me recommande à ses prières ; et après vous avoir
demandé les vôtres et celles de votre famille, il ne me reste
qu'à vous assurer que je suis très cordialement..., etc.

Signé : Nicolas, Évêque d'Alet.

LETTRE DE M. DE TILLEMONT A M. PÉRIER LE FILS

Ce 3 février 1670.

Monsieur, il n'est pas besoin que je m'étende beaucoup
pour vous dire avec quelle reconnaissance j'ai reçu le présent
de Monsieur votre père [1]. Le respect que j'ai pour lui ne me

---

1. Avant de faire ce présent à M. de Tillemont, Louis et Blaise
Périer en avaient référé à leur mère, comme on le voit par le curieux
passage que cite Victor Cousin (*Rapport sur les Pensées de Pascal*,
2ᵉ partie, *apud* Études sur Pascal, 5ᵉ édit., p. 160) : « Nous avons
parlé à M. Guelphe sur les présents que nous devons faire des *Pensées* :
il nous a dit qu'on n'en donne guère qu'aux amis particuliers. Nous
lui avons demandé s'il en fallait donner plusieurs : il nous a dit
que, pour M. Arnauld, nous lui en pouvions donner deux ou trois.
Voici la liste que nous avions faite de ceux qui nous sont venus dans
l'esprit, dont vous retrancherez ou ajouterez ceux que vous jugerez à
propos : MM. Arnauld, Guelphe, de Roannès, de la Chaise, de
Tréville (qui assista à l'examen qui se fit des *Pensées* avec MM. de la
Chaise et Dubois, et qui y donna de bons avis) ; MM. Dubois,
Nicole, des Billettes, et M. le curé (de Saint-Jacques-du-Hautpas), le
P. Malebranche, le P. d'Urfé, le P. Blot, le P. Dugué, frère de
celui que nous avons vu à Clermont, avec qui nous avons fait grande
liaison ; le P. Dubois, le P. Martin, le P. Quesnel, qui est aussi fort

permet pas de recevoir avec indifférence ce qui vient de sa main. Vous savez qu'il y a bien des années que je fais profession d'honorer, ou plutôt d'admirer les dons tout extraordinaires de la nature et de la grâce qui paraissaient en feu M. Pascal. Il faut néanmoins que je vous avoue, Monsieur, que je n'en avais pas encore l'idée que je devais. Ce dernier écrit a surpassé ce que j'attendais d'un esprit que je croyais le plus grand qui eût paru en notre siècle ; et si je n'ose pas dire que saint Augustin aurait eu peine à égaler ce que je vois par ces fragments que M. Pascal pouvait faire, je ne saurais dire qu'il eût pu le surpasser ; au moins je ne vois que ces deux que l'on puisse comparer l'un à l'autre.

Je vous avoue encore une fois que je reconnais M. Pascal tout autrement éminent dans ses fragments que dans ce que j'en avais reconnu jusqu'ici. Je sais bien que les petites lettres seront toujours un chef-d'œuvres inimitables, et peut-être qu'elles ne me paraissent inférieures que parce que je ne suis pas capable d'en pénétrer les beautés ; mais peut-être aussi que la matière y fait quelque chose, et qu'un écrit fait pour des personnes ordinaires doit presque paraître ordinaire. Quoi qu'il en soit, on voit ici un homme qui, embrassant le sujet le plus vaste et le plus élevé qui soit au monde, paraît encore élevé au-dessus de sa matière, et se jouer d'un fardeau qui étonnerait et accablerait tous les autres. Que s'il paraît tel dans des fragments détachés et qui ne contiennent presque rien de ce qu'il avait de plus grand dans l'esprit, que peut-on concevoir de l'ouvrage entier, si Dieu nous avait accordé la grâce de le voir en sa perfection ? Je n'oserais dire que cela me fait regretter tout de nouveau la mort d'un homme capable de rendre à l'Église un service si signalé, puisque M. Pascal veut qu'on mette au nombre des péchés ces sortes de désirs contraires en quelque sorte à la disposition de Dieu. Néanmoins saint Augustin n'est pas, ce semble, si rigoureux, il accorde qu'il y a des choses que Dieu veut,

---

de nos amis ; MM. Toisnard et Mesnard, le P. de l'Age, MM. Touret et de Caumartin, Mme de Saint-Loup. Nous ne savons s'il en faut donner à P.-R. des Champs : si cela était, ce serait à MM. de Sacy, de Sainte-Marthe et de Tillemont. »

parce qu'il est de son ordre de les vouloir, et que l'ordre de l'homme est de ne les pas vouloir ; et n'est-il pas de notre ordre de vouloir ce qui, sans doute, aurait contribué au salut d'un grand nombre de personnes ?

Je sais bien qu'il y a un de MM. vos approbateurs qui nous donne une consolation bien facile, si elle était solide, en prétendant que la brièveté de ces fragments est plus lumineuse que n'aurait été le discours entier et étendu. Pour moi, je vous avoue que je n'ai pas assez de pénétration d'esprit pour me contenter de ces discours abrégés, quoique je les trouve tous admirables. Néanmoins ceux qu'il étend davantage font une impression tout autre sur moi, et je juge par là de ce qu'aurait été l'ouvrage entier d'une main dont les premiers traits ont déjà tant de beauté. Je reconnaîtrais néanmoins ma faiblesse et me soumettrais volontiers et humblement au sentiment de M. de Ribeyran, si je ne voyais d'autres personnes plus spirituelles que moi qui n'entrent pas dans sa pensée et qui se mettent presque en colère contre lui. Ceux qui ont un amour particulier pour la doctrine de la grâce, doivent regretter encore plus que les autres que cet ouvrage n'ait pas été achevé. Car il est aisé de juger que les fondements en auraient été établis sur la ruine du pélagianisme et de toutes ses branches.

Je m'étends, Monsieur, plus que je n'avais prétendu ; et je ferais volontiers l'éloge de M. Pascal au lieu de simples remerciements que je prétendais vous faire. Mais mon papier m'avertit ou que j'ai mal pris mes mesures ou que j'ai eu tort de m'étendre si fort, contre mon premier dessein. Quoi qu'il en soit, il faut finir, en vous suppliant de me continuer toujours l'honneur de votre amitié, dont le livre de Monsieur votre oncle me sera un gage perpétuel. Je vous supplie de vouloir assurer M. et Mme Périer de mes très humbles respects et de la reconnaissance que j'ai du présent si cher et si précieux, du livre d'une personne avec qui ils ont encore plus d'union par les dons de l'esprit et de la grâce que par la proximité du sang. Je sais bien que c'était à Monsieur votre père que je devais adresser le remerciement, mais il me pardonnera bien d'avoir pris cette occasion d'écrire à un ancien camarade. Quoi qu'il en soit, si c'est une faute, elle est faite pour l'amour de vous ; c'est à vous à l'excuser ou à la porter.

Cette familiarité vous fera une preuve de la sincérité avec laquelle je veux toujours être, Monsieur, votre très humble et très obligé serviteur.

Signé : Le Nain de Tillemont.

LETTRE DE NICOLE A M. LE MARQUIS DE SÉVIGNÉ

Sur l'éloge qu'une personne d'esprit faisait des *Pensées de M. Pascal* sans en faire connaître et peut-être sans en bien connaître elle-même le mérite (*Essais de morale* (1733), t. VIII, p. 238).

Quoique je souscrive, Monsieur, aux louanges que M. de R. a données à l'esprit de celle dont vous avez bien voulu que je visse le billet, je ne vous dissimulerai pas néanmoins que le plaisir que j'ai pris à la lire a été mêlé de quelque sorte de chagrin. Elle ne l'a pas fait naître, mais elle l'a renouvelé. C'est, Monsieur, que j'ai un secret dépit contre ces personnes d'esprit qui méprisent ceux qui en ont peu. Je pense que vous jugez bien que j'ai raison de m'intéresser pour eux; mais, quoi qu'il en soit, vous devez avouer, ce me semble, que l'on n'en a pas assez de pitié et qu'il y a quelque chose de cette dureté dans ce billet. Car après ce jugement si précis que Mme de la F... porte que *c'est méchant signe pour ceux qui ne gâcheront pas ce livre*, nous voilà réduits à n'oser dire notre sentiment et à trouver admirable ce que nous n'entendons pas.

Elle devait donc au moins nous instruire plus en particulier de ce que nous y devons admirer, et ne se pas contenter de certaines louanges générales qui ne font que nous convaincre que nous n'avons pas l'esprit d'y découvrir ce qu'elle y découvre, mais qui ne nous servent de rien pour le trouver.

Vous direz sans doute que l'on ne devait pas exiger d'elle qu'elle passât plus avant dans une lettre et que, parlant à vous et non pas à moi, il lui suffisait que vous l'entendissiez. Je reconnais tout cela ; mais vous ne sauriez empêcher aussi que quiconque m'avertit de ma bêtise, sans me donner le moyen de la diminuer, ne me fasse un peu de dépit. Cela est injuste ; mais c'est une injustice naturelle qui mérite quelque condes-

cendance. Et cette condescendance serait de tirer de la même
personne un jugement plus particulier de l'écrit de M. Pascal
qui ne m'apprît pas seulement qu'il contient bien des choses
admirables mais qui me donnât plus de lumière pour les discerner. Car, pour vous dire la vérité, j'ai eu jusques ici quelque
chose *de ce méchant signe.* J'y ai bien trouvé un grand nombre
de pierres assez bien taillées et capables d'orner un grand bâti-
ment, mais le reste ne m'a paru que des matériaux confus,
sans que je visse assez l'usage qu'il en voulait faire. Il y a
même quelques sentiments qui ne paraissent pas tout 'à fait
exacts et qui ressemblent à des pensées hasardées que l'on
écrit seulement pour les examiner avec plus de soin.

Ce qu'il dit, par exemple, titre XXV, 15, que *le titre par
lequel les hommes possèdent leur bien n'est, dans son origine, que
fantaisie,* ne conclut rien de ce qu'il en veut conclure, qui est
la faiblesse de l'homme et que nous ne possédons notre bien
que sur un titre de fantaisie. Car il n'y a nulle faiblesse à
établir des lois de fantaisie dans les choses indifférentes qui
demandent à être réglées seulement de manière ou d'autre, et
à ne demeurer pas incertaines : et quand on possède du bien sur
un titre de cette sorte, on le possède avec une vraie et solide
justice, parce qu'il est juste selon Dieu et dans la vérité que
le bien appartienne à ceux à qui il est donné par des lois indifférentes dans leur origine ; il n'y a nulle faiblesse en cela.

Ce qu'il dit au même endroit n° 17 touchant les principes
actuels me semble trop général. Nous nous aimons naturellement, c'est-à-dire notre corps, notre âme et notre être. Nous
aimons tout ce qui est naturellement joint à ces premiers
objets de notre amour, comme le plaisir, la vie, l'estime, la
grandeur. Nous haïssons tout ce qui y est contraire, comme
la douleur, la mort, l'infamie : la bizarrerie des coutumes n'a
lieu que dans les choses qui ne sont pas naturellement liées
avec ces premiers objets de nos passions.

Il suppose dans tout le discours du divertissement ou de la
misère de l'homme, que l'ennui vient de ce que l'on se voit,
de ce que l'on pense à soi et que le bien du divertissement
consiste en ce qu'il nous ôte cette pensée. Cela est peut-être
plus subtil que solide. Mille personnes s'ennuient sans penser
à eux. Ils s'ennuient, non de ce qu'ils pensent, mais de ce qu'ils
ne pensent pas assez. Le plaisir de l'âme consiste à penser vive-

ment et agréablement. Elle s'ennuie sitôt qu'elle n'a plus
que des pensées languissantes, ce qui lui arrive dans la solitude parce qu'elle n'y est pas si fortement remuée. C'est pourquoi ceux qui sont bien occupés d'eux-mêmes peuvent s'at-
trister, mais ne s'ennuient pas. La tristesse et l'ennui sont
des mouvements différents. L'ennui cherche le divertissement,
la tristesse le fuit. L'ennui vient de la privation du plaisir et
de la langueur de l'âme qui ne pense pas assez ; la tristesse
vient des pensées vives, mais affligeantes. M. Pascal confond
tout cela.

Je pourrais vous faire plusieurs autres objections sur les
Pensées qui me semblent quelquefois un peu trop dogmatiques et
qui incommodent ainsi mon amour-propre qui n'aime pas à
être régenté si fièrement.

PIÈCES JUSTIFICATIVES
POUR LA DEUXIÈME PARTIE
DE L'INTRODUCTION

I

ARGUMENT LOGIQUE DES PENSÉES
DANS LA PRÉSENTE ÉDITION

SECTION I. *Pensées sur l'Esprit et sur le Style.*

Les questions de méthode ont toujours préoccupé Pascal :
le savant tente de pénétrer le mécanisme de la démonstration
géométrique et de lui arracher le secret de sa perfection ;
l'homme du monde s'entretient avec Méré de l'*Art de Persuader* ; le solitaire de Port-Royal rêve d'unir sa connaissance
des mathématiques à son expérience du cœur humain pour
les tourner d'un commun effort à la gloire de la religion.
Aussi des pensées éparses sur l'esprit et sur le style peut-on
tirer ce qu'on appelle la *Rhétorique* de Pascal. Le fondement
de cette rhétorique est une psychologie. Les esprits distingués
doivent leur supériorité à deux qualités différentes, l'une qui
fait le géomètre, c'est la puissance de déduction qui lie les
unes aux autres des vérités successives et en tire une chaîne
qui va à l'infini ; l'autre qui fait l'homme du monde, c'est le
sentiment de la complexité des choses, le discernement des
éléments simultanés qui la composent, l'estimation de leur
valeur réciproque, tout cela se faisant immédiatement et
spontanément avec une sûreté qui tient de l'instinct. Chacun
de ces deux esprits, esprit de géométrie et esprit de finesse,

a sa valeur et sa part de vérité : le monde est doublement
infini, il a une infinité de principes qui ont chacun une infinité de conséquences ; la seconde de ces infinités est accessible
à l'esprit des géomètres ; la première est sentie par l'esprit de
finesse. Aussi le raisonnement abstrait et simpliste est-il
impuissant devant les problèmes de la vie. Les règles de
l'école ne suffisent pas plus à créer l'éloquence qu'elles ne
suffisent à créer la morale et la philosophie. L'éloquence
repose sur le sentiment, elle consiste à prendre conscience de
la pensée qui vit au dedans de nous et se développe spontanément suivant ses lois propres ; l'orateur doit reproduire ce
mouvement intérieur de la pensée et engendrer ainsi la vérité
dans l'esprit de l'auteur, il ne persuade pas autrui, il fait
qu'autrui se persuade soi-même. Le discours doit prendre
son point de départ dans les idées que l'auditeur est capable
de comprendre, ou mieux encore sur lesquelles l'amour-
propre le dispose à faire réflexion, puis il laisse ces idées ini-
tiales insinuer d'elles-mêmes leurs conséquences dans l'esprit ;
et insensiblement il le conduit où il veut comme un fleuve
porte les barques qui se confient à lui. Aussi l'ordre dans le
discours a-t-il une valeur essentielle ; l'invention d'un ordre
nouveau est un titre suffisant à l'originalité. L'ordre véritable
ne se recommande pas par des qualités extrinsèques, comme
la clarté ou la symétrie ; il doit être fondé dans la nature de
la pensée. A cause de cela on ne peut le saisir que lentement
et difficilement, à mesure qu'on prend conscience de la vie
spirituelle. Mais au moins, puisque cet ordre véritable est
l'ordre de la nature, il est possible de prédire qu'il ne sera
pas un produit de l'art. Tout ce qui tend à faire de l'éloquence quelque chose de réel et de subsistant en soi doit
donc être rejeté. Il n'y a pas de beau style, indépendamment
de la pensée que ce style exprime, pas plus qu'il n'y a de beau
vêtement indépendamment de la personne que ce vêtement
habille. Sous prétexte d'embellir et d'enrichir, si on multiplie
les broderies et les parures, le vêtement contraste avec la personne, et la rend ridicule ; de même les fausses beautés du
style étouffent l'homme sous le poète et sous l'auteur. Entre
le métier et la nature il faut choisir, et choisir la nature,
savoir être simple quand elle est simple, et quand elle est
complexe, lutter avec elle de subtilité et de complexité, met-

tant à profit toutes les ressources que fournit le langage, usant suivant les circonstances du mot propre ou de la périphrase, et pour un même sens variant le langage selon l'intention. En résumé, beauté signifie vérité.

Section II. *Misère de l'Homme sans Dieu.*

Il n'est pas douteux que Pascal se soit proposé de saisir l'homme à vif, et de lui donner le sentiment de la misère où il est sans Dieu. Toute l'expérience de sa vie mondaine, multipliée par l'étude assidue de Montaigne et la lecture de Charron, devait être versée dans l'*Apologie,* où, selon les indications de Pascal, elle eût fourni la matière d'une *Première Partie.* La démarche initiale de la méthode qu'il avait découverte pour entraîner la volonté, c'est de s'associer à cette volonté même ; l'exposé didactique de la vérité religieuse, si clair et si bien divisé qu'il soit, laissera indifférent et froid l'homme sans religion ; mais ouvrez devant le libertin le cœur même du libertin ; parlez-lui de lui-même, et il ne pourra manquer de prendre intérêt à votre discours, de retrouver en lui la vérité de ce que vous dites ; par cette ouverture vous aurez prise sur lui, et vous communiquerez à vos paroles leur véritable force de persuasion.

Pascal demande donc à l'homme de se connaître lui-même. Qu'est-ce que l'homme ? et qu'est-ce que l'homme dans le monde ? La science et la philosophie ont pour objet la définition de l'homme. Il semble que l'homme puisse être défini, puisqu'il est un être fini. Mais qu'est-ce que le fini ? Dans la réalité il n'y a rien de fini. Dès que l'homme veut s'attacher à la nature, il se perd dans le double abîme de l'infiniment grand et de l'infiniment petit : il ne peut rien savoir de cette nature, sinon qu'il y a disproportion entre elle et lui. La première démarche de la science, c'est de décrire l'univers, et cette première démarche suffit pour manifester l'impossibilité de la science. Se détourne-t-il du monde extérieur pour rentrer en lui-même ? l'homme ne trouve rien en lui qui soit substantiel et qui lui présente quelque vérité. Il est le jouet, ou plus exactement il est le produit des « puissances trompeuses ». L'imagination nous dicte nos désirs, comme nos décisions, et elle sait nous rendre heureux d'un bonheur

inconsistant et vain. La volonté dirige secrètement l'intelligence qui croit le guider, et notre propre intérêt « nous crève
les yeux ». L'habitude suffit pour faire naître au hasard des
circonstances une force intérieure qui se développe en nous,
qui devient nous-mêmes : et pourtant cette nature que nous
ne pouvons manquer de subir, n'a point de véritable fondement en nous ; sa nécessité apparente a sa racine dans les
choses extérieures. Notre vie dépend de notre condition, et
notre condition dépend de quelques paroles que nous avons
entendu répéter et auxquelles nous avons ajouté foi, sans
même les examiner. Nous ne sommes pas un principe de
vérité ; nous ne délibérons pas la fin en vue de laquelle nous
agissons ; mais nous sommes poussés par la nature, et nous
reflétons dans notre vie sans cesse traversée par des passions
diverses, dans notre âme qui sans cesse se dément et se déchire
elle-même, la diversité infinie des choses ; le cours du temps
nous emporte, nous transforme, nous oppose à nous-même,
si bien que nous acceptons volontiers la mort afin de conserver les prétendus biens de la vie. Puisqu'ainsi l'intelligence
croit naturellement à tout, sans jamais posséder la vérité qui
est son objet, puisque la volonté aime naturellement tout,
sans jamais atteindre à cette possession tranquille et assurée
qui seule la satisferait, que reste-t-il à l'homme sinon de
renoncer à poursuivre un but, de céder à l'agitation universelle, d'en perdre de vue la vanité à force de rapidité et de
variété, de ne rechercher la mobilité que pour la mobilité
elle-même ? Le divertissement perpétuel qui nous dérobe sans
cesse à nous-même, qui absorbe notre âme dans les plus frivoles et les plus stériles des occupations, est bien misérable,
et c'est pourtant le plus sage. Le malheur de notre condition
est tel qu'il vaut mieux pour l'homme ne pas y songer ; pour
avoir quelque ombre et quelque apparence de bonheur, il lui
est nécessaire d'exister hors de soi, de se créer une personne
imaginaire à laquelle il sacrifie quelquefois sa personne réelle.
L'homme en est réduit à se fuir lui-même, parce qu'il fuit
ainsi la misère, et la pensée de la mort.

SECTION III. *De la Nécessité du pari.*

Que l'homme se détourne de soi pour ne point songer à la

misère de sa condition, cette misère n'en est pas moins véritable : il faut qu'il meure. Celui-là qui le ramène à la pensée de la mort, celui-là le ramène à lui-même, il lui fait envisager son intérêt le plus profond, et c'est ce qu'il doit comprendre d'abord. Pour avoir prise sur l'incrédule, il ne faut se servir ni d'injures qui rebutent, ni de menaces qui irritent ; il faut s'unir avec lui de volonté, plaindre avec lui sa destinée et le tourner du dedans par cette communauté de pensée vers la religion qui lui apparaîtra vénérable, parce qu'elle aura connu sa misère, aimable, parce qu'elle y aura promis un remède. L'athée fait le brave contre Dieu, mais cette présomption n'est que lâcheté ; il se dit indépendant, parce qu'il refuse de s'examiner ; en réalité, il a peur de se regarder. Ouvrez-lui les yeux, montrez-lui la mort, inévitable, voisine déjà, et faisant sentir son approche par cet horrible et perpétuel « écoulement » de tout ce qu'on possède, la mort qui nous tire solitaire de notre humanité pour nous transporter au tribunal de Dieu. Devant cette éternité qui s'ouvre tout à coup pour eux, qu'ont-ils à dire, les athées ? qu'il faut rester indifférent ? ne serait-ce point le comble de l'absurdité et de l'extravagance, alors qu'on prend tant de souci pour les petites choses, de ne point se poser le problème capital qui décidera de la béatitude ou de la damnation éternelle ? Prendra-t-on parti ? La raison affirmera que la religion est incompréhensible, soit ; mais comment conclure de là que la religion n'est pas vraie ? La nature ne dément-elle pas toujours les assertions présomptueuses de la raison ? ne triomphe-t-elle pas des impossibilités prétendues ? et les mathématiques, qui sont les sciences rationnelles par excellence, ne nous forcent-elles pas à reconnaître l'existence d'un infini, dont la nature est pourtant inconcevable à la raison ? Mais il n'y a nulle lumière dans la religion, soit encore ; supposons de part et d'autre égale obscurité ; « les lumières naturelles » fourniront encore à l'homme un moyen de se retrouver et de se tracer un chemin. Qu'il ait d'abord renoncé à la double présomption de la raison et de l'amour-propre : qu'il comprenne que les seules ressources de son esprit ne suffisent point à trancher les questions qui sont hors de la portée humaine, qu'il ne mesure point sa destinée d'après la règle trompeuse que lui fournissent ses passions d'un jour ; et il verra qu'il y a pour lui, sinon une chance de vérité, du moins une chance de salut. Entre l'incrédulité et la religion il faut choisir : ne pas choisir, c'est tout de même avoir fait un choix, le choix le plus dangereux, puisque c'est courir le risque des peines éternelles. Comment trancher l'alternative ? Toute raison d'ordre spéculatif est écartée par hypothèse ; un parti n'est pas plus vrai que l'autre ; il ne reste donc qu'à considérer pratiquement lequel vaut le mieux. Or, en pariant pour la religion, je perds le droit de vivre à mon gré, puisqu'il me faut accepter la discipline intellectuelle, surtout la discipline morale de l'Église, et je gagne la chance de la béatitude éternelle ; j'expose le fini pour avoir l'infini. Comment hésiter ? la raison est écartée au moins provisoirement ; la passion résiste, mais par aveuglement ; car il suffit d'un moment de réflexion pour en manifester la vanité et la misère. En réalité, pour qui est de bonne foi et possède toute sa liberté d'esprit, le fini s'anéantit devant l'infini ; la vie présente, si on se connaît exactement soi-même, n'est rien, de telle sorte que, dût-on être trompé dans son espérance, on n'aura rien à regretter, et c'est là ce qui fait la force triomphante de l'argument du pari. Dès cette vie même, et n'y en eût-il pas d'autre, le chrétien est meilleur et plus heureux que l'incrédule ; ne consultât-on que son avantage d'honnête homme, on devra désirer que la religion soit vraie ; l'intérêt bien entendu ne nous donne pas la foi, mais il tourne vers la religion notre volonté et notre attention ; elle nous agrée ; or l'art d'agréer est, en raison de l'infirmité de l'homme, le commencement de l'art de persuader.

Section IV. *Des Moyens de croire.*

La connaissance de son néant et l'argument du pari ont tourné le libertin vers Dieu. Au lieu de la mauvaise crainte, celle qui lui fait redouter que Dieu soit, il a la bonne crainte, qu'accompagne l'espérance qu'il existe. Il s'agit maintenant de le persuader des vérités de la religion, ce qui eût été la *Seconde Partie* de l'ouvrage de Pascal. Dans la *Préface* de cette seconde partie, Pascal devait écarter les raisonnements par lesquels les philosophes et les théologiens essaient de prouver Dieu à l'aide de la nature, du ciel et des oiseaux ; il les condamne à la fois en savant qui en mesure la pauvreté, en janséniste qui en pénètre le caractère rationaliste et naturaliste. Quelle sera donc la véritable méthode pour amener l'homme à Dieu ? Le manuscrit de Pascal contient un grand nombre de fragments relatifs à ce point qui est capital dans une *Apologie* janséniste. Si la grâce vient uniquement de Dieu, et s'il n'y a point de foi sans la grâce, quelle sera la valeur et l'efficacité de l'effort que fait un homme pour convertir d'autres hommes, alors que cet homme ne dispose pas de la grâce divine ? La réponse de Pascal est d'une admirable netteté : la foi est un don de Dieu, c'est l'inspiration divine qui fait le vrai chrétien ; mais l'homme n'est pas une créature de pur sentiment ; outre le cœur il y a en lui un corps et un esprit, il faut que la foi pénètre l'esprit et le corps. C'est la coutume qui plie la machine ; mais la coutume suppose avant elle la raison ; autrement elle est vide de sens, elle n'est que superstition. Pascal, qui s'acquittait de ses devoirs religieux avec l'extrême rigueur que l'on sait, condamne celui qui ne met son espérance qu'en de vaines formalités. La raison a besoin d'être satisfaite ; il faut avoir soif des vérités spirituelles, et travailler de la pensée pour se rendre compte par soi-même et se convaincre de ce qu'il faut croire. Mais, si c'est un excès d'exclure la raison, c'en est un autre de n'admettre que la raison. La raison, suivant Pascal, n'est pas une fin en soi ; elle est un moyen. La raison n'est pas une faculté de principe : elle est ployable en tout sens, car le raisonnement se suspend avec la même facilité à toute espèce de prémisses. L'étude de la géométrie et l'expérience du monde attestent également aux yeux de Pascal que les principes sont dus à une intuition immédiate qui est ce qu'il y a de plus profond et de plus sûr en nous : c'est le cœur qui voit les trois dimensions de l'espace ; puis, étant donné qu'il y a trois dimensions, le géomètre démontre les théorèmes qui établissent les propriétés de cet espace. Dès lors il est conforme à la véritable nature de la raison, il est essentiellement raisonnable que la raison se soumette : elle n'a de valeur que si elle se fonde sur le sentiment pour s'achever dans le sentiment. Le rôle du raisonnement est donc nettement limité : dans l'ordre des choses naturelles, *a fortiori* quand il s'agit de démontrer les vérités de la religion, il ne peut qu'ouvrir la voie au sentiment, qui seul est vif et durable, qui seul enveloppe l'âme tout entière. A Dieu il est réservé d'incliner le cœur des hommes, et cette connaissance du cœur suffit à faire le chrétien L'œuvre de l'homme est d'éclairer les esprits afin d'écarter les obstacles qui s'opposeraient au sentiment ; elle dissipe les objections des athées qui détourneraient leurs âmes de Dieu, elle les prépare à recevoir la grâce et à en profiter, si Dieu veut leur envoyer la grâce.

Section V. *La Justice et la Raison des Effets.*

Relativement à la justice qui est dans la société humaine, à la valeur de la naissance et des dignités, il y a une « gradation » d'opinion qui va du peuple aux demi-habiles, des demi-habiles aux habiles, jusqu'aux dévots et aux chrétiens, et cette gradation est un « renversement perpétuel du pour au contre ». Cette réflexion, présentée par Pascal sous différentes formes, nous permet d'ordonner les fragments relatifs à l'ordre politique, en fixant la portée de chacun par le rang qu'il occupe dans cette hiérarchie d'opinions.

Tout d'abord le peuple croit qu'il est juste d'honorer les grands et de leur obéir. Mais cette prétendue justice ne supporte pas l'examen. Quelques traits d'une rare énergie, où l'ironie se mêle à l'indignation et à la pitié, suffisent à faire éclater la confusion et la contradiction des coutumes sur lesquelles reposent les institutions humaines. Faut-il conclure, avec Montaigne, qu'il n'y a pas de justice du tout ? Non point : la négation de la justice soulèverait les hommes contre l'ordre établi, le désir d'une justice meilleure déchaînerait les guerres civiles, qui sont le plus grand des maux. A la critique des demi-habiles qui font voir l'injustice de ce que le peuple appelle justice, s'oppose la sagesse supérieure des habiles, qui, comprenant que la paix est le souverain bien et que la force est seule capable d'assurer la paix, reconnaissent que la force devient juste par là. La coutume, qui paraît d'abord ridicule et vaine, est raisonnable et bienfaisante quand elle s'appuie sur la force : car elle en fait accepter volontairement et doucement l'empire, qui est nécessaire pour le repos du monde. Donc les opinions du peuple sont saines : il faut respecter les lois établies, s'incliner devant les grands seigneurs ; mais ce n'est point parce que cela est juste, comme le peuple le pense, parce que ces lois sont conformes à l'équité ou que la naissance entraîne une supériorité d'esprit, c'est parce que cela est établi ainsi, et que les qualités extérieures, étant seules visibles et incontestables, peuvent seules s'imposer à tous. Le sage parle donc comme le peuple, mais il n'est pas dupe des croyances populaires, il ne livre à la force que ce qui est du domaine de la force, il ne confond pas la grandeur matérielle avec la grandeur spirituelle qui a droit au suffrage de l'esprit ; il sait que la raison du peuple est au fond folie, et il se résigne à cette folie, en gardant sa pensée de derrière la tête. Le sage, le sage chrétien surtout, vise plus haut que le monde ; de là cette sérénité supérieure avec laquelle il considère l'ordre qui règne dans la société et l'illusion de la justice qui en est à la fois le plus misérable et le plus solide appui.

A quoi devait tendre, dans l'esprit de Pascal, cette série de réflexions où les diverses opinions en présence auraient été développées sous forme de lettres? Sans doute à humilier la raison, à dévoiler les contradictions et l'impuissance de l'humanité naturelle, à subordonner le cours du monde à une pensée secrète et supérieure qui l'explique, qui le justifie et que Pascal nomme : « la raison des effets. » La gradation d'opinions par laquelle se comprend l'organisation de la société, est une image de la dialectique qui, appliquée cette fois à la nature intérieure de l'homme, nous amènera à concevoir « la raison des effets » de cette nature, raison que la religion nous fournit. En même temps aussi elle écarte seule de la route de l'apologiste les objections que les esprits forts ont élevées contre la justice divine en s'appuyant sur la justice humaine : l'appui s'est écroulé, les objections se sont évanouies.

Section VI. *Les Philosophes*.

C'est aux philosophes que l'homme s'adresse pour trouver le souverain bien. Les philosophes lui font voir d'abord que sa

dignité est dans la pensée. Par la pensée l'homme comprend
en lui cet univers, qui le comprend en soi. Il est plus grand
que ce qui est plus fort que lui : car il connaît cette force, et
sa faiblesse. L'homme possède donc le principe de toute
morale, la pensée qui suffit à réprimer ses passions. Mais la
grandeur à laquelle l'homme peut prétendre n'est pas dans
l'ordre de la nature : ce sont des saillies exceptionnelles qui
font mieux remarquer sa médiocrité habituelle. Cette pensée,
qui s'érige en souveraine, est en réalité soumise aux moindres
circonstances extérieures, sujette à toutes les infirmités du
corps dont elle dépend. Elle suffit à nous donner l'idée et le
besoin de la vérité ; mais cette vérité même, elle est incapable
de la saisir dans sa substance et dans son essence. Le scep-
tique joue avec les multiples aspects des choses, et l'existence
du dogmatisme lui apparaît comme le plus frappant témoignage de l'étroitesse et de l'infirmité incurable de l'esprit
humain. Ainsi il est à la fois vrai que la pensée est souveraine
dans l'homme, et que la pensée est impuissante à s'assurer la
possession de son objet, qui est la vérité. C'est pourquoi il y
a entre les philosophes une perpétuelle opposition ; cette
opposition est l'effet et la preuve de la double nature de
l'homme, grandeur et misère tout ensemble. Entre l'instinct
qui l'élève et l'expérience qui le déprime, entre la raison et
les passions, les philosophes ont choisi, et par là ils ont exclu ;
ils ont été dans l'erreur, n'ayant vu qu'une partie de la vérité.
Il est vrai que l'homme est misérable ; mais il est vrai qu'il a
le sentiment de sa misère, et ce sentiment fait sa grandeur. La misère et la grandeur sont choses inséparables
chez l'homme, et ce sont choses contradictoires. Aussi la
sagesse humaine, ne pouvant concevoir deux états contraires
dans un même sujet, échoue-t-elle inévitablement à rendre
raison de la nature humaine ; tout ce qu'elle peut faire, c'est
de maintenir dans son intégrité la notion de la nature
humaine, de conserver la dualité, la contrariété qui en est le
vrai caractère, de voir au moins la *chose*, puisqu'elle ne peut
voir la *cause*.

Section VII. *La Morale et la Doctrine.*

L'analyse philosophique suffit pour attester que l'homme

sans la foi ne peut connaître ni le vrai bien ni la justice; Miton
est convaincu que la nature est corrompue ; mais y a-t-il
quelque chose au delà ? le pessimisme est-il le dernier mot de
toute sagesse ? L'homme ne peut répondre : qu'il écoute Dieu.
Peut-être la sagesse divine nous donnera-t-elle la *raison des
effets* dont la contrariété nous déconcerte. A elle seule, il
appartient de remonter le cours de temps et d'expliquer par
le mystère de notre origine l'énigme de notre nature.
L'homme a tour à tour été dans deux états : dans l'état de
création où Dieu l'a mis, et dans l'état de péché où il s'est
mis lui-même; ces états successif, que la religion nous révèle,
expliquent les états simultanés que l'analyse nous découvre ;
car l'homme, en tombant dans la concupiscence et dans la
misère par suite du péché, a conservé cependant le souvenir et
la trace de sa grandeur primitive. Aussi, dès que ce secret est
découvert, qui n'aura du respect pour cette religion qui
enseigne à ses plus humbles enfants ce que les sages de la
terre n'ont pu deviner ? surtout qui ne désirera être délivré
de cette concupiscence qui est le fruit et le châtiment du
péché ? qui ne désirera rentrer dans la véritable nature et dans
la véritable raison ? Par la nature et par la raison, il est aisé
de concevoir l'injustice et le dérèglement de l'amour-propre :
qu'on s'imagine un corps plein de membres pensants (métaphore
d'origine et d'esprit stoïciens qui devait, par l'intermédiaire
de saint Paul, s'introduire en plein centre dans l'*Apologie* de
Pascal), est-il convenable que la partie s'érige en tout, et qu'elle
poursuive son propre bien à l'exclusion et au détriment du
bien du corps ? ou, au contraire, ne lui suffira-t-il pas de
penser pour reconnaître que là où se trouve l'origine de son
être et de sa vie, là se trouve le véritable bien, pour aimer
le corps ? La volonté propre ne se satisfera pas ; la satisfaction
de la volonté ne peut résider que dans l'être universel qui est
à la fois en nous et hors de nous, qui est Dieu. La morale
chrétienne consiste dans le triomphe de la charité sur la
concupiscence ; par la morale la doctrine est éclairée et justi-
fiée. Car si l'homme se hait lui-même et aime Dieu, d'où
peut-il tenir de tels sentiments ? Ce n'est pas de lui-même,
puisque sa nature est corrompue par le péché, puisque
l'homme est condamné maintenant à s'aimer et à aimer
toutes choses pour soi ; Dieu ne sera pas la fin, s'il n'est le

principe. Nous naissons si contraires à Dieu que si nous ne naissions coupables il serait injuste, et que s'il n'était miséricordieux nous ne saurions ni le connaître, ni l'aimer à plus forte raison. La charité atteste la grâce venue du Créateur, le Médiateur qui a réconcilié Dieu avec les hommes. Adam et Jésus-Christ, le péché d'origine et la rédemption, la concupiscence et la charité, cette unique opposition constitue toute la foi, et elle en manifeste la vérité. Le péché explique la bassesse de l'homme, et la rédemption explique sa grandeur ; la foi rend raison des deux états ; elle les justifie et elle les maintient tout ensemble. L'homme qui se voit indigne de toute communication avec Dieu, s'il ne se sait racheté, se perd dans le désespoir ; mais celui qui a conscience de sa grandeur, s'il ignore le Rédempteur, il croit tenir de lui sa vertu, et il se perd dans l'orgueil. Par Jésus-Christ seul la misère a une consolation, la grandeur est sans présomption. Par lui l'homme peut échapper au poids du péché, et Dieu peut exercer sa miséricorde. L'homme participe à Dieu en s'unissant à lui, union extatique, faite de charité et d'humilité, de certitude et d'angoisse, qui arrache à Pascal les sanglots du *Mystère de Jésus*.

Section VIII. *Les Fondements de la Religion chrétienne.*

Si, suivant la conception générale de Pascal, la raison ne peut fournir que des présomptions, si le fait seul crée une conviction véritable et définitive, il ne suffira pas que la religion chrétienne ait par l'excellence de sa morale et la profondeur de sa doctrine justifié de sa vérité idéale ; il faudra aussi prouver sa réalité vivante, en montrant la présence et l'action du Dieu chrétien dans l'histoire du monde. Ce n'est pas seulement la nature de l'individu, c'est la conduite de l'humanité qui est inexplicable sans les mystères de la religion. Or, la preuve de cette réalité doit être adaptée au caractère essentiel de cette religion. Si le dogme fondamental du christianisme c'est la dualité actuelle, le combat perpétuel de la concupiscence, suite du péché, et de la grâce, fruit de la rédemption, il est nécessaire que ces preuves soient ambiguës, suivant qu'elles sont interprétées par l'esprit de concupiscence ou par l'esprit de charité. C'est ce que devait mettre en évidence, si nous ne nous trompons, ce chapitre des *Fondements* auquel Pascal fait allusion, et dont Havet déclarait ne retrouver aucune trace. Dieu n'a pas voulu la lumière totale ; car les hommes ayant péché n'en sont pas dignes et ils ne peuvent être sauvés par les voies naturelles ; Dieu n'a pas voulu l'obscurité totale, car, étant bon, il leur a envoyé un libérateur. Mais il a fait qu'il y eût assez de lumière pour éclairer les élus ; assez d'obscurité pour aveugler les réprouvés. Ce mélange est essentiel à la doctrine catholique : les faits historiques, pour devenir « les Fondements » du catholicisme, doivent porter en eux le caractère de ce mélange ; il faut qu'ils soient assez obscurs pour justifier toutes les objections des hérétiques ou des athées ; mais cette obscurité, loin d'ébranler celui qui a la foi, le confirme : car celui-là non seulement y voit assez de clarté pour surmonter cette obscurité, mais encore il comprend la nécessité de cette obscurité. Ce n'est donc pas à la raison qu'il appartiendra de faire le départ entre la clarté et l'obscurité ; elle demeure en équilibre entre l'une et l'autre ; si nous opposons l'obscurité à la clarté, c'est par l'inclination de la concupiscence, comme l'inclination de la grâce nous permet de concilier l'obscurité et la clarté dans une synthèse où l'une et l'autre sont justifiées. L'histoire du christianisme est faite à la fois pour convertir et condamner ; plus elle apparaîtra plus ambiguë, elle sera claire pour ceux auxquels Dieu a donné la disposition du cœur nécessaire pour entendre cette ambiguïté ; et aux réprouvés eux-mêmes, lorsqu'au jour de la damnation ils saisiront enfin le sens de cette obscurité qui les rebutait, leur propre raison reprochera leur obstination, et ce sera pour eux un supplice de plus.

SECTION IX. *La Perpétuité.*

Tout d'abord si le fait par excellence c'est d'être le plus grand fait historique qu'on puisse invoquer en faveur de la religion, c'est sa perpétuité : par le judaïsme qui n'en est que le fondement, le christianisme remonte aux origines mêmes de l'humanité. Voilà ce qui est clair. Mais il faut, d'après le prin-

cipe d'exégèse que Pascal a posé, que cette clarté soit mêlée
d'obscurité. Voici donc l'obscurité, c'est que cette religion perpétuelle n'est pas unique. Le paganisme, l'histoire de l'Égypte
et celle de la Chine, tout cela obscurcit, mais en même temps
cela éclaire. Et en effet, c'est une objection superficielle de dire :
ce qui n'est pas unique n'est pas vrai — et de détourner la tête.
Si on a bonne volonté, on y regardera de plus près, et par la
comparaison de la religion chrétienne et des religions païennes
on se convaincra de la vérité de l'une et de la fausseté des
autres. Les autres religions en effet n'ont pas de témoins ; leurs
livres n'ont pas d'autorité parce qu'ils n'ont pas eu d'efficacité, ils ne sont pas l'ouvrage d'un peuple. De loin, Mahomet
peut ressembler au Christ ; de près, Mahomet est le contraire
du Christ et, par cette contrariété, fait connaître en quoi consiste la divinité du Christ : Mahomet n'a pas été prédit, Mahomet n'a pas fait de miracles, Mahomet a réussi humainement.
En lui nulle clarté supérieure qui donnerait quelque valeur
aux obscurités de l'Alcoran, mais l'obscurité pure, qui est pour
l'esprit un néant.

Qu'on applique les mêmes principes de critique au peuple
juif : les résultats de l'épreuve sont tout différents. L'antiquité de Moïse est telle qu'aucun livre humain ne peut prétendre à l'approcher ; entre la création et lui le nombre des
générations, qui mesure seul l'altération de l'histoire, est si
petit que l'historien peut [être dit contemporain des événements qu'il raconte. Mais ce n'est pas tout, ce livre a un caractère unique qui le distingue de tout autre livre : il contient une
loi qui est la loi à la fois la plus ancienne et la plus rigoureuse
de toutes celle qui révèle aux hommes leur corruption et les
soumet au joug de la terreur. Or, cette loi a subsisté dans ce
peuple, sans interruption ni altération, spectacle si peu conforme au cours naturel de l'histoire, qu'il apparaît, quand
on y réfléchit, comme un miracle. Ne dira-t-on point à cause
de cela que les Juifs ont intérêt à l'authenticité de ces livres,
et qu'ils sont témoins suspects ? Mais, — et c'est ce qui
achève la preuve, — ces livres portent la condamnation du
peuple qui s'en est fait le gardien et le défenseur ; ce peuple a
été condamné, et il est misérable, et il subsiste, afin de
remplir jusqu'au bout le rôle qui lui a été assigné de témoin
sincère.

Section X. *Les Figuratifs.*

Pascal expose lui-même le sens et l'importance qu'il attache aux *Figuratifs*. En effet le passage de l'*Ancien Testament*
au *Nouveau* se fait au moyen des prophéties : si ce qui est prédit par l'un se vérifie dans l'autre, alors les deux *Testaments*
sont justifiés en même temps. Or, comment retrouver dans
l'*Ancien Testament* les événements dont le *Nouveau* porte le
témoignage? Si l'*Ancien Testament* doit être interprété au sens
littéral, ainsi que le veulent les rabbins, il est sûr, de l'aveu
de Pascal, que les prédictions n'en ont pas encore été réalisées :
Israël, n'ayant ni les richesses ni la domination qui lui ont
été promises, attend encore son Messie. Mais ce sens littéral
est un voile qui obscurcit et qui aveugle, il y a un autre sens
qui éclaire et qui est le vrai, c'est le sens spirituel. Ces deux
sens ne sont pas opposés : ils sont parallèles, le premier est
dans l'ordre de la chair ce qu'est l'autre dans l'ordre de l'esprit, l'un est l'image ou la *figure* de l'autre et ainsi s'explique
qu'un même livre puisse avoir deux sens suivant qu'il est lu
avec les yeux de la concupiscence ou avec les yeux de la charité. Or, comment prouver que le sens littéral recouvre en
effet un sens spirituel et que c'est ce sens qui donne la clé de
l'*Écriture*? Pascal indique lui-même les trois ordres d'arguments auxquels il recourt. En premier lieu cela ne serait pas digne de Dieu, c'est-à-dire que les commandements
donnés par Dieu ne peuvent pas avoir pour fin la satisfaction
de la concupiscence ; la promesse des biens temporels est faite
pour aveugler ceux qui n'ont pas le cœur pur ; mais, pour entendre la parole de Dieu, il faut se placer au point de vue de
Dieu et non au point de vue de l'homme. Or, du point de
Dieu le but est la charité ; on s'éloigne en s'éloignant de la
charité ; en rapportant à la charité, on comprend. En d'autres
termes l'*Écriture* peut être interprétée ou comme une loi pleine
de menaces et de promesses charnelles ou comme tendant à
la charité ; et ces deux interprétations sont incompatibles.
Mais la charité a une valeur absolue, parce qu'elle unit à Dieu
qui est l'Être absolu, elle n'est donc pas susceptible de représenter autre chose, d'être convertie en figure. La loi est figu-

rative, tandis que la charité n'est pas un précepte figuratif :
la loi est l'image et la charité est la vérité ; la victoire sur les
ennemis que Dieu a promise à son peuple est la mort du péché, la pureté de la foi. Cette première preuve qui est fondée
sur l'esprit de l'*Écriture*, se confirme par deux autres arguments, tirés de l'examen des textes sacrés. Dans ces textes, en
même temps que la loi est édictée en des termes qui seraient
clairs s'ils ne visaient que les actions tout extérieures comme
les sacrifices, et les récompenses toutes matérielles comme les
richesses, il est dit que ces termes ne seront point entendus,
que la loi demeurera lettre close pour ceux-là mêmes qui
croiront voir et entendre. Quel est le sens de ces paroles, si
elles n'indiquent la présence d'un autre sens qui est caché sous
le premier, qui n'a pas été compris des Juifs et dont Jésus-
Christ a donné le secret? Enfin, quand on envisage l'ensemble des livres qui forment l'*Ancien Testament*, il apparaît qu'à
les interpréter uniquement dans le sens de la loi juive, il y a
contradiction, à la fois parce que certaines prédictions n'ont
pas été suivies d'effet littéral, et parce qu'à côté des commandements et des promesses d'ordre matériel il y a, nettement
énoncés, des commandements et des promesses d'ordre spirituel qui les démentent. Or, cette double contradiction ne peut
être levée que par une interprétation spirituelle : ce qui
est faux littéralement sera vrai spirituellement ; si le temple
de Jérusalem a été détruit parce que les pierres en ont été
renversées, il n'a pas cessé d'être debout, parce que la Nouvelle Jérusalem subsiste dans l'Église. De même l'opposition
des deux sens disparaît dès qu'on établit entre eux le rapport de
figure à figuré : le figuré justifie la figure en même temps
qu'il se justifie lui-même.

Section XI. *Les Prophéties.*

La doctrine des *Figuratifs* permet d'appliquer à Jésus-Christ
les prophéties contenues dans l'*Ancien Testament*. Pascal a
recueilli ces prophéties, il en a mis toute la valeur, la lumière
et il a refait lui-même la traduction d'importants passages
d'Isaïe et de Daniel. Nous ne savons à vrai dire dans quelle
mesure il se proposait de faire passer dans le texte même de

son ouvrage les matériaux nombreux et abondants que les manuscrits nous fournissent et qui ont été naturellement réunis dans cette section. Mais ils témoignent de l'importance capitale que Pascal accordait aux prophéties et sur laquelle il avait vivement insisté dans la conférence faite à Port-Royal. Ce sont elles qui mettent une différence essentielle entre la religion chrétienne et les autres religions, et en un sens elles constituent pour Pascal le fondement historique de la foi ; par elle l'histoire universelle a un sens religieux. Si l'univers extérieur est muet, l'humanité tout entière parle de Dieu : « Qu'il est beau de voir par les yeux de la foi, Hérode, César, etc. »

Section XII. *Preuves de Jésus-Christ.*

Les prophéties ont annoncé le Messie, et Jésus-Christ est venu. L'*Ancien Testament* est plein de son attente ; mais cela même est cause d'obscurcissement et d'aveuglement : car ce Messie, célébré avec tant d'éclat par Isaïe et par Daniel, est venu dans une condition si basse que les historiens du monde l'ont ignoré, que les Juifs, témoins de sa vie, l'ont rejeté et l'ont crucifié. Or, cette raison, qui est pour les libertins un prétexte à ne pas croire, est pour les vrais chrétiens une confirmation de leur croyance. Car les Juifs, étant charnels, ont attendu le Messie charnel, le roi de la concupiscence qui leur apporterait les richesses de la terre, la domination de la terre ; mais Jésus n'a combattu qu'avec la prière, il n'a conquis que les âmes. Son triomphe a été de se sacrifier pour racheter les hommes. Celui que les Juifs auraient reconnu n'aurait pas été le vrai Messie, car il n'aurait point libéré du péché, il n'aurait point vaincu la concupiscence. Mais celui qu'ils ont méconnu, ils l'ont prouvé en le faisant mourir ignominieusement ; d'une part ils ont manifesté la sincérité de leur témoignage, d'autre part ils ont fait éclater la grandeur qui était propre au Rédempteur, et qui est l'ordre de la charité. Pour qui sait lire l'Évangile avec « les yeux du cœur, qui voit la sagesse », tout y est transparent et touchant. Quand la divinité de celui qui les inspira ne serait pas attestée par la naïveté des évangélistes qui se traduit jusque dans leur discor-

dance apparente, par le courage des apôtres qui se font martyriser pour le Christ qu'ils ont vu ressuscité, l'humilité qui
rebute « les grands de chair », la simplicité qui scandalise
« les esprit curieux », en fourniraient autant de marques à
la fois indéfinissables et irrésistibles.

Section XIII. *Les Miracles.*

La justification de la doctrine chrétienne, la confirmation
de sa « duplicité » intrinsèque par l'ambiguïté essentielle à
l'histoire de la religion, permettent l'interprétation des miracles, qui devait être, dans l'*Apologie* de Pascal, le centre auquel
tout se rapporterait. Les miracles sont extérieurement, pour
le corps et pour la foule, l'image de ce qu'est la grâce dans
l'intimité de l'âme individuelle. Par les miracles Dieu rassure
ses élus, calme pour un temps ce tremblement perpétuel qui
est l'état du vrai chrétien : en même temps il s'impose par le
prestige de la force matérielle à ceux qui n'ont pas la foi, il
leur donne un avertissement solennel qui leur présage leur
condamnation définitive, ou qui prépare leur conversion.
Aussi les miracles sont-ils le fondement de la foi ; c'est d'eux
que Jésus-Christ se réclame, c'est par eux que ceux qui n'ont
pas cru en lui demeurent sans excuse. — Mais il y a de faux
miracles. — Il doit y en avoir de faux afin que la foi demeure
ambiguë, et que le départ se fasse entre l'esprit de charité et
la dureté de cœur. Matériellement les vrais miracles n'ont
rien qui les distingue des faux ; mais ils portent à Dieu, et
les autres en détournent. Ainsi les faux miracles, au temps
de Jésus-Christ, ont confirmé la religion qui les avait prédits ;
la doctrine, qui n'était pas douteuse alors, a discerné les
miracles. Depuis, la règle a changé : l'hérésie ayant rendu la
doctrine douteuse, les miracles ont servi à discerner la doctrine ; jamais miracle ne s'est produit en faveur des schisma-
tiques ou des hérétiques ; Dieu est intervenu « dans la
contention du vrai bien » pour le salut de l'Église. C'est
cette règle qu'il faut appliquer au miracle de la Sainte-Épine.
Il est bien vrai, comme le disent les Jésuites, qu'en général
depuis l'établissement du christianisme il ne se produit plus
de miracles ; mais plus rare est la manifestation de la volonté

toute-puissante, plus elle est digne d'attention. Les miracles condamneront ceux qu'ils n'auront pas convertis, et ils convertiront ; c'est pourquoi le premier devoir de charité envers Dieu et envers les hommes est de défendre et de célébrer « le miracle ». L'esprit dans lequel l'*Apologie* a été entreprise se résume dans cette prière : « *Sur le miracle.* Comme Dieu n'a pas rendu de famille plus heureuse, qu'il fasse aussi qu'il n'en trouve point de plus reconnaissante. »

Section XIV. *Appendice : fragments polémiques.*

La doctrine du miracle met aux prises Pascal et les Jésuites. La polémique des *Provinciales* se serait-elle poursuivie dans l'*Apologie?* cela est probable, si on songe aux circonstances dans lesquelles fut conçue cette *Apologie*, et d'ailleurs nous avons sur ce point le témoignage d'Étienne Périer [1]. Le miracle, qui est la justification par excellence, puisqu'il manifeste Dieu, vérifie la doctrine chrétienne, telle qu'elle est conçue par le Jansénisme et telle qu'elle devait être exposée par Pascal. Mais en même temps elle condamne et la politique autocratique et la morale probabiliste que les Jésuites avaient introduites dans l'Église. Aussi trouve-t-on dans le manuscrit autographe de nombreux fragments relatifs à ces deux sujets, qui sont liés à l'*Apologie* du miracle et qui nous ramènent en même temps aux *Provinciales*, qui sont en quelque sorte intermédiaires entre les deux ouvrages dont ils marquent la connexion étroite et la suture.

---

1. *Vide supra*, p. CXCV.

II

TABLE DE CONCORDANCE
POUR LES FRAGMENTS DES PENSÉES

La table de concordance doit être établie suivant l'ordre des pages du manuscrit entre l'édition de Port-Royal, l'édition Bossut qui à certains égards est une édition originale, et d'autre part les éditions modernes qui se sont elles-mêmes référées au manuscrit de Pascal, les éditions Faugère, Havet, Molinier et Michaut. Telles sont d'ailleurs aussi les conclusions de l'éditeur Michaut qui a déjà fait ce travail et auquel nous avons emprunté les éléments réunis dans ce tableau. Dans notre introduction nous avions donné les détails nécessaires sur les trois types d'éditions dogmatiques, en analysant le plan de Condorcet, d'Astié et du chanoine Rocher. Nous ajoutons ici, pour rendre plus clair et plus significatif notre tableau de concordance, la table des matières des éditions que nous y comparons, de façon que le lecteur ait ainsi sous les yeux les différents aspects qu'a revêtus au cours de son évolution le livre des *Pensées*. Nous y avons naturellement rapproché Havet de Bossut; quant à Michaut, c'est, avec quelques interversions inévitables dans l'état actuel du recueil, l'ordre même du manuscrit.

TABLE DE CONCORDANCE

Nota. — Les barres horizontales de la première colonne séparent les fragment écrits sur des feuilles de papier différentes, et qui ont été plus tard collés à une même page du recueil manuscrit.

MMS N° 9202 Pages	1re C. N° 9203 Pages	2de C. N° 12449 Pages	P.-ROYAL (1670) Articles	BOSSUT (1779) Articles	FAUG. (1841) Pages	HAVET (1852) Articles	MOLIN. (1877-79) Pages	MICH. (1896) N°s	BRUNS (1904) N°s
(Fol. D, fol. E, et p. 495).				t. II, p. 549..	I, 239.. .	Introd...	II, 154..	1....	Début.
1..	358	315	IX8....	II xvii 68..	II, 79..	XXIV 57..	I, 82..	2...	412
1..	90.	116	VIII 1.... Ult. II 12 .	II vii 1. II iv 8..	(II, 269.	XI 8....	I, 281..	3....	693
1..	357	313	......	......	II, 89..	.....	I, 295..	4....	660
1..	316	313	......	......	II, 260.	XXV 156..	I, 267..	5....	664
3..	201	409	VII 1...	II III 1...	II, 163.	X 1....	I, 146..	6....	233
4	...	...	VII 2.	II III 4...		X 1bis..	......		...
7	...	...	XXVIII 69.	II III 5...					
8	...	...		II xvii 63.					
3..	361	318	XXIV 8..	I vi 4.	II, 56..	III 4....	I, 118..	15..	97
4..	207	418	......	......	II, 171.	XXV 38..	I, 124..	7...	535
4..	259	316	......	......	II, 274.	XXV 97..	I, 200..	16..	731
4..	358	315	IX 1...	II xvii 64.	II, 84..	XXIV 53.	I, 72...	17..	146
7..	...	...	......	II iv 9...	II, 172.	XI 9bis..	I, 303..	8....	604
7..	357	314	IX 3...	II xvii 65.	II, 143.	XXIV 54.	II, 42..	18..	479
8..	206	416	......	......	II, 169.	XXV 91..	I, 98...	9....	89
8..	206	417		II xvii 3..	II, 170.	XXIV 2...	I, 314..	10..	231
8..	207	418	XXVIII 51.	II xvii 5..	II, 172.	XXIV 5...	II, 160.	11..	277
8..	207	418	XXVIII 51.		II, 172.	XXV 39bis..	I, 309..	12..	542
8..	208	418	IX 5..	II xvii 67.	II, 172.	XXIV 5bis..	II, 160.	13..	278
8..	206	417	IX 6..	II iv 6..	II, 171.	XXIV 56.	II, 39..	14..	477
8..	206	417	II 6.		II, 171.	XI 4ter..	I, 309..	14..	606
						XXV 39..			
8..	357	313	......	......	II, 260.	XXV 156..	I, 267..	19..	663
8..	358	314	......	......	II, 92..	XXV 29..	I, 173..	20..	594
x x..	354	309	......	I ix 18..	I, 195.	VI 15bis..	I, 114..	21..	36
x x..	354	310	......	I ix 58..	I, 195.	VI 55..	II, 152.	22..	155
x x..	357	313	IX 7...	II xvii 67.	II, 143.	XXIV 56bis..	II, 40..	24..	492
x x..	349	303	XVI 8...	II xii 5..	II, 320.	XIX 5....	II, 10..	25..	750

MMS N° 9202 Pages	1re C. N° 9203 Pages	2de C. N° 12449 Pages	P.-ROYAL (1670) Articles	BOSSUT (1779) Articles	FAUG. (1844) Pages	HAVET (1852) Articles	MOLIN. (1877-79) Pages	MICH. (1896) N°	BRUNS. (1904) N°
1 2	354	310	.....	.....	I, 261	XXIV 94 XXV 133	II, 115	23	30
1 2	351	306	XXVIII 37	II xvii 35	I, 328	XXIV 25	II, 93	26	868
1 5	173	207	.....	.....	II, 254	XVI 8bis	I, 273	27	652
1 5	126	152	.....	.....	II, 254	.....	II, 25	28	679
1 5	126	152	.....	.....	II, 254	XXV 111bis	I, 256	29	649
1 5	129	156	XIII 4, 5 et 6	II ix 8 et 9	II, 254	XVI 7	I, 245	30	678
1 7	127	153	X 7	II viii 5	II, 362	XV 4	I, 267	31	662
1 7	126	152	XVIII 14	II xiii 7	II, 281	XX 11	II, 6	32	758
1 7	420	394	XXVIII 59	II xvii 52	II, 177	XXIV 42	II, 58	33	247
1 7	420	395	.....	.....	II, 181	XXIV 97	I, 315	34	230
1 9	423	398	.....	.....	II, 382	XXV 196	II, 24	35	782
1 9	423	398	XV 12	II 215	II, 310	XVIII 20	I, 199	36	712
1 9	423	398	.....	II xvii 8	II, 352	XXIV 8	II, 58	37	561
1 9	125	152	.....	.....	.....	.....	.....	38	900
1 9	125	151	.....	.....	II, 248	XXV 153	I, 270	39	657
1 9	173	207	.....	.....	.....	.....	.....	40	623
2 1	20	40	.....	.....	II, 79	.....	.....	41	174bis
2 1	13	31	XXIV 12	I vi 5	II, 43	III 5	I, 110	42	172
2 1	14	32	.....	I viii 9	I, 185	V 8	I, 99	43	305
2 1	8bis	23	.....	I ix 31	I, 206	VII 31	II, 150	44	134
2 1	9	23	XXIV 2	I vi 1	I, 209	II 1bis	I, 88	45	158
2 1	14	32	XXXI 14	I ix 47	I, 211	VI 44	I, 63	46	132
2 3	9	23	.....	I ix 62	II, 41	VI 59bis	I, 63	47	164
2 3	9	23	.....	.....	II, 41	.....	I, 63	48	141
2 3	15	33	.....	.....	II, 89	XXV 28	I, 67	49	429
2 3	14	32	.....	.....	II, 135	XXV 36	I, 170	50	388
2 3	9	23	.....	.....	II, 75	I 1bis	I, 42	51	71
2 3	...	...	.....	.....	.....	.....	.....	Errat.	154
2 3	14	32	.....	I ix 3	II, 392	VI 3	I, 99	52	293
2 3	8bis	23	.....	.....	II, 75	I 1bis	I, 42	53	69
2 3	8bis	23	.....	.....	I, 224	XXV 17	I, 41	54	207
2 5	8bis	23	XXIV 11	I ix 35	I, 215	VI 22bis	I, 60	55	136
2 5	79	104	.....	II xvii 4	II, 387	XXIV 3bis	II, 62	56	189
2 5	77	102	XXVIII 15	II xvii 18	II, 146	XXIV 16	II, 62	57	226
2 5	2	14	.....	.....	II, 391	X 11	II, 62	58	248
2 5	2	15	.....	.....	II, 392	XXV 110	II, 62	59	291
2 5	2	14	.....	.....	II, 389	XXII 1	II, 61	60	60
2 5	1	14	.....	.....	II, 390	X 9	II, 62	61	247

TABLE DE CONCORDANCE.

MMS N° 9202 Pages	1re C. N° 9203 Pages	2de C. N° 12449 Pages	P.-ROYAL (1670) Articles	BOSSUT (1779) Articles	FAUG. (1844) Pages	HAVET (1852) Articles	MOLIN. (1877-79) Pages	MICH. (1896) N°°	BRUNS. (1904) N°°
25 .	2 ..	15 .	. . . . .	. . . . .	II, 391.	X 10. . . .	II, 62..	62. . .	246
27 .	1 ..	13 .	. . . . .	. . . . .	II, 334.	XXV 45..	I, 179..	63. . .	596
27 .	2 ..	15 .	. . . . .	. . . . .	II, 388.	XXV 199.	II, 64..	64. . .	602
27 .	2 ..	15 .	. . . . .	. . . . .	II, 41..	. . . . .	I, 58..	65. . .	167
27 .	80 .	105	I 1 . .	II 11 1 . . .	II, 18..	IX 5. . .	I, 16..	66. . .	183
27 .	79 .	104	XXVIII 19.	II xvii 19.	II, 18..	XXIV 17bis.	I, 154..	67. . .	218
27 .	120	147	. . . .	Suppl. 21..	II, 156.	XXIV 82.	II, 21..	68. . .	510
27 .	3 ..	15 .	XXVIII 38.	II xvii 36.	II, 387.	XXIV 26.	II, 63..	69. . .	187
27 .	119	146	XVIII 11.	II xiii 7..	II, 282.	XX 7. . .	II, 6..	70. . .	795
29 .	1 ..	13 .	. . . . .	. . . . .	II, 389.	XXV 109.	II, 61..	71. . .	227
29 .	1 ..	13 .	. . . . .	. . . . .	II, 389.	XXV 200.	I, 314..	71. . .	244
29 .	1 ..	13 .	. . . . .	. . . . .	II, 390.	XXV108^{bis}.	II, 61..	72. . .	184
29 .	. . .	. . .	. . . . .	. . . . .	II, 246.	XVI8^{bis}...	I, 272..	73. . .	647
29 .	132	159	XIII 8...	II ix 10..	II, 246.	XVI8^{bis}...	I, 272..	74. . .	683
29 .	126	164	XIII 7...	II ix 10..	II, 315.	XVI 8...	II, 21..	75. . .	545
31 .	137	164	XIII 14..	II ix 14..	II, 258.	XVI 12..	I, 246.. / I, 256..	76. . .	687
31 .	140	188	XVII 3. . .	II xvi 8.	II, 334. / II, 247.	XIX 8... / XXV 52..	I, 180..	77. . .	691
31 .	125	152	. . . . .	. . . . .	II, 247.	XXV 152.	I, 243..	78. . .	648
31 .	125	151	. . . . .	. . . . .	II, 247.	XXV 152.	I, 243..	79. . .	653
33 .	133	160	XIII 17 18	II ix 17 18.	II, 307.	XVI 15.. / XVI 16..	II, 11.. / I, 264..	80. . .	692
35 .	134	162	X 3 5 6 8. / XIII 15 16.	II viii 3 4 5. / II ix 15 16.	II, 251.	XV 3bis. / XVI 13.. / XVI 14..	I, 262..	81. . .	670
35 .	130	157	X 13. . . .	II viii 9..	II, 274.	XV 8...	I, 201..	82. . .	757
35 .	131	158	. . . . .	. . . . .	II, 254. (note.)	. . . . .	I, 244..	83. . .	677
37 .	355	310	XV 10...	II xi 3..	II, 249.	XVIII 15. / XVIII 16.	I, 255.. / II, 3.. / II, 5..	84. . . / 85. . .	766
37 .	355	311	XV 11...	II xi 3..	II, 250.	XVIII 17.	I, 205..	86. . .	736
37 .	132	159	XIII 18..	II ix 18..	II, 247.	XVI 16bis et 16ter.	I, 270..	87. . .	680
37 .	131	158	X 13. . . .	II viii 9..	II, 325.	XV 8bis.	I, 323..	88. . .	762
39 .	131	158	X 4.	II viii 3..	II, 203.	. . . . .	. . . . .	89. . .	746
39 .	138	165	X 9.	II viii 6..	II, 203.	XV 6...	I, 323..	90. . .	745
39 .	131	159	. . . . .	. . . . .	II, 272.	XXV 162.	I, 200..	91. . .	719
39 .	131	158	. . . . .	. . . . .	II, 203.	. . . . .	II, 13..	92. . .	686
39 .	125	151	. . . . .	. . . . .	II, 249.	. . . . .	I, 243..	93. . .	667
39 .	125	151	. . . . .	. . . . .	II, 249.	XXV 154.	I, 272..	94. . .	681
39 .	125	151	. . . . .	. . . . .	II, 249.	. . . . .	I, 272..	95. . .	674

MMS N° 9202 Pages	1re C. N° 9203 Pages	2de C. N° 12449 Pages	P.-ROYAL (1670) Articles	BOSSUT (1779) Articles	FAUG. (1844) Pages	HAVET (1852) Articles	MOLIN. (1877-79) Pages	MICH. (1896) N°	BRUNS. (1904) N°
39	417	391	.....	.....	II, 403	.....	.....	96	612
39	420	395			II, 403			97	193
41	422	397			I, 228	XXV 20	I, 155	98	259
41	422	397	VII 2	II III 5	II, 181	X 3	I, 153	99	240
41	422	397		II XVII 7	II, 357	XXIV 7	I, 287	100	615
41	417	391			II, 145	XXV 88	I, 195	101	532
41	157	188			II, 234		II, 67	102	809
43	419 420	394			II, 329	XXV 101	II, 48	103	519 ...
43	139	167	X 1... Ult. XII, 5 XXVIII, 9	II VIII 2.. II IX 3.	II, 245	XV 2	I, 248	104	643
45	138	165	XIII 1...	II IX 5.	II, 363	XVI 4.. XXV 186	I, 242	105	642
45	117	143	XVIII 22	II XIII 11	II, 372	XX 16	II, 101	106	789
45	117	143		II XVII 4	II, 369	XXIV. 4	I, 296 et II, 101	107	523 ...
45	118	145	XVIII 5..	II XIII 3..	II, 158	XX 3	I, 319	108	501
45	123	149			II, 155			109	228
45	117	143			II, 392	XXV 111	II, 64	110	570
45	117	143	XXVIII 22	II XVII 22	II, 323	XXIV 20	II, 17	111	223
45	118	144	XVIII 24	II XIII 11	II, 116	XX 19	I, 319	112	506
45	118	144			II, 369	XXV 52	I, 290	113	444
47	117	143		II, 547	I, 221	XXIV 99	II, 89	114	816
47	117	143	XVIII 13	II XIII 7 10	II, 282	XX 9, 10	I, 319	115	751
47	118	144			II, 149 (note)			116	430bis
47	118	144		suppl. 20	II, 156	XXIV 81bis	I, 315	117	511
47	359	316			II, 95	XXV 32bis	I, 174	118	462
47	360	317			II, 131	XXV 83	I, 68	119	94
47	361	318	XXIV 6	I v 4	II, 81	II 4	I, 66	120	411
47	359	315			II, 42	XXV 26	I, 61	121	131
47	360	317	III 13	II v 5	II, 81	XII 8	I, 284	122	417
49	360	317	XXIV 4	I v 2	I, 209	II 2bis.. XXV 132	I, 90	123	153 ...
49	360	316	XXIV 5..	I v 3	I, 208	II 3	I, 88	124	150
49	89	115			I, 225	XXV 16bis	I, 43	125	208
49	89	115			I, 235		II, 151	126	37
49	90	116			I, 236		I, 85.. II, 364	127	86
49	359	316			II, 80		I, 102	128	214
49	161	192	XVI 5	II XII 4	II, 321	XIX 4	II, 11	129	640
49	164	194			II, 384		II, 14	130	178

TABLE DE CONCORDANCE.

MMS N° 9203 Pages	1re C. N° 9203 Pages	2de C. N° 12449 Pages	P.-ROYAL (1670) Articles	BOSSUT (1779) Articles	FAUG. (1844) Pages	HAVET (1852) Articles	MOLIN. (1877-79) Pages	MICH. (1896) N°s	BRUNS. (1904) N°s
49	120	147	XIII 10	II IX 12	II, 146	XVI 10	I, 297	131	765
49	163	193	XIV 5	II X 4	II, 323	XVII 5	II, 15	132	800
51	420	395	....	....	II, 191	XXV 93bis	II, 2	133	741
51	421	395	XVI 3	II XII 2	II, 370	XIX 2	II, 15	134	798
51	421	396	XXVIII 60	II XVII 53	I, 210	XXIV 43	II, 99	135	895
51	421	396	XXXI 22	I X 16	I, 196	VII 16	II, 150	136	6
51	163	198	....	....	II, 273	XVI 1bis	I, 212	137	752
53	158	189	XIV 1	II X 1	II, 330	XVIII 1	II, 21	138	793
53	163	193	XVI 6	II XII 4	II, 321	XIX 4bis	II, 12	139	639
53	120	147	....	....	II, 273	....	I, 199	140	705
55	161	191	XVI 1	II XII 1	II, 322	XIX 1bis	II, 16	141	801
55	157	187	XIV 2	II X 2	II, 325	XVII 2	II, 13	142	786
55	121	148	XVIII 20. II 7	II IV 5. II XIII 10	II, 146. II, 264	XI 5	I, 318	143	585
55	121	148	XVII 1	II XII 7	II, 335	XIX 7	I, 177	144	801
57	119	145	XVIII 2 17 et 18. XI 2	II XIII 2 et 9. II VIII 18	II, 263	XX 1. XX 13. XXV 158. XV 15	II, 13. I, 271. I, 324. I, 190	145	578
57	164	195	XVII 6	II XII 10	II, 335	XIX 10	I, 179	146	800
57. 317 318 321 322 325 326	69 121	95 147	III 1 et 2, 3 et 10, 11, 12 et 13. XVIII 1. IV 1. XXVIII 66	II V 1 et 2, 5 et 12. II XVII 60. II XIII 1	II, 152. II, 147	XII 1. XII 3. et 4. et 20. et 5. XX 1	I, 274. I, 285. I, 278. I, 316	147	430
57	118	145	XVIII 12	II XIII 7	II, 330	XX 8	II, 7	148	771
59	157	187	XV 5	II XII 2	II, 277	XVIII 5	I, 204	149	772
59	161	191	XIV 4	II X 4	II, 319	XVII 4	II, 14	150	797
59	158	188	XVI 6 et 7	II XII 4	II, 320	XIX 4ter	II, 12	151	638
59	118	144	XVIII 21	II XIII 10	II, 319	XX 15	II, 26	152	796
59	120	146	X 2	II VIII 3	II, 251	XV 3	I, 261	153	645
59	163	192	....	....	II, 404	....	....	154	697
59	163	192	....	....	II, 374	XXV 193	II, 115	155	569
59	157	187	XXXI 26	I X 19	II, 265	VII 19	I, 195	156	283
59	163	195	....	....	II, 274	....	I, 309	157	699
61	158	189	Ull. XIV, 6	II X 4	II, 324	XVII 6	II, 24	158	764
61	163	194	....	....	II, 371	....	II, 13	159	755
61	157	187	XIV 6	II X 5	II, 330	XVII 9	II, 20	160	742
61	158	188	....	....	II, 322	XXV 174	II, 13	161	743
61	157	188	....	....	II, 370	XIX 2bis	II, 21	162	799
61	158	188	....	....	II, 314	XXV 175	II, 24	163	763
61	89	115	....	....	II, 55	XXV 80	I, 85	164	98

MMS N° 9203 Pages	1re C. N° 9203 Pages	2de C. N° 12449 Pages	P.-ROYAL (1670) Articles	BOSSUT (1779) Articles	FAUG. (1844) Pages	HAVET (1852) Articles	MOLIN. (1877-79) Pages	MICH. (1896) Nos	BRUNS. (1904) Nos
6 1	79	105	I 1	II 11 1	II, 18	IX 4	I, 15	185	200
6 1	78	104			I, 221	XXIV 101	I, 172	166	225
6 1	78	104	XXVIII 67	II xvii 61	II, 182	XXIV 50	I, 155	167	257
6 3	361	318			II, 96	XXV 33bis	I, 174	168	422
6 3	78	103	XXVIII 17	II xvii 18	II, 172	XXIV 16ter	I, 153	169	237
6 3	78				II, 173			170	281
6 3	80	105	XXIX 44	II xvii 69	I, 214	XXIV 58	I, 114	171	210
6 3	79	104	XXVIII 19	II xvii 19	I, 221	XXIV 98	I, 172	172	221
6 3	78	104			II, 19		II, 61	173	190
6 3	100	129	XXIII 6	I iv 6	II, 84	I 6	I, 70	174	347
6 3	78	104			II, 276			175	204
6 3	77	103	I 1		II, 18	IX 3	I, 16	176	213
6 3	101	129			II, 343	XXV 209a	II, 34	177	517
6 3	78	103			II, 174	XXV 92	I, 154	178	238
6 3	77	103	VIII 1		II, 19	XIV 1	I, 114	179	211
6 5	78	104	XXVIII 18	II xvii 19	II, 173	XXIV 17	I, 153	180	236
6 5	359	316	IX 9	II xvii 68	I, 226	XXIV 57bis	I, 16	181	495
6 5	361	318	I 1		II, 19		I, 16	182	198
6 5	349	303			II, 296		I, 311	183	576
6 5	350	304	II 13	II iv 11	II, 17	XI 11	I, 285	184	450
6 5	15	33			I, 191	XXV 118	I, 38	185	111
6 7	15	33			I, 223	XXV 72	I, 41	186	379
6 7	21	40			II, 130		I, 104	187	454
6 7	20	39			I, 224	XXV 16	I, 41	188	205
6 7	15	33	XXIX 36	I ix 66	I, 194	VI 63	I, 111	189	181
6 7	16	35		I ix 12	I, 187	VI 9	I, 99	190	296
6 7	15	33	XXIX 35	I ix 39	I, 191	VI 36	I, 121	191	103
6 7	15 / 16	34	XXIX 37	I ix 40 et 13	I, 188	VI 37 / VI 10	I, 102	192	332
69 / 365 / 366	16	35	XXV 5 et 6	I vi 8 et 9 / I ix 5	II, 126	III 8	I, 91	193	294
69	21	40	XXXI 16	I ix 48	I, 191	VI 45	I, 47	195	110
69	19	38			I, 204	XXV 66	I, 86	196	151
70 / 366	22	41			II, 123		I, 173 / I, 158	194	73
70	20	39		I ix 10	II, 130	VI 40bis	I, 98	197	326
73	19	38			I, 189	XXV 63	I, 48	198	115
73	21	40		I ix 25	II, 42 (note)			199	165bis
73	350	313	XXIX 43	II xvii 69	II, 94	XXIV 57ter	I, 172	200	219

TABLE DE CONCORDANCE.

MMS N° 9202 Pages	1re C. N° 9203 Pages	2de C. N° 12449 Pages	P.-ROYAL (1670) Articles	BOSSUT (1779) Articles	FAUG. (1844) Pages	HAVET (1852) Articles	MOLIN. (1877-79) Pages	MICH. (1896) Nos	BRUNS. (1904) Nos
73	21	40	XXIV 3..	I v 2....	II, 89...	II 2...	I, 90...	201...	405
73	20	39	......	......	II, 132..	XXV 85...	I, 97...	102...	879
73	19	38	XXXI 25.	I ix 53.	I, 186..	VI 50...	I, 103..	203..	295
73	19	37	......	I ix 5..	II, 132..	VI 5....	I, 96...	104..	309
73	19	38	XXIX 34	I ix 38.	I, 187..	VI 35...	I, 113..	205..	177
73	21	40	......	......	II, 135..	XXV 37..	I, 159..	206..	389
75	350	305	XXIX 18..	I ix 23.	I, 197..	VI 20..	I, 128..	207..	455
75	356	312	......	......	II, 86..	......	I, 65..	208..	443
75	21	40	......	......	I, 226..	XXV 60..	I, 154..	209..	66
75	349	303	XVI 9..	II xii 5	II, 320. / II, 183.	XIX 5bis..	II, 10..	210..	768
75	27	45	XXIV 9..	I v 6..	I, 208..	II 6...	I, 90...	211...	152
75	197	9	XXIII 5..	I iv 5..	II, 80..	I 5...	I, 66..	212..	400
77	192	2	Ull. XV, 12	II xi 4..	II, 202..	XVIII 18..	II, 1...	213..	617
77	193	3	II 8..	II iv 5..	II, 244..	XI 5ter..	I, 260..	214..	644
77	196	7	XXVIII 65.	II xvii 58..	II, 79..	XXIV 48..	I, 68..	215..	174
79	198	9	......	I vii 3..	II, 40..	VI 4...	I, 59..	216..	171
79	6	19	......	I ix 46..	II, 41..	VI 43..	I, 89..	217..	127
79	5	18	......	......	I, 184 (note).	......	......	218..	318
79	13	30	......	......	I, 207..	......	I, 89..	219..	163
79	5	18	......	......	I, 294..	Prov. 298..	......	220..	955
79	5	18	......	......	II, 392..	......	......	221..	292
79	5	17	......	I ix 62..	I, 207..	VI 59..	I, 63..	222..	161
79	14	31	XXV 9..	I vi 12..	II, 53..	III 9..	I, 40..	224..	366
79	7	19	......	I viii 8..	I, 178..	V 7bis..	I, 82..	223..	330
79	5	17	......	......	II, 335..	XXV 102.	I, 123..	225..	113
81	6	19	XXVIII 52.	I ix 44..	I, 198..	VI 41..	I, 126..	226..	67
81	5	17	......	......	II, 353..	XXV 103..	II, 53..	227..	338
81	8	21	XXV 1..	I vi 1..	II, 98..	III 1...	I, 41..	228..	374
81	6	19	......	I viii 8..	I, 182..	V 7...	I, 82..	229..	308
81	27	45	......	......	II, 79..	XXV 81..	I, 67..	230..	126
81	9	22	......	......	II, 55..	XXV 80ter..	I, 86..	231..	117
83	5	17	......	I x 39..	I, 206..	VII 38..	I, 85..	232..	133
83	5	17	......	......	I, 235 et II 82 note	I 4bis..	I, 72..	233..	410 / ...
83	8	21	......	I viii 10..	I, 178 (note).	V 9 note..	......	234..	320
83	8	21	......	......	I, 185 (note).	......	......	235..	317bis
83	7	20	......	......	I, 203..	XXIV 89..	I, 43..	236..	354

TABLE DE CONCORDANCE.
CCLXXXIII

MMS N° 9203 Pages	1ʳᵉ C. N° 9203 Pages	2ᵈᵉ C. N° 12449 Pages	P.-ROYAL (1670) Articles	BOSSUT (1779) Articles	FAUG. (1844) Pages	HAVET (1852) Articles	MOLIN. (1877-79) Pages	MICH. (1896) Nᵒˢ	BRUNS. (1904) Nᵒˢ
83	5	18	XXV 3	I vi 2	II, 75	III 2ᵇⁱˢ	I, 40	237	381
83	8	21	XXIV 10	I v 7	I, 208	II 7	I, 89	238	149
83	6	18			I, 185	XXV 130	I, 40	239	367
83	8	20	XXIX 38	I ix 41	I, 215	VI 38	I, 86	240	156
83	9	22		I vi 2	II, 98	III 2	I, 169	241	376
85					I, 269	Prov. 287	II, 114	242	882
85					I, 312		Prov. 109	243	902ᵇⁱˢ
85					I, 231	XXIV 33ᵇⁱˢ	II, 46	244	459
85				II xvii 74	I, 231	XXIV 63 / XXV 126	II, 57	245	520
85				II xvii 74	I, 231	XXIV 63ᵇⁱˢ / XXIV 63ᵗᵉʳ	II, 57 / I, 320	246	582
85					II, 333	XXV 181	II, 45	247	460
87					II, 338	XXV 209	II, 27	248	553
89					II, 318	XXV 112	II, 44		
90						XXV 113	I, 98		
99						XXV 209²	II, 29		
						XXV 209³	I, 117		
						XXV 114	II, 32		
						XXV 115	II, 33		
90					II, 318	XXV 209¹⁸		248	791
89					II, 326	XXV 44	II, 32	250	783
90					II, 376	XXV 54	II, 47	251	504
90					II, 328	XXV 209ᵃ / 209⁹	II, 33	252	554
90					II, 350	XI 3ᵇⁱˢ	II, 50	253	250
90					II, 262	XXV 157	II, 129	254	661
90			suppl. 9		II, 384	XXIV 70	I, 294	255	580
90					II, 384	XXV 107	I, 294	256	490
93					I, 291	XXV 205	II, 89	257	856
93	352	307		II xvii 73	I, 325	XXIV 62	II, 121	258	905
93 / 94					I, 293 / I, 300	Prov. 295	Prov. 109	260	957
94				II xvii 72	II, 180	XXIV 61ᵗᵉʳ	II, 49	259	498
97					II, 380	XXV 105	II, 52	261	668
97					I, 274	Prov. 290	II, 121	262	897
97					II, 318	XXV 209¹¹	II, 26	263	790
99 / 100				II xvii 77	I, 266 / I, 270	Prov. 287 / XXIV 66 / XXIV 66ᵇⁱˢ / Prov. 288	II, 106 / II, 116	264	920
99					I, 230	XXV 73	II, 51	265	540
100					II, 177	XXV 137	I, 202	249	698
103					I, 177	XXV 1	I, 46	266	104

TABLE DE CONCORDANCE.

MMS N° *9302* Pages	1re C. N° *9203* Pages	2de C. N° *12449* Pages	P.-ROYAL (1670) Articles	BOSSUT (1779) Articles	FAUG. (1844) Pages	HAVET (1852) Articles	MOLIN. (1877-79) Pages	MICH. (1896) N°s	BRUNS. (1904) N°s
103	*409*	*385*	......	I ix 60...	I, 210..	VI57..	I, 123..	268..	**101**
103	*409*	*385*	XIV 10.	II viii 19..	II, 197.	XV 20..	I, 202..	269..	**737**
						XV 19..	I, 308		...
103	...	..						272..	**518**
104	...	..			II, 372.	XXV 189.	I, 248..	267..	**658**
104	...	...		suppl. 6.	I, 343..	XXIV 69	II, 34..	270..	**550**
104	...	...			I, 291..	......	II, 116..	271..	**191**
105	...	...			I, 216..	XXV 70..	II, 60..	273..	**264**
105	...	...			I, 291..	......	II, 129..	274..	**941**
107	...			suppl. 18.	I, 234..	XXIV 79.	I, 45..	275..	**505**
							II, 152.		
107	...	...			I, 233..	XXV 127.	II, 50..	276..	**499**
107	...	...			I, 233..	XXV 209'.	II, 83..	277..	**555**
						XXV 209°.			
109	*325*	*275*	XXXI 29.	I x 21.	I, 250..	VII 21..	II, 134..	278..	**48**
109	*325*	*275*		suppl. 14.	I, 318..	XXIV 75.	II, 114..	279..	**880**
109	*325*	*275*			I, 286..	Prov. 294.	II, 125..	280..	**869**
109	*470*	*275*	*Ult.* XXIX, 21.	I, ix, 17.	II, 99..	VI 14..	I, 115..	281..	**378**
109	*340*	*293*	XXVIII 49.	II xvii 44.	II, 232.	XXIV 34.	I, 321..	288..	**283**
110	*326*	*330*			II, 75..		I, 39..	282..	**70**
110	*326*	*332*	Édit. 1669, p. 293.		II, 129..		I, 94..	283..	**375**
110	*326*	*276*			II, 98..		I, 171..	284..	**387**
110	*326*	*277*			II, 57 *note*	IV 2 *note.*	I, 57..	285..	**140**
110					I, 37..	IV 2.....	I, 58..	286..	**145**
110	*326*	...			I, 314..			287..	**853**
110	*335*	*287*	*Ult.* XXXI, 36.	I x 23.	I, 255..	VII 23..	II, 134..	289..	**45.**
110	*336*	*287*			I, 189.. ; I, 257..	XXV 63..	I, 47..	290..	**114**
110	*339*	*292*	XII 4..	II ix 4..	II, 253..	XVI 3...	I, 273..	291..	**646**
113	*441*	*237*	*Ult.* XXVIII 23.	II xvii 20..	II, 264..	XXIV 18.	I, 317..	292..	**564**
113	*441*	*238*			I, 283..		II, 97.. ; Prov 112.	293..	**855**
113	*337*	*289*	*Ult.* XXVIII 64.	II xvii 49..	I, 228..	XXIV 39 bis.	II, 41..	294..	**485**
113	*338*	*290*			II, 313..	XXV 171 bis.	I, 177..	295..	**591**
115	*333*	*284*			II, 329..	XXV 180..	I, 207..	296..	**778**
115	*333*	*284*	XXVIII 48.	II xvii 43.	I, 252..	XXIV 33.	II, 45..	297..	**458**
115	*333*	*285*	XXVIII 35.	II xvii 38.	II, 329..	XXIV 23.	II, 26..	298..	**515**
115	*334*	*285*	XXVIII 34.	II xvii 33..	II, 330..	XXIV 23 bis.	II, 26..	299..	**784**
115	*334*	*255*			II, 330..	XXV 180..	II, 101..	300..	**779**
115	*334*	*285*			II, 330..	XXV 180..	II, 106..	301..	**780**
117	*452*	*250*		II xvi 10..	II, 216..	XXIII 35 ; XXIII 36.	II, 84.. ; II, 85..	302..	**839**
117	*340*	*293*			II, 265..	XXV 159.	I, 257..	303..	**651**
119	*441*	*238*	XXVII 3.	II xvi 2..	II, 227..	XXIII 3..	II, 67..	304..	**824**
119	*441*	*238*	XXVIII 61.	II xvii 54.	II, 227.	XXIV 44.	I, 187..	305..	**671**
119	*442*	*239*	XXVII 8.	II xvi 5..	II, 228..	XXV 149. ; XXIII 15.	II, 88..	306..	**827**
119	*336*	*288*			II, 343..	XXV 209 b.	II, 32..	307..	**553**

MMS N° 9202 Pages	1re C. N° 9203 Pages	2de C. N° 12449 Pages	P.-ROYAL (1670) Articles	BOSSUT (1779) Articles	FAUG. (1844) Pages	HAVET (1852) Articles	MOLIN. (1877-79) Pages	MICH. (1896) N°s	BRUNS. (1904) N°s
119	345	299	. . .	. . .	II, 191	XV 13bis / XXV 139	I, 188	308	704
121	...	...	. . .	. . .	II, 383 / II, 382	XXV 55 / XXV 55bis / XXV 197	II, 127 / II, 128	309	513
121	53	75	XXVI 4	I VII 4	II, 39	IV 5	I, 58	310	168
121	53	75	. . .	. . .	II, 40	. . .	I, 58	311	169
121	5..	18	. . .	. . .	I, 284 note	. . .	. . .	218	318
121	5..	18	. . .	. . .	I, 207	. . .	. . .	221	292
123	338	290	suppl. 15	. . .	I, 317	XXIV 76 / XXIV 77	II, 113	312	874
123	338	290	. . .	. . .	II, 214	XXV 94...	II, 72	313	815
123	338	290	. . .	suppl. 16	I, 317	XXIV 77	II, 113	314	872
123	339	291	XII 2 et 3	II IX 2	II, 324	XVI 1	I, 254	315	768
123	339	292	. . .	suppl. 17	II, 374	XXIV 78	II, 126	316	775
123	342	296	. . .	. . .	I, 259	XXV 74	I, 47	317	12
125	444	241	XXVII 6 et 9	II XVI 4 et 5	II, 230	XXIII 7 / XXIII 16 / XXV 150	II, 86	318	829
125	342	296	. . .	. . .	I, 260	XXV 132	II, 136	319	53
125	342	295	. . .	. . .	I, 260	XXV 76	II, 136	320	28
125	53	75	. . .	I IV 11	I, 176	I 11	I, 115	321	469
127	334	285	XXVIII 43	II XVII 39	II, 317	XXV 209bis / XXIV 29	II, 34 / II, 9	322	744
127	335	286	ult. XXV 11	I VI 15	I, 200	III 11	I, 84	323	84
127	335	286	ult. XXXI 20	I IX 50	I, 200	VI 47	I, 39	324	107
127	337	289	. . .	. . .	I, 210	XXV 13	I, 114	325	173
127	336	288	XXXI 30	I X 22	I, 249	VII 22	II, 135	326	27
127	337	289	Ult. XXVIII 75	II XVII 59	II, 374	XXIV 49	II, 115	327	886
129	343	296	XXXI 31	I X 24	I, 255	VII 24	II, 132	328	32
129	344	297	XXXI 32	I X 25	I, 256	VII 25	II, 136	329	33
129	344	298	XXIX 14	I IX 18	I, 257	VI 15	I, 130	330	34
130	341	294	XXXI 15	I VIII 10	II, 173 / I, 217	XXIV 88 / V 9bis	I, 155 / I, 121	331	234
130	345	299	. . .	. . .	II, 327	XXV 99	I, 270	332	656
130	329	280	XXXI 6	I X 4	I, 224	VII 4	II, 143	333	274
130	343	296	. . .	. . .	I, 258	XXV 25 / XXV 25bis	II, 135	334	56
130	343	296	. . .	. . .	I, 258	XXV 118bis	II, 132	334	15
139 210 209 217 133	53	76	XXVI 1,2,3	I VII 1, 2, 3	II, 31	IV 2	I, 49	335	139
134	327	277	Ult. XXIX 51	I IX 43 et 11	II, 130	VI 40	I, 96	336	325
134	328	278	. . .	I IX 64	I, 193	VI 61	I, 88	337	408
134	328	278	XXXI 4	I X 3	I, 173	VII 3	II, 141	338	40

TABLE DE CONCORDANCE.

MMS N° 9202 Pages	1re C. N° 9203 Pages	2de C. N° 12449 Pages	P.-ROYAL (1670) Articles	BOSSUT (1779) Articles	FAUG. (1844) Pages	HAVET (1852) Articles	MOLIN. (1877-79) Pages	MICH. (1896) N°s	BRUNS. (1904) N°s
134	328	279	.....	I ix 57...	I, 310..	VI 54....	II, 152	339...	57.
134	329	279	XXIX 89.	I ix 42.	II, 54..	VI 39	I, 39..	340...	105
137	330	280	XXXI 27.	I viii 1.	II, 96..	V 1....	I, 167..	341...	373
137	330	280	XXXI 27.	I ix 55.	II, 96..	VI 52..	I, 118..	341...	331
137	330	281	XXXI 7..	I x 5..	II, 257..	VII 5..	II, 137..	342...	5..
137	331	280	XXIX 10.	I ix 14..	I, 309..	VI 11..	I, 116..	343...	102
137	338	290	XVIII 10..	II xiii 6..	II, 205.	XX 6....	I, 196..	344...	575
141	331	282	.....	.....	II, 374.	XXV 194..	I, 195..	345...	579
141	331	282	XXIX 11.	I ix 15.	I, 309..	VI 12..	I, 124..	346...	407
141	332	283	.....	.....	II, 374.	XXV 194..	I, 196..	347...	531
141	332	283	Ult. XXV, 10.	I vi 13.	I, 223..	III 10..	II, 39.. / I, 196..	348...	99.
141	331	282	XXIX 13.	I ix 1....	I, 205.. / I, 187..	VI 1... / VI 1 bis...	II, 151.. / I, 103..	349...	380
142	333	284	.....	.....	I, 235..	.....	II, 151..	350...	120
142	333	284	.....	.....	I, 216..	XXIV 92. / VI 48 note.	I, 42..	351...	370
142	...	...	.....	.....	I, 291...	.....	II, 101..	352...	938
142	342	295	suppl. 27.	.....	I, 247..	XXIV 87bis..	II, 132..	353...	26.
142	59.	82.	XXXI 3..	I ix 61..	II, 40..	VI 58..	I, 58..	354...	166
142	335	287	.....	.....	I, 213..	XXIV 91.	I, 83..	355...	303
142	329	280	XXIX 9..	I viii 59..	I, 199..	V 18..	I, 85..	356...	85.
142	346	300	.....	.....	II, 404..	.....	.....	357...	186
142	337	289	.....	.....	I, 222..	XXV 71..	II, 44..	358...	534
142	345	299	.....	.....	II, 178..	XXV 40..	II, 56..	359...	279
142	341	294	.....	.....	II, 373.	XXV 192..	II, 100..	360...	567
145	335	287	XXXI 8..	I x 6..	I, 248..	VII 6..	II, 135..	361...	47.
145	339	292	.....	.....	I, 259..	XXV 180	II, 135..	363...	54.
145	308	530	X 12 et 14.. / XIII 9..	II viii 8.. et 10. / I ix 10. et 11.	II, 261..	XXVI 9..	I, 249..	364...	675
146	...	...	.....	.....	I, 260 note	.....	.....	362...	371
146	58	82	XXVI 1..	I vii 1..	II, 38..	IV 3..	I, 61..	365...	142
146	177	210	XXVIII 54.	II xvii 48..	I, 214..	XXIV 38..	I, 112..	366...	539
149	181	214	XXIX 3.. / Ult. XXIX, 5 et 8.	II xvii 70..	II, 379..	XXIV 59bis. / XXIV 59ter.	II, 37..	367...	483
149	178	211	Ult. XXIX, 3.	II xvii 70..	II, 378..	XXIV 59.	II, 37..	368...	482
151	85	111	.....	II xv 2..	II, 316..	XXII 7..	I, 18..	369...	547
151	31	47	XXIX 1..	I vi 26.	I, 180..	III 18..	I, 126..	370...	327
151	148	170	X 16 18 et 19.	II viii 10 12 et 13..	II, 363..	XV 10..	I, 266..	372...	607
152	32	48	.....	T. II, p. 547	I, 181..	XXIV 100bis.	II, 148..	371...	79
153	395	367	.....	.....	II, 281..	XX 18..	I, 315.. / I, 201..	373... / 374..	568 / ...

MMS N° 9202 Pages	1re C. N° 9203 Pages	2de C. N° 12449 Pages	P.-ROYAL (1670) Articles	BOSSUT (1779) Articles	FAUG. (1844) Pages	HAVET (1852) Articles	MOLIN. (1877-79) Pages	MICH. (1896) Nos	BRUNS. (1904) Nos
								375..	...
								376..	...
153	...	...			I, 285..	Prov 203..	II, 100.	377..	930
155	...	...			I, 319	...	...	378..	951
155	...	...			I, 320..	...	...	379..	950
157	410	387	XXXI 19.	I ix 52.	I, 186..	VI 49.	I, 99.	380..	593
157	40	61	XXIII 4.	I iv 4..	II, 81..	I 4	I, 71.	381..	409
157	394	265			I, 226..	XXV 125.	I, 87.	382..	501
157	167	197			II, 273..	...	I, 271..	383	725
159	411	387			I, 193..	XXV 5..	I, 46. / I, 45.	384..	160
159	32	48		I ix 8..	II, 133..	VI 7bis.	I, 101..	385..	878
159	428	399	XXVIII 63.	II xvii 56..	II, 190..	XXIV 46..	I, 181..	386..	593
161	46	66	XXI 4..	II 1, 4, 5..	II, 83..	VIII 13..	I, 65.	387..	416
161	81	107	V 2.....	II vi 1..	II, 347..	XIII 2..	II, 57..	388..	268
161	412	388			I, 380..	XXV 119	...	389..	314
161	37	54			I, 216..	...	I, 109..	390..	467
161	178	210	Uü.XXVIII 31.		I, 227..	XXIV 22..	II, 38..	391..	481
163	413	389			I, 234..	XXV 206 et XXIV 90bis. XXV 119.. XXV 22..	I, 109.. I, 121.. I, 104..	392..	310 / ... / ...
163	413	389	XXXI 37.	I ix 56.	I, 253..	VI 53...	I, 123..	393..	41
163	179	211			I, 235..	XXV 23..	II, 121..	394..	209
163	84	111			II, 349..	XIII 5bis.. XXV 46..	II, 47..	395..	254
163	...	221			II, 195..	XXV 141..	I, 194..	396..	633
163	394	365			...	...	...	397..	258
163	46	67	XXV 15..	I vi 19..	II, 131..	III 13..	I, 96.	398..	92
164	...	...							310bis
165	39	60			II, 84..	I 6bis.	I, 70..	399..	348
165	40	60	XXIII 3..	I iv 3..	II, 82..	I 3..	I, 71.	400..	397
165	172	205	XV 6....	II 21 2..	II, 308..	XVIII 7..	I, 204..	401..	735
165	172	205	XV 6..	II xi 2..	II, 308..	XVIII 6..	I, 204..	402..	729
165	170	204		II xi 2..				403..	738
165	31	47		I ix 7 et 8..	II, 134..	VI 7..	I, 100..	404..	299
165	31	47			II, 135..	XXV 86..	I, 321..	405..	271
167	169	202	XVIII 15.	II xiii 8..	II, 280..	XXV 167..	II, 14..	406..	753
167	397	371			II, 135..	XX 12. VI 62bis..	I, 115..	407..	306
167	167	200	XV 2..	II xi 1..	II, 271..	XVIII 2..	I, 199..	408..	710
167	168	201	XV 1..	II xi 1..	II, 270..	XVIII 1..	I, 198..	409..	706

TABLE DE CONCORDANCE.

MMS N° 9202 Pages	1re C. N° 9203 Pages	2de C. N° 12449 Pages	P.-ROYAL (1670) Articles	BOSSUT (1779) Articles	FAUG. (1844) Pages	HAVET (1852) Articles	MOLIN. (1877-79) Pages	MICH. (1896) N°s	BRUNS. (1904) N°s
167	181	213	.....	.....	II, 378 note.	.....	.....	410..	473
169	36bis	55.	.....	I ix 9..	II, 134.	VII 8..	I, 100..	411...	296
169	323	403	.....	I x 34 et 36.	I, 151..	VII 34.	II, 139.	412...	4
169	323	404	.....	.....	I, 223.	XXV 124.	II, 139.	413..	356
169	403	378	XXIX 30..	I ix 35.	I, 222..	VI 32..	I, 119..	414...	68
169	404	378	.....	.....	II, 88..	XXIV 96. XXIV 96bis.	I, 85..	415...	88
169	84.	110	V 6.....	II vi 3..	II, 348.	XIII 7..	II, 59..	416...	253
169	84.	110	.....	.....	II, 214.	XXV 94bis..	II, 72..	417...	811
169	395	367	.....	.....	II, 83..	.....	I, 70..	418...	346
171 173 175 177 179 181 183 185 187 189	...	...	.....	.....	II, 298.	XXV 170.	I, 228.. I, 224..	419...	713
191	38.	58.	XXVIII 13.	II i 1.. II xvii 77.	II, 108. II, 352.	VIII 6...	I, 156.. I, 158..	420...	282
191	61.	85.	XXIX 40..	II xvii 71..	II, 95..	XXIV 61bis	I, 172..	421...	463
193	389	355	.....	.....	II, 236.	.....	II, 71..	422...	818
193	83.	109	XVI 4..	II xii 3..	II, 214.	XIX 3	II, 73..	423...	838
195	425 325	399	VII 3.... XXVIII 68.	II iii 6.. II xvii 62.	II, 174.	X 8.. XXIV 52.	I, 116.. II, 140.	424...	252
195	47.	67.	XXV 15..	I vi 19..	II, 132.	III 13..	I, 96..	425...	93
195	171	204	XV 14..	II xi 5..	II, 272.	XVIII 22..	I, 202..	426...	723
197	37bis	57.	XXXI 5..	I vi 21..	II, 107.	III 15...	I, 170..	427...	392
197	61.	85.	.....	.....	II, 315.	XXV 43..	II, 20..	428...	466
197	180	212	XXVIII 10.	II xvii 16..	II, 370.	XXIV 14..	II, 126..	429...	672
197	...	...	XV 6..	II xi 2..	II, 275.	XVIII 10..	I, 206..	430...	733
199	169	202	XV 5..	II xi 2..	II, 276	XVIII 4..	I, 203.. I, 207..	431...	724
199	182	215	.....	II xvii 70.	II, 380.	XXIV 60bis..	II, 39..	432...	476
199	181	213	.....	.....	II, 380.	XXIV 60ter.	II, 39..	433...	480
201	390	357	.....	.....	I, 203.	XXV 121.	II, 143..	434...	96
201	390	357	XXIX 26.	I x 10..	I, 173..	VII 10..	II, 143..	435..	10
201	391	357	.....	.....	I, 203.	XXV 11bis	II, 149..	436...	341
201	391	357	.....	.....	I, 286..	Prov. 294.	II, 101..	437...	864
201	391	359	.....	.....	I, 223.	XXV 123.	II, 115..	438...	583
201	47.	68.	.....	I iv 10..	II, 92..	I 10...	I, 38...	442...	415
201 202	391	359	.....	suppl. 1..	I, 223.	XXV 67.	II, 149	439...	340

MMS N° 9202 Pages	1ʳᵉ C. N° 9203 Pages	2ᵈᵉ C. N° 12449 Pages	P.-ROYAL (1670) Articles	BOSSUT (1779) Articles	FAUG. (1844) Pages	HAVET (1852) Articles	MOLIN. (1877-79) Pages	MICH. (1896) Nᵒˢ	BRUNS. (1904) Nᵒˢ
202	390	359	XXIX 27.	I ix 32.	I, 196..	VI 20.	I, 118..	440..	108
202	390	359	XXVIII 45.	II xvii 41.	I, 324..	XXIV 31.	I, 322..	441..	859
202	141	171	.....	.....	II, 208.	XXV 145.	I, 299..	443..	635
202	178	210	III 21..	II v 11.	II, 377.	XII 19.	II, 49..	444..	538
205	426	399	XXIV 13	II ii 1..	II, 208qq.	XXV 134.	I, 16..	445..	194bis
	221	433	et I 1.	II xvii 8			II, 89..		et 194ter
				et 55.		XXV 135.	I, 16..		et 195bis
				I vi 6.		XXIV 45.	I, 155..		...
						XXIV 8bis.	I, 15..		...
						III 6.	II, 88..		...
							I, 15..		...
							I, 16..		...
							I, 15..		...
							II, 88..		...
							I, 15..		...
							I, 311..		...
							I, 43..		...
							I, 17..		...
							I, 16..		...
							I, 84..		...
							I, 393..		...
206	406	379	XXIX 31.	I ix 36.	II, 27..	VI 33.	I, 21..	446..	62
206	405	380	XX 1..	II xv 1.	II, 113.	XXII 2..	I, 137..	447..	242
206	439	400	.....	II 403..	.....	.....	.....	448..	901
209, 210, voir p. 139.									
213	149	179	.....	.....	II, 249.	.....	.....	449..	689
213	317	401	XXXI 28.	I ix 20..	I, 250..	VII 25..	II, 135.	450..	49
213	317	...	XXXI 1..	I x 1..	I, 186..	VII 1..	II, 151..	451..	7
213	317	401	XXXI 2..	I x 2..	I, 152..	VII 2..	II, 146..	452..	2
213	82.	108	V 3.....	II vi 2..	II, 348..	XIII 3..	II, 58..	453..	273
213	393	361	.....	suppl. 25.	II, 357..	XXIV 86..	I, 323..	454..	589
214	249	465	.....	.....	I, 196..	.....	I, 186..	455..	618
214	249	465	.....	.....	II, 322..	.....	II, 16..	456..	572
214	84.	110	V 6.....	II vi 3..	II, 348..	XIII 6..	II, 59..	457..	272
214	314	406	.....	.....	II, 402..	XXV 201..	II, 171..	458..	363
214	147	178	.....	.....	I, 321..	Prov. 201..	II, 93..	459..	867
217	59.	82.	XXVI 1..	I vii 1..	II, 31..	IV 1..	I, 56..	460..	143
218	145	175	II 8.....	II iv 5..	II, 199..	XI 5bis..	I, 301..	461..	613
221	397	373	XXVIII 58.	II xvii 51.	I, 265..	XXIV 41..	II, 119.	462..	903
221	385	347	.....	.....	II, 403..	.....	.....	463..	754
221	166	197	.....	.....	II, 271..	XXV 1 60..	I, 205..	464..	732
221	37.	55.	XXIX 6..	I viii 15..	I, 179..	V 14..	I, 105..	465..	324
221	...	...	.....	.....	.....	.....	.....	466..	759
222	285	400	XV 15 et 16.	II xi 2 et 5.	II, 278.	XVIII 14.	II, 7..	467..	727
		507			II, 280.	XXV 166.	I, 201..		...
							I, 203..		...

MMS N° 9202 Pages	1re C. N° 9203 Pages	2de C. N° 12449 Pages	P.-ROYAL (1670) Articles	BOSSUT (1779) Articles	FAUG. (1844) Pages	HAVET (1852) Articles	MOLIN. (1877-79) Pages	MICH. (1896) N°s	BRUNS. (1904) N°s
222	...	...	XV 8....	II xi 2..	II, 325.	XVIII 13.	II, 9...	468..	761
222	39.	60.	XXIII 1..	I iv 2...	II, 183.	I 2.....	I, 72..	469..	339
225	406	381	Ult. XXVIII 59.	II xvii 46..	I. 190.	XXIV 36.	I, 197..	470..	266
225						XXV 3..	I, 126..		
225	406	381			I, 183..	XXV 62..	I, 45..	471..	357
225	406	382			I, 254..	XXV 128..	I, 197..	472..	23
225	406	382			II, 327.	XXV 100..	II, 128..	473..	776
225	407	383			II, 328.	XXV 100..	II, 2..	474..	627
225	407	382			I, 287..	XXIV 12bis..	II, 100..	475..	865
225	407	382			II, 328.		II, 100..	476..	943
225	407	382	XXVIII 2..	II xvii 12..	II, 350.	XXIV 11bis..	I, 297..	477..	486
225	407	383		I x 32..	I, 250..	VII 32..	I, 197..	478..	50
225	407	383			II, 328.	XXV 100..	II, 128..	479..	777
227	402	376	XXVIII 46.	II xvii 42..	II, 375.	XXIV 32..	II, 43..	480..	497
227	401	375	XXIX 28.	I ix 33..	I, 211.	VI 30...	I, 112..	481..	103
227	113	139.	XIV 9...	II x 5..	II, 313.	XVII 12..	II, 24..	482..	774
227	113	139			II, 361..	XV 11...	II, 44..	483..	747
229	393	362			I, 185..	XXV 2..	I, 48..	484..	456
229	393	363	XXIV 14..	I vi 7..	I, 185..	III 7....	I, 115..	485..	176
229	393	363		I x 33..	I, 251..	VII 33..	II, 141..	486..	3
229	394	365			I, 186..	XXV 64..	II, 125..	487..	865
229	471	204	XV 13..	II xi 5..	II, 202.	XVIII 21..	I, 200..	488..	720
229	82.	109	XXXI 13.	I vi 23..	I, 215..	III 17....	I, 322..	489..	384
229	395	367	ult. II 10.	II iv 7..	II, 201 note	XI 7....	I, 318..	490..	857
229	394	365	IX 2..	II xvii 64..	II, 85 et note.	XXIV 53bis et note.	I, 73..	491..	365
229	395	367	XXVIII 16	II xvii 18..	I, 80..	XXIV 16bis..	I, 153..	492..	212
229	37bis	57.			I, 203..	XXV 11...	II, 148..	493..	342
231	33.	50.		I viii 14..	I, 221..	V 13....	I, 104..	494..	315
231	34.	50.	XXIX 2..	I viii 3..	I, 218..	V 2.....	I, 107..	495..	337
231	34.	51.	XXXI 10.	I viii 2..	I, 219..	V 2ter..	I, 107..	496..	335
231	34.	51.		I viii 1..	I, 219..	V 2bis...	I, 107..	497..	328
231	34.	51.			I, 220..	XXIV 90..	I, 109..	498..	336
232	36.	52.			I, 220..		I, 109..	499..	329
232	36.	52.	XXIX 4..	II xvii 70..	I, 220..	XXIV 61..	I, 105..	500..	334
232	35.	52.		I viii 13..	I, 179..	V 12....	I, 106..	501..	316
232	36.	53.	XXIX 5..	I viii 11..	I, 217..	V 10....	I, 69..	502..	80
232	36.	53.	XXVIII 53.	II xvii 47..	I, 217..	XXIV 37..	I, 69..	502..	536
232	165	198	VII 2..	II iii 5..	II, 275.	X 4.....	II, 5..	503..	694
232	165	197	XV 6 et 7.	II xi 2..	II, 309. II, 275.	XVIII 9.. XVIII 11..	I, 206..	504..	730
232	166	198	XV 7..	II xi 2..	II, 314.	XXX 172..	II, 3..	505..	770
235	393	362	VII 2..	II iii 5..	II, 174..	X 2.....	I, 153..	506..	239
235	45.	65	XXIII 7..	I iv 7..	II, 85..	I 7....	I, 68..	507..	418

MMS N° 9203 Pages	1re C. N° 9203 Pages	2de C. N° 12449 Pages	P.-ROYAL (1670) Articles	BOSSUT (1779) Articles	FAUG. (1844) Pages	HAVET (1852) Articles	MOLIN. (1877-79) Pages	MICH. (1896) N°s	BRUNS. (1904) N°s
						I 7bis	...	...	...
235	439	235	XXVII2et3	II xvi 1 et 2	II,213	XXIII 1	II, 66	508	803
235	439	235	XXVII 4	II xvi 3	II,139	XXIII 4	I, 280	509	487
237	439	236	XXVII 15, 11, 12 et 13	II xvi 7... 5 et 10	II,228	XXIII 22 / XXIII 18	II, 68	510	828
237	147	177	II 10	II iv 7	II,201	XI 7	I, 307	511	616
239 240 243 244	241	455	XIX 1 et 2	II xiv 1 et 2	II,357	XXI	I, 303 / I, 271 / I, 303	512	610
244	7..	20.	XXV 13	I vi 18	II,88	III 12	I, 99	513	436
244	194	6..	XXVIII 56	II xviii 49	I,198	XXIV 39ter	II, 41	514	471
244	82.	109	.....		II,350	XXV 47	II, 46	515	256
244	35.	52.	.....	I viii 4	I,179	V 3	I, 106	516	313
247	...	221			II,194	XXV 141 / I,193		517	632
247	428	400	XXXVIII21	II xviii 20	II,18	XXIV 18ter	I, 17	518	217
247	145	175	XXVIII 39	II xviii 36	II,205	XXIV 26bis	I, 188	519	690
247	81.	107			II,347	XIII 2bis / XXV 182	II, 57	520	269
247	84.	111	V 1	II vi 1	II,347	XIII 1	II, 57	521	267
249	402	376	XXIX 29	I ix 34	I,205	VI 31	I, 60	522	135
249	167	200	X 6	II viii 4	II,278	.....	I, 273	523	748
249	352	307	.....	.....	I,324	XXIV 95	II, 124	524	885
249	353	308	.....	.....	II,375	XXV 104	II, 47	525	502
251	353	309		suppl. 23	I,317	XXIV 84	II, 113	526	871
251	61.	86.	.....	II 1 1	II,94	VIII 3	I, 174	527	464
251	401	375	XXXI 18	I ix 19	I,247 / I,202	VI 46 / XXIV 89bis	I, 61 / I, 128	528	355
251	401	376	.....	I ix 54	I,210	VI 51	I, 152	529	58
253	393	361			II,325	XXV 177	II, 13	530	787
253	128	154	XIII 1 2et13	II ix 13	II,256	XVI 11	I, 259	531	728
253	128	155	XIII 2 et 3	II ix 5 et 7	II,254	XVI 6	I, 259	532	685
255	127	153	XIII 11	II ix 2	II,257	XVI 10bis	I, 238	533	684
255	149	179	X 21 et 17.. et 13	II viii 15 et 13	II,362	XV 12	I, 266	534	608
255	62.	87.	XXI 1	II 1 1	II,92	VIII 4	I, 175	535	350
257 258	48.	69.	XXI 1 et 4	II 1 1 et 4	II,100 / II,158	VIII 1	I, 161	536	434
261 262	...	...	III 5 6 et 8 / XXVIII 30	II v 3 et 4 / II xviii 23	.....	.....	I, 292		...
265	177	209	III 18	II v 9	II,145	XII 15	I, 289	537	529
265	179	212	XXVIII 57	II xvii 50	II,349	XXIV 40	II, 102	538	249

TABLE DE CONCORDANCE.

MMS N° 9202 Pages	1er C. N° 9203 Pages	2de C. N° 12449 Pages	P.-ROYAL (1670) Articles	BOSSUT (1779) Articles	FAUG. (1844) Pages	HAVET (1852) Articles	MOLIN. (1877-79) Pages	MICH. (1896) N°s	BRUNS. (1904) N°s
265	180	213	Ull. XXIX, 4.	II xvii 70..	II, 377..	XXIV 60..	II, 36..	539..	474
265	180	213	. . . . . .	. . . . .	II, 377..	XXV 195..	I, 188..	540..	611
265	182	215	. . . . . .	. . . . .	II, 93..	XXV 50..	I, 291..	541..	503
265	182	215	Ull. XXIX, 6.	. . . . .	II, 377..	XXIV 60..	II, 36..	542..	475
265	171	204	XVI 6..	II xii 6..	II, 274..	. . . . .	I, 188..	543..	637
265	85.	112	XX 2..	II xv 2..	II, 114..	X 5..	I, 139..	544..	543
265	147	178	II 11..	II iv 9..	II, 172 note.	XI 9..	I, 303..	545..	603
267	142	172	. . . . . .	. . . . .	II, 206..	XXV 144..	I, 297..	546..	446
267	179	212	. . . . . .	. . . . .	I, 273..	Prov. 289..	II, 121..	547..	914
269	429	400	. . . . . .	I ix 65..	I, 182..	VI 62..	I, 83..	548..	304
269	430	401	XXXI 20..	I x 12..	I, 183..	VII 12..	I, 44..	549..	351
269	314	406	. . . . . .	. . . . .	II, 403..	. . . . .	. . . . .	550..	90
269	314	406 106	. . . . . .	. . . . .	II, 403..	. . . . .	. . . . .	551.. 941.	87
270	397	371	. . . . . .	I ix 2..	I, 212..	VI 2..	II, 143..	552..	345
270	429	400	X 15..	II viii 11..	II, 259..	XV 9.. XXV 155..	I, 271.. I, 272..	553.. 554..	673 . . . .
270	172	206	. . . . . .	. . . . .	II, 272..	XXV 161..	I, 200..	555..	718
270	81.	107	. . . . . .	. . . . .	II, 214..	XXV 94..	II, 72..	556..	812
270	82.	108	. . . . . .	. . . . .	II, 351..	XXV 48..	I, 323..	557..	261
273	397	371	Ull. XXXI, 29.	I x 18..	I, 250..	VII 18..	II, 136..	558..	39
273	397	371	. . . . . .	I x 37..	I, 206..	VII 36..	II, 153..	559..	8
273	313	405	. . . . . .	. . . . .	I, 291.. II, 351..	XXV 49..	II, 104.. II, 142..	560.. 561..	260 . . . .
273	47.	68.	. . . . . .	I iv 10..	I, 226..	I 10bis..	I, 38..	562..	396
275 276	385	347	XXVIII 3..	II xvii 13..	I, 321..	XXIV 12..	II, 90..	563..	862
275	62.	87.	. . . . . .	. . . . .	II, 92..	VIII 5..	I, 176..	564..	461
277	82.	108	XXVIII 7..	II xvii 13..	II, 351..	XXIV 13..	II, 136..	565..	563
277	148	178	X 17 18 et 19.	. . . . .	II, 361..	XV 10bis..	II, 44..	566	609
277	301	523	. . . . . .	. . . . .	II, 79..	XXV 27..	I, 68..	567..	439
277	301	523	. . . . . .	. . . . .	II, 400..	. . . . .	I, 111..	568.. 569.. 570.. 571..	714
277	302	525	XIV 3..	II x 3..	II, 314..	XVII 2..	II, 2..	572..	792
277	301	523	. . . . . .	. . . . .	. . . . .	. . . . .	. . . . .	573..	721
277	301	523	X 22..	II viii 16..	II, 192..	XV 13..	I, 269..	574..	641
277	302	524	. . . . . .	. . . . .	II, 595..	. . . . .	I, 269..	575..	630
277	302	524	. . . . . .	. . . . .	II, 400..	. . . . .	I, 212..	576..	715
279 280	. . .	. . .	. . . . . .	. . . . .	I, 298..	Prov. 296 et 297.	Prov. 108 et 116.	577..	956
283	. . .	. . .	. . . . . .	. . . . .	I, 294..	. . . . .	Prov. 113	578..	858
283	145	175	II 9..	II iv 6..	II, 201..	XI 6..	I, 303..	579..	614

MMS N° 9203 Pages	1re C. N° 9203 Pages	2de C. N° 12449 Pages	P.-ROYAL (1670) Articles	BOSSUT (1779) Articles	FAUG. (1844) Pages	HAVET (1852) Articles	MOLIN. (1877-79) Pages	MICH. (1896) N°	BRUNS. (1904) N°
281	33	49	. . . . .		II,51 note	III 3bis	I, 83	580	307
285 / 286	. . .	. . .	. . . . .		I, 300	Prov. 297 et 298	Prov.118	581	925
309 311 313 315 289 291 293 295	271	489	. . . . .		II, 283	XVIII 22 notes / XVIII remarques.	I, 214	582	722
295	314	. . .			II, 404			583	364
297 298 341	223	447	VIII 1	II vii 1	II, 186	XIV 4	I, 184	584	620
339 301 303 305 307	279	499			II, 291	XXV 168	I, 207	585	682
317 et suivants. Voir 57.									
329 330 333	267	485	. . . . .		II, 296	XXV 169	I, 213	586	711
333	237	451	VIII 2	II vii 2	II, 188	XIV 5	I, 268	587	631
335 336	245 246	461 462	VIII 1	II vii 1 / II xvii 9	II, 185	XIV 3	I, 182	588	619
339	246	463	. . . . .				589		717
339, Voir 301.									
341, Voir 297 sqq.									
343	468	267			I, 289	Prov. 295	II, 109	590	927
343	468	268	. . . . .	II xvi 10	I, 289	XXIII 42 / XXIII 33 / XXIV 33 / XXV 204	II,119 110	591	851 ...
343	215	271	. . . . .	II ix 53	II, 97	VI 60 / VII 39	I, 168	592	385
344	471	271		I x 40	I, 272	Prov. 289	II, 119	593	916
344	471	271			I, 259	XXV 130bis	II, 135	594	55
344	471	271	XXVIII 64	II xvii 57	I, 230	XXIV 47	II, 59	595	262
344	471	272	. . . . .	II xvi 10	I, 268	XXIII 43	II, 119	596	924
					I, 269		II, 118		. . .
344	472	272	. . . . .		II, 260	XXV 41	II, 25	597	
	346	332	. . . . .	II xvii 10	II, 326	XXIV 11	II, 126	598	781
	471	272	. . . . .		II, 260.-	XXV 41	II, 25	599	
347 348 351 352 355 356 359 360	91	117	XXII / XXXI 23	I iv 1 / I vi 24 et 26	II, 63	I 1	I, 25	600	72 / . . .

TABLE DE CONCORDANCE.

MMS N° 9202 Pages	1re C. N° 9203 Pages	2de C. N° 12449 Pages	P.-ROYAL (1670) Articles	BOSSUT (1779) Articles	FAUG. (1844) Pages	HAVET (1852) Articles	MOLIN. (1877-79) Pages	MICH. (1896) N°s	BRUNS. (1904) N°s
361 362 369 370	8bis	24	XXV 4 et 8 7 et 10 11 12 et 14	I vi 3 10 11 14 16 17 et 27 I viii 9	II, 47	III 3	I, 76	601	82
370	...	21			II, 47	III 19	I, 75	601	83
365, Voir 69.									
366, Voir 70.									
373 374	106	131	III 14 et 22	II v 5 et 11	II, 136	XII 11	I, 282	602	435
374	62	86	XI 1	II 1 1	II, 93	XXV 136	I, 176	603	360
374	86	113			II, 316	XXV 173	II, 20	604	549
377 378	65	91	XXI 1 III 7	II 1 1 II v 3	II, 121	VIII 2	I, 143	605	425 ...
381	147	391	XXVIII 42	II xvii 38	II, 373 II, 260	XXV 191 XXIV 28	I, 255	606	666
381	418	392	XXIX 42	I ix 45	I, 190	VI 42	I, 122	607	122
381	418	392	XXXI 17	I vi 20	II, 102 note	III 14	I, 168	608	388
381	419	393			II, 106	XXV 35	I, 296	609	447
381	419	393	XXXI 31	I x 14	I, 251	VII 14	I, 46	610	106
382	419	393	XXIV 1	I v 1		II 1	I, 87	611	147
382	305	527			II, 310		I, 223	612	700
382	305	527	Ult. XIII, 3	II ix 6	II, 253	XVI 5	I, 244	613	659
385 386	...	...			I, 308	Prov. 300	Prov. 110	614	925
389 390	...	...			I, 303	Prov. 298	Prov. 120	615	928
390					II, 372	XXV 190	II, 129	616	512
393	...	...			I, 101	XXV 207	II, 150	617	75
393	177	209	III 16 et 17	II v 7 et 8	II, 145	XII 14	I, 289	619	526
393	41	60			II, 94	XXV 31	I, 172	620	349
393	46	67			II, 89	VIII 15 XXV 116	I, 68	621	125
394					II, 295	XXV 98	II, 128	618	636
394	40	60	XXIII 3	I iv 3	II, 82	I 3	I, 71	622	398
394 419 420	305	527	X 10 11 et 12	II viii 7 8 II ix 2	II, 241	XV 7 XV 7bis	I, 251	623	571
394	48	68			II, 55	XXV 80bis	I, 86	624	116
397 398	...	...			I, 305	Prov. 298 et 299	Prov. 114	625	921
397								625	362
397	...	...			I, 327	Prov. 302	II, 98	626	888
397	36bis	56	XXIX 7	I viii 16	I, 184	V 15	I, 103	627	322
398	83	110		II vi 3	II, 349 II, 347	XIII 5 XXV 183	II, 89 II, 17 II, 125	628	255
398	166	197	XV 6	II ix 2	II, 275	XVIII 8 XXV 165	I, 206 II, 5	629	734

MMS N° 9202 Pages	1re C. N° 9203 Pages	2de C. N° 12449 Pages	P.-ROYAL (1670) Articles	BOSSUT (1779) Articles	FAUG. (1844) Pages	HAVET (1852) Articles	MOLIN. (1877-79) Pages	MICH. (1896) N°	BRUNS. (1904) N°
401	460	259	....	....	II, 218.	XXV 95..	II, 82..	630..	846
401	462	259	....	....	II, 56..	III 4...	I, 110.	631..	138
402	459	258	....	II xvi 9 10..	I, 279..	XXV 202.	II, 98..	632..	849
					I, 321..	XXIII 39.	....	...	
						XXIII 26.	....	...	
						XXIII 27.	....	...	
						XXIII 40.	....	...	
401	378	337	XXIX 23.	I ix 29..	I, 213..	VI 26...	I, 124.	633..	9
401	81.	107	....	....	II, 274..	....	....	634..	696
402	370	327	....	....	I, 288..	Prov. 294.	II, 101.	635..	932'
402	370	327	XXXI 34.	I x 27..	I, 247..	VII 27..	II, 132.	636..	25
402	370	327	....	....	I, 226..	XXV 19..	I, 128.	637..	457
402	81.	107	....	....	II, 372..	XXV 53..	II, 17..	638..	224
405 406	321	401	XXXI 2..	I x 2..	I, 149..	VII 2bis.	II, 144.	639..	1
405	168	200	XV 3....	II x 12..	II, 276..	XVIII 3..	I, 201.	640..	708
405	45.	65.	....	....	I, 225..	XXIV 80bis.	I, 104.	641..	402
405	168	201	XV 4....	....	II, 276..	XVIII 3..	I, 201.	642..	709
405	177	209	III 19..	II v 9..	II, 144..	XII 16..	I, 289.	643..	524
406	31.	47.	....	I viii 12..	I, 184..	V 11....	I, 108.	644..	317
406	33.	49.	....	....	II, 129..	....	I, 98..	645..	297
406	82.	108	V 4....	II vi 2..	II, 348..	XIII 4..	II. 5g.	646..	270
406	...	...	....	....	I, 312..	Prov. 300.	Prov. 109.	647..	902
409	...	...	....	....	I, 288..	Prov. 294.	Prov. 112.	648..	940
409	...	...	....	....	I, 292..	Prov. 295.	Prov. 107.	649..	953
409	84.	111	V 7....	II vi 4..	II, 349..	XIII 8..	II, 57..	650..	265
409	168	201	....	....	II, 310..	....	II, 21..	651..	716
409	81.	107	....	II xvii 4..	II, 178..	XXIV 3..	II, 60..	652..	185
409	428	400	....	....	II, 369..	XXV 51..	II, 57..	653..	522
411 412	...	...	....	....	I, 326..	Prov. 301.	II, 97..	654..	889
411	84.	111	....	....	I, 268..	....	II, 96..	655..	947
411	...	221	....	....	II, 196..	XXV 142.	I, 192.	656..	634
411	178	210	III 21..	II v 11..	II, 376..	XIII 18..	II, 52..	657..	541
412	177	209	III 15..	II v 7..	II, 145..	XII 13..	I, 288.	658..	537
412	179	212	....	....	I, 207..	XXV 67..	II, 100.	659..	496
412	385	347	....	....	I, 261..	XXV 117.	II, 115.	660..	196
412	385	347	....	....	I, 261..	XXV 117.	II, 115.	660..	38
415	464	262	....	....	I, 284..	Prov. 293.	II, 112.	661..	936
415	464	263	....	....	I, 260..	XXV 131.	II, 136.	662..	51
415	464	263	....	....	I, 181 note.	XXIV 100bis.	II, 136.	663..	78
415	464	263	XXIX 20.	I ix 25.	I, 260..	XXV 131.	II, 136.	664..	52
415	464	263	....	....	II, 42..	VI 22..	I, 60..	665..	165
415	464	263	....	I iv 18..	II, 88..	....	....	666..	436bis

TABLE DE CONCORDANCE.

MMS N° 9202 Pages	1re C. N° 9203 Pages	2de C. N° 12449 Pages	P.-ROYAL (1670) Articles	BOSSUT (1779) Articles	FAUG. (1844) Pages	HAVET (1852) Articles	MOLIN. (1877-79) Pages	MICH. (1896) Nos	BRUNS. (1904) Nos
4 1 5	465	263	.....	II xvi 10.	II, 213.	XXIII 41..	II, 67..	667..	804
4 1 6	463	262			II, 323.	XXIV 20bis	II, 16..	668..	222
4 1 6	464	262			I, 275..	.....	II, 116..	669..	946
4 1 6	464	262			I, 286..	Prov. 294..	II, 112..	670..	860
4 1 5 / 4 1 6	...	...			I, 284.. / I, 285.. / I, 272..	Prov. 292.. / Prov. 293.. /	II, 106.. / II, 96.. / II, 117..	671.. /	926 / ...
4 1 6	45.	45.	XXIV 7..	I v 5.	I, 208..	II 5..	I, 88..	672..	148
4 1 6	61.	85.			II, 95..	XXV 32..	I, 176..	673..	509
4 1 6	88.	113	XX 2.	II xv 2.	II, 315..	XXII 5..	I, 141..	674..	527
4 1 9	37bis	57.			I, 220..	XXIV 80bis	I, 104..	675..	403
4 1 9	177	209			II, 376..	XXV 54bis	II, 48..	676..	767
4 1 9	182	215	XXVIII 11.	II xvii 17.	II, 378..	XXIV 15.	II, 42..	677..	484
4 1 9	369	326			I, 212..	.....	II, 121..	678..	911
4 2 0	368	324			I, 223..	XXV 14..	II, 142..	679..	369
4 2 0	368	324	XXXI 33.	I x 26.	I, 251..	VII 26.	II, 133..	680..	14
4 2 0	371	328			I, 190..	XXV 4..	I, 47..	681..	124
4 2 3	368	325			I, 270..	Prov. 288..	II, 117..	682..	913
4 2 3	382	341			I, 259..	XXV 129..	II, 136..	683..	118
4 2 3	368	325			I, 287..	Prov. 294..	II, 125..	684..	939
4 2 3	369	326			II, 100..	XXV 84bis	I, 174..	685..	391
4 2 3	371	328	XXIX 17.	I ix 22.	I, 208..	VI 19..	I, 124..	686..	46
4 2 3	369	326		I vi 22.	I, 200..	III 16..	I, 127..	687..	91
4 2 3	369	326	XXXI 12.	I x 11..	I, 201..	VII 11..	I, 117..	688..	81
4 2 3	369	326	XXVIII 4.	II xvii 13.	I, 201..	XXIV 12ter	II, 125..	689..	521
4 2 3	370	327			I, 201..	XXV 9..	I, 127..	690..	121
4 2 3	371	328		I ix 59.	I, 204..	VI 56..	I, 134..	691..	44
4 2 5	372	329	XXVIII 36.	II xvii 34.	I, 252..	XXIV 34.	I, 21..	692..	63
4 2 5	372	330	XXIX 19.	I ix 24.	I, 192..	VI 21..	I, 44..	693..	353
4 2 5	373	330	.....		II, 170 note.			694..	232
4 2 5	376	334	.....	II xvii 1..	II, 100..	XXIV 1..	II, 20..	695..	432
4 2 7	...	342			I, 321..	.....	II, 123..	696..	896
4 2 7	370	327	.....	I viii 6.	II, 133..	V 5...	I, 83..	697..	311
4 2 7	370	328	.....		I, 248..	XXIV 95..	II, 153..	698..	188
4 2 7	371	328	.....		I, 191..	XXV 57..	I, 47..	699..	123
4 2 7	371	328			I, 209..	XXV 12..	I, 44..	700..	359
4 2 7	371	328	XXXI 35.	I x 28.	I, 249..	VII 28.	II, 134..	701..	29
4 2 7	372	329			I, 270..	Prov. 288..	II, 95.. / Prov. 121.	702..	694 / ...
4 2 7	371	329	.....		I, 318..	Prov. 300..	II, 114..	703..	873
4 2 7	372	329	Ult. XXXI 23.	I x 13...	I, 183..	VII 13.	I, 67..	704..	358

MMS N° 9202 Pages	1re C. N° 9203 Pages	2de C. N° 12449 Pages	P.-ROYAL (1670) Articles	BOSSUT (1779) Articles	FAUG. (1844) Pages	HAVET (1852) Articles	MOLIN. (1877-79) Pages	MICH. (1896) N°s	BRUNS. (1904) N°s
427	373	337	......	I ix 28..	II, 388.	VI 25bis..	I, 127..	705..	21
429	374	331	Ull. XXXI 25.	I x 15..	I, 204..	VII 15..	I, 87..	706..	401
429	376	334	......	II xvii 76.	I, 271..	XXIV 65..	II, 116.	707.	915
429	374	332	XXIX 21..	I ix 26..	I, 199..	VI 23..	I, 125..	708..	144
429	380	339			I, 318..	.....	II, 114.	709..	877
429	380	340	XXXI 36..	I x 30..	I, 249..	VII 30..	II, 133.	710..	24
429	381	340	......	I viii 5..	II, 133.	V 4..	I, 101..	711..	301
429	379	338			II. 369.	XXV 187.	II, 125.	712..	507
429	381	340	XXVIII 44.	II xvii 40.	I, 226..	XXIV 30..	II, 60..	713..	530
431	377	336	XXIX 32..	I ix 4..	I, 192..	VI 4..	I, 95..	714..	383
431	377	336	Ull. XXIX, 19.	I x 9..	I, 254..	VII 9..	I, 22..	715..	22
431	378	337	......		I, 274..	Prov. 289.	II, 96..	716..	934
431	380	339			I, 199..	XXV 8.	I, 43..	717..	175
431	375	333			I, 252..	XXV 24..	I, 22..	718..	64
433	374	332			I, 201..	XXV 10..	II, 149.	719..	368
433	378	336			I, 202..	XXV 65..	I, 127..	720..	119
433	378	337	XXIX 22..	I 12 37..	I, 192..	VI 24..	I, 95..	721..	382
433	373	330	Ull. XXIX, 32.	I ix 28..	II, 388.	VI 25..	II, 63..	722..	20
433	375	334						723..	506
433	371	329			I, 268..		II, 101. Prov. 112.	724..	937 ...
435	381	340			I, 325..		II, 123.	725..	923
435	382	342			I, 269..	XXV 77..	II, 118.	726..	912
435	382	342		suppl. 12.	I, 269.. I, 272..	XXIV 73. Prov. 288.	II, 118.	727..	917
435	382	342			I, 269..	Prov. 288.	II, 117.	728..	922
437	384	344			I, 273..	Prov. 289.	II, 123.	729..	931
437	383	343		suppl. 24.	I, 318..	XXIV 85.	II, 114.	730..	876
437	384	344			I, 273..		II, 124.	731..	904
437	368	326	XXIX 16..	I ix 20..	I, 207..	VI 17..	I, 116..	732..	377
437	369	324	XXVIII 35.	I ix 51..	I, 216..	VI 48..	I, 42..	733..	372
437	381	341			I, 274..	Prov. 289.	II, 95..	734..	944
437	382	341			I, 214..	XXV 58..	I, 43..	735..	215
439	383	343			I, 273..		II, 95..	736..	884bis
439	382	341			II, 383.	XXV 106.	II, 101.	737..	788
439	369	324	XXIX 33.	I ix 37..	I, 205..	VI 34..	I, 105..	738..	452
439	384	344		I x 35..	I, 254..	VII 35..	II, 133.	739..	31
439	382	341		I x 38..	I, 206..	VII 37..	II, 152.	740..	17

TABLE DE CONCORDANCE.

MMS N° 9202 Pages	1re C. N° 9203 Pages	2de C. N° 12449 Pages	P.-ROYAL (1670) Articles	BOSSUT (1779) Articles	FAUG. (1844) Pages	HAVET (1852) Articles	MOLIN. (1877-79) Pages	MICH. (1896) N°s	BRUNS. (1904) N°s
439	463	261	.....	.....	I, 288..	Prov 294.	II, 112.	741..	831
439	383	343	XXIX 24.	I ix 30..	I, 191..	VI 27...	I, 44..	742..	352
439	...	...	.....	.....	II, 371.	XXV 188.	I, 247..	743..	654
439	383	342	.....	.....	II, 75..	I 1bis..	I, 42..	53..	69bis.
440	367	323	.....	.....	I, 258..	VI 15ter.	I, 119..	744..	35
440	365	324	.....	.....	I, 194..	XXV 6..	I. 124..	745..	182
440	366	322	.....	.....	I, 195..	XXV 7..	I, 111..	746..	129
440	366	322	.....	.....	I, 195..	XXV 92bis.	I, 293..	747..	448
440	366	322	Ull. XXIX, 25.	I ix 31..	I, 205..	VI 18..	I, 87..	748..	159
440	366	322	.....	.....	I, 266..	Prov. 287.	II, 120.	749..	910
440	367	324	Ull. XXXI, 9.	I x 7..	I, 252..	VII 7..	I, 22..	750..	65
440	368	...	XXIX 8..	I viii 17..	I, 204..	V 16..	II, 150.	751..	333
441	367	323	XXXI 9..	I x 8..	II, 230.	VII 8..	II, 88..	752..	833
441	365	321	.....	.....	I, 259..	XXV 25ter.	II, 135.	753..	59
441	365	321	XXIX 15.	I ix 19..	I, 194..	VI 16..	I, 111..	754..	109
				I vii 5..	II, 43..	IV 6...	I, 112..	755..	
441	365	321	.....	.....	I, 211..	XXV 68..	I, 48..	756..	13
441	365	321	.....	.....	I, 212..	XXV 69..	I, 123..	757..	42
441	33.	30.	XXXI 11..	I viii 20..	I, 213..	V 19..	I, 103..	758..	302
441	366	323	.....	.....	I, 213..	VIII 7..	II, 142.	759..	95
442	48.	68.	XXI 4..	II x 4..	II, 89..	VIII 14..	I, 70..	760..	420
442	46.	67.	.....	.....	II, 89..	.....	I, 67..	761..	157
442	380	339	.....	.....	I, 324..	.....	II, 122.	762..	870
442	380	339	.....	.....	I, 266..	Prov. 287.	II, 96..	763..	898
442	379	338	.....	.....	II, 178.	XXV 138.	II, 56..	764..	516
442	379	338	.....	.....	I, 213..	XXV 208.	II, 105.	765..	954
442	379	339	XXIX 25.	I ix 31..	I, 187..	VI 28..	I, 113..	766..	180
442	171	205	.....	.....	II, 273.	XXV 163.	II, 7..	767..	756
442	147	177	.....	.....	II, 327.	XXV 99bis.	I, 270..	768..	655
442	255	471	.....	II xvii.	II, 389.	XXIV 10ter.	II, 64..	769..	449
443 / 444	391	359	XXXI 24.	I x 17..	I, 252..	VII 17 et 17bis	II, 147.	770.. 770bis.	18
443	255	471	.....	II xiii 5..	II, 157.	XX 5..	I, 294..	771..	562
443	255	471	.....	.....	II, 157.	.....	.....	772..	577
443 / 444	388	353	XXVII 16..	II xvi 7..	II, 234.	XXIII 23.	II, 69..	773..	817
444	254	470	.....	.....	II, 96..	.....	I, 70..	774..	419
444	254	471	.....	.....	II, 96 note.	.....	.....	775..	321
444	254	471	.....	II iii 3..	II, 115.	X 7..	I, 314..	776..	428
447	463	261	XXVII 14..	II xvi 6..	I, 287.. / II, 315.	Prov. 294. / XXIII 21.	II, 114. / II, 72..	777..	850

MMS N° 9202 Pages	1re C. N° 9203 Pages	2de C. N° 12449 Pages	P.-ROYAL (1670) Articles	BOSSUT (1779) Articles	FAUG. (1844) Pages	HAVET (1852) Articles	MOLIN (1877-79) Pages	MICH. (1896) N°*	BRUNS. (1904) N°*
447	465	264	....	II xvi 9...	I, 282.. / I, 284.. / II, 334..	XXIII 28.. / XXIV 46bis	II, 94.. / II, 67..	778..	844
447	466	265	XXVIII 12.	II xxvii 17.	II, 179.	XXIV 15bis	II, 82..	779..	285
447	466	265	....	....	II, 99..	XXV 34..	I, 315..	780..	390
447	466	266	....	....	I, 260..	XXV 75..	II, 49..	781..	533
447	466	265	....	II xvi 10..	I, 272..	XXIII 44..	II, 125..	782..	687
447	467	266	....	....	I, 279..	Prov. 292..	II, 121..	783..	933
449	456	255	....	....	I, 281..	XXV 203..	I, 309..	784..	807
449	456	255	....	....	I, 282..	XXV 203..	I, 309..	785..	805
449	457	255	....	....	I, 282..	XXIV83bis	II, 95..	786..	883
449	457	255	....	....	II, 235.	XXV 16bis	II, 68	787..	814
449	457	256	....	suppl. 22.	I, 282..	XXIV 83..	II, 95..	788..	884
449	457	256	....	II xvi 10..	I, 282..	XXIII 37..	II, 82..	789..	832
449	453	251	....	II xvi 10..	II, 225.	XXIII 38.. / XXIII 34..	II, 83..	790..	...
451	455	254	XXVIIi14 17.	II xvi 6 8 et 9.	I, 281.. / II, 214.	XXIII 24.. / XXIII 19..	II, 108. / II, 67..	791..	852
451	110	135	II 3....	II iv 3...	II, 349.	XI 3...	I, 290	792..	251
453	458	256	....	....	I, 283..	....	II, 94..	793.	...
453	458	257	....	....	I, 283..	....	II, 95..	794..	875
453	458	257	....	....	I, 283..	....	II, 95..	795..	890
453	458	257	....	....	I, 222..	XXIV 74..	II, 125..	796..	508
453	458	257	XXVII 14.	II xvi 6..	II, 215.	XXIII 20..	II, 86..	797..	826
453	458	257	....	....	I, 283..	....	II, 95..	798..	845
453	459	258	....	....	II, 233. / I, 283..	XXV 61.. / XXIII 29..	II, 68..	799..	813
453	459	257	....	....	I, 325..	....	II, 123.	800..	881
453	458	257	....	....	I, 283..	....	II, 95..	801..	844bis
453	459	257	....	II xvi 10..	I, 328..	XXV 179..	II, 86..	802..	820
453	...	...	....	....	II, 134.	....	II, 153.	803..	300
455	108	134	II 1....	II iv 1...	II, 144.	XI 1...	I, 279..	804..	491
455	449	247	....	....	II, 223.	XXV 148..	II, 112.	805..	893
455	449	247	....	....	II, 223.	XXV 148..	II, 112.	805..	806
455	449	247	XXVIII 50.	II xvi 45.	II, 382.	XXIV 35..	I, 264..	806..	665
455	453	252	XXVII 8..	II xvi 5..	II, 226.	XXIII 14..	II, 81..	807..	828
457	103	130	III 1....	II vi 1...	II, 144.	XII 6...	I, 280..	808..	489
457	103	130	XVII 5..	II xii 9..	II, 387.	XIX 9bis	I, 179..	809..	597
467 / 457	107	133	XVII 7..	II xii 10..	II, 336.	XIX 10bis	I, 178..	810..	599
459	109	134	XII 1....	II x 1....	II, 248.	XVI 1...	I, 256.. / I, 243..	811..	650
459	448	245	XXVII 5 7.	II xvi 3 4.	II, 226.	XXIII 8.. / XXIII 5.. / XXIII 5bis	II, 74.. / I, 265.. / II, 74	812..	808
461	445	242	....	....	II, 353.	XXV 50..	I, 287..	813..	588
461	460	243	XXVIII 8.	II xvi 5.	II, 353.	XXV 12..	II, 84..	814..	836
461	445	243	II 353..	....	....	XXV 184..	II, 42..	815..	837
461	445	243	....	....	II, 353.	XXV 184..	II, 42..	816..	861
461	451	249	XXVII 3.	II xvi 2..	II, 224.	XXIII 2..	II, 79..	817..	835

TABLE DE CONCORDANCE.

MMS N° 9202 Pages	1re C. N° 9203 Pages	2de C. N° 12449 Pages	P.-ROYAL (1670) Articles	BOSSUT (1779) Articles	FAUG. (1844) Pages	HAVET (1852) Articles	MOLIN. (1877-79) Pages	MICH. (1896) N°	BRUNS. (1904) N°
461	451	250			II, 225 note.	XXV 92ter	I, 16	818	192
463	454	252			II, 215	XXV 146	II, 86	819	819
463	454	253		II xvi 9	II, 216	XXIII 30	II, 80	820	840
463	467	266	XXVIII 8	II xvi 5 9 et 10	II, 224. I, 287	XXIII 13. XXIII 25	II, 81. II, 111	821	...
465	109	134			II, 141	XXV 87	I, 279	822	493
465	109	134	II 2	II iv 2	II, 141	XI 2bis	I, 279	823	433
465	195	6..	XXI 4	II 1 4	II, 87	VIII 12	I, 66	824	427
465	110	136	II 4	II iv 4	II, 142	XI 4	I, 289	825	486
465	445	248	XXVIII 7,3	II xvi 4	II, 223	XXIII 10	II, 78	826	821
465	109	135	XVII 4	II xii 9	II, 335	XIX 9	I, 180	827	598
465	108	133		suppl. 19	I, 225	XXIV 81	I, 105	828	453
467	103	130						829	235
467	108	134						830	551
467	108	133	Uu. XIV,7	II x 4	II, 314	XVII 7	II, 24	831	528
467	103	130			II, 186	XXV 93	I, 186	832	592
467	108	133		suppl. 19	I, 225	XXIV 80	I, 205	833	451
467	465	264			II, 263		II, 12	834	573
467	103	129	XVII 2	II xii 7	II, 334	XIX 7bis	I, 179	835	595
469	450	248			II, 231. I, 286	XXV 151	II, 79	836	842
469	465	264			II, 234	XXV 151	II, 73	837	822
469	27.	45.			II, 42	XXV 79	I, 63	838	128
471 473	443	240 244	XXVII 7. 1 5 8 et 10	II xvi 9 et 5 4 3 et 1	II, 219. II, 221	XXIII 31. XXIII 17. XXV 147. XXIII 8. XXIII 9. XXIII 1bis. XXIII 1ter. XXIII 32. XXIII 11.	II, 74	839	843
481	195	5..	III 20	II v 10	II, 91	XII 17	I, 284	840	525
481	196	8..		I iv 9	II, 93	I 9bis	I, 74	841	465
481	193	4..	XVIII 16. Uu. XVIII, 26.	II xiii 8. II xvii 21	II, 179	XXIV 19	I, 320	842	288
481	185	217	VI 3	II vi 7	II, 176	XIII 11	II, 55	843	286
481	194	4..	IX 4	II xvii 66	II, 228	XXIV 55	I, 294	844	478
481	196	7..			II, 364		I, 310	845	290
483	185	217	VI 1	II vi 5	II, 232	XIII 9	II, 49	846	470
483	186	217	VI 4	II vi 8	II, 179	XIII 12	II, 55	847	227

MMS N° 9202 Pages	1re C. N° 9203 Pages	2de G. N° 12449 Pages	P.-ROYAL (1670) Articles	BOSSUT (1779) Articles	FAUG. (1844) Pages	HAVET (1852) Articles	MOLIN. (1877-79) Pages	MICH. (1896) N°	BRUNS. (1904) N°
483	197	9..	.....	suppl. 10..	I, 180..	XXIV 71..	I, 118..	848..	415
485	191	2..	XIV 7..	II x 5..	II, 313.	XVII 10..	II, 20..	849..	740
485	185	217	.....	.....	II, 233.	XXV 42..	II, 79..	850..	827
485	163	193	XVI 10..	II xii 6..	II, 309.	XIX 6..	I, 223..	851..	701
485	191	2..	.....	.....	II, 325.	XXV 176..	II, 5..	852..	794
485	195	6..	XXI 3..	II i 3..	II, 90..	VIII 11..	I, 68.	853..	438
485	191	1..	XXVIII 40.	II xvii 36.	II, 387.	XXIV 26^ier.	II, 64..	854..	241
485	185	217	VI 2..	II vi 6..	II, 177.	XIII 10..	II, 56..	855..	284
485	199	10.	.....	.....	II, 43..	XXV 26bis.	I, 61..	856..	130
485	198	10.	XX 2..	II xv 2..	II, 316.	XXII 9..	II, 19..	857..	546
487	195	6..	XXI 2..	II i 2..	II, 88..	VIII 10..	I, 296..	858..	437
487	197	8..	.....	.....	II, 391.	XXV 109bis.	II, 64..	859..	74
487	196	7..	.....	I iv 9..	II, 19..	I 9..	I, 74..	860..	421
487	196	7..	III 14..	II v 5..	II, 146.	XII 9..	I, 285..	861..	424
487	197	9..	.....	I ix 46..	I, 207..	VI 43bis.	I, 89..	862..	162
487	193	4..	II 2..	II iv 2..	II, 141.	XI 2..	I, 279..	863..	442
487	192	3..	Ult. XV, 12	II xi 4..	II, 203.	XVIII 19..	II, 9..	864..	749
489	197	8..	XXI 2..	II i 2..	II, 91..	VIII 8..	I, 175..	865..	413
489	196	7..	XXI 2..	II i 2..	II, 99..	VIII 9..	I, 169..	866..	395
489	197	8..	.....	.....	II. 93..	IX 6..	I, 171..	867..	220
489	185	217	.....	.....	I, 230..	XXV 21..	II, 60..	868..	280
489	164	195	XVI 1 et 2..	II xii 1..	II, 322.	XIX 1..	II, 16..	869..	802
489	154	184	XI 13..	II viii 18.	II, 193.	XV 17..	I, 191..	870..	625
489	191	1..	.....	.....	II, 270.	.....	I, 199..	871..	707
489	191	1..	.....	.....	I, 230..	.....	I, 154..	872..	203
491	153	184	XI 2..	II viii 18.	II, 192.	XV 16..	I, 190..	873..	624
491	154	184	.....	.....	I, 230..	.....	I, 154..	874..	204bis
491	154	184	X 23..	II viii 16.	II, 191.	XV 18bis.	I, 188..	875..	703
491	154	185	.....	.....	II, 191.	.....	I, 189..	876..	702
491	154	184	.....	.....	II, 193.	XXV 140..	I, 192..	877..	629
491	153	183	XI 4..	II viii 18.	II, 193.	XV 18..	I, 191..	878..	626
491	153	183	.....	.....	II, 354.	XXV 185..	I, 288..	879..	587
491	199	10.	XX 2..	II xv 2..	II, 317.	XXII 8..	II. 19..	880..	548
495 496	...	...	.....	.....	.....	.....	.....	881..	514

1re C. N° 9203 Pages	2de C. N° 12449 Pages	P.-ROYAL (1670) Articles	BOSSUT (1779) Articles	FAUG. (1844) Pages	HAVET (1852) Articles	MOLIN. (1877-79) Pages	MICH. (1896) N°s	BRUNS. (1904) N°s
37bis	57			I, 260..	XXV 74..	I, 47..	882..	343
37bis	57	XXIII 2..	I iv 2..	II, 83..		I, 72..	883..	339bis
39	60			I, 223..	XXV 15..	I, 67..	884..	344
45	65	XXIII 8..	I iv 8..	II, 90..	I 8..	I, 73..	885..	423
53	75	XXIX 12..	I ix 16..	II, 40..	VI 13..	I, 58..	886..	170
65	87			II, 96..	XXV 33..	I, 174..	887..	361
82	...						894 note	747bis
90	116			I, 236..		I, 89..	888..	163bis
101	129			I, 224..	XXV 17bis..	I, 41..	889..	206
165	197			II, 326..	XXV 178..	II, 26..	890..	773
171	205			II, 274..	XXV 164..	II, 14..	891..	695
171	205			II, 326..	XXV 178..	II, 26..	892..	727bis
179	211	XXVIII 55..	II xvii 49..	I, 227..	XXIV 39..	II, 41..	893..	472
179	212						894 note	747ter
191	1 ..			II, 384..		I, 17..	895..	197
191	1 ..			II, 191..		I, 189..	896..	630
193	5 ..			II, 131..	XXV 84..	I, 58..	897..	426
209	419	I 1....	II 11 1..	II, 5..	IX 1..	I, 1..	898..	194
217	427	I 2....	II 11 15..	II, 15..	IX 2..	I, 12..	899..	195
219	429	VIII 1...	II vii 1..	II, 118..	XIV 2...	I, 159..	900..	229
220	431	II 5.... III 1..	II iv 4..	I, 225.. II, 141..	XXV 18.. XI 4bis..	II, 57.. I, 289..	901..	431
220	439	Ut. III, 15.	II v 6.. II xviii 11.	II, 369..	XII 12..	I, 295..	902..	560
221	434	XV 7..	II xi 2..	II, 318..	XVIII 12..	II, 4..	903..	783
221	(Voir manuscrit page 205)							
222	435	Ut. XXVIII 20.	I vii 6..	II, 23..	IV 7..	I, 155..	904..	199
223	435		II viii 1..	II, 196..	XV 1..	I, 187..	905..	621
225	437	VIII 3 et 4.	II vii 2 3.	II, 190.. II, 189..	XIV 6.. XIV 5..	I, 267.. I, 269..	906..	628
225	433			II, 82..	XXV 82..	I, 72..	907..	399
226	438	XVIII 23..	II xiii 11.	II, 156..	XX 17..	I, 319..	908..	848
226	438	XVIII 19..	II xiii 10.	II, 156..		I, 319..	909..	565
226	438			II, 156..	XXV 89..	I, 316..	910..	559bis
226	438			II, 157..			911..	201
226	439	XXVIII 9..	II xiii 5.	II, 157..	XX 5bis..	I, 294..	912..	560bis
226	...	Ut. XXVIII 8.	II xvii 13.	I, 324..	XXIV 12..	II, 93..	913..	863
226	439	XVIII 7..	II xiii 4..	II, 154..	XX 4....	I, 295..	914..	557
227	439			II, 155..		I, 17..	915..	558
227	439	XVIII 6..	II xiii 3..	II, 155..	XX 3bis..	I, 319..	916..	586
227	440	Ut. XIV, 8.	II x 5..	II, 368..	XVII 8..	II, 19..	917..	769
227	440	XVIII 4..	II xiii 2..	II, 155..	XX 2..	I, 321..	918..	559
228	440	II 12..	II iv 10..	II, 355..	XI 10bis..	I, 311..	919..	556
		XVIII 5..	II xvii 21.	II, 357..	XXIV 19bis..	I, 287..	...	...
		Ut. XXVIII 27.	II iii 2..	II, 354..	XI 10..	I, 139..	...	...
			II xv 2..	II, 115..	X 5..	I, 140..	...	...
			II xiii 2..	II, 116..	XXII 3..	II, 20..	...	...

1re C. N° 9203 Pages	2de C. N° 12449 Pages	P.-ROYAL (1670) Articles	BOSSUT (1779) Articles	FAUG (1844) Pages	HAVET (1852) Articles	MOLIN. (1877-79) Pages	MICH. (1896) N°s	BRUNS. (1904) N°s
			II xvii 9..	II, 117.	XXII 6..	I, 320..	....	...
					XXII 10..	I, 296..	....	...
					XX 2..		....	...
					XXIV 9..		....	...
232	445	.....	II xvii 9..	II, 142.	XXIV 9bis	I, 279..	920..	494
253	469			II, 145.		I, 322..	921..	588bis
253	469			II, 310.		I, 300..	922..	713bis
253	469	XX 2..	II xv 2.	II, 354.	XXII 4.	I, 141..	923..	544
253	470		II xvii 6..	II, 157.	XXIV 6..	II, 43..	924..	584
254	470	XIV 8..	II x 5...	II, 330.	XVII 11..	II, 5.	925..	739
254	470		II iii 3.	II, 116.	X 6..	I, 313..	926..	243
255	471	XXIII 5..	I iv 5.	II, 80..	I 5bis	I, 67..	927..	404
256	472	III 14..	II v 5..	II, 158.	XII 10.	I, 287..	928..	441
256	472		II xvii 10.	II, 19..	XXIV 10.	I, 318..	929..	574
256	473			II, 158.		I, 293..	930..	500
256	473	XI 1..	II viii 17.	II, 192.	XV 14..	I, 192..	931..	622
257	473	X 20..	II viii 14.	II, 204.	XV 11bis	I, 243..	932..	676
257	473			II, 205.		I, 256..	933..	688
257	473		II xvii 10.	II, 86..	XXIV 10bis	I, 90..	934..	406
257	473			II, 86..		II, 65..	935..	137
257	473			II, 86..	XXV 32ter	I, 174..	936..	74bis
257	474			II, 265.	XXV 96..	I, 280..	937..	590
257	474			II, 190.	XXIV 46bis	I, 181..	938..	594
258	474		II iv 12.	II, 354.	XI 12..	I, 310..	939..	289
259bis	477			II, 393.	XXV 171.	I, 313..	940..	726
335	287			I, 235.	XXIV 100..	II, 148..	942..	76
342	296			II, 263.	XVI 13bis	II, 243..	943..	669
349	304			II, 283.			944..	202
352	307	XXVIII 23.	II xvii 23..	I, 275..	XXIV 21.	II, 116..	945..	908
352	307			II, 158.	XXV 90..	I, 285..	946..	440
352	307			I, 277..	Prov. 291..	II, 120..	947..	907
366	323		I ix 6.	II, 132.	VI 6..	I, 96..	948..	312
370	327			II,131 note			949..	94bis
375	333	Ult. XXIX, 14.	I viii 18.. I ix 60..	I, 196..	V 17..	I, 122..	950..	...
376	335	XXVIII 41.	II xvii 37.	I, 271..	XXIV 27.	II, 54..	951..	906
376	335			II, 388.	XXV 108.	II, 64..	952..	61
377	335	III 9.	II v 4.	II, 106.	XII 7..	I, 293..	953..	445
382	341						954..	830
384	344						739 note	625bis
394	365			II, 384.	XXV 198.	II, 14..	955..	179
396	369		II xvii 75.	I, 229..	XXIV 64..	II, 53..	956..	11
403	377			II, 205.	XXV 143.	I, 257..	957..	899
403	378	XXVIII 47.	II xvii 41..	II, 324..	XXIV 31bis	I, 322..	958..	858
403	377			II, 206.	XXV 143.	I, 257..	959..	847
435	229		t. II p. 516.					Sect. XIII Appendice
437	232					II, 67..	960..	810
...	468			I, 284..	Prov. 292..	II, 104..	961..	919
...	555			I, 313..	Prov. 300..	Prov.122..	962..	945
...	611			I, 278..		II, 102..	963..	949

	P.-ROYAL (1670) Articles	BOSSUT (1779) Articles	FAUG. (1844) Pages	HAVET (1852) Articles	MOLIN (1877-79) Pages	MICH. (1896) Nᵒˢ	BRUNS. (1904) Nᵒˢ
2ᵉ Manuscrit Guerrier.	. . . . .	I x 41	I, 369 . .	. . . . . .	II, 148. .	1000. .	**77**
2ᵉ Manuscrit Guerrier.	. . . . .	. . . . .	I, 177 . .	XXV 56 . .	II, 143. .	964. .	**276**
2ᵉ Manuscrit Guerrier.	. . . . .	. . . . .	I, 214 . .	XXV 59 . .	I, 43 . .	965. .	**216**
2ᵉ Manuscrit Guerrier.	. . . . .	. . . . .	I, 274 . .	Prov. 290..	II, 117. .	966. .	**942**
2ᵉ Manuscrit Guerrier.	. . . . .	. . . . .	I, 277 . .	Prov. 291..	II, 103. .	970. .	**891**
2ᵉ Manuscrit Guerrier.	. . . . .	. . . . .	I, 276 . .	Prov. 291..	II, 104. .	968. .	**948**
2ᵉ Manuscrit Guerrier.	. . . . .	. . . . .	I, 277 . .	Prov. 291..	II, 120. .	971. .	**909**
2ᵉ Manuscrit Guerrier.	. . . . .	. . . . .	I, 277 . .	Prov. 291..	II, 105. .	972. .	**892**
2ᵉ Manuscrit Guerrier.	. . . . .	. . . . .	I, 275 . .	Prov. 290..	II, 105. .	967. .	**935**
2ᵉ Manuscrit Guerrier.	. . . . .	. . . . .	I, 286 . .	XV 78 . . . Prov. 293..	I, 315.	973.	**488** **950**
2ᵉ Manuscrit Guerrier.	. . . . .	. . . . .	I, 277 . .	. . . . .	II, 103. .	969. .	**952**
Portefeuille Vallant.	. . . . .	. . . . .	I, 177 . .	X 9 note..	I, 94. .	974. .	**320ᵇⁱˢ**
Manusc. pet. in-8ᵉ Sainte-Beuve.	. . . . .	I v 8 . . .	II, 56 . .	II 8 . .	I, 129. .	975. .	**100**
Man. 12988, fol. 72.	. . . . .	. . . . .	I, 275 . .	Prov. 290..	II, 115. .	990. .	**946ᵇⁱˢ**
. . . .	XXVIII 1..	II xvii 11. .	II, 204. .	. . . . .	I, 293. .	980. .	**580ᵇⁱˢ**
. . . .	(1678) XXVIII..	II xvii 62. .	I, 229. .	XXIV 51. .	II, 141. .	983. .	**275**
. . . .	XXIX 41. .	I viii 7. .	I, 184. .	V 6 . . .	I, 108. .	984. .	**319**
. . . .	(1678) XXX..	I x 29. . .	I, 251. .	VII 29. .	II, 133. .	985. .	**19**
. . . .	. . . . .	suppl. 2. .	I, 254. .	XXIV 68. .	II, 151. .	987. .	**43**
. . . .	. . . . .	suppl. 11. .	I, 271. .	XXIV 72. .	II, 118. .	988. .	**918**

TABLE DES TITRES DE L'ÉDITION DE 1670.

TABLE DE CONCORDANCE.

TABLE DE L'ÉDITION BOSSUT, ET CORRESPONDANCE AVEC L'ÉDITION HAVET

PREMIÈRE PARTIE

Contenant les Pensées qui se rapportent à la philosophie, à la morale, et aux belles-lettres.

SECONDE PARTIE

Contenant les Pensées immédiatement relatives à la religion.

———

TABLE DES ÉDITIONS FAUGÈRE (1844, 1897).

PREMIER VOLUME

SECOND VOLUME

———

1. Les pensées découvertes par Cousin et par Faugère forment
article XXV de l'édition Havet.

TABLE DE L'ÉDITION MOLINIER (1877).

AVERTISSEMENT

POUR

LA LECTURE DES *PENSÉES*

Deux chiffres sont en tête de chaque fragment : celui du milieu est le numéro d'ordre dans la présente édition, en conformité avec notre publication antérieure des *Opuscules et Pensées* (petit in-16, 1897 — 2ᵉ édit., 1900).

Un simple chiffre à gauche désigne la page du manuscrit original où est le texte que nous reproduisons. Ce chiffre est suivi d'un astérisque dans le cas où le fragment est dans ce même recueil écrit d'une autre main que celle de Pascal — de deux astérisques quand l'écriture de Pascal se trouve jointe à l'écriture étrangère soit pour une partie du fragment, soit pour des additions ou des corrections. Quand le fragment est emprunté soit à la *Première copie* (manuscrit n° 9203, *f. fr.* de la *Bibliothèque Nationale*), soit à la seconde copie, n° 12449, soit aux recueils du Père Guerrier ou de Sainte-Beuve consultés par Faugère, quand nous n'en connaissons qu'un texte imprimé par Port-Royal ou par Bossut, nous ajoutons cette indication au chiffre de gauche ; nous fournissons ainsi le certificat d'origine du fragment. En note nous donnons la référence aux deux *Copies* (la première désignée par B, la seconde par C, suivant la convention posée par M. Michaut), aux éditions de Port-Royal de Bossut, et aux quatre éditions modernes qui renvoient elles-mêmes au manuscrit : Faugère, Havet, Molinier, Michaut, d'après les principes qui avaient servi à établir notre *Table de concordance*.

Les mots ou phrases de même caractère que le texte qui sont placés entre crochets sont des mots ou des phrases qui ont été rayés par Pascal. Les mots également entre crochets, *mais en italiques*, sont des mots que, pour des raisons expliquées en notes, l'éditeur est dans la nécessité de rétablir ou de corriger.

Les variantes sont en notes et entre crochets ; elles sont imprimées en caractères gras, de façon à faire apparaître immédiatement dans les notes ce qui est le texte de Pascal. Pour les variantes qui ne sont pas de Pascal, c'est-à-dire les corrections de Port-Royal, les négligences de Desmolets, de Bossut ou de tel autre éditeur, elles étaient évidemment inutiles à relever ; le manuscrit original est la source unique qui dispense de toute autre référence. Nous nous sommes donc borné aux cas de lecture douteuse, ou bien aux corrections qui présentaient un intérêt historique.

Enfin, et quoique la diversité des fragments exclue toute règle stricte, nous avons surtout insisté dans notre commentaire sur les rapprochements avec les textes ou des auteurs que Pascal a lus, depuis la *Bible* jusqu'au *Pugio Fidei* de Raymond Martin et l'*Historia Jesuitica* d'Hospinianus, ou des hommes qu'il a connus, tels que le chevalier de Méré ou Nicole. Des fragments écrits de premier jet se prêtent mieux que tout autre ouvrage — nos prédécesseurs, Havet en particulier, l'avaient fait voir — à des rapprochements de ce genre qui nous permettent presque de nous asseoir nous-même à la table où travaillait Pascal. Aussi avons-nous cru qu'il n'était pas inutile de transcrire, malgré leur aridité, les textes de Raymond Martin ou de Mutius Vitelescus que Pascal avait étudiés et sur lesquels il avait pris des notes : nous les avons cités dans la langue originale, et de même nous avons donné les versets de la *Bible* dans le latin de la *Vulgate*, c'est-à-dire tels que Pascal paraît les avoir lus.

MÉMORIAL [1] DE PASCAL

✝

L'an de grâce 1654,

Lundi, 23 novembre, jour de saint Clément, pape

---

1. « Peu de jours après la mort de M. Pascal, dit le père Guerrier, un domestique de la maison s'aperçut par hasard que dans la doublure du pourpoint de cet illustre défunt il y avait quelque chose qui paraissait plus épais que le reste, et ayant décousu cet endroit pour voir ce que c'était, il y trouva un petit parchemin plié et écrit de la main de M. Pascal, et dans ce parchemin un papier écrit de la même main : l'un était une copie fidèle de l'autre. Ces deux pièces furent aussitôt mises entre les mains de Mme Périer qui les fit voir à plusieurs de ses amis particuliers. Tous convinrent qu'on ne pouvait pas douter que ce parchemin, écrit avec tant de soin et avec des caractères si remarquables, ne fût une espèce de *Mémorial* qu'il gardait très soigneusement pour conserver le souvenir d'une chose qu'il voulait avoir toujours présente à ses yeux et à son esprit, puisque depuis huit ans il prenait soin de le coudre et découdre à mesure qu'il changeait d'habits. » Nous n'avons plus le parchemin original ; mais la copie de la main de Pascal a été jointe au recueil de la *Bibliothèque Nationale*, avec les attestations de l'abbé Périer, accompagnée elle-même d'une attestation qui est de la même date. « Je soussigné, prêtre, chanoine de l'église de Clermont, certifie que le papier de l'autre part collé sur cette feuille est écrit de la main de M. Pascal, mon oncle, et fut trouvé après sa mort cousu dans son pourpoint sous la doublure, avec une bande de parchemin où étaient écrits les mêmes mots et en la même forme qu'ils sont ici copiés. Fait à Paris ce 25 septembre mil sept cent onze, Périer. » En tête du recueil se trouve encore la copie dont l'abbé Périer fait mention (nous la désignons par C),

et martyr, et autres au martyrologe [1],

veille de saint Chrysogone martyr, et autres,

Depuis environ dix heures et demie du soir jusques environ minuit et demi,

Feu.

Dieu d'Abraham, Dieu d'Isaac, Dieu de Jacob [2].

non des [3] philosophes et des savants.

Certitude [4]. Certitude. Sentiment [5]. Joie. Paix.

[6] Dieu de Jésus-Christ.

Deum meum et Deum vestrum [7].

« Ton Dieu sera mon Dieu [8]. »

Oubli du monde et de tout, hormis Dieu.

---

et dans les additions faites en 1864 au manuscrit original figure après la page 495 une autre copie manuscrite, comme il en a été fait un grand nombre au commencement du XVIIIe siècle (nous la désignons par C'). — Le mémorial de Pascal a été publié pour la première fois dans le recueil de 1740 connu sous le nom de *Recueil d'Utrecht* (p. 259). Condorcet a trouvé piquant d'ajouter à ses *Pensées* de Pascal ce qu'il appelle une « amulette mystique », en même temps que les « vers galants » de Fontenay-le-Comte.

1. C romain.

2. *Et ait : Ego sum Deus patris tui, Deus Abraham, Deus Isaac et Deus Jacob. Abscondit Moyses faciem suam : non enim audebat aspicere contra Deum* (Exode, III, 6). Cf. Math., XXII, 32. « *Ego sum Deus Abraham et Deus Isaac et Deus Jacob.* » *Non est Deus mortuorum, sed viventium.*

3. Première rédaction du manuscrit et C : *philosophes et savants.*

4. C *joie, certitude, sentiment, vue, joie.*

5. C' *vue, joie, paix.*

6. [*Dieu de Jésus-Christ.*]

7. C et C' ajoutent : Joh., XX, 17. — Voici le verset : *Dicit ei Jesus : Noli me tangere, nondum enim ascendi ad Patrem meum : Vade autem ad fratres meos, et dic eis : Ascendo ad Patrem meum, et Patrem vestrum ; Deum meum et Deum vestrum.*

8. C et C' ajoutent *Ruth.* Cf. I, 16 : *Populus tuus populus meus, et Deus tuus Deus meus.*

Il ne se trouve que par les voies enseignées[1] dans l'Évangile.

Grandeur de l'âme humaine.

« Père juste, le monde ne t'a point[2] connu, mais je t'ai connu[3]. »

Joie[4], joie, joie, pleurs de joie.

Je m'en suis séparé :

Dereliquerunt me fontem aquæ vivæ[5].

« Mon Dieu, me quitterez-vous[6] ? »

Que je n'en sois pas séparé éternellement.

« Cette est la vie éternelle, qu'ils te connaissent seul vrai Dieu, et celui que tu as envoyé, Jésus-Christ[7]. »

Jésus-Christ.

Jésus-Christ.

Je m'en suis séparé ; je l'ai fui, renoncé, crucifié.

Que je n'en sois jamais séparé.

Il ne se conserve que par les voies enseignées dans l'Évangile :

Renonciation totale et douce[8].

---

1. [Par.]
2. [Connu (connu.]
3. C et C' ajoutent Jean, *XVII*. Voir le verset 25 : *Pater juste, mundus te non cognovit, ego autem te cognovi, et hi cognoverunt, quia tu me misisti.*
4. C et pleurs.
5. *Jérémie*, II, 13.
6. *Et circa horam nonam clamavit Jesus voce magna, dicens : Eli, Eli, lamma sabacthani ? hoc est Deus meus, Deus meus, ut quid dereliquisti me ?* Math., XXVII, 46.
7. *Hæc est autem vita æterna, ut cognoscant te solum Deum verum, et quem misisti Jesum Christum.* Joan., XVII, 3.
8. La *Copie* autographe donne *etc.* à la place de ces dernières lignes que nous connaissons seulement par la copie de l'abbé Périer ;

Soumission totale à Jésus-Christ et à mon directeur[1].

---

encore l'abbé Périer ajoute-t-il en marge : « On n'a pu voir distinctement que certains mots de ces deux lignes. » A propos de ces deux lignes, Faugère a trouvé dans les manuscrits du père Guerrier (III⁰ Recueil, p. 214) une note du 1ᵉʳ février 1732 qui en expliquerait l'histoire (cf. *Recueil d'Utrecht*, p. 260). Le père Guerrier avait été intrigué de ne pas retrouver ces lignes dans le commentaire en 21 pages in-f⁰ qu'avait rédigées, peu de temps après la mort de Pascal un carme, ami de la famille Périer, mais seulement dans un commentaire en 2 pages in-4 : qui avait été ajouté postérieurement par Marguerite Périer : « Je fus hier, 31 janvier 1732, chez Mlle Périer pour lui montrer l'écrit du carme et lui demander raison de l'addition faite à celui de M. Pascal et au commentaire de ce religieux. Elle me dit qu'on avait omis ces deux lignes parce qu'elles étaient fort barbouillées dans l'original et presque effacées en sorte que ce religieux n'avait pas pu les lire. Quoi qu'il en soit, l'addition n'a été faite, comme je l'ai appris de cette demoiselle, que trente ans après la mort de M. Pascal. En un mot, ces deux lignes ont été plutôt devinées que lues. Il faut encore remarquer qu'il n'y en avait pas la moindre trace dans le parchemin, et que c'est seulement dans le papier qu'on a trouvé ces caractères presque effacés. » Cette explication ne lève pas toute difficulté ; à examiner de près la *Copie* autographe de la Bibliothèque Nationale, il n'apparaît pas qu'on ait coupé le papier pour en détacher les dernières lignes, ni ajouté l'*etc.* pour en marquer la place. Il y a donc lieu de supposer, avec Faugère, que dans le récit fait soixante-dix ans après la mort de Pascal il s'est glissé une confusion entre le parchemin original et la copie autographe que Pascal y avait jointe ; c'est le parchemin qui était selon toute vraisemblance le plus complet et, aussi le plus « effacé ».

1. Le mot est éclairé par la lettre que Jacqueline adressait à Mme Périer le 25 janvier 1655. Elle y insiste sur les difficultés que faisait Pascal à accepter M. Singlin comme directeur : « quoiqu'il ne pût penser à d'autres, néanmoins la défiance qu'il avait de lui-même faisait qu'il craignait de se tromper par trop d'affection, non pas dans les qualités de la personne, mais sur la vocation dont il ne voyait pas de marques certaines, n'étant pas son pasteur naturel. Je vis clairement que ce n'était qu'un reste d'indépendance caché dans le fond du cœur qui faisait arme de tout pour éviter un assujettissement qui ne pouvait être que parfait dans les dispositions où il était ». Elle lui rappelle « que M. de Genève avait conseillé de choisir un directeur entre

Éternellement en joie pour un jour d'exercice sur la terre.

Non obliviscar sermones tuos [1]. *Amen* [2].

---

dix mille, c'est-à-dire tel qu'on le préférerait à dix mille. » Et plus loin elle ajoute : « Il n'a rien perdu à sa directrice ; car M. Singlin, qui a demeuré en cette ville pendant tout ce temps, l'a pourvu d'un directeur dont il est tout ravi ; aussi est-il de bonne race. » C'était M. le Maître de Saci.

1. *In justificationibus tuis meditabor : non obliviscar sermones tuos.* Psaume CXVIII, 16. — C'est le psaume de Pascal, comme en témoigne Mme Périer : « Il avait un amour sensible pour l'office divin, mais surtout pour les petites Heures, parce qu'elles sont composées du psaume CXVIII, dans lequel il trouvait tant de choses admirables, qu'il sentait de la délectation à le réciter. Quand il s'entretenait avec ses amis de la beauté de ce psaume, il se transportait en sorte qu'il paraissait hors de lui-même ; et cette méditation l'avait rendu si sensible à toutes les choses par lesquelles on tâche d'honorer Dieu, qu'il n'en négligeait pas une. »

2. D'après la copie de l'abbé Périer une croix, entourée de rayons de feu, était figurée sur l'original à la fin du *Mémorial*, comme aussi en tête de la page.

SECTION I

I

*Différence entre l'esprit de géométrie et l'esprit de
finesse*[1]. — En l'un, les principes sont palpables,
mais éloignés de l'usage commun ; de sorte qu'on a
peine à tourner la tête de ce côté-là, manque d'habitude ; mais pour peu qu'on l'y tourne, on voit les
principes à plein ; et il faudrait avoir tout à fait l'esprit faux pour mal raisonner sur des principes si
gros qu'il est presque impossible qu'ils échappent[2].

I

Cf. B., 321 ; C., 401 ; P. R., XXXI, 2 ; Bos., I, x, 2 ; Faug., I, 149 ;
Hav., VII, 2 *bis* ; Mol., II, 144 ; Mich., 639.

1. Le *Discours sur les Passions de l'Amour* contient une première
esquisse de ce fragment : « Il y a deux sortes d'esprits, l'un géométrique, et l'autre que l'on peut appeler de finesse. Le premier a des
vues lentes, dures et inflexibles ; mais le dernier a une souplesse de
pensée qu'il applique en même temps aux diverses parties aimables de
ce qu'il aime. Des yeux il va jusques au cœur, et par le mouvement
du dehors il connaît ce qui se passe au dedans. Quand on a l'un et
l'autre esprit tout ensemble, que l'amour donne de plaisir ! Car on
possède à la fois la force et la flexibilité de l'esprit, qui est très nécessaire pour l'éloquence de deux personnes. »

2. Les principes de la géométrie sont énoncés dans des définitions,

Mais dans l'esprit de finesse, les principes sont
dans[1] l'usage commun et devant les yeux de tout le
monde ; on n'a que faire de tourner la tête, ni de se
faire violence, il n'est question que d'avoir bonne
vue, mais il faut l'avoir bonne[2], car les principes
sont si déliés et en si grand nombre qu'il est presque
impossible qu'il n'en échappe : or l'omission d'un
principe mène à l'erreur ; ainsi il faut avoir la vue
bien nette pour voir tous les principes, et ensuite
l'esprit juste pour ne pas raisonner faussement sur
des principes connus[3].

Tous les géomètres seraient donc fins s'ils avaient
la vue bonne[4], car ils ne raisonnent pas faux sur les

---

et le géomètre n'a pas le droit de faire appel à une proposition ou à
une propriété qui ne résulte pas d'une définition donnée, à moins
qu'il ne s'agisse d'une proposition ou d'une propriété tellement évidente qu'elle est plus claire que toute définition possible. Au début
même de la réflexion géométrique, tous les principes sur lesquels
s'exerce cette réflexion peuvent être considérés comme distinctement
énumérés ; l'omission est à peu près impossible.

1. [Le bon.]

2. L'intuition du géomètre est antérieure au raisonnement, et plus
claire que lui, parce qu'elle porte sur les objets les plus simples :
nombre, espace, lumière. Ici au contraire il s'agit de l'objet complexe
et qu'on ne peut pas analyser pour le résoudre en définitions, il s'agit de
l'âme humaine : le juge d'instruction et l'historien, le diplomate et le
psychologue, plus simplement l'homme qui vit dans le monde, qui veut
comprendre les hommes qu'il a devant lui, se faire aimer d'eux ou se
faire obéir, découvre à mesure qu'il observe davantage des sentiments
plus nombreux avec des nuances plus délicates qui font de chaque
individu, à chaque instant de son existence, un tout original, irréductible, perceptible au seul sentiment individuel. On ne peut pas séparer, encore moins énumérer : il faut voir l'unité d'ensemble, et juger
en un coup d'œil du rapport de chaque détail à cette unité totale.

3. Ces deux premiers paragraphes sont d'une main étrangère ; le
reste du fragment est écrit par Pascal.

4. [Mais.]

principes qu'ils connaissent; et les esprits fins
seraient géomètres s'ils pouvaient plier leur vue vers
les principes inaccoutumés[1] de géométrie.

Ce qui fait donc que de certains esprits fins ne
sont pas géomètres[2], c'est qu'ils ne peuvent du tout[3]
se tourner vers les principes de géométrie ; mais ce
qui fait que des géomètres ne sont pas fins, c'est
qu'ils ne voient pas ce qui est devant eux et qu'étant
accoutumés aux principes nets et grossiers de géométrie, et à ne raisonner qu'après avoir bien vu et
manié leurs principes, ils se perdent dans les choses
de finesse où les principes ne se laissent pas ainsi
manier. On les voit à peine, on les sent plutôt qu'on
ne les voit ; on a des peines infinies à les faire sentir
à ceux qui ne les sentent pas d'eux-mêmes ; ce sont
choses tellement délicates, et si nombreuses, qu'il

---

1. *Inaccoutumés* en surcharge.

2. La suite à la page 406 du manuscrit, avec ce renvoi de Pascal :
Tourner. — Au bas, ces mots rayés : [*Pour Monsieur Pascal.*]

3. [*Comprendre.*] — Allusion à Méré qui aimait à discuter les questions mathématiques avec Pascal et à surprendre le géomètre en fla-
grant délit d'absurdité logique. L'écho de ces discussions nous est
parvenu par les lettres de Méré et par quelques passages de Pascal.
Il écrit dans les *Réflexions sur l'Esprit géométrique* : « Je n'ai jamais
connu personne qui ait pensé qu'un espace ne puisse être augmenté.
Mais j'en ai vu quelques-uns, très habiles d'ailleurs, qui ont assuré
qu'un espace pouvait être divisé en deux parties indivisibles, quelque
absurdité qu'il s'y rencontre. Je me suis attaché à rechercher en eux
quelle pouvait être la cause de cette obscurité, et j'ai trouvé qu'il n'y
en avait qu'une principale, qui est qu'ils ne sauraient concevoir un
contenu divisible à l'infini : d'où ils concluent qu'il n'y est pas divisible. » Et ailleurs : « Trop de vérité nous étonne : j'en sais qui ne
peuvent comprendre que qui de zéro ôte 4 reste zéro. » (Fr. 72.)
Voir la dernière note relative à ce fragment, et en particulier le mot
de Pascal sur Méré : « il n'est pas géomètre. »

faut un sens bien délicat et bien net pour les sentir,
et juger[1] droit et juste selon ce sentiment, sans pouvoir le[2] plus souvent les démontrer par ordre
comme en géométrie, parce qu'on n'en possède pas
ainsi les principes, et que ce serait une chose infinie
de l'entreprendre. Il faut tout d'un coup voir la
chose d'un seul regard, et non pas par progrès de
raisonnement, au moins jusqu'à un certain degré[3].
Et ainsi il est rare que les géomètres soient fins et
que les fins soient géomètres, à cause que les géomètres veulent traiter géométriquement ces choses
fines, et se rendent ridicules[4], voulant commencer
par les définitions et ensuite par les principes; ce qui
n'est pas la manière d'agir en cette sorte de raisonnement. Ce n'est pas que l'esprit ne le fasse; mais
il le fait tacitement, naturellement et sans art[5], car

---

1. [Selon cela.]
2. [Démontrer.]
3. Au moins... degré en surcharge.
4. Voici comment Méré parle de Pascal, lorsqu'il le rencontre pour
la première fois dans le fameux voyage à Poitiers : « Cet homme, qui
n'avait ni goût ni sentiment, ne laissait pas de se mêler en tout ce que
nous disions, mais il nous surprenait presque toujours et nous faisait
souvent rire. » Cf. Collet, Fait inédit de la vie de Pascal (Liberté de
Penser, fév. 1848).
5. [Et en un instant.] — L'art, c'est la technique, le procédé abstrait
et qui s'apprend. Pascal décrit ici l'activité spontanée de l'esprit qui
ne se révèle pas directement à la conscience et qui pourtant explique
la plupart de nos démarches intellectuelles. Sa conception de l'esprit
s'oppose à celle de Descartes qui faisait consister l'intelligence dans l'application réfléchie d'une méthode analogue à la méthode mathématique, et elle fait présager la doctrine leibnizienne de l'inconscient. (Cf.
Ravaisson, Philosophie de Pascal, Revue des Deux-Mondes, 15 mars 1887,
pages 405 et 410.)

l'expression en passe tous les hommes, et le sentiment n'en appartient[1] qu'à peu d'hommes.

Et les esprits fins, au contraire[2], ayant ainsi accoutumé à juger d'une seule vue, sont si étonnés — quand on leur présente des propositions où ils ne comprennent rien, et où pour entrer il faut passer par des définitions et des principes si stériles, qu'ils n'ont point accoutumé de voir ainsi en détail — qu'ils s'en rebutent et s'en dégoûtent[3].

Mais les esprits faux ne sont jamais[4] ni fins ni géomètres.

Les géomètres qui ne sont que géomètres[5] ont donc l'esprit droit, mais pourvu qu'on leur explique bien toutes choses par définitions et principes ; autrement ils sont faux et insupportables, car ils ne sont droits que sur les principes bien éclaircis.

Et les fins qui ne sont que fins ne peuvent[6] avoir la patience de descendre jusque dans les premiers principes des choses spéculatives et d'imagination[7]

---

1. [*Qu'aux grands hommes.*]

2. Il est assez piquant de relever ici deux annotations manuscrites de Sainte-Beuve dans l'édition des *Pensées* conservée à la *Bibliothèque de la Société de l'Histoire du protestantisme* ; en face des géomètres, Sainte-Beuve écrit : *Arnauld* ; en face des esprits fins : *Madame de Longueville.*

3. Nicole reprendra ces expressions dans la *Préface* aux *Nouveaux éléments de géométrie*, où il fait mention expresse de Pascal : « Plusieurs personnes s'en rebutent [*des vérités difficiles*] par une certaine paresse, ou plutôt par une délicatesse d'esprit qui leur donne du dégoût de tout ce qui demande quelque effort et quelque sorte de contention » (*Œuvres d'Arnauld*, Ed. de Lausanne, t. XLII, p. 9).

4. *Jamais* en surcharge.

5. *Qui ne sont que géomètres* en surcharge.

6. [*Se porter à considérer les choses spéculatives.*]

7. [*Et se les rendre familiers.*]

PENSÉES.

qu'ils n'ont jamais vues dans le monde, et tout à fait
hors d'usage [1].

---

1. Il y a dans ce fragment plus que l'analyse de deux tendances
fondamentales dans l'esprit humain, ou de deux familles d'esprits ;
il convient d'y voir une autobiographie intellectuelle de Pascal. Dans sa
première rencontre avec Méré, il lui apparaît « un grand mathématicien et qui ne savait que cela ». Méré le forma, du moins il lui écrivait sur ce ton : « Il vous reste encore une habitude que vous avez
prise en cette science à ne juger de quoi que ce soit que par vos
démonstrations qui le plus souvent sont fausses. Ces longs raisonnements tirés de ligne en ligne vous empêchent d'entrer d'abord en des
connaissances plus hautes qui ne trompent jamais. Je vous avertis
aussi que vous perdez par là un grand avantage dans le monde ; car
lorsqu'on a l'esprit vif et les yeux fins, on remarque à la mine et à
l'air des personnes qu'on voit quantité de choses qui peuvent beaucoup
servir, et si vous demandiez, selon votre coutume, à celui qui sait
profiter de ces sortes d'observations, sur quel principe elles sont fondées, peut-être vous dirait-il qu'il n'en sait rien, et que ce ne sont des
preuves que pour lui. » Et la distinction des deux sortes d'esprits se
retrouve dans les œuvres de Méré : « Pour ce qui est des justesses, j'en
trouve de deux sortes, qui font toujours de bons effets. L'une consiste
à voir les choses comme elles sont et sans les confondre : pour peu
que l'on y manque en parlant, et même en agissant, cela se connaît ;
elle dépend de l'esprit et de l'intelligence. L'autre justesse paraît à
juger de la bienséance, et à connaître en de certaines mesures jusqu'où l'on doit aller, et quand il se faut arrêter. Celle-ci qui vient
principalement du goût, et du sentiment, me semble plus douteuse, et
plus difficile. » (Méré, Discours des agréments, t. I, p. 194.)
Malheureusement, aux yeux de Pascal, Méré ignore la portée véritable de cette distinction, qu'il a peut-être suggérée à Pascal : voyant
que l'esprit de finesse est supérieur dans le monde à l'esprit de géométrie, il le transporte hors du monde et jusque dans la géométrie.
Il écrit, dans la suite de la lettre que nous venons de citer : « Vous
demeurerez toujours dans les erreurs où les fausses démonstrations de
la géométrie vous ont jeté, et je ne vous croirai point tout à fait
guéri des mathématiques tant que vous soutiendrez que ces petits
corps dont nous disputâmes l'autre jour se peuvent diviser jusques à l'infini. Ce que vous m'en écrivez me paraît encore plus éloigné du bon sens
que tout ce que vous m'en dites dans notre dispute. Et que prétendez-
vous conclure de cette ligne que vous coupez en deux également, de
cette ligne chimérique dont vous coupez encore une des moitiés, et
toujours de même jusqu'à l'éternité ; mais qui vous a dit que vous

*213]   2

Diverses sortes de sens droit ; les uns [1] dans un certain ordre de choses, et non dans les autres ordres, où ils extravaguent.

Les uns tirent bien les conséquences de peu de principes, et c'est une droiture de sens [2].

Les autres tirent bien les conséquences des choses où il y a beaucoup de principes.

Par exemple, les uns comprennent bien les effets de l'eau, en quoi il y a peu de principes ; mais les conséquences en sont si fines qu'il n'y a qu'une extrême droiture d'esprit qui y puisse aller.

Et ceux-là ne seraient peut-être pas pour cela

---

pouvez ainsi diviser cette ligne, si ce qui la compose est inégal comme un nombre impair ? Je vous apprends que, dès qu'il entre tant soit peu d'infini dans une question, elle devient inexplicable, parce que l'esprit se trouble et se confond. De sorte qu'on en trouve mieux la vérité par le sentiment naturel que par vos démonstrations. » A quoi Pascal répond par le jugement suivant, extrait d'une lettre à Fermat (29 juillet 1654) : « Je n'ai pas le temps de vous envoyer la démonstration d'une difficulté qui étonnait fort M. de Méré : car il a très bon esprit, mais il n'est pas géomètre ; c'est, comme vous savez, un grand défaut, et même il ne comprend pas qu'une ligne mathématique soit divisible à l'infini, et croit fort bien entendre qu'elle est composée de points en nombre fini, et jamais je n'ai pu l'en tirer ; si vous pouviez le faire, on le rendrait parfait. Il me disait donc qu'il avait trouvé fausseté dans les nombres par cette raison. » Tandis que Pascal joint l'esprit de finesse à l'esprit de géométrie, Méré demeure le type des « fins qui ne sont que fins ».

2

Cf. B., 317 ; C., 401 ; P. R., XXXI, 2 ; Bos., I, x, 2 ; Faug., I, 152 ; Hav., VII, 2 ; Mol., II, 146 ; Mich., 452.

1. C'est-à-dire *ceux qui ont le sens droit*, tournure qui n'est même pas une négligence, le fragment ayant été dicté par Pascal.

2. [*Que tous n'*.]

grands géomètres, parce que la géométrie comprend
un grand nombre de principes, et qu'une nature
d'esprit peut être telle qu'elle puisse bien pénétrer
peu de principes jusqu'au fond, et qu'elle ne puisse
pénétrer le moins du monde les choses où il y a
beaucoup de principes.

Il y a donc deux sortes d'esprits : l'une, de pénétrer vivement et profondément les ' conséquences
des principes, et c'est là l'esprit de justesse ; l'autre
de comprendre un grand nombre de principes sans
les confondre, et c'est là l'esprit de géométrie. L'un
est force et droiture d'esprit, l'autre est amplitude
d'esprit. Or l'un peut bien être sans l'autre, l'esprit
pouvant être fort et étroit, et pouvant être aussi
ample et faible².

---

1. [*Principes.*]

2. Cette pensée doit être soigneusement distinguée de la précédente, avec laquelle on a cherché à l'identifier : ici en effet l'esprit
géométrique consiste à embrasser un grand nombre de principes tandis
que tout à l'heure c'était l'esprit de finesse qui avait le privilège d'être
ample et large. Peut-être ces deux pensées ne sont-elles pas de la
même époque ; peut-être ne faut-il voir ici qu'une seconde division
greffée sur la première distinction : l'esprit de géométrie devient le
sens droit, et il y en a diverses sortes, l'une qui déduit rigoureusement
les conséquences d'un seul principe, comme on fait en physique, ou
encore en algèbre, et l'autre qui est avant tout un esprit de synthèse,
qui construit dans l'espace des figures très compliquées, sans en confondre les lignes : à cette dernière Pascal réserverait maintenant la
dénomination d'esprit de géométrie. Ajoutons que Pascal, ayant per-
fectionné la géométrie des *indivisibles* qui avait pour principe la considération des infiniment petits, avait le droit d'opposer la complexité
de la géométrie à la simplicité relative de la physique. Pour lui en
effet la physique est une science d'observation : ce sont les expériences
qui en sont les seuls et les véritables principes, quitte à en suivre les
effets jusqu'à leurs plus lointaines et plus surprenantes conséquences,
telles que le paradoxe hydrostatique. Avec Newton et Leibniz, par la

229]   **3**

Ceux qui sont accoutumés à juger par le sentiment ne comprennent rien aux choses de raisonnement, car ils veulent d'abord pénétrer d'une vue [1] et
ne sont point accoutumés à chercher les principes.
Et les autres, au contraire, qui sont accoutumés à
raisonner par principes, ne comprennent rien aux
choses de sentiment, y cherchant des principes et ne
pouvant voir d'une vue.

169]   **4**

Géométrie, finesse. — La vraie éloquence se

---

découverte du calcul infinitésimal et son application aux problèmes de
la mécanique et de la physique, la physique redeviendra aussi subtile
et aussi complexe que peut l'être la géométrie. Le commentaire de
Ravaisson (*Philosophie de Pascal, Revue des Deux-Mondes,* 15 mars
1887, p. 406) correspond plus à ce qu'on eût attendu de Pascal
qu'à ce qu'il a dit réellement : « Dans la physique déjà on a affaire à
des réalités. Les phénomènes y dépendent d'un grand nombre de principes différents, et de principes difficiles à saisir ; il faut les démêler
les uns d'avec les autres, et faire exactement dans les conséquences la
part de chacun. Il ne s'agit plus ici de principes qu'on puisse appeler,
dit Pascal, gros ou grossiers, et de déductions rigides : il faut, au lieu
de l'esprit géométrique, un esprit de finesse. »

3

Cf. B., 393 ; C., 263 ; Bos., I, x, 33 ; Fauo., I, 251 ; Hav., VII, 33 ;
Mol., II, 141 ; Mich., 486.

1. L'expression se retrouve chez Méré dans une phrase dont Pascal
eût sans doute souligné la confusion : « Quand elle [*l'imagination*]
s'accoutume à considérer ces objets tout d'une vue. » (*De l'Esprit,*
p. 91.)

4

Cf. B., 323 ; C., 403 ; Bos., I, x, 34 et 36 ; Fauo., I, 151 ; Hav., VII, 34 ;
Mol., II, 139 ; Mich., 412.

moque de l'éloquence ; la vraie morale se moque de
la morale, c'est-à-dire que la morale du jugement
se moque de la morale de l'esprit — qui[1] est sans
règles.

Car le jugement est celui à qui appartient le sentiment, comme les sciences appartiennent à l'esprit[2] :
la finesse est la part du jugement, la géométrie est
celle[3] de l'esprit.

Se moquer de la philosophie, c'est vraiment phi-
losopher[4].

---

1. Il est dans le sens du fragment que la *morale sans règles* soit
celle *du jugement* et non celle *de l'esprit* : on est ainsi conduit à rapporter, avec Havet, *qui à la morale du jugement*. Mais en rapprochant
ce fragment du fragment suivant, on entrevoit une autre explication,
que M. Cahen a fort heureusement présentée (*Société des humanistes
français*, n° 9, séance du 8 janvier 1896) : « *règle* veut dire non pas
prescription » (comme dans le passage de Méré qui est cité dans notre
dernière note à ce fragment), « mais norme, principe régulateur,
échelle, point de repère », le *port* qui s'oppose au *dérèglement* (fr. 382).
La difficulté, signalée par M. Cahen lui-même, est que cette interprétation conviendrait bien mieux à *règle* au singulier qu'au pluriel
employé ici par Pascal. A moins d'introduire dans le texte une substitution qui n'est pas autorisée par l'état du manuscrit, il convient
donc de s'en tenir à l'interprétation d'Havet qui nous semble d'ailleurs convenir à l'allure générale du fragment.

2. Cette opposition de l'esprit et du sentiment est conforme au
vocabulaire de Méré : « L'esprit fait plus de réflexions que le sentiment, et d'une manière plus pure et plus distincte. » (*De l'Esprit*,
p. 43.)

3. *Est celle* en surcharge.

4. Montaigne : « Un ancien, à qui on reprochoit qu'il faisoit profession de la philosophie, de laquelle pourtant en son iugement il ne
tenoit pas grand compte, respondit que « Cela c'estoit vrayement phi-
losopher ». (*Apol*) — L'opposition de l'intuition ou *jugement* et de la
déduction ou *esprit*, se poursuit ici et se précise : le jugement devient
le *sentiment* qui est la vie et la vérité, tandis que le raisonnement reste
dans l'artificiel et dans l'abstrait. Il y a dans l'éloquence autre chose
que la rhétorique d'Aristote, dans la morale autre chose que les divi-

137] 5 - *22*

Ceux qui jugent d'un ouvrage sans règle sont, à l'égard des autres, comme ceux qui [*n'*]ont [*pas de*] [1] montre à l'égard des autres. L'un dit : Il y a deux

---

sions et les paradoxes des Stoïciens, dans la philosophie autre chose que les syllogismes de la scolastique ou les théorèmes du cartésianisme ; et cette autre chose c'est une intuition profonde et complexe de la réalité, le *sentiment*, le *cœur*. (Voir à ce sujet les fragments de la Section IV, en particulier de 274 à 283.) Méré a exprimé dans son *Discours de la Conversation* une distinction toute voisine : « Il y a deux sortes d'étude, l'une qui ne cherche que l'art et les règles, l'autre qui n'y songe point du tout, et qui n'a pour but que de rencontrer par instinct et sans réflexion, ce qui doit plaire en tous les sujets particuliers. S'il fallait se déclarer pour l'une des deux, ce serait à mon sens pour la dernière, et c'est surtout par ce que l'on fait par expérience ou par sentiment qu'on se connaît à ce qui sied le mieux. Mais l'autre n'est pas à négliger, pourvu qu'on se souvienne toujours que ce qui réussit vaut mieux que les règles » (I, 33). La Rochefoucauld écrit : « Le bon goût vient plus du jugement que de l'esprit (Max. 258). — On est quelquefois un sot avec de l'esprit, mais on ne l'est jamais avec du jugement. » (456) — Mais il écrit aussi (97) : « On s'est trompé lorsqu'on a cru que l'esprit et le jugement étaient deux choses différentes : le jugement n'est que la grandeur de la lumière de l'esprit. »

5

Cf. B., 330 ; C., 281 ; P. R., XXXI, 7 ; Bos., I, x, 5 ; Faug., I, 257 ; Hav., VII, 5 ; Mol., II, 137 ; Mich., 342.

1. Le manuscrit porte : *ont une montre* ; mais il est clair que les deux parties de la phrase ne se correspondent plus. Nous suivons la correction proposée par Faugère ; celle de Havet : *ceux qui jugent d'un ouvrage par règle* ne convient pas tout à fait à la suite du fragment. — Dans une note de la *Revue d'histoire littéraire de la France*, (année 1898, p. 339) MM. Delatouche et Arnould défendent le texte de Pascal en le rapprochant du fragment précédent : *juger sans règles c'est juger par sentiment, et le sentiment équivaudrait à la montre*. Mais cette interprétation subtile, qui est bien paradoxale en soi, n'est pas non plus très pascalienne : au fr. 274 Pascal réclame une règle pour le sentiment.

heures ; l'autre dit : Il n'y a que trois quarts d'heure.
Je regarde ma montre, et je dis à l'un : Vous vous
ennuyez ; et à l'autre : Le temps ne vous dure
guère ; car il y a une heure et demie — et je me
moque de ceux qui me disent que le temps me dure
à moi, et que j'en juge par fantaisie : ils ne savent
pas que je juge par ma montre [1].

51]   6

   Comme on se gâte l'esprit, on se gâte aussi le sentiment.

   On se forme l'esprit et le sentiment par les conversations, on se gâte l'esprit et le sentiment par les
conversations [2]. Ainsi les bonnes ou les mauvaises le

---

   1. Ceci est un trait particulier à Pascal ; il « portait toujours une
montre attachée à son poignet gauche », et il pouvait ainsi la consulter
sans que personne sans aperçût. — Cette montre symbolise ici la règle
qu'il conviendrait d'appliquer aux ouvrages de l'esprit ; seulement
Pascal reconnaît ailleurs que la raison est incapable de fournir une
règle de ce genre, et qu'il en faut revenir au sentiment qui lui-même
n'a pas de règle. En fait, du reste, la montre elle-même ne mesure
qu'un temps idéal, et qui nous est indifférent ; la réalité, c'est la durée,
longue avec l'ennui et courte avec le plaisir. Cf. Bergson, *Essai sur
les données immédiates de la conscience*, 1889, chap. II.

6

   Cf. B., 421 ; C., 306 ; P. R., XXXI, 22 ; Bos., I, x, 16 ; Faug., I, 196 ;
   Hav., VII, 16 ; Mol., II, 150 ; Mich., 136.

   2. Montaigne avait écrit : « Mais comme nostre esprit se fortifie
par la communication des esprits vigoreux et reglez, il ne se peult dire
combien il perd et s'abastardit par le continuel commerce et frequen-
tation que nous avons avecques les esprits bas et maladifs : il n'est
contagion qui s'espande comme celle là » (III, 8). — Voir au fr. 536
l'application que fait Pascal de ce principe à la solitude même du
chrétien : « L'homme fait lui seul une conversation intérieure, qu'il
importe de bien régler : *Corrompunt mores bonos colloquia prava.* »

forment ou le gâtent[1]. Il importe donc de tout de bien savoir choisir[2], pour se le former et ne le point gâter ; et on ne peut faire ce choix, si on ne l'a déjà formé et point gâté. Ainsi cela fait un cercle, d'où sont bienheureux ceux qui sortent.

213]   7

A mesure qu'on a plus d'esprit, on trouve qu'il y a plus d'hommes originaux ; les gens du commun ne[3] trouvent pas de différence entre les hommes[4].

---

1. [*Et il faut l'avoir déjà f.*] sans doute *formé*.
2. [*Et il faut.*]

7

Cf. B., 317 ; P. R., XXXI, 1 ; Bos., I, x, 1 ; Fauo., I, 186 ; Hav., VII, 1 ; Mol., II, 151 ; Mich., 451.

3. [*Mettent.*]
4. Pascal écrit dans le *Discours sur les Passions de l'Amour* : « A mesure que l'on a plus d'esprit, l'on trouve plus de beautés originales. » Pascal, on le voit, a étendu la pensée : ce fut sans doute un de ses étonnements et un de ses plaisirs, lorsqu'il s'échappa un moment de ses travaux scientifiques ou de ses méditations religieuses, de distinguer dans le monde la diversité presque infinie des visages ou des caractères, l'*originalité* radicale de chaque individu. Ce fut pour lui le moment de l'*individualisme*, de la réaction contre la doctrine scolastique des universaux et contre la généralité des lois scientifiques, où apparaissent dans toute leur lumière la force et l'intérêt de ce *moi* que le jansénisme rend haïssable. — Comment ne pas rappeler à ce propos que le groupe même dont Pascal faisait partie fournit la plus éclatante des illustrations de cette pensée ? Les solitaires de Port-Royal se confondent pour le vulgaire dans l'uniformité de leur vie et dans la conformité de leur croyance ; la critique psychologique et individualiste d'un Sainte-Beuve rend à chacun une physionomie morale qui lui est propre, et fait de chacun un type inoubliable : « Mon premier soin, en peignant Nicole, sera de bien marquer en quoi sa physionomie est différente de celle de nos autres personnages ; et, en particulier, différente de celle d'Arnauld, dont on la considère ordinairement comme inséparable. *Particulariser* Nicole est le plus grand service qu'on puisse lui rendre, aujourd'hui qu'on s'est habitué de loin à confondre les écri-

*273]   8

Il y a beaucoup de personnes qui entendent le
sermon de la même manière qu'ils entendent
vêpres[1].

401]   9

Quand on veut reprendre avec utilité, et montrer
à un autre qu'il se trompe, il faut observer par quel
côté il envisage la chose, car elle est vraie ordinairement de ce côté-là, et lui avouer cette vérité,
mais lui découvrir le côté par où elle est fausse. Il
se contente de cela, car il voit qu'il ne se trompait
pas, et qu'il manquait seulement à voir tous les
côtés ; or on ne se fâche pas de ne pas tout voir,
mais on ne veut pas [s']être trompé[2] : et peut-être
que cela vient de ce que naturellement l'homme
ne peut tout voir, et de ce que naturellement il ne
se peut tromper dans le côté qu'il[3] envisage ;

---

vains jansénistes qu'on cite encore, dans une triste uniformité de
teinte. » (Sainte-Beuve, *Port-Royal*, liv. V, chap. vii, 5ᵉ édit. t. IV,
p. 411).

8

Cf. B., 397; C., 371; Bos., I, x, 37; Faug., I, 206; Hav., VII, 36 ;
Mol., II, 153; Mich., 559.

1. Cf. fr. 866 : « Deux sortes de gens égalent les choses », etc.

9

Cf. B., 378; C., 337; P. R., XXIX, 23; Bos., I, ix, 29; Faug., I, 212 ;
Hav., VI, 26; Mol., I, 124; Mich., 633.

2. [Volt.]
3. Le manuscrit porte *être trompé*, mais une lecture attentive
montre que le sens exige *s'être trompé* ; une lettre a été omise par
Pascal et elle doit être rétablie.

comme les appréhensions des sens sont toujours
vraies [1].

*201]   10

On se persuade mieux, pour l'ordinaire, par les
raisons qu'on a soi-même trouvées, que par celles
qui sont venues dans l'esprit des autres.

Première Copie 396]   11

[2]Tous les grands divertissements sont dangereux

---

1. Pascal rappelle la doctrine classique suivant laquelle la vérité
des données sensibles est évidente : si les données sensibles n'étaient
pas exactes, avec quoi pourrait-on les contrôler ? Seulement les sens
nous induisent en erreur, parce que nous jugeons par eux non seulement de ce que nous voyons, mais de ce que nous avons pris l'habitude
d'associer à ce que nous voyons. Il y a donc dans notre erreur même
un fond de vérité, et une part d'illusion ; il est donc possible à la
fois et de rassurer notre amour-propre, en constatant que nous avons
bien vu certaines choses, et de corriger notre erreur en attirant notre
attention sur celles que nous n'avions pas vues.

10

Cf. B., 390 ; C., 357 ; P. R., XXIX, 26 ; Bos., I, x, 10 ; Faug., I, 173 ;
    Hav., VII, 10 ; Mol., II, 143 ; Mich., 435.

11

Cf. C., 369 ; Bos., II, xvii, 75 ; Faug., I, 229 ; Hav., XXIV, 64 ; Mol.,
    II, 53 ; Mich., 956.

2. Bossut a publié en 1779 ce fragment qu'il a trouvé dans les
Copies manuscrites des papiers de Pascal. Il avait déjà été imprimé
en 1678 comme étant la quatre-vingt-unième et dernière *Maxime* de
Mme de Sablé ; mais la publication est posthume. Est-ce Mme de Sablé
qui avait gardé l'original de la pensée de Pascal ? ou a-t-on pris la
copie de la pensée de Mme de Sablé pour un fragment écrit sous la
dictée de Pascal ? Victor Cousin, qui a publié ce texte d'après les
manuscrits de Conrart (avec d'insignifiantes variantes) s'appuie sur
l'autorité de Vallant pour trancher la question en faveur de Mme de
Sablé (*Madame de Sablé*, 1845, p. 83), et il convient aussi de remar-

pour la vie chrétienne ; mais entre tous ceux que le
monde a inventés, il n'y en a point qui soit plus à
craindre que la comédie [1]. C'est une représentation
si naturelle et si délicate des passions, qu'elle les
émeut et les fait naître dans notre cœur, et surtout
celle de l'amour ; principalement lorsqu'on [le] représente fort chaste et fort honnête. Car plus il paraît
innocent aux âmes innocentes, plus elles sont capa-

---

quer que les éditeurs de 1670 avaient laissé ce fragment de côté. Pourtant le doute est permis ; ne fût-ce que comme citation, le fragment
a sa place parmi les *Pensées de Pascal*.

1. La thèse janséniste a été reprise par Nicole, qui écrit en 1665 :
« Un faiseur de romans et un poète de théâtre est un empoisonneur
public, non des corps, mais des âmes des fidèles, qui se doit regarder
comme coupable d'une infinité d'homicides spirituels, qu'il a causés
en effet ou qu'il a pu causer par ses écrits pernicieux. Plus il a eu
soin de couvrir d'un voile d'honnêteté les passions criminelles qu'il
y décrit, plus il les a rendues dangereuses, et capables de surprendre
et de corrompre les âmes simples et innocentes. » On sait que cette
phrase des *Visionnaires*, dirigée contre Des Maretz de Saint-Sorlin,
valut à Nicole une réponse hautaine de Corneille dans la préface
d'*Attila*, et provoqua aussi la *Lettre* de Racine à *l'auteur des Hérésies
imaginaires*, où l'ancien élève de Port-Royal dut plus d'une fois
rappeler à ses maîtres l'auteur des *Provinciales*. Plus tard lorsque
Bossuet condamnera le théâtre dans sa *Lettre* au Père Caffaro et dans
ses *Maximes et Réflexions sur la comédie*, il enveloppera, lui aussi,
dans cette condamnation la peinture de la passion honnête « qui n'en
est que plus périlleuse lorsqu'elle paraît plus épurée ». A la veille de
sa mort enfin, Arnauld prenant la défense de Boileau contre Perrault
cite ce passage d'un livre « imprimé il y a dix ans » et qui est « assez
rare » : « Peut-on avoir un peu de zèle pour le salut des âmes qu'on
ne déplore le mal que font dans l'esprit d'une infinité de personnes
les romans, les comédies et les opéras ? Ce n'est pas qu'on n'ait soin
présentement de n'y rien mettre qui soit grossièrement déshonnête ;
mais c'est qu'on s'y étudie à faire paraître l'amour comme la chose
du monde la plus charmante et la plus douce. Il n'en faut pas davantage pour donner une grande portée à cette malheureuse passion. »
(Lettre du 5 mai 1694).

bles d'en être touchées : sa violence plaît à notre amour-propre, qui forme aussitôt un désir de causer les mêmes effets, que l'on voit si bien représentés ; et l'on se fait en même temps une conscience ¹ fondée sur l'honnêteté des sentiments qu'on y voit, qui ôtent la crainte des âmes pures, qui s'imaginent que ce n'est pas blesser la pureté, d'aimer d'un amour qui leur semble si sage.

Ainsi l'on s'en va de la comédie le cœur si rempli de toutes les beautés et de toutes les douceurs de l'amour, et l'âme et l'esprit si persuadés de son innocence, qu'on est tout préparé à recevoir ses premières impressions, ou plutôt à chercher l'occasion de les faire naître dans le cœur de quelqu'un, pour recevoir les mêmes plaisirs et les mêmes sacrifices que l'on a vus si bien dépeints dans la comédie.

123]   12

Scaramouche², qui ne pense qu'à une chose.

---

1. *Conscience* au sens de ce passage de Bourdaloue cité par Littré : « On se fait aisément de fausses consciences : on étouffe tous les remords du péché. »

12

Cf. B., 342; C., 296; Faug., I, 259; Hav., XXV, 74; Mol., I, 47; Mich., 317.

2. Le *Scaramouche* c'est Tiberio Fiorelli ; il vint à Paris en 1640 et y resta jusqu'au commencement de la Fronde, puis revint en 1653 au Petit-Bourbon (c'est le moment où l'on peut supposer que Pascal le vit) jusqu'en 1659 ; il jouait la *comedia dell' arte* dont le *Docteur* est un personnage traditionnel.

Le docteur, qui parle un quart d'heure après avoir tout dit, tant il est plein de désir de dire.

*441]   13

On aime à voir l'erreur, la passion de Cléobuline, parce qu'elle ne la connaît pas : elle déplairait, si elle n'était trompée [1].

420]   14

Quand un discours naturel [2] peint une passion ou un effet, on trouve dans soi-même la vérité de ce qu'en entend, laquelle on ne savait pas qu'elle y fût, en sorte qu'on est porté à aimer celui qui nous le fait sentir : car il ne nous a pas fait montre de son

---

13

Cf. B., 365; C., 321; Favœ., I, 211; Hav., XXV, 68; Mol., I, 48 ; Mich., 756.

1. Cléobuline, princesse, puis reine de Corinthe, figure, dit Havet, en divers endroits dans *Artamène ou le Grand Cyrus*, de Mlle de Scudéri. Mais on trouvera particulièrement l'histoire de sa passion au livre second de la septième partie. Elle est amoureuse d'un de ses sujets, Myrinthe, qui n'est pas même Corinthien d'origine ; mais « elle « l'aimait sans penser l'aimer, et elle fut si longtemps dans cette « erreur, que cette affection ne fut plus en état d'être surmontée « lorsqu'elle s'en aperçut ». Il faut ajouter que Cléobuline passait pour être le *portrait* de la reine Christine de Suède, et il n'est pas défendu de penser que cette particularité aurait attiré sur son personnage l'attention de Pascal ; lui qui déclare dans les *Provinciales* n'avoir jamais lu de roman, aurait fait une exception pour celle à qui il écrivit la lettre que l'on sait. (*Opuscules et pensées* de Pascal, 1897, p. 111.)

14

Cf. B., 368; C., 324; P. R., XXXI, 33; Bos., I, x, 26; Favœ., I, 251; Hav., VII, 26; Mol., II, 133; Mich., 680.

2. « Je gagerais, écrit M. Droz, que ce fragment fait allusion au *Discours sur les Passions de l'Amour.* » *Étude sur le scepticisme de Pascal*, p. 348.

bien, mais du nôtre ; et ainsi ce bienfait nous le rend
aimable, outre que cette communauté d'intelligence
que nous avons avec lui incline nécessairement le
cœur à l'aimer.

130j   15

Éloquence qui persuade par douceur, non par
empire [1], en tyran, non en roi [2].

15

Cf. B., 343 ; C., 296 ; Faug., I, 258 ; Hav., XXV, 118 bis ; Mol., II,
132 ; Mich., 334.

1. Le commentaire de cette pensée est fourni par le passage suivant
des *Réflexions sur l'Art de persuader* : « Personne n'ignore qu'il y a
deux entrées par où les opinions sont reçues dans l'âme, qui sont ses
deux principales puissances, l'entendement et la volonté. La plus
naturelle est celle de l'entendement, car on ne devrait jamais consentir qu'aux vérités démontrées ; mais la plus ordinaire, quoique
contre la nature, est celle de la volonté ; car tout ce qu'il y a
d'hommes sont presque toujours emportés à croire non pas par la
preuve, mais par l'agrément. Cette voie est basse, indigne et étrangère : aussi tout le monde la désavoue. Chacun fait profession de ne
croire et même de n'aimer que ce qu'il sait le mériter. » C'est à l'entendement qu'appartient légitimement l'empire de la persuasion, il
est le roi ; la volonté l'usurpe par la douceur, et exerce la tyrannie.
Cette distinction de *roi* et de *tyran* était familière à Pascal. Dans
le *fragment* 310, il en donne une nouvelle application : par delà
l'empire de « l'éloquence et de la « douceur », il y a celui de la
force, qui est comme un degré nouveau d'usurpation, et qui est
comme une tyrannie vis-à-vis de cette royauté déjà usurpée : « L'empire fondé sur l'opinion et l'imagination règne quelque temps, et cet
empire est doux et volontaire ; celui de la force règne toujours. Ainsi
l'opinion est comme la reine du monde, mais la force en est le tyran. »
2. La pensée 16 de notre petite édition in-16, avec laquelle nous
conservons la concordance, était un fragment emprunté à l'édition
Bossut (*Supplément* XXVII) et reproduit par les différents éditeurs
(Faug., I, 247 ; Hav., XXIV, 87 ; Mol., II, 131 ; Mich., 989).
L'abbé Bossut n'en avait pas indiqué l'origine ; nous l'avons retrouvée
dans l'*Histoire de l'abbaye de Port-Royal* par le docteur Besoigne (II° partie, livre VI ; t. IV, p. 467), Cologne, 1752. L'auteur s'exprime ainsi

dans une longue notice consacrée à Pascal : « Il concevait l'éloquence comme un art de dire les choses de telle façon : 1° que ceux à qui l'on parle les puissent entendre sans peine et avec plaisir ; 2° qu'ils s'y sentent intéressés, en sorte que l'amour-propre les porte plus volontiers à y faire réflexion. C'est pourquoi il la faisait consister dans une correspondance qu'on tâche d'établir entre l'esprit et le cœur de ceux à qui l'on parle d'un côté, et de l'autre les pensées et les expressions dont on se sert : ce qui suppose qu'on aura bien étudié le cœur de l'homme pour en savoir tous les ressorts et pour trouver ensuite les justes proportions du discours qu'on veut y assortir. M. Pascal se mettait à la place de ceux qui devaient l'entendre, et il faisait essai sur son propre cœur du tour qu'il donnait à son discours, pour voir si l'un était fait pour l'autre, et s'il pouvait s'assurer que l'auditeur serait comme forcé de se rendre. Il se renfermait donc le plus qu'il pouvait dans le simple naturel ; ce qui était petit, il ne le faisait pas grand, ce qui était grand, il ne le faisait pas petit. Ce n'était pas assez pour lui qu'une chose fût belle : il fallait qu'elle fût propre au sujet, qu'il n'y eût rien de trop, ni rien de manque. Il s'était fait par ce moyen un style naïf, juste et agréable, fort, et naturel ; et ce style lui était si propre, que dès qu'on vit paraître les *Provinciales*, on l'en jugea auteur, quelque soin qu'il eût pris de le cacher même à ses proches. » — Or il n'y a pas de doute que Bossut n'ait « arrangé » le fragment du *supplément* d'après la page de Besoigne, en lui donnant une forme impersonnelle : « *L'éloquence est un art... il faut se mettre à la place...* » Il suffit de considérer dans le même *supplément* le fragment qui précède ; *Dans un état établi en République comme Venise* et le fragment qui suit : « *L'Écriture sainte n'est pas une science de l'esprit.* » Tous les trois sont reproduits chez Bossut d'après la rédaction de Besoigne qui paraphrase la *Vie* écrite par Madame Périer. Pour ce qui concerne le passage sur l'éloquence, le docteur Besoigne avait trouvé la page suivante dans la *Vie* de Madame Périer. « Il avait une éloquence naturelle qui lui donnait une facilité merveilleuse à dire ce qu'il voulait ; mais il avait ajouté à cela des règles dont on ne s'était pas encore avisé, et dont il se servait si avantageusement, qu'il était maître de son style ; en sorte que non seulement il disait tout ce qu'il voulait, mais il le disait en la manière qu'il voulait, et son discours faisait l'effet qu'il s'était proposé. Et cette manière d'écrire naturelle, naïve et forte en même temps, lui était si propre et si particulière, qu'aussitôt qu'on vit paraître les *Lettres au provincial*, on vit bien qu'elles étaient de lui, quelque soin qu'il ait toujours pris de le cacher, même à ses proches. » Besoigne a recherché ces règles de style dans les *Réflexions sur l'art de Persuader* : « Il paraît de là que, quoi que ce soit qu'on veuille persuader, il faut avoir égard à la personne à qui on en veut, dont il faut connaître l'esprit et le cœur, quels principes il accorde, quelles choses il aime ; et ensuite

439] 17

Les rivières sont des chemins qui marchent et qui portent où l'on veut aller[1].

*443] 18

Lorsqu'on ne sait pas la vérité d'une chose, il est

remarquer, dans la chose dont il s'agit, quels rapports elle a avec les principes avoués, ou avec les objets délicieux par les charmes qu'on lui donne. De sorte que l'art de persuader consiste autant en celui d'agréer qu'en celui de convaincre, tant les hommes se gouvernent plus par caprice que par raison ! » Il les résume, et il ajoute un passage qui est une allusion au commentaire de Fénelon dans la *Lettre à l'Académie* sur le mot d'Isocrate : « Le discours a naturellement vertu de rendre les choses grandes petites et les petites grandes. »

17

Cf. B., 382 ; C., 341 ; Bos., I, x, 38 ; Faug., I, 206 ; Hav., VII, 37 ; Mol., II, 152.

1. Havet a retrouvé dans cette réflexion un souvenir de Rabelais. Le chapitre 26 du Vᵉ livre est intitulé : « *Comment nous descendimes en l'isle d'Odes, en laquelle les chemins cheminent...* Puys se guindans au chemin opportun, sans aultrement se poiner ou fatiguer, se trouuoyent au lieu destiné ; comme vous voyez aduenir à ceulx qui de Lyon ou Auignon et Arles se mettent en bateau sur le Rhosne... » Pascal a-t-il seulement noté une expression qui l'a frappé ? Cela est possible. Il est également plausible de voir dans cette ligne, avec l'auteur anonyme d'une étude sur *Pascal et ses pensées* (traduit dans la *Revue Britannique*, juin 1847), « un aphorisme d'économie politique » que l'on citait en Angleterre sans savoir à qui on l'empruntait. Pour nous il est surtout remarquable que cette image s'adapte exactement à la description qu'il nous donne de l'éloquence. C'est le règne de la « douceur » : nous nous abandonnons et nous glissons à la conclusion voulue par l'orateur, insensiblement, sans qu'il y ait conscience d'un effort pénible ou artificiel, comme si le chemin avait marché pour nous.

18

Cf. B., 391 ; C., 359 ; P. R., XXXI, 24 ; Bos., I, x, 17 ; Faug., I, 252 ; Hav., VII, 17 et 17 *bis* ; Mol., II, 147.

bon qu'il y ait une erreur commune qui fixe l'esprit
des hommes, comme, par exemple la lune, à qui
on attribue le changement des saisons, le progrès
des maladies, etc. ; car la maladie principale de
l'homme est la curiosité inquiète des choses qu'il ne
peut savoir ; et il ne lui est pas si mauvais d'être
dans l'erreur, que dans cette curiosité inutile.

[1] La manière d'écrire d'Épictète, de Montaigne et
de Salomon de Tultie, est la plus d'usage, qui s'insi-
nue le mieux, qui demeure[2] [le] plus dans la mémoire,
et qui se fait le plus citer, parce qu'elle est toute composée de pensées nées sur les entretiens ordinaires
de la vie ; comme, quand on parlera de la commune
erreur qui est parmi le monde que la lune est cause
de tout, on ne manquera jamais de dire que Salomon de Tultie dit que, lorsqu'on ne sait pas la vérité
d'une chose, il est bon qu'il y ait une erreur commune, etc., qui est la pensée de l'autre côté[3].

---

1. Page 444 du manuscrit.

2. *le* n'est pas dans le manuscrit, probablement supprimé par le
relieur.

3. Le manuscrit porte la correction : *ci-dessus,* faite sans doute
en vue de l'édition posthume. Pascal avait dicté *de l'autre côté,*
c'est-à-dire sur le recto de la page qui contient au verso le second
paragraphe du fragment. La pensée est double. La première réflexion
se rattache à ce que Pascal dit de la misère et de l'inquiétude de
l'homme. (Sect. II, fr. 127, sqq.) Elle rappelle les fameuses théories
d'Épicure pour qui toute explication scientifique est bonne pourvu
qu'elle écarte le mythe, avec la crainte religieuse qui en découle ;
pour mieux chasser cette inquiétude, un épicurien ne s'interdira pas
d'énumérer à propos d'un même fait une série de théories différentes
entre elles et incompatibles, mais dont l'accumulation fortifie l'idée
essentielle qu'une explication rationnelle est possible.

La seconde pensée est une remarque de Pascal sur son propre style ;
au même rang qu'Épictète et Montaigne, les maîtres de Pascal dans

Ed. 1678, *Ch.* xxxi]   19

La dernière chose qu'on trouve en faisant un ouvrage, est de savoir celle qu'il faut mettre la première[1].

433]   20

Ordre[2]. — Pourquoi prendrai-je plutôt à diviser ma morale en quatre qu'en six? pourquoi établirai-je plutôt la vertu en quatre, en deux, en un? pourquoi[3] en *abstine et sustine*[4] plutôt qu'en *suivre*

---

l'art d'écrire ou plutôt (puisqu'Épictète n'a rien écrit) « de conférer », elle place Salomon de Tultie. Qui est ce Salomon de Tultie? Havet soupçonnait, à la lecture de ce fragment, que ce pouvait être Pascal lui-même. Le pasteur Chavannes a fait voir que *Salomon de Tultie* était en effet l'anagramme de *Louis de Montalte*, pseudonyme sous lequel avaient paru les *Provinciales* ; c'est ce nom qui devait lui servir sans doute pour l'*Apologie de la Religion chrétienne*. Pascal avait, d'ailleurs, formé de la même manière *Amos Dettonville* dont il avait fait l'auteur des opuscules scientifiques qu'il publia vers la fin de 1658. (Ed. Lahure, t. III, p. 362 sqq.)

19

Cf. Bos., I, x, 29 ; Faug., I, 251 ; Hav., VII, 29 ; Mol., II, 133 ; Mich., 985.

1. Il est peu probable que cette réflexion ait été écrite par Pascal ; c'est un souvenir de conversation, qui aurait été recueilli par Port-Royal.

20

Cf. B., 373 ; C., 330 ; P. R., *ult.*, XXIX 32 ; Bos., I, ix, 28 ; Faug., II, 388 ; Hav., VI, 25 ; Mol., II, 63 ; Mich., 722.

2. Port-Royal imprime ce début: « Les philosophes se croient bien fins d'avoir renfermé leur morale sous certaines divisions. »

3. *En*, surcharge.

4. [*Pourquoi*.] — Charron loue « le grand philosophe Épictète » d'avoir « très bien signifié » les deux formes de la Sagesse, « com-

nature[1], ou[2] *faire ses affaires particulières sans
injustice*, comme Platon[3], ou autre chose? — Mais
voilà, direz-vous, tout renfermé, en un mot. — Oui,
mais cela est inutile, si on ne l'explique ; et quand
on vient à l'expliquer[4], dès qu'on ouvre ce précepte
qui contient tous les autres, ils en sortent en la première confusion que vous vouliez éviter[5]. Ainsi,

---

prenant en deux mots toute la philosophie morale, *sustine et abstine*,
soutiens les maux, c'est l'adversité ; abstiens-toi des biens, c'est-à-dire
des voluptés et de la prospérité. » (*De la Sagesse*, II, vii, 4.)

1. Montaigne avait écrit : « I'ay prins, comme i'ay dict ailleurs,
bien simplement et cruement, pour mon regard, ce precepte ancien ;
que « Nous ne sçaurions faillir à suyvre nature : » que le souverain
precepte, c'est de « Se conformer à elle » (III, xii) et « Nature est
un doulx guide... ie gueste partout sa piste : nous l'avons confondue
de traces artificielles ; et ce souverain bien academique et peripate-
tique qui est « vivre selon icelle » devient à cette cause difficile à
borner et à expliquer. » (III, 13.) — Dans le Second Livre de la
Sagesse, Charron intitule un paragraphe (le septième du ch. iii). *Faut
suivre nature* dont il fait la *vraie et essentielle prudhomie* : « Voilà
pourquoi la doctrine de tous les sages porte que bien vivre, c'est vivre
selon nature, que le souverain bien en ce monde c'est consentir à
nature, qu'en suivant nature comme guide et maîtresse, l'on ne faudra
jamais. » Et il cite Sénèque dans la *Préface* de la *Sagesse*, où il écrit :
« Suivre nature, celui-ci a grande étendue, et presque seul suffirait. »
2. *Ou*, surcharge.
3. Formule empruntée à Montaigne, III, 9 : « N'y desdire Platon,
qui estime la plus heureuse occupation à chascun, faire ses particuliers affaires sans iniustice. » Ce qui renvoie à ce passage d'une lettre
attribuée à Platon (lettre IX à Archytas, 357, *sub fine*) : « que ce soit
le plus agréable dans la vie, de faire ses propres affaires, surtout quand
il s'agit d'entreprises comme les tiennes, c'est ce que presque tout le
monde reconnaît. »
4. [*La confusion.*]
5. Montaigne avait dans un autre ordre d'application développé
une pensée analogue : « Ces iugements universels, que ie veois
si ordinaires, ne disent rien ; ce sont gents qui saluent tout un
peuple en foule et en troupe : ceux qui en ont vraye cognoissance, le
saluent et remarquent nommement et particulierement ; mais c'est une
hazardeuse entreprinse : d'où i'ay veu, plus souvent que touts les iours,

quand¹ ils sont tous renfermés en un, ils y sont cachés et inutiles, comme en un coffre, et ne paraissent jamais qu'en leur confusion naturelle. La nature les a tous établis sans renfermer l'un en l'autre².

4²7]   ²¹

La nature a mis toutes ses vérités chacune en soi-même ; notre art les renferme les unes dans les autres, mais cela n'est pas naturel ; chacune tient sa place.

43¹]   ²²

Qu'on ne dise pas que je n'ai rien dit de nouveau³: la disposition des matières est nouvelle ; quand on joue à la paume, c'est une même balle dont joue l'un et l'autre, mais l'un la place mieux⁴.

---

advenir que les esprits foiblement fondez, voulants faire les ingenieux à remarquer en la lecture de quelque ouvrage le poinct de la beauté, arrestent leur admiration, d'un si mauvais chois, qu'au lieu de nous apprendre l'excellence de l'auteur, ils nous apprennent leur propre ignorance. » (III, v111.)

1. *Quand*, en surcharge.
2. Addition de Port-Royal : « Ainsi toutes ces divisions et ces mots n'ont guères d'autre utilité que d'aider la mémoire et de servir d'adresse pour prouver ce qu'ils renferment. »

²¹

Cf. B., 3⁷3 ; C., 33⁷ ; Bos., I, 1x, 28 ; Faug., II, 388 ; Hav., VI, 25 *bis* ; Mol., I, 127 ; Micн, 7o5.

²²

Cf. B., 37⁷ ; C., 336 ; P. R., *ult.*, XXIX, 19 ; Bos., I, x, 9 ; Faug., I,2 54 ; Hav., VII, 9 ; Mol., I, 22 ; Micн., 715.

3. [*L'ordre est.*]
4. Pascal a lui-même donné le commentaire de ce fragment dans ses *Réflexions sur l'Art de Persuader* : « Je voudrais demander à des

J'aimerais autant qu'on me dît que je me suis
servi des mots anciens. Et comme si les mêmes
pensées ne formaient pas un autre corps de discours,
par une[1] disposition différente, aussi bien que les
mêmes mots forment d'autres pensées par leur différente disposition !

225]   23

Les mots diversement rangés font un divers sens,
et les sens diversement rangés font différents effets[2].

---

personnes équitables si ce principe : La matière est dans une incapacité
naturelle invincible de penser, et celui-ci : Je pense, donc je suis,
sont en effet les mêmes dans l'esprit de Descartes et dans l'esprit de
saint Augustin qui a dit la même chose douze cents ans auparavant...
Tel dira une chose de soi-même sans en comprendre l'excellence, où
un autre comprendra une suite merveilleuse de conséquences qui nous
font dire hardiment que ce n'est plus le même mot, et qu'il ne le doit
non plus à celui d'où il l'a appris, qu'un arbre admirable n'appartiendra
pas à celui qui en aurait jeté la semence, sans y penser et sans la connaître, dans une terre abondante qui en aurait profité de la sorte par
sa propre fertilité. Les mêmes pensées poussent quelquefois tout
autrement dans un autre que dans leur auteur : infertiles dans leur
champ naturel, abondantes étant transplantées. » — Montaigne avait
déjà dit : « Qu'on ne s'attende pas aux matieres, mais à la façon que
i'y donne : qu'on veoye, en ce que i'emprunte, si i'ay sceu choisir de
quoy rehaulser ou secourir proprement l'invention, qui vient tousiours
de moy ; car ie foys dire aux aultres, non à ma teste, mais à ma
suite. » (II, 10.)

  1. [Autre.]

23

  Cf. B., 406; C., 382 ; Faug., I, 254 ; Hav., XXV, 128 ; Mol., I, 197 ;
Mich., 472.

  2. « Ceux qui ont l'esprit de discernement savent combien il y a
de différence entre deux mots semblables, selon les lieux et les circonstances qui les accompagnent. » (De l'Art de persuader). — La
langue française fournit une série d'exemples familiers à l'appui de ces
observations : telle la différence entre grand homme et homme grand,

429]   24

Langage. — Il ne faut point détourner l'esprit ailleurs, sinon pour le délasser, mais dans le temps où cela est à propos, le délasser quand il le faut, et non autrement; car qui délasse hors de propos, il lasse; et qui lasse hors de propos délasse, car on quitte tout là; tant la malice de la concupiscence[1] se plaît à faire tout le contraire de ce qu'on[2] veut obtenir de nous sans nous donner du plaisir qui est la monnaie pour laquelle nous donnons tout ce qu'on veut[3].

---

galant homme et *homme galant*, etc. D'autre part des idées comme celles d'*originalité*, de *simplicité*, de *malice*, donnent lieu à des interprétations toutes différentes suivant le tour de la phrase : *C'est un artiste original* ou *ce n'est qu'un original*, etc. Cf. fr. 5o.

24

Cf. B., 38o ; C., 34o ; P. R., XXXI, 36 ; Bos., I, x, 3o ; Faug., I, 24g ; Hav., VII, 3o ; Mol., II, 133 ; Mich., 71o.

1. La malice de la concupiscence est expliquée par Pascal lui-même : « Dieu avait établi cet ordre surnaturel [*d'aimer avant de connaître et de n'entrer dans la vérité que par la charité*] et tout contraire à l'ordre qui devait être naturel aux hommes dans les choses naturelles. Ils ont néanmoins corrompu cet ordre en faisant des choses profanes ce qu'ils devaient faire des choses saintes, parce qu'en effet nous ne croyons presque que ce qui nous plaît. » *Réflexions sur l'Art de persuader.*

2. [*Nous demande.*]

3. Souvenir d'Épictète. « Lors donc qu'il y a une monnaie qui convient à l'un, et une autre qui convient à un autre, quiconque leur présente cette monnaie-là obtient d'eux ce qu'ils vendent. Un proconsul voleur est venu dans la province ; quelle monnaie lui faut-il ? de l'argent ; montre-lui-en et emporte en échange ce que tu veux », etc. *Diss.*, III, iii, 11.

402]   25

Éloquence. — Il faut de l'agréable et du réel ; mais il faut que cet agréable soit[1] lui-même pris du vrai[2].

142]   26

L'éloquence est une peinture de la pensée[3] ; et ainsi, ceux qui, après avoir peint, ajoutent encore, font un tableau au lieu d'un portrait[4].

25

C. B., 370 ; C., 327 ; P. R., XXXI, 34 ; Bos., I, x, 27 ; Faug , I, 247 ; Hav., VII, 27 ; Mol., II, 132 ; Mich., 636.

1. [*Aussi réel.*]

2. C'est encore ce qu'explique Pascal dans l'*Art de persuader*. Il y a deux portes par où pénètrent « les qualités des choses que nous devons persuader », l'entendement qui aperçoit les conséquences nécessaires, la volonté qui se porte vers les objets de notre satisfaction. Or « celles qui ont cette liaison tout ensemble, et avec les vérités avouées, et avec les désirs du cœur, sont si sûres de leur effet, qu'il n'y a rien qui le soit davantage dans la nature ». Cf. Méré : « La vérité quand elle parle est toujours éloquente. » (*De l'Esprit*, p. 64. — Fontenelle dira l'inverse et il définit ainsi la *manière* : « Selon moi, il n'y a pas jusqu'aux vérités à qui l'agrément ne soit nécessaire » (*Entretiens sur la pluralité des mondes* premier soir).

26

Cf. B., 342 ; C., 295 ; Bos., *suppl.*, 27 ; Faug , I, 247 ; Hav., XXIV, 87 *bis* ; Mol., II, 132 ; Mich., 353.

3. « Cette peinture est conduicte, non tant par dexterité de la main, comme pour avoir l'obiect plus visvement empreinct en l'ame. Gallus parle simplement, parce qu'il conceoit simplement. » (Mont. III, 5.)

4. Havet a rapproché de ce fragment un passage du *Discours de la Conversation* de Méré : « On compare souvent l'éloquence à la peinture ; et je crois que la plupart des choses qui se disent dans le monde sont comme autant de petits portraits, qu'on regarde à part et sans rapport, et qui n'ont rien à se demander. On n'a pas le temps de faire de ces grands tableaux où la principale beauté se montre en

127]   27

'*Miscellan. Langage.* — Ceux qui font les antithèses
en forçant les mots font comme ceux qui font de
fausses fenêtres pour la symétrie : leur règle n'est pas
de parler juste, mais de faire des figures justes[2].

125]   28

Symétrie, en ce qu'on voit d'une vue, fondée sur

---

cela que toutes les lignes qu'on y remarque se trouvent dans une
juste proportion. » (P. 22.) Cf. *Discours de l'Éloquence et de l'Entretien*, p. 65. Si Pascal se sert des mêmes mots, c'est pour une
pensée toute différente. Le tableau n'est plus un ensemble, par opposition au portrait détaché ; le tableau désigne la scène arrangée en vue
de l'effet extérieur, l'œuvre artificielle et d'imagination, par opposition
au portrait qui essaie d'exprimer la nature interne du modèle : on dirait
qu'on a de part et d'autre le souvenir d'une même conversation, mais
qui a germé différemment dans l'esprit des interlocuteurs. — Pascal
retrouve ainsi ce que disait Montaigne : « De vray, toute cette belle
peinture s'efface par le lustre d'une verité simple et naïve. » (I, 25.)

27

Cf. B., 336 ; C., 288 ; P. R., XXXI, 30 ; Bos., I, x, 22 ; Fauo., I, 249
Hav., VII, 22 ; Mol., II, 135 ; Mich., 326.

1. En tête quelques mots rayés : [*Ainsi... toujours vains.*]
2. Pascal se souvient ici du Père Noël et de l'antithèse qui formait
le titre de son écrit contre lui : *Le Plein du Vide*. Dans la lettre de
M. Pascal le père au P. Noël, cette antithèse est longuement exa-
minée et elle est condamnée de par les règles propres à l'antithèse.
Dans la lettre qu'il adresse à M. le Pailleur, Pascal lui-même parle
« de ces antithèses opposées avec tant de justesse qu'il est aisé de
voir qu'il s'est bien plus étudié à rendre ses termes contraires les uns
aux autres, que conformes à la raison et à la vérité ».

28

Cf. B , 342 ; C., 295 ; Faro., I, 260 ; Hav., XXV, 76 ; Mol., II, 136 ;
Mich., 320.

ce qu'il n'y a pas de raison de faire autrement[1], et
fondée aussi sur la figure de l'homme, d'où il arrive
qu'on ne veut la symétrie qu'en largeur, non en hauteur ni profondeur[2].

427]   29

[3]Quand on voit le style naturel, on est tout étonné
et ravi, car on s'attendait de voir un auteur, et on
trouve un homme. Au lieu[4] que ceux qui ont le goût
bon et qui en voyant un livre croient trouver un
homme, sont tout surpris de trouver un auteur : *Plus
poetice quam humane locutus es*[5]. Ceux-là honorent

---

1. C'est sous cette forme négative que le *principe de symétrie* s'introduit dans la science et que Pascal l'invoque, comme avait fait Archimède, pour fonder la notion d'équilibre : « Toutes choses doivent être
en repos, parce qu'il n'y a pas plus de raison, pourquoi l'une cède
que l'autre. » *Traité de l'équilibre des liqueurs*, ch. ii. Cf. Couturat,
la Logique de Leibniz, 1901, p. 227.
2. Il y a là un essai intéressant d'explication psychologique. C'est
pour l'œil, et dans les limites de notre horizon visuel, que nous recher-
chons la symétrie, et nous la voulons surtout en largeur parce que
c'est le sens où les hommes eux-mêmes sont symétriques.

29

Cf. B., 371; C., 328; P. R., XXXI, 35; Bos., I, x, 28; Faug., I, 249;
Hav., VII, 28; Mol., II, 134; Mich., 701.

3. Les *Copies* ajoutent le titre *Style*.
4. [qu'autrement.]
5. « Tu as parlé en poète plutôt qu'en homme » (*Pétrone*, 90). Cf.
Discours de la Conversation, p. 67 : « Je disais à quelqu'un fort savant
qu'il parlait en auteur. — Eh quoi, me répondit cet homme, ne le
suis-je pas ? — Vous ne l'êtes que trop, répondis-je en riant, et vous
feriez beaucoup mieux de parler en galant homme. » Et Sainte-Beuve,
dans ses *Portraits littéraires*, cite une réflexion de Méré sur Virgile
qui « écrivait plus en poète qu'en galant homme ».

bien la nature, qui lui apprennent qu'elle peut parler
de tout, et même de théologie[1].

12]   30

[Qu'on voie les discours de la 2ᵉ, 4ᵉ et 5ᵉ du Janséniste ; cela est haut et sérieux[2].

Je hais également le bouffon[3] et l'enflé] : on ne
ferait son ami de l'un ni de l'autre.

On ne consulte que l'oreille[4], parce qu'on manque

---

1. Mont., III, v : « Si i'estois du mestier, ie naturaliserois l'art,
autant comme ils artialisent la nature. » Cette thèse avait déjà été
appliquée à la théologie par Balzac dans le *Socrate chrétien* : « Ce
n'est pas assez de savoir la théologie pour écrire de la théologie. »
Discours X, *cf. passim*. Il restait à mettre la théorie en pratique, et
c'est ce qu'avait fait l'auteur des *Provinciales*.

30

Cf. B., 354 ; C., 310 ; Faug., I, 261 ; Hav., XXIV, 94 et XXV, 133 ;
Mol., II, 115 ; Mich., 23.

2. Ce fragment est fait de notes, destinées vraisemblablement à la
onzième Provinciale. Pascal devait s'y défendre *d'avoir tourné les choses
saintes en raillerie* : il invoque les passages de ses premières *Provinciales* où tout d'un coup sur le fond de comédie se détache l'éloquence
grave du Janséniste.

3. Voir dans la *onzième Provinciale* la condamnation de « l'esprit
de bouffonnerie » que Pascal reproche à ses adversaires — comme ils le
reprochaient à lui-même : La *Première réponse aux Jansénistes* les traite
de « petits bouffons » ; le récit du « Secrétaire de Port-Royal » est
une « narrative digne d'un farceur pour rendre les Jésuites ridicules
auprès des esprits de son calibre par des façons de répondre, niaises
et badines, qui sont le plus beau de ses dialogues puérils » (*Recueil
de 1658*, p. 13).

4. A la fin du *Récit de la grande expérience de l'Équilibre des
liqueurs*, Pascal parle des causes imaginaires que les hommes « ont
exprimées par des noms spécieux qui remplissent les oreilles et non
pas l'esprit. » (*Œuvres de Pascal*, éd. Lahure, t. IV, p. 146).

de cœur[1] : la règle est l'honnêteté. Poète et non honnête homme[2].

[Après ma 8ᵉ, je croyais avoir assez répondu[3].]
Beauté d'omission, de jugement.

439]　　　　　　　　　31

Toutes les fausses beautés que nous blâmons en
Cicéron ont des admirateurs, et en grand nombre[4].

---

1. Cf. fragment 196 : « Les gens manquent de cœur ; on n'en
ferait pas son ami. »

2. « Comme s'il n'était défendu d'être blasphémateur et impie
qu'en prose. » *XIᵉ Provinc.* — Cf. fr. 38, la note et celle du fragment
précédent.

3. Note contemporaine de la *onzième Provinciale*. Pascal reprend en
effet dans la *douzième*, pour réfuter les « chicanes » de ses adversaires,
les sujets qu'il avait traités dans la *sixième*, dans la *septième*, dans la
huitième : simonies, usures, restitutions. On retrouve dans la *dix-
septième Provinciale* l'expression : « Ma quinzième lettre y avait assez
répondu. »

31

Cf. B., 384; C., 344; Bos., I, x, 35; Fauo., I, 254; Hav., VII, 35 ;
Mol., II, 133; Mich., 739.

4. Ce *nous* désigne ici Montaigne (Cf. *Essais* II, x; II, xxxi) et plus
encore Méré avec qui Pascal s'accordait pour blâmer en Cicéron tout
ce qui dépasse la simple et pure' nature, tout ce qui n'est que pour
la pompe et l'éclat. Ils avaient conscience que la délicatesse de leur
goût était en contradiction avec la culture de la « rhétorique » dont
les régents de collège, les prédicateurs en chaire et les avocats au
Parlement faisaient alors un si étrange abus. Méré écrit pour sa part :
« Je remarque aussi que les gens du commun, bien qu'ils soient de la
Cour, sont persuadés que la plus grande beauté de l'éloquence consiste en ces fausses parures que les personnes de bon goût ne peuvent
souffrir. » (*Œuv. Posth.*, p. 136.) Plus loin il reprochera à Cicéron
de « s'expliquer toujours en homme de lettres » et de n'avoir point su
« juger partout du juste rapport qui se doit trouver entre la pensée
et l'expression » (p. 171); il signalera des phrases « qui sentent la
fausse éloquence. » (*Discours de la vraie Honnêteté*, I, p. 26.) L'expression même de fausses beautés se trouve dans une lettre : « Les

*129]   32

Il y a un certain modèle d'agrément et de beauté qui consiste en un certain rapport entre notre nature, faible ou forte, telle qu'elle est, et la chose qui nous plaît.

Tout ce qui est formé sur ce modèle nous agrée : soit maison, chanson, discours, vers, prose, femme, oiseaux, rivières, arbres, chambres, habits, etc. Tout ce qui n'est point fait sur ce modèle déplaît à ceux qui ont le goût bon[1].

Et, comme il y a un rapport parfait entre une chanson et une maison qui sont faites sur ce bon modèle, parce qu'elles ressemblent à ce modèle unique quoique chacune selon son genre, il y a de même un rapport parfait entre les choses faites sur le mauvais modèle. Ce n'est pas que le mauvais modèle soit unique, car il y en a une infinité[2]; mais chaque mauvais sonnet, par exemple, sur quelque faux modèle

---

beautés d'éclat en fait de paroles sont pour l'ordinaire de fausses beautés qui n'ont que la première vue. » (*Œuv. Posth.*, II, 2).

32

Cf. B., 343; C., 296; P. R., XXXI, 31; Bos., I, x, 24; Faug., I, 255; Hav., VII, 24; Mol., II, 132; Mich., 328.

1. M. Collet a signalé ce passage de Méré dans ses *Conversations avec le maréchal de Clérambault.* « Il serait à désirer de faire en sorte qu'il eût le goût bon, car si je me veux expliquer, il faut bien que je me serve de ce mot dont tant de gens abusent. » Ailleurs Méré assimile le *bon goût* à ce que Pascal appelle le sentiment : « Le bon goût se fonde toujours sur des raisons très solides, mais le plus souvent sans raisonner. » (I, 85.)

2. Cf. fr. 408 : « Le mal est aisé, il y en a une infinité. »

qu'il soit fait, ressemble parfaitement à une femme
vêtue sur ce modèle.

Rien ne fait mieux entendre combien un faux sonnet
est ridicule que d'en considérer la nature et le modèle,
et de s'imaginer ensuite une femme ou une maison
faite sur ce modèle-là [1].

*129)   33

Beauté [2] poétique. — Comme on dit beauté [3] poétique, on devrait aussi dire beauté géométrique et
beauté médicinale ; mais on ne le dit pas : et la raison
en est qu'on sait bien quel est l'objet de la géométrie [4]
et qu'il consiste en preuves, et quel est l'objet de la
médecine, et qu'il consiste en la guérison ; mais on
ne sait pas [5] en quoi consiste l'agrément, qui est
l'objet de la poésie. On ne sait ce que c'est que ce
modèle naturel [6] qu'il faut imiter ; et, à faute de cette

---

1. « Quand les dames veulent paraître comme à l'envi dans une
grande assemblée, vous savez qu'elles s'ajustent pour plaire plutôt
que pour éblouir…. Puisque j'en suis venu là, je trouve que l'éloquence qui pense bien et qui s'exprime mal est à peu près comme
une belle femme mal ajustée ou dans un habit négligé, et que celle
qui se fait peu considérer du côté de l'esprit, mais qui se sert du
langage adroitement, représente une femme médiocrement belle,
mais qu'on trouve toujours ajustée, ou toujours parée, et ce grand
soin ne fait pas qu'on en soit charmé. » (Méré, *Conversations*,
p. 188.)

33

Cf. B., 344 ; C., 297 ; P. R., XXXI, 32 ; Bos., I, x, 25 ; Fauc., I, 256 ;
Hav., VII, 25 ; Mol., II, 136 ; Mich., 329.

2. [*Par [langage.*]
3. [*Langage.*]
4. [*En quoi.*]
5. [*Que l'agrément.*]
6. [*Auquel il faut.*]

connaissance, on a inventé de certains termes bizarres :
« siècle d'or, merveille de nos jours, fatal », etc. ; et
on appelle ce jargon beauté poétique[1].

Mais qui s'imaginera une femme sur ce modèle-là,
qui consiste à dire de petites choses avec de grands
mots, verra une jolie damoiselle toute pleine de
miroirs et de chaînes[2], dont il rira, parce qu'on sait
mieux en quoi consiste l'agrément d'une femme que
l'agrément des vers. Mais ceux qui ne s'y connaîtraient
pas l'admireraient en cet équipage ; et il y a bien des
villages où on la prendrait pour la reine ; et c'est
pourquoi nous appelons les sonnets faits sur ce
modèle-là les reines de village[3].

---

1. « Cicéron a cru et quelques autres avant Cicéron qu'en chaque
langue les Poètes avaient une langue à part, séparée et distincte de
la vulgaire.... Et quand tout le monde serait capable de ce jargon, je
crois avoir déjà dit qu'il n'a lieu que dans la licence de la raillerie. »
(Balzac, *Dissertation à M. Conrart.*) Balzac cite à l'appui de ses réflexions des exemples tels que : *des raisons aussi fortes que les Armes
qui avaient été forgées par Vulcain ; les cyprès du Parnasse et les Aigles
de Sion.* Pascal a cherché des exemples plus simples, et qui paraissent
empruntés à Malherbe.

2. La pensée de Balzac et de Pascal a été reprise, comme le remarque Sainte-Beuve, par Montesquieu : « Ce sont ici les poètes, c'est-à-
dire les auteurs dont le métier est de mettre des entraves au bon sens,
et d'accabler la raison sous les agréments, comme on ensevelissait
autrefois les femmes sous leurs parures et leurs ornements » (*Lettres
Persanes*, 137).

3. Balzac avait déjà dit, en parlant des paraphrases familières aux
traducteurs des apôtres : « Ne pensez pas leur faire plaisir, de leur
prêter si libéralement, et sans qu'ils en aient besoin, vos épithètes et
vos métaphores ; de les charger de votre alchimie et de vos diamants
de verre, ou si vous voulez que j'en parle plus nettement, de votre
bon or et de vos perles orientales. Ces ornements les déshonorent, ces
faveurs les désobligent. Vous pensez les parer pour la cour et pour
les jours de cérémonie, et vous les cachez comme des mariées de
village sous vos affiquets et sous vos bijoux. Vous voulez leur rendre

On ne passe point dans le monde pour se connaître en vers si l'on n'a mis l'enseigne de poète, de
mathématicien, etc.[1]. Mais les gens universels ne veulent point d'enseigne, et ne mettent guère de différence entre le métier de poète et celui de brodeur.

Les gens universels ne sont appelés ni poètes, ni
géomètres, etc. ; mais ils sont tout cela, et juges de
tous ceux-là. On ne les devine point. Ils parleront
de ce qu'on parlait quand ils sont entrés. On ne
s'aperçoit point en eux d'une qualité plutôt que
d'une autre, hors de la nécessité de la mettre en
usage ; mais alors on s'en souvient, car il est également de ce caractère qu'on ne dise point d'eux qu'ils
parlent bien, quand il n'est pas question du langage,
et qu'on dise d'eux qu'ils parlent bien, quand il en
est question.

---

le visage plus agréable, et vous leur enlevez le cœur. » (*Socrate chrétien*, disc. VII.) Pascal devait, comme avait commencé de faire Balzac
lui-même, appliquer ces principes à démontrer l'authenticité de l'Écriture sainte. Cf. fr. 797 et suiv.

34

Cf. B., 344 ; C., 298 ; P. R., XXIX, 14 ; Bos., I, ix, 18 ; Faug., I, 257 ;
Hav., VI, 15 ; Mol., I, 120 ; Mich., 330.

1. Nicole reproduit et commente ce fragment dans le *Traité de
la charité et de l'amour-propre*, chap. vi : *L'honnêteté et la charité nous
éloignent de l'affectation*. D'autre part, comme le remarque Havet,
La Bruyère s'est souvenu de ces expressions dans le *caractère* de
Cydias, qui paraît bien être le portrait de Fontenelle : « Ascagne est
statuaire... et Cydias, bel esprit, c'est sa profession. Il a une
enseigne », etc. (*De la Société et de la Conversation*, n° 75), et dans
le *caractère* d'Eurypyle : « Je nomme Eurypyle, et vous dites : C'est
un bel esprit... quelle est son enseigne ? » (*Des jugements*, n° 20).

C'est donc une fausse louange qu'on donne à un homme quand on dit de lui, lorsqu'il entre, qu'il est fort habile en poésie ; et c'est une mauvaise marque quand on n'a pas recours à un homme quand il s'agit de juger de quelques vers[1].

*440]   35

Il faut qu'on n'en puisse [*dire*][2], ni : il est mathématicien, ni prédicateur, ni éloquent, mais il est honnête homme[3] ; cette qualité universelle me

---

1. « M. Collet a justement rapproché ces fragments de divers passages du chevalier de Méré : « La guerre est le plus beau métier du monde, il en faut demeurer d'accord ; mais, à le bien prendre, un honnête homme n'a point de métier. Quoiqu'il sache parfaitement une chose, et que même il soit obligé d'y passer sa vie, il me semble que sa manière d'agir ni son entretien ne le font point remarquer » (tome I, p. 190). Et ailleurs (tome II, p. 80) : « C'est un malheur aux honnêtes gens d'être pris à leur mine pour des gens de métier, et quand on a cette disgrâce, il s'en faut défaire à quelque prix que ce soit. » Le fond de ces idées se trouve déjà dans Montaigne, particulièrement au chapitre *de l'institution des Enfants* (1, 25) : « Or nous qui cherchons icy, au rebours, de former, non un grammairien ou logicien, mais un gentilhomme », etc. Et ailleurs : « Les païsans simples sont honnestes gents, et honnestes gents les philosophes. » (I, 54) *Note de Havet.* — Cf. liv. III, ch. IX : « On dit bien vray, qu'un honneste homme, c'est un homme meslé. » *Meslé*, pour Montaigne, veut dire qui sait se mêler à tous les mondes, par opposition aux courtisans qui ne savent parler « qu'aux hommes de leur sorte et des choses de la cour ».

35

Cf. B., 367 ; C., 323 ; Faug., I, 258 ; Hav., VI, 15 *ter* ; Mol., I, 119 ; Mich., 744.

2. Le mot n'est pas dans la rédaction écrite sous la dictée de Pascal.

3. « Ce n'est donc pas un métier que d'être honnête homme. » (Méré, *Discours de la vraie Honnêteté*, p. 3.)

plaît seule[1]. Quand en voyant un homme on se souvient de son livre, c'est mauvais signe ; je voudrais qu'on ne s'aperçût d'aucune qualité que par la rencontre et l'occasion d'en user — *Ne quid nimis* — de peur qu'une qualité ne l'emporte, et ne fasse baptiser ; qu'on ne songe point qu'il parle bien, sinon quand il s'agit de bien parler ; mais qu'on y songe alors[2].

11]   36

L'homme est plein de besoins : il n'aime que ceux qui peuvent les remplir tous. C'est un bon mathématicien, dira-t-on[3]. — Mais je n'ai que faire de mathématiques : il me prendrait pour une proposition. — C'est un bon guerrier. — Il me prendrait pour une place assiégée. Il faut donc un honnête homme qui puisse s'accommoder à tous mes besoins généralement.

1. Mont., II, xvii : « Mais les belles ames, ce sont les ames universelles, ouvertes, et justes à tout ; sinon instruites, au moins instruisables. »

2. A rapprocher ce jugement de Méré : « C'est être savant que d'avoir beaucoup de lecture... Mais de dire des bonnes choses sur tout ce qui se présente et de les dire agréablement..., l'esprit ne peut aller plus loin, et c'est le chef-d'œuvre de l'intelligence. » *Discours de la conversation, Œuvres*, page 77.

36

Cf. B., 354 ; C., 309 ; Bos., I, ix, 18 ; Fauo., I, 195 ; Hav., VI, 15 *bis* ; Mol., I, 114 ; Mich., 21.

3. Dans le *Discours de l'Esprit*, Méré blâme les princes « de ce qu'au lieu de s'adresser à quelqu'un qui connût en tout le bien et le mal, ils ont recours aux meilleurs mathématiciens, qui ne les sauraient entretenir que de figures et de nombres (p. 59). »

49]   37

[*Peu de tout*[1]. — Puisqu'on ne peut être universel et
savoir tout ce qui se peut savoir sur tout, il faut
savoir peu de tout. Car il est bien plus beau de
savoir quelque chose de tout que de savoir tout d'une
chose ; cette universalité est la plus belle. Si on pouvait avoir les deux, encore mieux, mais s'il faut
choisir, il faut choisir celle-là, et le monde le sent
et le fait, car le monde est un bon juge souvent[2].]

412]   38

Poète et non[3] honnête homme.

37

Cf. B., 89; C., 115; Faug., I, 235; Mol., II, 151; Mich., 126.

1. Cf. Montaigne : « Un peu de chasque chose, et rien du tout, à
la françoise » (I, 25).
2. Le monde est l'ensemble des hommes, pris en général, exception faite des spécialistes, ce qu'on appellerait aujourd'hui le grand
public. C'est le jugement du « monde » qu'exprime Clitandre dans
les *Femmes savantes* :

Je consens qu'une femme ait des clartés de tout.

Seulement là où Clitandre, qui est un amateur (et Molière avec lui),
voit assez naïvement un *minimum* de connaissances, Pascal, qui est un
savant, est tout près de voir le *maximum* de science auquel l'homme
peut atteindre.

38

Cf. B., 385; C., 347; Mol., II, 115; Mich., 660.

3. Michaut lit : *Pour ce nom*; la seconde copie donne : *porter le
nom d'honnête homme.* — Ces mots qui se trouvent déjà parmi les réflexions suggérées par la polémique des *Provinciales* (voir fragment 30 et la note du fr. 29) sont répétés à la page 412 du manuscrit.

*273]   39

Si le foudre¹ tombait sur les lieux bas, etc., les
poètes et ceux qui ne savent raisonner que sur les
choses de cette nature, manqueraient de preuves.

134]   40

Les exemples qu'on prend pour prouver d'autres
choses, si on voulait prouver les exemples, on prendrait les autres choses pour en être les exemples ;
car, comme on croit toujours que la difficulté est à

Pascal comptait sans doute reprendre cette pensée qui se rapproche
des vers connus de Boileau :

> Que les vers ne soient pas votre éternel emploi :
> Cultivez vos amis, soyez homme de foi :
> C'est peu d'être agréable et charmant dans un livre,
> Il faut savoir encore et converser et vivre.

> *(Art poétique*, IV, 121 sqq.)

Molière de son côté écrit dans le *Misanthrope* (I, 11) :

> Et n'allez point quitter, de quoi que l'on vous somme,
> Le nom que dans la cour vous avez d'honnête homme,
> Pour prendre de la main d'un avide imprimeur
> Celui de ridicule et misérable auteur.

39

Cf. B., 397; C., 371; P. R., *ult.*, XXXI, 29; Bos., I, x, 18; Faug., I,
250; Hav., VII, 18; Mol., II, 316; Mich., 558.

1. Même dans son sens propre, *foudre* au xvııᵉ siècle s'employait
encore au masculin. Corneille dit dans *Polyeucte* :

Ces foudres impuissants qu'en leurs mains vous peignez.

et Bossuet dans le *Discours sur l'Histoire universelle* (I, 11) : « Anas-
tase mourut frappé du foudre. »

40

Cf. B., 328; C., 278; P. R., XXXI, 4; Bos., I, x, 3; Faug., I, 173;
Hav., VII, 3; Mol., II, 141; Mich., 338.

ce qu'on veut prouver, on trouve les exemples plus clairs et aidant à le montrer.

Ainsi[1], quand on veut montrer une chose générale, il faut en donner la règle particulière d'un cas ; mais si on veut montrer un cas particulier, il faudra commencer par la règle [*générale*][2]. Car on trouve toujours obscure la chose qu'on veut prouver, et claire celle qu'on emploie à la preuve ; car, quand on propose une chose à prouver, d'abord on se remplit de cette imagination qu'elle est donc obscure, et, au contraire, que celle qui la doit prouver est claire, et ainsi on l'entend aisément.

163]   41

Épigrammes de Martial. — L'homme aime la malignité ; mais ce n'est pas contre les borgnes ou les malheureux, mais contre les heureux superbes. On se trompe autrement.

Car la concupiscence est la source de tous nos mouvements, et l'humanité, etc.[3]

---

1. [*On.*]
2. Pascal avait écrit *particulière* ; il nous semble que la correction s'impose. M. Molinier (t. II, p. 350) conserve *règle particulière,* en l'entendant comme *règle particulière d'un autre cas* ; ce qui n'est plus dans le texte, ni, je crois, dans l'esprit de Pascal.

41

Cf. B., 413 ; C., 389 ; P. R., XXXI, 37 ; Bos., I, ix, 56 ; Fau., I, 253 ; Hav., VI, 53 ; Mol., I, 123 ; Mich., 393.

3. Havet, se référant à un autre fragment de Pascal, suppose que la phrase avait été achevée ainsi : *et l'humanité flatte la concupiscence.* Peut-être, en tenant compte de ce qui suit, convient-il d'opposer au contraire *humanité* à *concupiscence* : la concupiscence entraîne la malignité, et l'humanité la restreint à ceux qui sont heureux et orgueilleux.

Il faut plaire à ceux qui ont les sentiments humains et tendres.

Celle des deux borgnes ne vaut rien, car elle ne les console pas, et ne fait que donner une pointe à la gloire de l'auteur[1]. Tout ce qui n'est que pour l'auteur ne vaut rien. *Ambitiosa recidet ornamenta*[2].

*441]   42

Prince à un roi platt, pource qu'il diminue sa qualité[3].

---

1. L'allusion à l'épigramme des deux borgnes a été parfaitement élucidée par Havet: « Il me paraît que cette pensée a dû être suggérée à Pascal par l'espèce d'Anthologie latine que MM. de Port-Royal publièrent en 1659 sous le titre de *Epigrammaticus delectus*. Ce recueil est précédé d'une dissertation en latin (par Nicole) dont un des paragraphes a pour titre : *De Epigrammatis malignis*. On y condamne la malignité qui s'attaque aux défauts corporels, et à tout ce qui est un malheur plutôt qu'une faute. On reproche cette malignité à Martial, et on cite comme exemples quelques-unes de ses épigrammes, particulièrement contre des borgnes. Mais je n'ai pu trouver dans Martial une épigramme où il soit question de deux borgnes. M. Sainte-Beuve ne l'a pas trouvée non plus (tome III, p. 351). Il me semble, d'ailleurs, que, si Martial avait fait une épigramme sur deux borgnes, il se serait fort peu soucié de les consoler, et qu'on n'aurait pas été tenté de lui demander cela. Je crois donc que le mot *celle* ne doit pas s'entendre d'une épigramme de Martial, mais simplement d'une épigramme; et je pense que cette épigramme des deux borgnes pourrait bien être celle-ci, qui est célèbre, et qu'on a citée souvent :

> *Lumine Acon dextro, capta est Leonilla sinistro,*
> *Et potis est forma vincere uterque deos.*
> *Blande puer, lumen quod habes concede parenti,*
> *Sic tu cæcus Amor, sic erit illa Venus ».*

2. Citation d'Horace, *Épître aux Pisons*, 447-448.

42

Cf. B., 365; C., 321; Faug., I, 212; Hav., XXV, 69; Mol., I, 123; Mich., 757.

3. Cette phrase elliptique doit être entendue ainsi : le nom de prince,

Certains auteurs, parlant de leurs ouvrages, disent : Mon livre, mon commentaire, mon histoire, etc. — Ils sentent leurs bourgeois qui ont pignon sur rue, et toujours un « chez moi » à la bouche. Ils feraient mieux de dire : Notre livre, notre commentaire, notre histoire, etc. —, vu que d'ordinaire il y a plus en cela du bien d'autrui que du leur[1].

423]   44

Voulez-vous qu'on croie du bien de vous ? n'en dites pas[2].

---

donné à un roi, plaît au sujet qui le donne ; car il diminue la qualité du souverain. La malignité de l'homme trouve son compte à un langage qui diminue les distances.

43

Cf. Fauo., I, 254 ; Hav., XXIV, 68 ; Mol., II, 151 ; Mich., 987.

1. Ce fragment ne paraît pas correspondre à un écrit de Pascal ; c'est le souvenir d'une conversation à laquelle Bossut fait allusion à la fin de son *Discours sur la Vie et les Ouvrages de Pascal* : « Il se permettait volontiers dans la société ces railleries douces et ingénieuses, qui n'offensent point, et qui réveillent la langueur des conversations : elles avaient ordinairement un but moral ; ainsi par exemple il se moquait avec plaisir de ces auteurs qui disent sans cesse : mon livre, etc. » (*Œuvres de Pascal*, t. I, p. 118). — Mais le tour original du fragment permet du moins d'y voir un écho direct de la parole de Pascal.

44

Cf. B., 571 ; C., 328 ; Bos., I, ix, 59 ; Fauo., I, 204 ; Hav., VI, 56 Mol., I, 124 ; Mich., 691.

2. Cf. Montaigne : « On ne parle jamais de soy, sans perte : les propres condamnations sont toujours accrues, les louanges mescrues. »

110| 45

Les langues sont des chiffres, où non les lettres sont changées en lettres[1], mais les mots en mots ; de sorte qu'une langue inconnue est déchiffrable[2].

423] 46

Diseurs de bons mots, mauvais caractère[3].

45

Cf. B., 335 ; C., 287 ; P. R., *ult.*, XXXI, 36 ; Bos., I, x, 23 : Faug., I, 255 ; Hav., VII, 23 ; Mol., II, 34 ; Mich., 289.

1. Allusion aux systèmes moitié sténographiques, moitié cryptographiques qui avaient été proposés surtout en Angleterre et dont on trouve un essai à la page 20 du manuscrit. Chaque lettre est représentée par un signe conventionnel, barre ou note de musique disposée dans une direction déterminée. Un tel système serait donc, aux yeux de Pascal, *indéchiffrable*. Cf. Section X, fr. 677 sqq.

2. Il nous semble qu'il y a dans ce fragment un souvenir de l'éducation reçue par Pascal. Au témoignage de Gilberte Périer, son père ne voulut point commencer à lui apprendre le latin qu'il n'eût douze ans, afin qu'il le fit avec plus de facilité : « Pendant cet intervalle il ne le laissait pas inutile, car il l'entretenait de toutes les choses dont il le voyait capable. Il lui faisait voir en général ce que c'était que les langues ; il lui montrait comme on les avait réduites en grammaires sous de certaines règles ; que ces règles avaient encore des exceptions qu'on avait eu soin de remarquer : et qu'ainsi l'on avait trouvé le moyen par là de rendre toutes les langues communicables d'un pays en un autre. Cette idée générale lui débrouillait l'esprit, et lui faisait voir la raison des règles de la grammaire ; de sorte que, quand il vint à l'apprendre, il savait pourquoi il le faisait, et il s'appliquait précisément aux choses à quoi il fallait le plus d'application. »

46

Cf. B., 371 ; C., 328 ; P. R., XXIX, 17 ; Bos., I, ix, 22 ; Faug., I, 206 ; Hav., VI, 19 ; Mol., I, 124 ; Mich., 686.

3. On trouve une maxime analogue dans le recueil latin qui est connu sous le nom de *Publius Syrus* : « Méchante langue est marque de méchant esprit. » — La Bruyère dit dans ses *Caractères* : « Diseur de

145]   47

Il y en a qui parlent bien et qui[1] n'écrivent pas
bien ; c'est que le lieu, l'assistance les échauffe, et
tire de leur esprit plus qu'ils n'y trouvent sans cette
chaleur[2].

109]   48

[3]Quand dans un discours se trouvent des mots
répétés, et qu'essayant de les corriger, on les
trouve[4] si propres qu'on gâterait le discours, il les

---

bons mots, mauvais caractère : je le dirais, s'il n'avait été dit. Ceux
qui nuisent à la réputation ou à la fortune des autres, plutôt que de
perdre un bon mot, méritent une peine infamante. Cela n'a pas été
dit, et je l'ose dire. » (Chap. *de la Cour.*)

47

Cf. B., 335; C., 287; P. R., XXXI, 8; Bos., I, x, 6; Fauo., I, 248;
    Hav., VII, 6; Mol., II, 135; Mich., 361.

   1. [*Ne parlent.*]
   2. Réflexion sur l'*Essai* de Montaigne : *Du parler prompt, ou tardif* :
« l'occasion, la compaignie, le bransle mesme de ma voix, tire plus
de mon esprit, que ie n'y treuve lorsque ie le sonde et employe à part
moy. Ainsi les paroles en valent mieux que les escripts... » (I, 10).
Méré discute ce même problème : « D'où vient, reprit le Maréchal,
qu'on dit que des gens parlent bien, mais qu'ils ne savent pas écrire ?
— On voit souvent, répondit le Chevalier, que de certaines personnes
parlent bien en effet, qui ne parlent pourtant bien qu'en apparence.
C'est que leur mine éblouit, ou que leur ton de voix surprend. »
(Conversations du chevalier de Méré et du maréchal de Clérambault.
Œuvres de Méré, tome I, p. 260.)

48

Cf. B., 325; C., 275; P. R., XXXI, 29; Bos., I, x, 21; Fauo., I, 250;
    Hav., II, 21; Mol., II, 134; Mich., 278.

   3. Titre de la *Copie : Miscel.*
   4. Vinet a fait remarquer que Pascal répète deux fois le mot
trouver ; mais comme le mot n'a pas deux fois le même sens, il
semble bien que ce ne soit qu'une négligence. — Cette question des

faut laisser, c'en est la marque[1] ; et c'est là la part
de l'envie, qui est aveugle, et qui ne sait pas que
cette répétition n'est pas faute en cet endroit ; car il
n'y a point de règle générale.

213]   **49**

Masquer la nature et la déguiser. Plus de roi, de
pape, d'évêque, mais *auguste monarque* ; etc. ; point
de Paris, *capitale du royaume*. Il y a des lieux où
il faut appeler Paris, Paris, et d'autres où il la faut
appeler capitale du royaume[2].

« mots répétés » n'a-t-elle pas dû être discutée dans les conversations
de Méré et de Pascal ? « Ce grand homme, écrit Méré en parlant de
César, était persuadé que la beauté du langage dépend beaucoup
plus d'user des meilleurs mots, et des plus nobles façons de parler que
de les diversifier, et s'il était content d'une expression, il ne s'en
lassait point et ne craignait pas non plus d'en lasser les autres. Cicéron prenait le contre-pied ; car pour sauver les répétitions, il cherchait tous les détours de son latin. » (*Œuv. Posth.*, p. 45.)

1. *C'en est la marque*, c'est-à-dire que l'impossibilité de les rem-
placer sans sacrifier la propriété de l'expression et l'exactitude du
discours, *est la marque qu'il faut les laisser* ; et cette répétition laisse
une part à l'envie qui applique la règle générale, sans regarder à la
justification de l'exception.

49

Cf. B., 317 ; C., 401 ; P. R., XXXI, 28 ; Bos., I, x, 20 ; Faug., I, 250 ;
Hav., VII, 20 ; Mol., II, 135 ; Mich., 451.

2. Le meilleur commentaire de cette réflexion se trouve dans une
lettre de Miton adressée à Méré qui l'a recueillie dans sa Correspondance : « Je viens d'examiner un auteur qui loue Charles-Quint de
ce qu'en cette grande bataille, où il s'agissait d'assujettir l'Allemagne,
malgré les douleurs de la goutte, dont il était ce jour-là si cruelle-
ment tourmenté, il se fit lier sur son cheval, sans sortir de la bataille
qu'il ne l'eût gagnée. Et l'auteur, pensant relever cette action,
appelle toujours Charles-Quint ce grand empereur. Mais il me semble
qu'il eût été beaucoup mieux de le nommer Charles ; parce que
grand empereur le cache sous ce nom et amuse ainsi l'imagination,
au lieu que Charles le montre à découvert, et fait voir plus clai-

225]   50

Un même sens change[1] selon les paroles qui l'expriment. Les sens[2] reçoivent des paroles leur dignité, au lieu de la leur donner. Il en faut chercher des exemples...

415]   51

Pyrrhonien pour opiniâtre.

---

rement que c'est lui. Et de plus, quand on dit que Charles méprise la douleur et la mort pour l'ambition, on dit de lui de plus grandes choses que si on disait, ce grand empereur ; car il est bien plus grand à Charles, qui est simplement un homme, de mépriser la mort et la douleur, qu'il ne l'est à un grand empereur, dont le métier est de mépriser tout pour la gloire. Sur quoi il me vient dans l'esprit que, si le même auteur eût voulu parler de lui retiré à Saint-Just, après qu'il eut quitté ses royaumes et l'empire, se promenant comme un particulier avec les religieux de l'abbaye, il eût fallu l'appeler ce grand empereur... Je ne sais ce que vous jugerez de ces réflexions ; mais il est vrai qu'en recherchant par cette voie la nature des choses, on pourrait connaître en tout ce qu'il y a de bien et de mal, et se rendre un bon juge et même un excellent ouvrier de la bienséance. » Voltaire dans ses *Remarques* de 1778 ajoutait ces réflexions : « Ceux qui écrivent en beau français les gazettes pour les propriétaires de fermes ne manquent jamais de dire : « Cette auguste famille entendit vêpres dimanche et le sermon du révérend père N. — Sa Majesté joua aux dés en haute personne. — On fit l'opération de la fistule à son Eminence. »

50

Cf. B., 407; C., 383; Bos., I, x, 32; Faug., I, 260; Hav., VII, 32; Mol., I, 197; Mich., 478.

1. [*Pour*] — les derniers mots de la phrase en surcharge.

2. [*Diversement.*] — Réflexion inverse et complémentaire de celle du fr. 23 ; ce n'est plus le mot qui change de sens, c'est le mot qui réagit sur le sens. Parmi les exemples viendrait celui de *roi* et de *tyran* que Pascal cite au fr. 310, ou encore de *magistrat* et de *robin*, etc.

51

Cf. B., 464; C., 263; Faug., I, 260; Hav., XXV, 131; Mol., II, 136; Mich., 662.

415]   52

Nul ne dit cartésien que ceux qui ne le sont pas[1] ;
pédant, qu'un pédant[2] ; provincial, qu'un provincial, et je gagerais[3] que c'est l'imprimeur qui l'a
mis au titre des *Lettres au Provincial*[4].

52

Cf. B., 464; C., 263; Faug., I, 260; Hav., XXV, 131; Mol., II, 136;
Mich., 664.

1. *Cartésien que ceux qui ne le sont pas* surcharge. Pascal avait
écrit d'abord : *nul ne dit pédant qu'un pédant*, etc. Les *Copies*, suivies
par les éditeurs, donnent *courtisan*. Notre leçon semble confirmée
par ce fait que le fragment immédiatement précédent de l'autographe, écrit sur le même morceau de papier, est relatif à Descartes (Cf.
fr. 78).

2. [*Cartésien qu'un qui.*] — Montaigne a consacré un *Essai* au pédan-
tisme (I, 24). D'autre part dans son chapitre sur Montaigne lui-
même, Malebranche a longuement analysé le mot : « Ce terme *pédant*
est fort équivoque ; mais l'usage, ce me semble, et même la raison,
veulent qu'on appelle pédants ceux qui pour faire parade de leur fausse
science, citent à tort et à travers toutes sortes d'auteurs, qui parlent
simplement pour parler et pour se faire admirer des sots qui amassent
sans jugement et sans discernement des apophthegmes et des traits
d'histoire, pour prouver ou pour faire semblant de prouver des choses
qui ne se peuvent prouver que par des raisons. Pédant est opposé à
raisonnable, etc. » (*Rech. de la Verité*, l. II, p. III et 5.)

3. Pascal avait d'abord écrit *je* [*crois*] ; la correction semble indiquer qu'il ne voulait point paraître connaître le secret des *Provinciales*.

4. « Ces lettres, écrit Nicole, ont été appelées *Provinciales*, parce
que l'auteur ayant adressé les premières lettres sans aucun nom à
un de ses amis de la campagne, l'imprimeur les publia sous ce titre :
*Lettre écrite à un provincial par un de ses amis sur le sujet des dis-
putes présentes de la Sorbonne*. » Peut-être, ajoute M. Faugère,
l'imprimeur s'était-il souvenu d'un écrit déjà publié sous ce titre :
Lettre d'un Jurisconsulte à un Provincial de ses amis sur l'usure. Mons,
1598.

. 125] 53

Carrosse *versé* ou *renversé*, selon l'intention.

Répandre ou *verser*, selon l'intention[1]. — Plaidoyer de M. Le Maître[2] sur le cordelier par force.

145] 54

Miscell. Façon de parler[3] : Je m'étais voulu appliquer à cela.

53

Cf. B., 342 ; C., 296; Fauo., I, 260; Hav., XXV, 132; Mol., II, 136; Mich., 319.

1. *Selon l'intention*, c'est-à-dire selon qu'il y a eu ou non intention. Un carrosse a *versé*, s'il s'agit d'un accident véritable, ou il a *été renversé*, si on l'a renversé. On *répand* un liquide par mégarde, on le *verse* à dessein. *Verser* marque l'intention au sens actif, l'absence d'intention au sens neutre.

2. Antoine Le Maistre, petit-fils par sa mère d'Antoine Arnauld, se fit au barreau la plus brillante réputation d'éloquence ; à vingt-huit ans il se retira à Port-Royal où il vécut jusqu'en 1658, partageant son temps entre les travaux manuels et les publications pieuses, édifiant par sa piété et son humilité les solitaires qui l'appelaient leur Père. En 1657 parut un recueil de ses *Plaidoyers et Harangues*, dont le jeune Racine écrit d'Uzès (16 mai 1662) : « Tout le monde a les Plaidoyers de M. le Maistre. » Le VIe est intitulé : *Pour un fils mis en religion par force*. Havet y signale, à la première page, le mot *répandre* : « Dieu qui répand des aveuglements et des ténèbres sur les passions illégitimes... » Si nous avons bien interprété la remarque de Pascal, il eût fallu dire *verse* pour marquer l'intention divine.

54

Cf. B., 339; C., 292; Fauo., I, 259; Hav., XXV, 130; Mol., II, 135; Mich., 363.

3. M. Michaut interprète : *Je m'étais voulu appliquer* à noter *les façons de parler*, j'y ai renoncé. Nous croyons qu'il est possible de justifier la lecture traditionnelle, qui cite cette façon de parler comme remarquable. Il semble en effet que l'application dépende de la volonté

344]   55

Vertu *apéritive* d'une clé, *attractive* d'un croc[1].

130]   56

Deviner[2] : La part que je prends à votre déplaisir. — M. le cardinal ne voulait point être
deviné[3].

---

seule, et qu'il y ait contradiction à dire que notre volonté n'a pas
réussi à ce qui est précisément le propre de la volonté. Cette contradiction met en relief la faiblesse de notre volonté, la misère de notre
nature corrompue,

55

Cf. B., 471 ; C., 271 ; Faug., I, 259 ; Hav., XXV, 130 *bis* ; Mol., II,
135 ; Mich., 594.

1. Quelle est la portée de ces quelques mots, jetés sur le manuscrit
entre deux fragments sur la religion? Pascal signale-t-il parmi les
« façons de parler » celles qui donnent au langage le plus de *propriété* ? ou bien ne fait-il pas allusion aux habitudes scolastiques des
médecins qui invoquaient les *vertus attractives*, les *vertus apéritives*, se
réservant de montrer combien l'explication devient ridicule quand on
l'applique à des exemples de mécanique où la science a déjà porté la
lumière?

56

Cf. B., 343 ; C., 296 ; Faug., I, 258 ; Hav., XXV, 25, 26 *bis* ; Mol., II,
135 ; Mich., 334.

2. [*Je prie.*]
3. Voici le commentaire de Havet : « Ce fragment a été
expliqué par M. Fr. Collet dans l'écrit intitulé, *Fait inédit de la vie
de Pascal*, par le rapprochement d'un passage du chevalier de Méré
(*Discours de la Conversation*, p. 72). « Les choses qui n'ont rien de
« remarquable ne laissent pas de plaire quand elles sont du monde...
« Il ne faut pourtant pas qu'elles soient si communes que celle-ci, que
« tout le monde sait par cœur, *la part que je prends à votre déplaisir*.
« J'ai vu parier, en ouvrant une lettre de consolation, que cela s'y
« trouverait ; et une dame fort triste qui l'avait reçue ne put s'empêcher
« d'en rire. » Pascal veut donc dire qu'il ne faut pas écrire de ces
banalités qu'on peut *deviner*. » Le rapprochement est ingénieux ; il ne

¹ J'ai l'esprit plein d'inquiétude. — *Je suis plein d'inquiétude* vaut mieux.

134]   57

Je me suis mal trouvé de ces compliments : Je vous ai bien donné de la peine ; Je crains de vous ennuyer ; Je crains que cela soit trop long. — Ou on entraîne ², ou on irrite ³.

---

nous fait pas comprendre la réflexion sur M. le cardinal qui ne voulait point *être deviné* et non plus *deviner*. Comme le dit La Rochefoucauld (Max. 300, 1ʳᵉ édit). « On aime à deviner les autres, mais l'on n'aime pas à être deviné. » Le cardinal pourrait être Mazarin qui recherchait les gens heureux, et qui avait pour tactique de faire contre mauvaise fortune bon cœur. On pourrait conjecturer aussi qu'il s'agit de Richelieu, et on arriverait à une précision intéressante en rappelant la lettre que Balzac lui adressa en lui envoyant le *Prince* (t. VIII, 550) ; c'était en 1631 au moment où Richelieu a obtenu l'exil de Marie de Médicis, et Balzac écrit : « Je ne doute point que vous ne pleuriez l'infortune d'une Maîtresse que vous aviez conduite par vos services au dernier degré de félicité, et qu'ayant si longtemps et si efficacement travaillé à la parfaite union de leurs Majestés, ce ne vous soit un sensible déplaisir de voir aujourd'hui vos travaux ruinés et votre ouvrage par terre. Vous voudriez, je m'en assure, être mort à La Rochelle, puisque jusque-là vous avez vécu dans la bienveillance de la reine. » Sur quoi Richelieu dit un jour à Bois-Robert : « Votre ami est un étourdi. Qui lui a dit que je suis mal avec la Reine-Mère ? Je croyais qu'il eût du sens ; mais ce n'est qu'un fat » (*Sainte-Beuve*, *Port-Royal*, 5ᵉ édit., t. II, p. 52).

1.]Mon.]

57

Cf. B., 328 ; C., 279 ; Bos., I, ɪx, 57 ; Faug., I, 210 ; Hav., VI, 54 ; Mol., II, 152 ; Mich., 339.

2. « Quand on est le premier à désapprouver quelque chose de soi-même, on trouve assez de complaisance. » (Méré, *Disc. de la Conversation*, p. 64.)

3. *On entraîne*, c'est-à-dire on fait réfléchir à la peine réellement donnée à autrui et on le convainc, ou *on irrite* par la disproportion du remerciement au service rendu ; dans les deux cas on indispose

251]   58

Vous avez mauvaise grâce : excusez-moi, s'il vous
plaît. — Sans cette excuse, je n'eusse point aperçu
qu'il y eût d'injure. Révérence parler, il n'y a rien de
mauvais que leur excuse.

*441]   59

Éteindre le flambeau de la sédition — trop luxuriant[1].

L'inquiétude de son génie — trop de deux mots
hardis[2].

---

autrui. Pascal donne ailleurs le développement de cette formule : *ou
on entraîne l'imagination à ce jugement, ou on l'irrite au contraire* (fragment 105, qui dans l'autographe précède immédiatement le 57).

58

Cf. B., 401 ; C., 376 ; Bos., I, ix, 54 ; Fauo., I, 210 ; Hav., VI, 51 ;
Mol., II, 152 ; Mich., 529.

59

Cf. B., 365 ; C., 321 ; Fauo., I, 262 ; Hav., XXV, 25 *ter* ; Mol., II, 135 ;
Mich., 753.

1. Dans le manuscrit, *luxuriante* a été écrit sous la dictée de Pascal.
2. Il est curieux de constater que Racine n'a pas reculé devant
l'alliance de ces deux mots hardis :

    Mon génie étonné tremble devant le sien.

dit Néron en parlant d'Agrippine. Le vers de Racine est très beau,
la remarque de Pascal n'en est peut-être pas moins juste.

SECTION II

———

Première partie : Misère de l'homme sans Dieu.

Seconde partie : Félicité de l'homme avec Dieu.

Autrement :

Première partie : Que la nature est corrompue, par[1] la nature même.

Seconde partie : Qu'il y a un Réparateur, par l'Écriture.

Première copie 376]   61

Ordre. — J'aurais bien pris ce discours d'ordre[2]

———

60

Cf. B., 2; C., 14; Fauo., II, 389; Hav., XXII, 1; Mol., II, 61; Mich., 60.

1. *Par* indique d'où la preuve est tirée. Dans ce plan simple auquel Pascal a songé un moment pour son Apologie et qui rappelle les divisions des sermons de Bossuet, il y aurait une première partie toute de psychologie ; la seconde ferait appel à l'autorité de la révélation.

61

Cf. C., 335; Fauo., II, 388; Hav., XXV, 108; Mol., II, 64; Mich., 962.

2. *D'ordre* au lieu de *par ordre* ; la tournure s'est conservée dans

comme celui-ci : pour montrer la vanité de toutes
sortes de conditions, montrer la vanité des vies communes, et puis la vanité des vies philosophiques
pyrrhoniennes, stoïques ; mais l'ordre n'y serait pas
gardé. Je sais un peu ce que c'est, et combien peu
de gens l'entendent. Nulle science humaine ne le
peut garder : Saint Thomas ne l'a pas gardé. La
mathématique le garde[1], mais elle est inutile en sa
profondeur[2].

---

la tradition du langage diplomatique : *D'ordre de mon souverain.* Cf.
fragment 283 : *On ne prouve pas qu'on doit être aimé en exposant d'ordre
les causes de l'amour.*

1. « La méthode de ne point errer est recherchée de tout le monde.
Les logiciens font profession d'y conduire, les géomètres seuls y arrivent, et, hors de leur science, et de ce qui l'imite, il n'y a point de
véritables démonstrations » *(De l'art de persuader).*

2. Saint Thomas est l'organisateur de la méthode scolastique qui
inspirait au temps de Pascal l'enseignement de la théologie et les
docteurs de la Sorbonne : cette méthode consiste dans une énumération de propositions juxtaposées les unes aux autres et rattachées
par le moyen du syllogisme à des postulats que l'on pose comme universellement admis ou comme autorisés par la révélation. Cette méthode glisse à la surface de l'esprit, parce qu'elle ne fait nullement
comprendre comment la vérité s'engendre dans l'esprit ; elle apporte
au vrai un appui extérieur, elle ne lui donne pas de racines en nous.
La mathématique est une méthode de génération intellectuelle, et c'est
pourquoi Pascal lui attribue cette profondeur qu'il refuse à tout procédé d'énumération chez saint Thomas ou chez Charron. Mais elle est
inutile, parce qu'elle ne porte que sur des données hors de l'usage
commun et sans relation avec notre destinée morale. Quelle serait
donc la science à la fois profonde et utile ? c'est celle qui par son
propre développement ferait surgir en nous la lumière nouvelle, qui
nous engendrerait à la vérité en nous donnant le sentiment qui nous
en rend capable ; l'ordre de cette science, au lieu d'être unilinéaire,
« consiste principalement à la digression sur chaque point qu'on rapporte à la fin, pour la montrer toujours. » (fr. 283.)

Préface de la première partie. — Parler de ceux qui ont traité de la connaissance de soi-même; des divisions de Charron¹, qui attristent et ennuient; de la confusion de Montaigne; qu'il avait bien senti le défaut [*d'une droite*]² méthode, qu'il l'évitait en sautant de sujet en sujet, qu'il cherchait le bon air³. Le sot projet qu'il a de se peindre⁴! et cela non pas en passant et contre ses maximes⁵, comme il arrive à tout le monde de faillir; mais par ses propres

---

62

Cf. B., 404; C., 379; P. R., XXIX, 31; Bos., I, ix, 36; Faug., II, 27; Hav., VI, 33; Moz., I, 21; Mich., 446.

1. *Qui attristent et qui ennuient* surcharge autographe. — Le premier livre de la *Sagesse*, « qui est de la cognoissance de soy », est divisé en soixante-deux chapitres qui reprennent l'étude de l'homme selon « cinq considérations » dont la dernière comporte encore « cinq distinctions », etc. Cf. *Introd.*, p. LXXV sqq.

2. Le manuscrit porte *du droit de méthode*; mais le fragment a été dicté, la correction proposée par Faugère s'impose. La *droite méthode*, c'est la méthode rectiligne qui dispose les arguments à la suite les uns des autres, sans relief et sans profondeur.

3. *Bon air.* Pour l'emploi que Pascal fait de cette expression, voir les fragments 194 et 194ᵇⁱˢ (9 et 12).

4. Pascal pensait surtout au dernier livre de Montaigne et particulièrement au chapitre XIII où se trouve une multitude de passages tels que celui-ci: « Toute cette fricassee que ie barbouille ici n'est qu'un registre des essais de ma vie. » — La *Logique de Port-Royal*, immédiatement après avoir rappelé la condamnation du *moi* par Pascal, se livre à une longue et violente digression contre Montaigne, qui semble inspirée du souvenir de Pascal: « un des caractères les plus indignes d'un honnête homme est celui que Montaigne a affecté de n'entretenir ses lecteurs que de ses humeurs, de ses inclinations, de ses fantaisies, de ses maladies, de ses vertus et de ses vices. » (III, xx, sect. VI.)

5. *Et cela... propres maximes* addition autographe.

maximes, et par un dessein premier et principal.
Car de dire des sottises par hasard et par faiblesse,
c'est un mal ordinaire ; mais d'en dire par dessein,
c'est ce qui n'est pas supportable, et d'en dire de
telles que celles-ci...

425)   63

Montaigne. — Les défauts de Montaigne sont
grands. Mots lascifs ; cela ne vaut rien, malgré
Mademoiselle de Gournay [1]. Crédule, *gens sans
yeux* [2]. Ignorant, *quadrature du cercle* [3], *monde plus*

63

Cf. B., 372 ; C., 329 ; P. R., XXVIII, 36 ; Bos., II, xvii, 34 ; Fauc., I,
252 ; Hav., XXIV, 24 ; Mol., I, 21 ; Mich., 692.

1. Marie le Jare de Gournay, née à Paris en 1565, est connue par
le culte qu'elle avait voué à l'auteur des *Essais* ; « l'admiration dont
ils me transirent, écrit-elle dans la *Préface* de 1635, lorsqu'ils me
furent fortuitement mis en main au sortir de l'enfance, m'allait faire
réputer visionnaire » ; elle publia en 1595 l'édition définitive des *Essais*
d'après les manuscrits que Mme de Montaigne lui avait remis après
la mort de son mari. Dans sa *Préface* de 1635 elle défend longuement la liberté « d'anatomiser » l'amour, qu'on proscrit « non seulement pour impudique et dangereuse mais pour je ne sçay quoi de nefas,
usons de ce terme. Ce ne sont pas les discours francs et spéculatifs
sur l'amour qui sont dangereux, ce sont les mots et délicats, les récits
artistes et chatouilleux des passions amoureuses qui se voient aux
romans, aux poètes et en telles espèces d'écrivains. »

2. « Qui en vouldra croire Pline et Herodote, il y a des especes
d'hommes, en certains endroicts, qui ont fort peu de ressemblance à
la nostre... ; il y a des contrees où les hommes naissent sans teste,
portant les yeulx et la bouche en la poictrine... ; [*d'autres*] où ils
n'ont qu'un œil au front. » *(Apol.).*

3. « Qui ioindroit encores à cecy les propositions geometriques qui
concluent par la certitude de leurs demonstrations le contenu plus
grand que le contenant, le centre aussi grand que sa circonference, et
qui trouvent deux lignes s'approchants sans cesse l'une de l'autre, et ne
se pouvants ioindre iamais ; et la pierre philosophale, et quadrature
du cercle... où la raison et l'effect sont si opposites, en tireroit à l'adven-

grand[1]. Ses sentiments sur l'homicide volontaire[2], sur la mort. Il inspire une nonchalance du salut, *sans crainte et sans repentir*[3]. Son livre n'étant pas fait pour porter à la piété, il n'y était pas obligé ; mais on est toujours obligé de n'en point détourner. On peut excuser ses sentiments un peu libres et voluptueux en quelques rencontres de la vie (730, 331)[4] ; mais on ne peut excuser ses sentiments

---

ture quelque argument pour secourir ce mot hardy de Pline : *solum certum nihil esse certi, et homine |nihil miserius aut superbius* (Mont., II, 14).

1. « ...Si Ptolemee s'y est trompé aultrefois sur les fondements de sa raison, si ce ne seroit pas sottise de me fier maintenant à ce que ceulx cy en disent, et s'il n'est pas plus vraysemblable que ce grand corps que nous appelons le Monde est chose bien aultre que nous ne iugeons. » (*Apol.*).

2. « La plus volontaire mort, c'est la plus belle... Le vivre, c'est servir, si la liberté de mourir en est à dire..., » *etc.*

3. [*Il n'est pas nécessaire que* [*Il est nécessaire de nous détourner.*] — « Ie veois nonchalamment la mort quand ie la veois universellement, comme fin de la vie » (III, 4). Le second *Essai* du Livre III est intitulé *du Repentir* ; Montaigne dit Havet, le blâme comme une faiblesse de l'âme, et s'y déclare totalement étranger: « ie me repens rarement et ma conscience se contente de soy... Si i'avois à revivre, ie revivrois comme i'ay vescu ; ni ie ne plainds le passé, ni ie ne crainds de l'avenir. »

4. Havet, qui avait déjà indiqué les renvois des notes précédentes, a retrouvé la première référence de Pascal d'après la pagination de l'édition in-8° de 1636, qui suit la seconde édition de Mlle de Gournay. On lit à la page 730 : « Les souffrances qui nous touchent simplement par l'ame, m'affligent beaucoup moins qu'elles ne font la plus part des aultres hommes: partie, par iugement, car le monde estime plusieurs choses horribles ou evitables au prix de la vie, qui me sont à peu prez indifferentes ; partie, par une complexion stupide et insensible que i'ay aux accidents qui me donnent à moy de droict fil ; laquelle complexion i'estime l'une des meilleures pieces de ma naturelle condition : mais les souffrance vrayment essentielles et corporelles, ie les gouste bien visvement... » (II, 37). — La seconde citation n'est pas de la page 231, où l'avait cherchée Havet, se référant à une

tout païens sur la mort ; car il faut renoncer à toute
piété, si on ne veut au moins mourir chrétienne-
ment ; or, il ne pense qu'à mourir lâchement et
mollement par tout son livre[1].

431]   54

Ce n'est pas dans Montaigne, mais dans moi, que
je trouve tout ce que j'y vois[2].

---

fausse lecture, mais à la page 331 ; on y lit cette phrase : « Le vice
contraire à la curiosité, c'est la nonchalance vers laquelle ie penche
evidemment de ma complexion » (II, 4).

1. « Quietement et sourdement », dit Montaigne (I, 18). — Mais il
écrit aussi : « Ma principale profession en cette vie estoit de la vivre
mollement et [laschement plustost qu'affaireusement » (III, 9) : « Nous
troublons la vie par le soing de la mort ; et la mort par le soing de la
vie : l'une nous ennuye ; l'aultre nous effraye. Ce n'est pas contre la
mort que nous nous preparons, c'est chose trop momentanee ; un quart
d'heure de passion, sans consequence, sans nuisance, ne merite pas
des preceptes particuliers ; à dire vray, nous nous preparons contre
les preparations de la mort (III, 12). » Et III, 9 : « Je veux estre logé
en lieu qui me soit bien particulier, sans bruit, non maussade, ou fumeux,
ou etouffé. Ie cherche à flatter la mort par ces frivoles circonstances ;
ou, pour mieulx dire, à me descharger de tout aultre empeschement,
afin que ie n'aye qu'à m'attendre à elle, qui me poisera volontiers
assez, sans aultre recharge. Ie veulx qu'elle ayt sa part à l'aysance et
commodité de ma vie ; c'en est un grand lopin, et d'importance ; et
espere meshuy qu'il ne desmentira pas le passé... Puisque la fantasie
d'un chascun treuve du plus et du moins en son aigreur, puisque
chascun a quelque chois entre les formes de mourir, essayons un peu
plus avant d'en trouver quelqu'une deschargee de tout desplaisir.
Pourroit-on pas la rendre encores voluptueuse comme les Commou-
rants d'Antonius et de Cleopatra? etc. » Cf. le jugement de Nicole
sur Montaigne (*Essais de Morale*, t. VI, p. 223, *Pensées diverses*,
XXIX, cité par Sainte-Beuve, *Port-Royal*, t. II, p. 399).

54

Cf. B., 375; C., 333; Faug., I, 252; Hav., XXV, 24; Mol., I, 22;
Mich., 718.

2. C'est une pensée de Montaigne lui-même dont Pascal se fait ici

*440]   65

Ce que Montaigne a de bon ne peut être acquis
que difficilement. Ce qu'il a de mauvais, j'entends
hors les mœurs, peut être corrigé en un moment, si
on l'eût averti qu'il faisait trop d'histoires, et qu'il
parlait trop de soi[1].

75]   66

Il faut se connaître soi-même[2] : quand cela ne

---

l'application. « La verité et la raison sont communes à un chascun,
et ne sont non plus à qui les a dictes premierement, qu'à qui les dict
aprez : ce n'est non plus selon Platon que selon moy, puisque luy et
moy l'entendons et veoyons de mesme » (I, 25). Ailleurs : « Chasque
homme porte la forme entiere de l'humaine condition. Les aucteurs se
communiquent au peuple par quelque marque speciale et estrangiere ;
moy, le premier par mon estre universel ; comme Michel de Montaigne, non comme grammairien, ou poëte, ou iurisconsulte. Si le
monde se plaind dequoy ie parle trop de moy, ie me plainds dequoy
il ne pense seulement pas à soy. » (III, 2.)

65

Cf. B., 367; C., 324; P. R., ult., XXXI, 9; Bos., I, x, 7; Faug., I, 252;
Hav., VII, 7; Mol., I, 22; Mich., 750.

1. II, vi. « Ie m'estale entier... Ce ne sont mes gestes que i'escris ;
c'est moy, c'est mon essence » et II, x : « Ce sont icy mes fantasies,
par lesquelles ie ne tasche point de donner à cognoistre les choses,
mais moy. »

66

Cf. B., 21; C., 40; Faug., I, 226; Hav., XXV, 60; Mol., I, 154;
Mich., 209.

2. Dès le premier chapitre de sa *Théologie naturelle*, Raymond
Sebon demande à l'homme « qu'il commence à se cognoistre soi-même
et sa nature ». Montaigne à son tour écrit : « Ce grand precepte est
souvent allegué en Platon : Fay ton faict, et te cognoy. Chacun
de ces deux membres enveloppe generalement tout notre debvoir, et
semblablement enveloppe son compaignon. Qui auroit à faire son
faict, verroit que sa premiere leçon, c'est cognoistre ce qu'il est, et
ce qui luy est propre : et qui se cognoist ne prend plus le faict

servirait pas à trouver le vrai, cela au moins sert à
régler sa vie, et il n'y a rien de plus juste[1].

81]   67

Vanité des sciences. — La science des choses extérieures ne me consolera pas de l'ignorance de la
morale, au temps d'affliction ; mais la science des
mœurs me consolera toujours de l'ignorance des
sciences extérieures.

169]   68

On n'apprend pas aux hommes à être honnêtes

---

estrangier pour le sien ; s'ayme et se cultive avant toute aultre chose ;
refuse les occupations superflues et les pensees et propositions inutiles. » (I, 3 ; cf. III, 13.) — De la maxime de Socrate, Charron,
après Raymond Sebon, fait l'introduction au christianisme (cf. le
premier livre du *Traité de la Sagesse* « qui est la cognoissance de soy
et de l'humaine condition »). Socrate est un maître de sagesse pour
Montaigne, un maître « d'honnêteté » pour Miton et pour Méré.
Pascal demande donc aux libertins, qui sont ses interlocuteurs et ses
lecteurs, de chercher à se connaître eux-mêmes ; ils y ont intérêt de
leur point de vue. Mais, une fois qu'il aura été suivi par eux dans
cette étude psychologique, il s'efforcera de montrer que cette étude
ne peut être la vérité définitive, qu'elle implique au contraire des
problèmes auxquels seule la religion peut répondre, et ce sera le point
décisif de l'*Apologie* : « Miton voit bien que la nature est corrompue,
et que les hommes sont contraires à l'honnêteté ; mais il ne sait
pas pourquoi ils ne peuvent voler plus haut » (fr. 448).

1. Cf. Nicole, *De la charité et de l'amour-propre* ; ch. xi : *L'amour-
propre éclairé pourrait corriger tous les défauts extérieurs du monde, et
former une société très réglée.*

67

Cf. B., 6 ; C., 19 ; P. R., XXVIII, 52 ; Bos., I, ix, 44 ; Faug., I, 198 ;
Hav., VI, 41 ; Mol., I, 126 ; Mich., 226.

68

Cf. B., 403 ; C., 378 ; P. R., XXIX, 30 ; Bos., I, ix, 35 ; Faug., I, 222 ;
Hav., VI, 32 ; Mol., I, 119 ; Mich., 414.

hommes[1], et on leur apprend tout le reste ; et ils ne se piquent jamais tant de savoir rien du reste, comme d'être honnêtes hommes. Ils ne se piquent de savoir que la seule chose qu'ils n'apprennent point[2].

**23]   69

Quand on lit trop vite, ou[3] trop doucement, on n'entend rien.

439]   69 bis

Deux infinis, milieu. — Quand on lit trop vite, ou trop doucement, on n'entend rien.

110]   70

Nature nep... — [La nature nous a si bien mis au

---

1. Cf. Montaigne, I, 25 : « On nous apprend à vivre quand la vie est passee. »

2. Cf. Nicole : « Ce qui est admirable est qu'ils reconnaissent qu'ils ont besoin de maître et d'instruction pour toutes les autres choses ; ils les étudient avec quelque soin ; il n'y a que la science de vivre qu'ils n'apprennent point et qu'ils ne désirent point d'apprendre. » (*Discours sur la nécessité de ne pas se conduire au hasard.*)

69

Cf. B., 8 *bis* ; C., 23 ; Fave., II, 75 ; Hav., 11 *bis* ; Mol., I, 42 ; Mich., 53.

3. Les premiers mots de l'écriture de Pascal, les derniers du domestique.

69 bis

Cf. B., 383 ; C., 342 ; Fave., II, 75 ; Hav , I, 1 *bis* ; Mol., I, 42 ; Mich., 53.

70

Cf. B., 326 ; C., 330 ; Fave., II, 75 ; Mol., I, 39 ; Mich., 282.

milieu que si nous changeons un côté de la ba-
lance, nous changeons aussi l'autre : *Je fesons, zôa
trékei*[1]. Cela me fait croire qu'il y a des ressorts
dans notre tête, qui sont tellement disposés que qui
touche l'un touche aussi le contraire.]

23]   71

Trop et trop peu de vin[2] : ne lui en donnez pas,
il ne peut trouver la vérité; donnez-lui en trop, de
même.

347]   72

H. *Disproportion*[3] *de l'homme.* — '[Voilà où nous

---

1. Pensée barrée, conservée parce qu'elle était au verso d'autres fragments ; il reste encore un *p* après *ne* : le sens est que la
Nature ne peut s'arrêter aux extrêmes. — De cette loi d'oscillation qui
semble révéler comme un jeu de contrepoids dans notre mécanisme
intellectuel, Pascal donne ce curieux exemple : En français, suivant
un usage qui s'est conservé dans plus d'un patois, le sujet singulier
je est accompagné du verbe au pluriel, tandis qu'en grec, comme
l'indique l'exemple classique : *les animaux court*, avec le sujet au pluriel neutre on met le verbe au singulier.

71

Cf. B., 9; C., 23; Faug., III, 75; Hav., I, 1 *ter*; Mol., I, 42; Mich.,
      51.

2. [*Donnes-lui de.*]

72

Cf. B., 91; C., 117; P. R., XXII; XXXI, 23; Bos., I, iv, 1; I, vi, 24,
      26; Faug., II, 63; Hav., I, 1; Mol., I, 25; Mich., 600.

3. Pascal avait d'abord écrit *Incapacité*, au sens propre du mot ;
il a écrit *Disproportion* (une capacité finie est disproportionnée à la
double infinité de la nature), ce qui accuse encore mieux l'intention de
ce magnifique développement « sur les deux infinis », le plus long et
le plus achevé des fragments de l'*Apologie*. La genèse en est facile à
expliquer, par les emprunts faits à Montaigne et à la préface de

mènent les connaissances naturelles. Si celles-là ne
sont véritables, il n'y a point de vérité dans l'homme ;
et si elles le sont[1], il y trouve un grand sujet d'humiliation, forcé à s'abaisser d'une ou d'autre manière.
Et, puisqu'il ne peut subsister sans les croire, je
souhaite, avant que[2] d'entrer dans de plus grandes
recherches de la nature, qu'il la considère une fois
sérieusement et à loisir, qu'il se regarde aussi soi-

Mlle de Gournay, surtout par ce passage du chapitre I, 25 (*De l'Institution des enfants* : « Qui se presente comme dans un tableau cette
grande image de nostre mere nature en son entiere maiesté ; qui lit en
son visage une si generale et constante varieté ; qui se remarque là
dedans, et non soy, mais tout un royaume, comme un traict d'une
poincte tres-delicate, celuy là seul estime les choses selon leur iuste
grandeur. Ce grand monde, que les uns multiplient encores, comme
especes soubs un genre, c'est le mironer où il nous fault regarder pour
nous cognoistre de bon biais. » Mais à ces pensées de Montaigne déjà
imitées par Charron (*Sagesse*, II, II, 7) se suspendent tout de suite, pour
le mathématicien qu'est Pascal, les réflexions *de l'esprit géométrique* sur
l'infiniment grand et sur l'infiniment petit, avec les étonnements où
elles jetaient Méré et qui scandalisaient Pascal. C'est sur un fond
de démonstration géométrique que s'enflamment l'imagination et la
passion de Pascal.

4. Dans l'édition de Port-Royal, le passage barré que nous reproduisons ci-dessus entre crochets est remplacé par les lignes suivantes :
« La première chose qui s'offre à l'homme quand il se regarde,
c'est son corps, c'est-à-dire une certaine portion de matière qui lui
est propre. Mais, pour comprendre ce qu'elle est, il faut qu'il la
compare avec tout ce qui est au-dessus de lui et tout ce qui est au-
dessous, afin de reconnaître ses justes bornes. Qu'il ne s'arrête
donc pas à regarder simplement les objets qui l'environnent. Qu'il
contemple », etc.

1. [*L'homme.*]

2. [*De passer outre et.*] — Pascal se propose d'arrêter le savant
dogmatique en tirant argument de cette science même par laquelle
l'homme prétend faire la conquête et pénétrer les secrets de la nature.
Ou cette science est fausse, et l'homme est incapable de vérité ; ou
elle est vraie, et elle écrase l'homme sous la double infinité de la
nature.

même, et¹ connaissant quelle proportion il y a…] Que
l'homme² contemple donc la nature entière dans sa
haute et pleine majesté, qu'il éloigne sa vue des objets
bas qui l'environnent³. Qu'il regarde cette éclatante
lumière, mise comme une lampe éternelle⁴ pour éclairer l'univers que la terre lui paraisse comme un point
au prix du vaste tour⁵ que cet astre décrit⁶ et qu'il
s'étonne de ce que ce vaste tour lui-même n'est
qu'une pointe très délicate⁷ à l'égard de celui que
les astres qui roulent dans le firmament embrassent.
Mais si⁸ notre vue s'arrête là, que⁹ l'imagination
passe outre ; elle se lassera plutôt de concevoir¹⁰, que
la nature¹¹ de fournir¹². Tout ce monde visible n'est

---

1. [*Juge s'il a quelque proportion avec elle par la comparaison qu'il fera de ces deux objets.*]
2. [*Considère.*]
3. [*Qu'il l'étende à ces feux innombrables qui roulent si fièrement sur lui, que cette immense étendue de l'univers lui paraisse* [*lui fasse* [*cette vaste route que le soleil décrit en son tour.*] — Cf. Mont : « Qui luy a per-suadé que le bransle admirable de la voulte celeste, la lumiere eter-nelle de ces flambeaux roulants si fierement sur sa teste, les mouve-ments espoventables de cette mer infinie, soyent establis… pour sa commodité » (*Apol.*).
4. [*Au centre de*] l'univers [*que son*] vaste tour.
5. Qu'[*elle.*]
6. [*Lui fasse regarder la terre comme un point… et que ce vaste tour lui-même ne soit considéré que comme un point* [*pour une pointe très délicate.*]
7. Comme on le voit, Pascal a substitué au terme abstrait *point* l'expression concrète de *pointe* ; *délicate* a le sens de *fine*, où il est moins usité aujourd'hui. L'expression appartient d'ailleurs à Montaigne (1, 25, cité plus haut).
8. [*S'il n'arrête là sa vue* [*n'arrêtons point là notre vue.*]
9. [*Son.*]
10. [*Des immensités d'espaces.*]
11. [*D'en.*]
12. « La nature peut infiniment plus que l'art » (*Réflexions sur l'esprit géométrique*).

qu'un[1] trait imperceptible dans[2] l'ample sein de la
nature. Nulle idée[3] n'en approche[4]. Nous avons beau
enfler nos conceptions, au delà des espaces imaginables[5], nous n'enfantons que des atomes, au prix de
la réalité des choses[6]. C'est une sphère[7] infinie dont
le centre est partout, la circonférence nulle part[8].
Enfin c'est le plus grand[9] caractère sensible de la
toute-puissance de Dieu que notre imagination se
perde dans cette pensée.

[10]Que l'homme[11], étant revenu[12] à soi, considère

---

1. [*Point* [atome.]
2. [*Le vaste* [*l'immense* [*l'amplitude*.]
3. [*Ni*.]
4. [*Nous n'imaginons*.]
5. *Au delà des espaces imaginables*, surcharge.
6. [*Cette vastitude infinie*...]
7. [*Étonnante*.]
8. Havet a fait l'histoire de cette célèbre comparaison, il l'a
retrouvée dans des recueils du moyen âge où elle est attribuée à
Empédocle, et quelquefois aussi à Hermès Trismégiste. En tout cas
Pascal avait lu la *Préface* de Mlle de Gournay aux *Essais* de Montaigne :
« Trismégiste, y est-il dit, appelle la Déité cercle dont le centre est
partout, la circonférence nulle part. » Cf. Giordano Bruno : « L'univers n'est que centre, ou plutôt son centre est partout. Sa circonférence
n'est nulle part. » De la Causa, Principio et Uno (4ᵉ dialogue) *apud*
Bartholmess, *Jordano Bruno*, t. II, p. 145. — Dans l'ouvrage de
M. Couturat sur l'*Infini mathématique*, 1896 (p. 299), se trouve un
rapprochement fort intéressant entre la formule de Pascal et les
notions infinitistes de la géométrie projective : « Le centre du plan
est partout, car l'origine est un point quelconque pris à volonté dans
le fini du plan ; la circonférence du plan n'est nulle part, car si on
l'imagine dans le fini, on suppose le plan limité, ce qui est contraire
à son idée ; et si on la conçoit rejetée à l'infini, ce n'est plus une circonférence ; c'est une droite ou un point. »
9. [*Des*.]
10. [*Mais pour nous*.] — A la page 348 du manuscrit.
11. Le mouvement de ce fragment se retrouve dans la *Sainte Philosophie* de du Vair : « Que l'homme s'arrête un peu à soi-même... »
Mais l'inspiration de du Vair est toute rationaliste et tout optimiste.
12. [*Dans cette*.]

ce qu'il est au prix de ce qui est[1], qu'il se regarde
comme égaré dans ce canton[2] détourné de la nature[3] ;
et que de ce petit cachot où il se trouve logé, j'entends l'univers[4], il apprenne à estimer[5] la terre, les
royaumes, les villes[6] et soi-même son juste prix.
Qu'est-ce qu'un homme dans[7] l'infini ?

Mais pour lui[8] présenter un autre prodige aussi
étonnant, qu'il recherche dans ce qu'il connaît les
choses les plus[9] délicates[10]. Qu'un ciron[11] lui offre

---

1. « Veoyons si nous avons quelque peu plus de clarté en la cognoissance des choses humaines et naturelles. » Mont., *Apol.*

2. *Canton* avait originellement dans la langue française le sens de
coin.

3. [*Dans l'immense étendue des choses, et qu'il s'étonne de ce que dans
ce petit cachot où il se trouve logé [s'étonne que l'univers admiré [aperçu
de ce cachot où il se trouve logé [et logé dans ce petit cachot qui ne lui
découvre la vue que de l'univers qui lui paraissait d'une grandeur si étonnante, lui qui [au lieu que lui qui n'est qu'un point [atome insensible dans
l'immensité visible des choses. Par là il apprendra.]* — Pascal s'est souvenu de Montaigne : « Tu ne veois que l'ordre et la police de ce petit
caveau où tu es logé... cette piece n'est rien au prix du tout. » (*Apol.*)

4. *J'entends l'univers,* en surcharge. — Cf. Saint-Cyran (*Lettres spirituelles,* LX) : « Qu'est-ce que toute la terre avec tout ce qu'elle contient, selon tous les mathématiciens, qu'un point, et qu'est-elle selon
l'Ecriture, qu'une prison ? »

5. [*L'univers qu'il découvre [la terre entière [le ciel.*]

6. [*Les maisons.*]

7. [*La nature.*]

8. [*Faire.*]

9. [*Imperceptibles.*]

10. M. Hatzfeld a signalé une imitation de ce passage par Bossuet
dans le *Traité du libre arbitre* : « Comme la grandeur peut être conçue
s'augmenter jusqu'à l'infini sans détruire la raison du corps, il faut
juger de même de la petitesse. » (Cf. Hatzfeld, *Pascal,* Paris 1901).
Pascal est également imité de très près par Fénelon, *Traité de l'existence de Dieu,* 1re partie, ch. II *sub fine,* et par La Bruyère, *des Esprits
forts.*

11. Le ciron est un insecte qui passait pour le plus petit des animaux visibles à l'œil nu et qui était ainsi devenu, avant l'invention

dans la petitesse de son corps des parties incomparablement plus petites, des jambes avec des join-
tures, des[1] veines dans ces jambes, du sang dans
ces[2] veines, des humeurs dans ce sang, des gouttes
dans ces humeurs, des vapeurs dans ces[3] gouttes ;
que, divisant encore ces[4] dernières choses, il épuise
ses forces en ces conceptions, et que le dernier objet
où il peut arriver soit maintenant celui de notre discours[5] ; il pensera peut-être que c'est là l'extrême
petitesse de la nature[6]. Je veux lui faire voir là-
dedans un abîme[7] nouveau. Je lui veux peindre
non seulement l'univers visible, mais l'immensité[8]
qu'on peut concevoir de la nature, dans l'enceinte
de ce raccourci d'atome. Qu'il y voie[9] une infinité[10] d'univers, dont chacun a[11] son firmament, ses

---

du microscope, le symbole de l'infiniment petit. Littré cite ces vers
de la *Chronique de Du Guesclin* (18.923) :
        Et cilz François droit là, c'estoient bon Breton
        Qui ne prisent Englois la queue d'un siron.
Montaigne emploie à diverses reprises *ciron* à ce sens (cf. fr. 925 et
la note) ; l'expression se retrouve chez La Fontaine, chez Voltaire
et jusque chez Béranger. Cf. Malebranche, *Recherche de la vérité*, I,
vi, 1 : « L'expérience nous a déjà détrompés en partie en nous faisant
voir des animaux mille fois plus petits qu'un ciron », *etc.*

  1. [*Nerfs.*]
  2. [*Nerfs.*]
  3. [*Humeurs. Qu'il.*]
  4. [*Gouttes.*]
  5. La fin de la phrase en surcharge.
  6. [*Je veux lui en montrer l'infinie grandeur.*]
  7. [*De grandeur.*]
  8. [*Inconcevable.*]
  9. *Qu'il y voie* en surcharge.
  10. [*De mondes, dans chacun une infinité de.*]
  11. Première rédaction : [*Un*] firmament, [*des*] planètes, [*une*] terre ;
dans cette terre des animaux et des cirons.

planètes, sa terre, en la même proportion que le
monde visible ; dans cette terre, des animaux, et enfin
des cirons¹, dans lesquels il retrouvera ce que les
premiers ont donné ; et trouvant encore dans les
autres la même chose² sans fin et sans repos³, qu'il
se perde dans ces merveilles, aussi étonnantes dans
leur petitesse que les autres par leur étendue⁴ ; car
qui n'admirera que notre corps, qui tantôt n'était
pas perceptible dans l'univers, imperceptible lui-
même dans le sein du tout, soit à présent un
colosse⁵, un monde, ou plutôt un tout, à l'égard du
néant où l'on ne peut arriver⁶ ?

---

1. [*Et dans ces cirons une infinité d'univers semblables à ceux qu'il
vient d'entendre, et toujours des deux profondeurs pareilles, sans fin et
sans repos.*]

1. [*Il se perdra.*]

3. A la page 351 du manuscrit. — [*Voilà une idée imparfaite de la vérité
des choses, laquelle quiconque aura considérée aura pour la nature le respect
qu'il doit [et aura un [le respect pour la nature et pour soi le mépris à
peu près qu'il doit avoir] qui ne se perdra dans ces petites.*]

4. *Car* en surcharge.

5.]*Mais plutôt.*[

6. Pascal se souvient manifestement ici d'une lettre que Méré lui
écrivit en 1654 contre l'infinie divisibilité de l'espace et où il passe
comme fait Pascal ici même de l'étendue abstraite à l'univers concret :
« Je vous demande encore si vous comprenez distinctement qu'en la
cent millième partie d'un grain de pavot, il y pût avoir un monde,
non seulement comme celui-ci, mais encore tous ceux qu'Épicure a
songés. Pouvez-vous comprendre dans un si petit espace la différence
des grandeurs, celle des mouvements et des distances, de combien le
soleil est plus grand que ce petit animal qui luit quelquefois dans la
nuit, et de combien la vive clarté de ce grand astre surmonte cette
faible lueur ? Pouvez-vous concevoir en ce petit espace de combien le
soleil va plus vite que Saturne, ou si le soleil est immobile comme
quelques-uns en sont persuadés. Pourriez-vous supputer, ni vous, ni
Archimède, en un lieu si serré, de combien le mouvement du boulet
qui sort du canon surpasse l'allure d'une tortue ? Trouverez-vous dans

Qui se considérera de la sorte s'effraiera de soi-

un coin si étroit les justes proportions des éloignements, de combien
les étoiles sont au-dessus de la terre au prix de la lune ? Mais sans
aller si loin, vous pouvez vous figurer dans ce petit monde de votre
façon la surface de la terre et de la mer, tant de profonds abîmes dans
l'une et dans l'autre, tant de montagnes, tant de vallons, tant de fon-
taines, de ruisseaux et de fleuves, tant de campagnes cultivées, tant
de moissons qui se recueillent, tant de forêts, dont les unes sont debout
et les autres coupées, tant de villes, tant d'ouvriers dont les uns
bâtissent, les autres démolissent, et quelques-uns font des lunettes
d'approche qui ne laissent pas de servir parmi ces petits hommes,
parce que leurs yeux et tous leurs sens sont proportionnés à ce petit
monde ? Quoi donc, tous ces voyages de long cours, ces grands et ces
petits vaisseaux qui font le tour du monde, et dont les uns sont si bons
voiliers qu'ils ne craignent point les corsaires ; ce grand nombre de
combats sur la terre et sur la mer ; la bataille d'Arbelles, où le roi de
Perse fut vaincu au milieu de deux cent mille chevaux et de huit cent
mille hommes de pied, sans compter tant de chariots armés ! Consi-
dérez aussi la bataille de Pharsale, où César mit Pompée en fuite ;
et celle qu'Auguste donna sur la mer, où tant de vaisseaux furent
brûlés et toutes les forces du Levant dissipées. La bataille de Lépante
me semble encore plus considérable en ce petit monde, à cause du
grand bruit de l'artillerie : et cet épouvantable combat des souris et
des grenouilles qu'Homère a chanté d'un si haut ton ! En vérité,
Monsieur, je ne crois pas qu'en votre petit monde on pût ranger dans
une juste proportion tout ce qui se passe en celui-ci, et dans un ordre
si réglé et sans embarras ; surtout en des villes si serrées, l'on devrait
bien craindre, pour le danger des embrasements, de faire des feux de
joie, et de fondre des canons et des cloches. Pensez aussi qu'en cet
univers de si peu d'étendue il se trouverait des géomètres de votre sentiment, qui feraient un monde aussi petit au prix du leur que l'est
celui que vous formez en comparaison du nôtre, et que ces diminu-
tions n'auraient point de fin. Je vous en laisse tirer la conséquence... »
— La *Logique de Port-Royal* se souvient de Pascal, et peut-être aussi
de Méré : « Quel moyen de comprendre que le plus petit grain de
matière soit divisible à l'infini, et que l'on ne puisse jamais arriver à
une partie si petite, que, non seulement elle n'en enferme plusieurs
autres, mais qu'elle n'en enferme une infinité ; que le plus petit grain
de blé enferme en soi autant de parties, quoique à proportion plus
petites, que le monde entier ; que toutes les figures imaginables s'y
trouvent actuellement, et qu'il contienne en soi un petit monde avec
toutes ses parties, un soleil, un ciel, des étoiles, des planètes, une

même[1], et, se considérant soutenu dans la masse
que la nature lui a donnée, entre ces deux abîmes[2] de
l'infini et du néant, il tremblera dans la vue de ses
merveilles ; et je crois que sa curiosité se changeant
en admiration, il sera plus disposé à les contempler
en silence qu'à les rechercher avec présomption.

Car, enfin, qu'est-ce que l'homme dans la nature ?
Un néant à l'égard de l'infini, un tout à l'égard du
néant, un milieu entre rien et tout. Infiniment éloigné de comprendre les extrêmes, la fin des choses
et leur principes sont pour lui invinciblement cachés
dans un secret impénétrable[3], également incapable
de voir le néant d'où[4] il est tiré, et l'infini où[5] il est
englouti.

Que fera-t-il donc, sinon[6] d'apercevoir [quelque]
apparence du milieu des choses[7], dans un désespoir

---

terre dans une justesse admirable de proportions ; et qu'il n'y ait
aucune des parties de ce grain qui ne contienne encore un monde
proportionnel ! Quelle peut être la partie dans ce petit monde, qui
répond à la grosseur d'un grain de blé, et quelle effroyable différence
doit-il y avoir, afin qu'on puisse dire véritablement que ce qu'est un
grain de blé à l'égard du monde entier, cette partie l'est à l'égard
d'un grain de blé ? Néanmoins cette partie, dont la petitesse nous est
déjà incompréhensible, contient encore un autre monde proportionnel,
et ainsi à l'infini, sans qu'on en puisse trouver aucune qui n'ait autant
de parties proportionnelles que tout le monde, quelque étendue qu'on
lui donne » (4ᵉ part., ch. I).

1. [Il aura pour la nature.]
2. [Du néant.]
3. [Que pourra-t-il donc concevoir ? sera-ce l'infini, lui qui est borné ?
Sera-ce le néant ? il est un être, également.]
4. [Tout est tiré.]
5. [Tout est poussé.]
6. [D'entrevoir.]
7. [Sans espérance.]

éternel de connaître ni leur principe ni leur fin?
Toutes choses sont sorties du néant et portées jusqu'à l'infini[1]. Qui suivra ces étonnantes démarches?
L'auteur de ces merveilles les comprend. Tout autre
ne le peut faire[2].

[3]Manque d'avoir contemplé ces infinis[4], les hommes se sont portés témérairement à la recherche de
la nature, comme s'ils avaient quelque proportion
avec elle. C'est une chose étrange qu'ils ont voulu
comprendre[5] les principes des choses, et[6] de là arriver jusqu'à connaître tout, par une[7] présomption
aussi infinie que leur objet; car il est sans doute
qu'on ne peut former ce dessein sans une présomption ou sans une capacité infinie, comme la nature[8].

---

1. *Qui... démarches?* en surcharge.

2. [*De ces deux infinis de nature, en grandeur et en petitesse, l'homme
en conçoit plus aisément celui de grandeur que celui de petitesse.*]

3. A la page 352 du manuscrit. — [*L'homme s'est.*]

4. [*L'homme s'est.*]

5. [*Jusque.*]

6. [*Même arriver à* [*jusque.*]

7. [*Témérité.*]

8. Quoique Pascal parle encore, (voir le fr. 218), comme si le
soleil et les astres tournaient autour de la terre, on voit assez combien
le touchent les révélations de la science moderne sur l'univers extérieur : « Que savait-on de l'infini, avant 1600 ? rien du tout. Rien de
l'infiniment grand, rien de l'infiniment petit. La page célèbre de Pascal, tant citée sur ce sujet, est l'étonnement naïf de l'humanité, si
vieille et si jeune, qui commence à s'apercevoir de sa prodigieuse
ignorance, ouvre enfin les yeux au réel et s'éveille entre deux abîmes.
Personne n'ignore qu'en 1610 Galilée, ayant reçu de Hollande le verre
grossissant, construisit le télescope, le braqua et vit le ciel. Mais on
sait moins communément que Swammerdam, s'emparant avec génie
du microscope ébauché, le tourna en bas, et, le premier, entrevit l'infiniment vivant, le monde des atomes animés ! Ils se succèdent. A
l'époque où meurt le grand Italien (1632), naît ce Hollandais, le Ga-

Quand on est instruit, on comprend que [1] la nature ayant gravé son image et celle de son auteur
dans toutes choses, elles tiennent presque toutes de
sa double infinité. C'est ainsi que nous voyons que
toutes les sciences sont infinies en l'étendue de leurs
recherches ; car qui doute que la géométrie, par
exemple, a une infinité d'infinités de propositions à
exposer ? Elles sont aussi [2] infinies dans la multitude
et la délicatesse de leurs principes ; car qui ne voit
que ceux qu'on propose pour les derniers ne se
soutiennent pas d'eux-mêmes, et qu'ils sont appuyés
sur d'autres qui, en ayant d'autres pour appui, ne
souffrent jamais de dernier ? Mais [3] nous faisons des
derniers qui paraissent à la raison comme on fait
dans les choses matérielles, où nous appelons un
point indivisible celui au delà duquel nos sens n'aperçoivent plus rien, quoique divisible infiniment et
par sa nature [4].

---

lilée de l'infiniment petit (1634). » (Michelet, l'*Insecte*, VIII, cité par
Havet.) La pensée de Pascal devance la découverte de Swam-
merdam, dont il est inutile de dire la fécondité après les travaux de
Pasteur.

1. [*Toutes les.*]

2. [*Étendues.*]

3. [*Comme nous appelons dans la physique*] nous [ne] faisons [que] des
derniers qui [nous.]

4. Pascal avait justifié cette conception dans ses *Réflexions sur
l'Esprit géométrique* : « Qu'y a-t-il de plus absurde que de prétendre
qu'en divisant toujours un espace, on arrive enfin à une division telle
qu'en la divisant en deux, chacune des moitiés reste indivisible et sans
aucune étendue, et qu'ainsi ces deux néants d'étendue fissent ensemble
une étendue ? Car je voudrais demander à ceux qui ont cette idée,
s'ils conçoivent nettement que deux indivisibles se touchent : si c'est
partout, ils ne sont qu'une même chose, et partant les deux ensemble

De ces deux infinis de sciences, celui de grandeur
est bien plus sensible, et c'est pourquoi il est arrivé
à peu de personnes de prétendre connaître toutes
choses. Je vais parler de tout, disait Démocrite[1].

[2]Mais l'infinité en petitesse est bien moins visible.
Les philosophes ont bien plutôt prétendu d'y arriver,
et c'est là où tous[3] ont achoppé[4]. C'est ce qui a
donné lieu à ces titres si ordinaires, *Des principes
des choses, des principes de la philosophie*[5], et aux
semblables, aussi fastueux en effet, quoique moins

---

sont indivisibles ; et si ce n'est pas partout, ce n'est donc qu'en une
partie : donc ils ont des parties, donc ils ne sont pas indivisibles. Que
s'ils confessent, comme en effet ils l'avouent quand on les presse, que
leur proposition est aussi inconcevable que l'autre, qu'ils reconnaissent que ce n'est pas par notre capacité à concevoir ces choses que
nous devons juger de leur vérité, puisque ces deux contraires étant
tous deux inconcevables, il est néanmoins nécessairement certain que
l'un des deux est véritable. »

1. Mont., *Apol.* : « De mesme impudence est cette promesse du
livre de Democritus : Je m'en voys parler de toutes choses. » D'après
Cic., *Acad.*, II, 23.

2. A la page 355 du manuscrit, avec rappel du titre : [Incapacité.]
Disproportion de l'homme. — [Outre que c'est [peu [de gloire [d'en parler
simplement, sans prouver et connaître, il est néanmoins impossible de le faire,
la multitude infinie des choses nous étant si cachée que tout ce que nous
pouvons exprimer par paroles ou par pensées n'est qu'un trait invisible.
D'où il paraît combien est sot, vain et ignorant ce titre de quelques livres :
De omni scibili. Mais l'infinité de petitesse est bien.* [On voit d'une première vue que l'arithmétique seule fournit des propriétés sans nombre, et
chaque science de même...]

3. [Se sont achoppés avec le succès qu'on sait [peut voir.]

4. Depuis *c'est* jusqu'à *il ne faut pas moins de capacité* addition
marginale. — *Achopper* ne se trouve guère que chez Pascal au
XVII° siècle ; Calvin l'emploie à diverses reprises, et en particulier
dans cette phrase intéressante citée par Littré : « Nostre raison
s'achoppe à tant d'empeschements, et si souvent tombe en perplexité
qu'elle est bien loin de nous guider certainement. » *Inst. chr.*, 202.

5. Descartes publia en 1644 ses *Principia Philosophiæ*.

en apparence, que cet autre qui [1] crève les yeux, *De omni scibili* [2].

On se croit naturellement bien plus capable d'arriver [3] au centre des choses que d'embrasser [4] leur circonférence ; l'étendue visible du monde nous surpasse visiblement ; mais comme c'est nous qui surpassons les petites choses, nous nous croyons plus capables de les posséder [5], et cependant [6] il ne faut pas moins de capacité pour aller jusqu'au néant que jusqu'au tout ; il la faut infinie [7] pour l'un et l'autre, et il me semble que qui aurait compris les derniers principes des choses pourrait aussi arriver jusqu'à connaître l'infini. L'un dépend de l'autre, et l'un conduit à l'autre. Ces extrémités se touchent et se réunissent à force de s'être éloignées, et se retrouvent en Dieu, et en Dieu seulement [8].

---

1. [*Blesse la vue.*]

2. Titre de l'une des neuf cents thèses que Pic de la Mirandole se proposait de soutenir publiquement à Rome en 1486 (la discussion en fut d'ailleurs interdite par le pape) : *Per numeros habetur via ad omnis scibilis investigationem et intellectionem ad cujus conclusionis verificationem polliceor me ad infra scriptas LXXIV quæstiones per viam numerorum responsurum.* Thèses mathématiques, n° XI (cité par Havet).

3. [*Jusqu'au bout.*]

4. [*Toutes choses.*]

5. « Je n'ai jamais connu personne qui ait pensé qu'un espace ne puisse être augmenté. Mais j'en ai vu quelques-uns, très habiles d'ailleurs, qui ont assuré qu'un espace pouvait être divisé en deux parties indivisibles, quelque absurdité qu'il s'y rencontre » *(Réflexions sur l'esprit géométrique).*

6. [*Elle nous échappe aussi certainement que nous échappons à tout* [à l'immensité.]

7. [*En*] l'un et [*en*] l'autre.

8. Pascal retrouve ici des pensées voisines des fameuses formules de Giordano Bruno sur Dieu unité du *maximum* et du *minimum* (cf. Bartholmess, *op. cit.*, t. II, p. 148, 334, et surtout 206-207).

Connaissons donc notre portée ; nous[1] sommes
quelque chose, et ne sommes pas tout[2] ; ce que nous
avons d'être[3] nous dérobe la connaissance des premiers principes, qui[4] naissent du néant ; et le peu
que nous[5] avons d'être nous cache la vue de l'infini.

Notre intelligence tient dans l'ordre des choses
intelligibles le même rang que[6] notre corps dans[7]
l'étendue de la nature.

Bornés en tout genre[8], cet état qui tient le milieu
entre deux extrêmes se trouve en[9] toutes nos[10] puissances. Nos sens n'aperçoivent rien d'extrême, trop
de bruit nous assourdit, trop de lumière[11] éblouit,
trop de distance et trop de proximité empêche la vue,
trop de longueur et trop de brièveté de discours

---

1. [*Occupons une place.*]
2. [*Notre être n'est si.*] — Mont., *Apol.* : « Nous n'avons aulcune
communication à l'estre, parce que toute humaine nature est tousiours
au milieu, entre le naistre et le mourir, ne baillant de soy qu'une
obscure apparence et umbre, et une incertaine et debile opinion. »
Cf. Bruno, *de Immenso et innumerabilibus* (Exorde) : « L'homme se
trouve placé sur les limites du temps et de l'éternité, entre un
modèle accompli et des copies imparfaites, entre la raison et les sens ;
il participe de ce double état, de l'une et l'autre extrémité, il se tient
debout en quelque sorte, à l'horizon de la nature » (cité par Bartholmess, *Jordano Bruno*, 1847, t. II, p. 225).
3. [*Nous éloigne.*]
4. [*Sortent du néant* [*viennent du.*]
5. [*En.*]
6. [*L'étendue.*]
7. [*Les choses.*]
8. Tout ce paragraphe en marge.
9. [*L'homme.*]
10. Je lis dans le manuscrit cette première version : *en* [*toutes*] *les
puissances* [*de l'homme*]. Pascal a rayé *de l'homme*, a ajouté *nos* et a
négligé de barrer *les*. Molinier et Michaut lisent *impuissances*.
11. [*Obscurcit.*]

l'obscurcit, trop de vérité nous étonne[1] : j'en sais
qui ne peuvent comprendre que qui de zéro ôte 4
reste zéro[2] ; les premiers principes ont trop d'évidence pour nous, trop de plaisir incommode[3], trop
de consonances déplaisent dans la musique ; et trop
de bienfaits[4] irritent, nous voulons avoir de quoi sur-
payer la dette[5] : *Beneficia eo usque læta sunt dum
videntur exsolvi posse ; ubi multum antevenere, pro
gratia odium redditur*[6]. Nous ne sentons ni[7] l'ex-

---

1. *Étonne* a ici le sens le plus fort : nous frappe de stupeur, paralyse
l'esprit et empêche de comprendre. C'est l'expression dont se sert
Montaigne dans un passage dont Pascal se souvient quelques lignes plus
bas : « La surprinse d'un plaisir inesperé nous estonne de mesme » (I, 2).

2. Peut-être est-ce Méré, qui refusait, comme on sait, d'admettre
les subtilités des mathématiques. La proposition de Pascal est rigoureusement vraie dans l'arithmétique où zéro est pris absolument
comme synonyme de néant. En algèbre, où l'on introduit les nombres
négatifs, $0 - 4 = 4$.

3. Mont : « La volupté mesme est douloureuse en sa profondeur »
(III, 10) et ailleurs : « Nostre extreme volupté a quelque air de gemis-
sement et de plainte » (II, 20). Pascal avait rencontré aussi les
exemples suivants dans Montaigne : « Oultre la femme romaine qui
mourut surprinse d'ayse de veoir son fils revenant de la route de
Cannes, Sophocles et Denys le tyran qui trespasserent d'ayse, et Talva
qui mourut en Corsegue, lisant les nouvelles des honneurs que le Senat
de Rome luy avoit decernez ; nous tenons, en nostre siecle, que le pape
Leon dixiesme, ayant esté adverty de la prinse de Milan qu'il avoit
extremement souhaitee, entra en tel excez de ioye, que la fiebvre l'en
print, et en mourut. » (I, 2. Cf. Charron, *Sagesse*, I, xxxvii, 3.)
« Il y a, écrit la Rochefoucauld (*Max.* 464), un excès de biens et de
maux qui passe notre sensibilité. »

4. [*Nous rendent ingrats.*]

5. [*Si elle nous passe, elle blesse.*]

6. A cette première citation Pascal avait ajouté ces mots qu'il a
barrés [*non vult*]. — Au livre III, ch. 8 des *Essais*, Montaigne cite le
passage de Tacite (*Ann.*, IV, 8) que Pascal a reproduit, et il le fait
suivre de cette phrase de Sénèque (Lettre 81 *sub fine*) : *Nam qui putat
esse turpe non reddere, non vult esse cui reddat.*

7. [*Le grand.*]

trême chaud ni l'extrême froid[1]. Les qualités exces-
sives nous[2] sont ennemies, et non pas sensibles[3] :
nous ne les sentons plus, nous les souffrons. Trop
de jeunesse et trop de vieillesse[4] empêchent l'esprit[5],
trop et trop peu d'instruction[6] ; enfin les choses extrêmes[7] sont pour nous[8] comme si elles n'étaient
point, et nous ne sommes point à leur égard : elles
nous échappent, ou nous à elles.

Voilà notre état véritable ; c'est ce qui nous rend
incapables de savoir[9] certainement et d'ignorer absolument. Nous[10] voguons sur un milieu vaste, toujours incertains et flottants, poussés d'un[11] bout vers
l'autre.[12] Quelque[13] terme où nous pensions nous attacher et nous affermir, il branle[14] et nous quitte[15] ; et

---

1. « L'extreme froideur et l'extreme chaleur cuisent et rostissent. »
(Mont., I, 54.)
2. [Blessent plus que nous.]
3. [Nous les souffrons, nous ne les sentons plus.]
4. [Gâtent.]
5. Port-Royal ajoute : « trop et trop peu de nourriture troublent ses
actions ; trop et trop peu d'instruction l'abêtissent ».
6. « Si c'est un enfant qui iuge, il ne sçait que c'est ; si c'est un
sçavant, il est preoccupé... La fin et le commencement de science se
tiennent en pareille bestise. » (Mont., Apol.)
7. « Les extremitez de nostre perquisition tumbent toutes en
esblouïssement. » (Ibid.)
8. [Insensibles.]
9. [Absolument.]
10. [Sommes toujours.]
11. [Côté et d'autre sans jamais rien avoir où nous prendre ni d'un ni
d'autre côté.]
12. A la page 356 du manuscrit.
13. [Fin que nous.]
14. [Et s'enfuit (s'éloigne, fuit d'une fuite éternelle.]
15. [En l'infinité.]

si nous le suivons[1], il échappe à nos prises, nous
glisse et fuit d'une fuite éternelle. Rien ne[2] s'arrête
pour nous. C'est l'état qui nous est naturel, et toutefois le plus contraire à notre inclination ; nous
brûlons de désir de trouver une assiette ferme, et une
dernière base constante[3] pour y édifier une tour qui
s'élève à l'infini ; mais tout notre fondement craque,
et la terre s'ouvre jusqu'aux abîmes.

Ne cherchons donc point d'assurance et de fermeté. Notre raison[4] est toujours déçue par[5] l'inconstance des apparences, rien ne peut fixer[6] le fini entre
les deux infinis[7], qui l'enferment et le fuient[8].

[9] Cela étant bien compris, je crois qu'on se tiendra
en repos, chacun[10] dans l'état où la nature l'a placé.
Ce milieu qui nous est échu en partage étant toujours distant des extrêmes, qu'importe qu'un homme
ait un peu plus d'intelligence des choses ? S'il en a,
il les prend un peu de plus haut : n'est-il pas tou-

---

1. [*Il s'enfuit.*]
2. [*Nous*] arrête. C'est l'état [*qui est*] le plus contraire.
3. [*Sur quoi nous puissions.*]
4. [*Déçue tout à fait.*]
5. [*Les promesses.*]
6. [*Notre effort à pouvoir affirmer.*]
7. [*Que nous comprenons [qui nous enferment.*]
8. « Si de fortune vous fichez vostre pensee à vouloir prendre son
estre, ce sera ne plus ne moins que qui vouldroit empoigner de l'eau ;
car tant plus il serra et pressera ce qui de sa nature coule par tout,
tant plus il perdra ce qu'il vouloit tenir et empoigner. Ainsi veu que
toutes choses sont subiectes à passer d'un changement en aultre, la
raison, qui y cherche une reelle subsistance, se treuve deceue... »
(Mont., *Apol.*).
9. Les deux paragraphes suivants en marge.
10. *Chacun* en surcharge.

jours infiniment éloigné du bout, et la durée de notre
vie ne l'est-elle pas également infiniment de l'éternité, pour durer dix ans davantage [1] ?

Dans la vue de ces infinis, tous les finis sont égaux ;
et je ne vois pas pourquoi asseoir son imagination
plutôt sur un que sur l'autre. La seule comparaison
que nous faisons de nous au fini nous fait peine.

Si l'homme s'étudiait [2] le premier, il verrait combien [3] il est incapable de passer outre [4]. Comment se
pourrait-il qu'une partie connût le tout [5] ? — Mais il
aspirera peut-être à connaître au moins les parties
avec lesquelles il a de la proportion ? — Mais [6] les
parties du monde ont toutes un tel rapport et un tel
enchaînement l'une avec l'autre, que je crois impossible de connaître l'une sans l'autre et sans le tout.

L'homme, par exemple, a rapport à tout ce qu'il
connaît. Il a besoin [7] de lieu pour le contenir, de
temps pour durer, de mouvement pour vivre, d'éléments pour le composer [8], de chaleur et d'aliments
pour [se] [9] nourrir, d'air pour respirer ; il voit la lu-

---

1. « Dix ans est le parti » (fr. 238).

2. [Plutôt.]

3. [Dans tant de ces causes de son [l'impuissance où il est.]

4. [Qu'il y bornerait sa curiosité, mais il ne le voit pas. Je crois qu'on
voit assez par là que l'homme n'est pas.] Une partie [ne peut connaître]
le tout.

5. « Mais nostre condition porte que la cognoissance de ce que
nous avons entre mains est aussi esloignee de nous, et aussi bien au
dessus des nues, que celle des astres » (Mont., Apol.).

6. Le premier mais énonce une instance, et le second mais la réponse à cette instance.

7. [D'aliments pour se nourrir, d'air pour respirer.]

8. [De lumière.]

9. Pascal a écrit pour nourrir.

mière, il sent les corps ; enfin tout tombe sous[1] son
alliance[2]. Il faut donc pour connaître l'homme savoir[3]
d'où vient qu'il a besoin d'air pour subsister ; et
pour connaître l'air, savoir par où il a ce rapport à
la vie de l'homme, etc.[4]. La flamme ne subsiste
point sans l'air ; donc, pour connaître[5] l'un, il faut
connaître l'autre.

Donc, toutes choses étant causées et causantes,
aidées et aidantes, médiates et immédiates, et toutes
s'entretenant par un lien naturel et insensible qui lie
les[6] plus éloignées et les plus différentes, je tiens
impossible[7] de connaître les parties sans[8] connaître le
tout, non plus que de connaître le tout sans connaître particulièrement les parties[9].

---

1. [Ses recherches [sa dépendance.]
2. Ce mot, assez inattendu, est un souvenir de Raymond Sebon. Le
chapitre II de la *Théologie naturelle* n'a pas été étranger à l'inspiration de Pascal dans ce passage : « Il [*l'homme*] se rapporte aux corps
insensibles... il en est nourri, il loge chez eux, il vit par leur moyen,
et ne peut s'en passer un seul moment... Il a une grande alliance,
convenance et amitié avec les autres créatures. »
3. [*Ce qui.*]
4. Page 359 du manuscrit.
5. [*La flamme.*]
6. [*Extrêmes.*]
7. [*D'en connaître aucune seule sans toutes les autres, c'est-à-dire impossible, purement et absolument.*]
8. [*Les connaître toutes.*]
9. « Theophrastus disoit que l'humaine cognoissance, acheminee
par les sens, pouvoit iuger des causes des choses iusques à une certaine mesure ; mais qu'estant arrivee aux causes extremes et premieres,
il falloit qu'elle s'arrestast, et qu'elle rebouchast, à raison, ou de sa
foiblesse, ou de la difficulté des choses... L'homme est capable de
toutes choses, comme d'aulcunes : et s'il advoue, comme dict Theophrastus, l'ignorance des causes premieres et des principes, qu'il me
quitte hardiement tout le reste de sa science. » (Montaigne, *Apol.*)

[L'éternité des choses en elle-même ou en Dieu doit encore étonner notre petite durée. L'immobilité fixe et constante de la nature, comparaison au changement continuel qui se passe en nous, doit faire le même effet.]

[1] Et ce qui achève notre impuissance à connaître les choses, est qu'elles sont simples en elles-mêmes et que nous sommes composés de deux [2] natures opposées et de divers genre, d'âme et de corps. Car il est impossible que la partie qui raisonne en nous soit autre que spirituelle ; et quand on [3] prétendrait que nous serions simplement corporels, cela nous exclurait bien davantage de la connaissance des choses, n'y ayant rien de si inconcevable que de dire que la matière se [4] connaît soi-même [5] : il ne nous est pas possible de connaître comment elle se connaîtrait.

Et ainsi [6] si nous [*sommes*] simplement matériels,

---

1. Voici une autre rédaction de ce passage : « Et ce qui achève notre impuissance [*est la simplicité des choses comparée avec notre état double et composé. Il y a des absurdités invincibles à combattre ce point, car il est aussi absurde qu'impie de nier que l'homme est composé de deux parties de différente nature, d'âme et de corps. Cela nous rend impuissants à connaître toutes choses. Que si on nie cette composition et qu'on prétende que nous sommes tout corporels, je laisse à juger combien la matière est incapable de connaître la matière et ce que peut de la boue pour connaître.* [Rien n'est plus impossible que cela. Concevons donc que ce mélange d'esprit et de matière [boue nous disproportionne [et ainsi un être tout matériel ne pourrait se connaître.]

2. [*Choses.*]

3. [*Voudrait.*]

4. *Se surcharge.*

5. [*N'étant.*]

6. [*Soit que*] nous soyons : Pascal en barrant *soit que* avait laissé le subjonctif *nous soyons.*

nous ne pouvons rien du tout connaître, et si nous sommes composés d'esprit et de matière, nous ne pouvons connaître parfaitement les choses simples[1], spirituelles ou corporelles.

De là vient que[2] presque tous les philosophes confondent les idées des choses, et parlent des choses corporelles spirituellement et des spirituelles corporellement[3]. Car ils disent hardiment que les corps

---

1. A la page 36o du manuscrit. — [*Car comment connaîtrions-nous distinctement la matière, puisque notre suppôt qui agit en cette connaissance est en partie spirituel, et comment connaîtrions-nous nettement les substances spirituelles, ayant un corps qui nous aggrave et nous baisse vers la terre ?*]

2. [*Tous.*]

3. Havet a fort à propos rapproché de ce passage un texte de saint Augustin qu'Arnaud avait traduit en 1656 : « Voulant connaître par l'esprit et par l'intelligence les choses corporelles et voir par les sens les spirituelles ; ce qui ne se peut » (*De la véritable religion*, ch. XXXIII, *sub fine*). — Ce passage est développé et commenté dans la *Logique du Port-Royal* : « Ainsi, trouvant en nous-mêmes deux idées, celle de la substance qui pense, et celle de la substance étendue, il arrive souvent que lorsque nous considérons notre âme, qui est la substance qui pense, nous y mêlons insensiblement quelque chose de l'idée de la substance étendue, comme quand nous nous imaginons qu'il faut que notre âme remplisse un lieu, ainsi que le remplit un corps, et qu'elle ne le serait point, si elle n'était nulle part, qui sont des choses qui ne conviennent qu'au corps, et c'est de là qu'est née l'erreur impie de ceux qui croient l'âme mortelle. On peut voir un excellent discours de saint Augustin sur ce sujet, dans le livre X de la Trinité, où il montre qu'il n'y a rien de plus facile à connaître que la nature de notre âme ; mais que ce qui brouille les hommes est que, voulant la connaître, ils ne se contentent pas de ce qu'ils en connaissent sans peine, qui est que c'est une substance qui pense, qui veut, qui doute, qui sait ; mais ils joignent à ce qu'elle est ce qu'elle n'est pas, se la voulant imaginer sous quelques-uns de ces fantômes sous lesquels ils ont accoutumé de concevoir les choses corporelles. Quand d'autre part nous considérons les corps, nous avons bien de la peine à nous empêcher d'y mêler quelque chose de l'idée de la substance qui pense ; ce qui nous fait dire des corps pesants, qu'ils veulent aller au centre ; etc. » (II, VIII).

tendent en bas, qu'ils aspirent à leur centre, qu'ils
fuient leur destruction, qu'ils craignent le vide,
qu'elle[1] a des inclinations, des sympathies, des anti-
pathies, qui sont toutes choses qui n'appartiennent
qu'aux esprits[2]. Et en partant des esprits, ils[3] les considèrent comme en un lieu, et leur attribuent le mouvement[4] d'une place à une autre, qui sont choses
qui n'appartiennent qu'aux corps.

Au lieu de recevoir les idées de ces choses[5] pures,
nous les teignons de nos qualités, et empreignons
[de] notre être composé toutes les choses simples[6]
que nous contemplons.

Qui ne croirait, à[7] nous voir composer toutes
choses d'esprit et de corps[8], que ce mélange-là[9] nous
serait très compréhensible? C'est néanmoins la chose
qu'on comprend le moins[10]. L'homme est à lui-même
le plus prodigieux objet de la nature; car il ne peut
concevoir ce que c'est que corps, et encore moins

---

1. *Elle*, c'est-à-dire la matière.
2. Souvenir des écrits scientifiques sur l'*hydrostatique*; voir en particulier la fin du *Récit de la grande expérience* : « C'est ainsi que l'on
dit que la sympathie et antipathie des corps naturels sont les causes
efficientes et univoques de plusieurs effets, comme si des corps inanimés étaient capables de sympathie et antipathie. » *Œuvres de Pascal*,
éd. Lahure, t. III, p. 146.
3. [*Leur attribuent le mouvement local et.*]
4. [*D'un lieu.*]
5. [*Il les teint*] de [*ses*] qualités [*et prive de son.*]
6. [*Qu'il contemple ; c'est ainsi qu'il borne l'univers [parce qu'il est
borné, il borne l'univers et.*]
7. Voir [*qu'il*] compose.
8. [*Pour les comprendre.*]
9. [*Lui*] serait [*fort.*]
10. [*Il.*]

ce que c'est qu'esprit, et moins qu'aucune chose
comme un corps peut être uni avec un esprit. C'est
là le comble de ses difficultés[1], et cependant c'est
son propre être[2] : *Modus quo corporibus adhærent
spiritus comprehendi ab hominibus non potest, et hoc
tamen homo est*[3].

Enfin pour consommer la preuve de notre faiblesse,
je finirai par ces deux considérations[4]...

7⁰]   73

[Mais peut-être que ce sujet passe la portée de la
raison. Examinons donc ses inventions sur les choses
de sa[5] force. S'il y a quelque chose où son intérêt
propre ait dû la faire appliquer de son plus sérieux,
c'est à la recherche de son souverain bien. Voyons
donc où ces âmes fortes et clairvoyantes l'ont placé,
et si elles en sont d'accord.

---

1. [*Quoique ce soit.*]

2. [*Quomodo.*]

3. St Aug., *De civ. Dei*, XXI, 10, *ap.* Mont., *Apol.* précédé de
ce commentaire : « Comme une impression spirituelle fasse une telle
faulsee dans un subiet massif et solide, et la nature de la liaison et
cousture de ces admirables ressorts, iamais homme ne l'a sceu ».

4. [*Voilà une partie des causes qui rendent l'homme si imbécile à connaître la nature. Elle est infinie en deux manières, il est fini et limité.
Elle dure et se perpétue [maintient perpétuellement en son être ; il passe
et est mortel. Les choses 'en particulier se corrompent et se changent à
chaque instant, il ne les voit qu'en passant. Elles ont un [leur principe et
une] leur fin, il ne conçoit ni l'un ni l'autre. Elles sont simples et il est
composé de deux natures différentes. Et pour consommer la preuve de
notre faiblesse, je finirai par ces deux réflexions sur l'état de notre
nature*].

73

Cf. B., 22 ; C., 41 ; Fauc., II, 123 ; Mol., I, 173 et I, 158 ; Mich., 194.

5. [*Portée.*]

[L'un dit que[1] le souverain bien est en la vertu,
l'autre le met en la volupté; l'un [*en la*] science de la
nature, l'autre en la vérité[2]: *Felix qui potuit rerum
cognoscere causas*[3], l'autre en l'ignorance totale,
l'autre en l'indolence[4], d'autres à résister aux apparences, l'autre à n'admirer rien, *nihil mirari prope
res una quæ possit facere et servare beatum*, et les
vrais pyrrhoniens en leur ataraxie, doute et suspen-
sion perpétuelle[5]; et d'autres, plus sages, pensent
trouver un peu mieux. Nous voilà bien payés.

[*Transposer après les lois, au titre suivant*[6].

[Si faut-il voir si cette belle philosophie[7] n'a rien
acquis de certain par un travail si long et si tendu,

---

1. [*L'homme.*]

2. [*Et en la connaissance des choses*] l'autre en l'indolence. — Mont.
Apol. : « Les uns disent notre bien estre logé en la vertu ; d'autres, en
la volupté ; d'autres, au consentir à la nature ; qui en la science, qui
à n'avoir point de douleur, qui à ne se laisser emporter aux apparences ;
et à cette fantasie semble retirer cett'aultre de l'ancien Pythagoras :

　　　Nil admirari, prope est una, Numici,

　　　Solaque, quæ possit facere et servare beatum,

qui est la fin de la secte pyrrhonienne. » (Cf. Charron, *Sagesse* II,
II, 7.)

3. *Georg.* II, 490, cité par Montaigne (III, 10). — De l'*autre* à
rien, surcharge.

4. « Voilà pourquoy la secte de philosophie, qui a le plus faict
valoir la volupté, encores l'a elle rengée à la seule indolence »
(Apol.).

5. *Et d'autres à un peu mieux*, surcharge.

6. En marge. — Le développement sur *les lois* se trouve d'ailleurs
à la page 69, sur la même feuille du manuscrit (fr. 294). Les indications de ce genre, qu'on trouve dans le manuscrit de Pascal, suffisent pour démontrer que Pascal était loin d'avoir arrêté d'une façon
définitive l'ordre de l'*Apologie*, et combien il serait téméraire d'en
prétendre donner une reconstitution.

7. *Belle sagesse*, dit Montaigne *(Apologie)*.

peut-être qu'au moins l'âme se connaîtra soi-même[1].
Écoutons les régents du monde sur ce sujet. Qu'ont-
ils pensé de sa substance? 395[2]. Ont-ils été plus
heureux à la loger? 395[3]. Qu'ont-ils[4] trouvé de son
origine, de sa durée, et de son départ? 399.

[5][Est-ce donc que l'âme est encore un sujet[6] trop
noble pour ses faibles lumières? Abaissons-la[7] donc
à la matière, voyons si elle sait de quoi est fait[8] le
propre corps qu'elle anime et[9] les autres qu'elle contemple et qu'elle remue à son gré. Qu'en ont-ils
connu, ces grands dogmatistes qui n'ignorent rien?
393[10], *Harum sententiarum.*

[Cela suffirait sans doute si la raison était raisonnable[11]. Elle l'est bien assez pour avouer qu'elle n'a
encore pu trouver rien de ferme; mais elle ne déses-
père pas encore d'y arriver; au contraire elle est
aussi ardente que jamais dans cette recherche, et

---

1. « Nous l'avons proposé luy mesme à soy ; et sa raison, à sa raison, pour veoir ce qu'elle nous en diroit. » Mont., *Apol.*
2. Renvoi à Montaigne (*Apol.*) : « Or, voeyeons ce que l'humaine
raison nous a apprins de soy et de l'ame… »
3. « Il n'y a pas moins de dissention ni de debat à la loger. »
(*Ibid.*)
4. [*vu*] de [*sa durée.*]
5. Page 366 du manuscrit, après la fin du fr. 294.
6. *Un sujet*, en surcharge.
7. *La*, en surcharge.
8. [*son.*]
9. [*Ceux.*]
10. Le chiffre indique sans doute que Pascal se proposait de compléter la citation : *Apologie* : « Et apres tout ce denombrement d'opinions : *Harum sententiarum quæ vera sit, Deus aliquis viderit.* » (Cic.,
Tus., I, 11.)
11. [*Mais elle avouera bien qu'elle.*]

s'assure d'avoir en soi les forces nécessaires pour cette conquête. Il faut donc l'achever, et après avoir examiné ses[1] puissances dans leurs effets, reconnaissons-les en elles-mêmes; voyons si elle a quelques formes[2] et quelques prises capables de saisir la vérité[3].]

487]   74

Une lettre[4] *de la folie de la science humaine et de la philosophie.*   .
Cette lettre avant *le divertissement.*
Felix qui potuit... Nihil admirari[5].
280 sortes de souverains biens dans Montaigne[6].

---

1. M. Michaut lit *les.*
2. Nous lisons *formes.* M. Molinier donne *forces* qui serait encore satisfaisant pour le sens. Cf. Mont., *Apol.* « Les yeulx humains ne peuvent apercevoir les choses que par les *formes* de leur cognoissance. »
3. L'expression est encore un souvenir de Montaigne, *Apol.* : « si les prinses humaines estoient assez capables et fermes pour saisir la verité. »

74

Cf. B., 197; C., 8; Faug., II, 391; Hav., XXV, 109 *bis*; Mol., II, 64; Mich., 859.

4. *Une lettre,* surcharge.
5. Cf. fr. 73.
6. Au début de l'*Apologie,* Montaigne rapporte l'opinion du philosophe Herillus qui logeait dans la science le souverain bien. Et plus loin : « il n'est point de combat si violent entre les philosophes, et si aspre, que celuy qui se dresse sur la question du souverain bien de l'homme, duquel, par le calcul de Varro, nasquirent deux cent quatre vingt huit sectes. » Le texte de Varron auquel Montaigne fait allusion se trouve dans *la Cité de Dieu* de saint Augustin (XIX, 2); aussi est-il un de ceux que Jansénius cite dans son *Augustinus.*

Première Copie 257]   74 bis

Pour les philosophes 280 souverains biens.

393]   75

Part. I, l. 2, c. 1, Section 4[1].

[*Conjecture*. Il ne sera pas difficile de faire descendre
encore d'un degré et de la faire paraître ridicule. Car
pour commencer en elle-même], qu'y a-t-il de plus
absurde que de dire que des corps inanimés ont des

---

74 bis

Cf. C., 473; Fau⸢g⸣., II, 86; Hav., XXII,‘32 *ter*; Mol., I, 174; Mich.,
936.

75

Cf. Fau⸢g⸣., I, 101; Hav., XXV, 207; Mol., II, 150; Mich., 617.

1. Bossut a publié, à la suite des Traités sur l'*Équilibre des Liqueurs*
et sur la *Pesanteur de l'Air*, quelques pages sous ce titre : « *Fragment
d'un autre plus long ouvrage de Pascal sur la même matière, divisé en
parties, livres, chapitres, sections et articles, dont il ne s'est trouvé que
ceci parmi ses papiers* : Part. I, Liv. III, chap. 1, sect. II et III. » Le
livre II devait contenir sans doute la discussion des hypothèses scolastiques ; le livre III devait exposer les résultats auxquels Pascal
était arrivé, si on en juge par les sujets des Sections II et III, qui
nous ont été conservées : « Section II. — *Que les effets sont variables
suivant la variété des temps, et qu'ils sont d'autant plus ou moins grands,
que l'air est plus ou moins chargé.* Section III. — *De la règle des
variations qui arrivent à ces effets par la variété des temps* ». C'est à ces
fragments que se réfèrent les lignes conservées dans le manuscrit.
Pascal abandonna ces divisions, et condensa sa pensée dans les deux
Traités, qui furent publiés en 1663. La *Conclusion* de ces *Traités* semble
avoir gardé quelque trace du fragment que nous commentons : « Il
est maintenant assuré qu'il n'arrive aucun effet dans toute la nature
qu'elle produise pour éviter le vide. Il ne sera pas difficile de passer
de là à montrer qu'elle n'en a point d'horreur ; car cette façon de
parler n'est pas propre, puisque la nature créée, qui est celle dont il
s'agit, n'étant pas animée n'est pas capable de passion. » (*Œuvres de
Pascal*, éd. Lahure, t. III, p. 124.)

passions, des craintes, des horreurs [1]? que des corps [2]
insensibles, sans vie et même incapables de vie aient
des passions, qui présupposent une âme au moins
sensitive pour les ressentir? de plus [3], que l'objet de
cette horreur [4] fût le vide? qu'y a-t-il dans le vide qui
leur puisse faire peur [5]? Qu'y a-t-il de plus bas et
plus ridicule? Ce n'est pas tout [6] qu'ils aient en eux-
mêmes un principe de mouvement pour éviter le
vide: ont-ils des bras, des jambes, des muscles, des
nerfs?

Première copie 335]   76

Écrire contre ceux qui approfondissent les sciences :
Descartes [7].

---

1. [*Des dépits.*]
2. [*Inanimés, morts, et qui ne les.*]
3. [*Pourquoi est-ce qu'ils ont* [*assigne-t-on de* [à cette].
4. [*On dit que le.*]
5. [*Il n'y a rien du tout* [en effet [ils ont donc peur de rien.]
6. [*Leur horreur serait sans effet s'ils n'avaient des forces pour l'exécuter; aussi on leur en assigne et de très puissantes. On dit que non seulement ils ont peur du vide, mais qu'ils ont faculté de l'éviter*] *se mouvoir
pour l'éviter.*]

76

Cf. C., 287; Fauc., I, 235; Hav., XXIV, 100; Mol., II, 148; Mich.,
942.

7. Le médecin Menjot, dont Pascal avait fait connaissance par l'intermédiaire de Mme de Sablé, écrit à Huet le 31 juillet 1689, dans une
lettre sur la philosophie de Descartes. « Il faut cependant donner cette
gloire à feu M. Pascal, que ses grands engagements avec la discipline de Jansénius ne l'ont pas empêché de s'en moquer ouvertement
et de la qualifier du nom de Roman de la Nature. » (Cité par Bartholmess, *Huet*, p. 21.)

¹Je ne puis pardonner à Descartes ; il aurait bien
voulu, dans toute sa philosophie, pouvoir se passer
de Dieu ; mais il n'a pu s'empêcher de lui faire donner
une chiquenaude, pour mettre le monde en mouvement ; après cela, il n'a plus que faire de Dieu.

415]   78

Descartes inutile et incertain².

77

Cf. Bos., I, x, 41 ; Faug., I, 369 ; Mol., II, 148 ; Mich., 1000.

1. Ce fragment n'est sans doute que le souvenir d'une conversation
de Pascal : « M. Pascal, rapporte Marguerite Périer, parlait peu de
sciences ; cependant, quand l'occasion s'en présentait, il disait son
sentiment sur les choses dont on lui parlait. Par exemple, sur la philosophie de M. Descartes, il disait assez ce qu'il pensait. Il était de
son sentiment sur l'automate, et n'en était point sur la matière subtile,
dont il se moquait fort. Mais il ne pouvait souffrir sa manière d'expliquer la formation de toutes choses, et il disait très souvent : Je ne
puis, *etc.* » (*Bibl. Nat.* ms. 15281, *f. fr.*, p. 177). Cf. fr. 512.

78

Cf. B., 464 ; C., 263 ; Faug., I, 181 note ; Hav., XXIV, 100 *ter* ; Mol.,
II, 136 ; Mich., 663.

2. Inutile, parce que sa métaphysique ne touche pas à « l'unique
nécessaire » ; incertain, parce qu'il édifie son système des choses sur
des principes *a priori* qui ne peuvent être que des hypothèses. Il ne
faut pas voir dans cette critique de Descartes par Pascal un désaveu
de son passé scientifique. C'est au contraire en savant que Pascal parle
ici ; ni en géométrie ni en physique il ne suit la méthode cartésienne,
il ne croit ni à l'évidence des idées simples ni à la possibilité de construire rationnellement le monde. Sa géométrie est synthétique et concrète, sa physique est expérimentale et antimétaphysique. Le Pascal
cartésien, au sens absolu où on l'a entendu, est une légende.

152]　　　　　79

[*Descartes.* — Il faut dire en gros : Cela se fait par figure et mouvement —, car cela est vrai. Mais de dire quels, et composer la machine, cela est ridicule. Car cela est[1] inutile et incertain et pénible. Et quand cela serait vrai, nous n'estimons pas que toute la philosophie vaille une heure de peine[2].]

232]　　　　　80

D'où vient qu'un boiteux ne nous irrite pas, et un esprit boiteux nous irrite[3] ? à cause qu'un boiteux

---

79

Cf. B., 32 ; C., 48 ; Bos., II, p. 547 ; Fauc., I, 181 ; Hav., XXIV, 100 bis ; Mol., II, 148 ; Mich., 371.

1. [*Faux.*]

2. On voit par la suite des idées le sens que Pascal donne au mot de philosophie. Suivant l'usage à peu près constant de ses contemporains, et de Descartes lui-même (*Des Principes de Philosophie*), la philosophie s'entend de la philosophie naturelle, de la « science des choses extérieures ». Pascal, comme Socrate, se détourne de la philosophie naturelle pour se tourner vers la philosophie morale ; mais, suivant la remarque profonde de M. Boutroux, leurs motifs sont inverses. Pour Socrate, l'univers extérieur étant l'œuvre des Dieux, c'est empiéter sur leur domaine que de rechercher les causes des phénomènes naturels au lieu de « cultiver notre jardin », c'est-à-dire au lieu de nous connaître et de nous corriger nous-mêmes. Pour Pascal l'homme a bien la capacité de connaître l'univers ; mais cet univers est « muet », il ne mène pas à Dieu, et c'est pourquoi la connaissance en est stérile.

80

Cf. B., 26 ; C., 53 ; P. R., XXIX, 5 ; Bos., I, viii; 11 ; Fauc., I, 217 ; Hav., V, 10 ; Mol., I, 67 ; Mich., 502.

3. Montaigne III, 8 (*De l'art de conférer*) : « De vray, pourquoy, sans nous esmouvoir, rencontrons-nous quelqu'un qui ayt le corps tortu et mal basti ; et ne pouvons souffrir le rencontre d'un esprit mal

reconnaît que nous allons droit, et qu'un esprit boiteux dit que c'est nous qui boitons; sans cela nous en aurions pitié et non colère.

Épictète demande bien plus fortement: Pourquoi ne nous fâchons-nous pas[1] si on dit que nous avons mal à la tête, et que nous nous fâchons de ce qu'on dit que nous raisonnons mal, ou que nous choisissons mal[2]. — Ce qui cause cela est que nous sommes bien certains que nous n'avons pas mal à la tête, et que nous ne sommes pas boiteux; mais nous ne sommes pas si assurés que nous choisissons le vrai. De sorte que, n'en ayant d'assurance qu'à cause que nous le voyons de toute notre vue, quand un autre voit de toute sa vue le contraire, cela nous met en suspens et nous étonne, et encore plus quand mille autres se moquent de notre choix; car il faut préférer nos lumières à celles de tant d'autres, et cela est hardi et difficile. Il n'y a jamais cette contradiction dans les sens touchant un boiteux.

---

rengé sans nous mettre en cholere? Cette vicieuse aspreté tient plus au iuge qu'à la faulte. »

1. [De ce qu'on dit.]

2. Voir Épictète, *Entretiens*, IV, 6 : « Tu t'inquiètes si les autres ont pitié de toi. — Oui, parce qu'ils me plaignent sans que je le mérite... — Comment te plaignent-ils sans que tu le mérites. En manifestant l'impression que la pitié fait sur toi tu te préqares à t'en rendre digne... J'ai la tête saine, et pourtant tout le monde voit que j'ai mal à la tête. Que m'importe? » (Trad. Thurot, p. 440). — Cf. Nicole : « Nous ne nous mettons pas en colère lorsqu'on s'imagine que nous avons la fièvre, quand nous sommes assurés de ne pas l'avoir. Pourquoi donc s'aigrit-on contre ceux qui croient que nous avons conscience des fautes que nous n'avons pas commises », etc. (*Du moyen de conserver la paix avec les hommes*, 2e part., ch. III).

4a3]   8ɪ

L'esprit croit naturellement, et la volonté aime
naturellement; de sorte que, faute de vrais objets,
il faut qu'ils s'attachent aux faux[1].

8ɪ

Cf. B., 36g; C., 3a6; P. R., XXI, ɪa; Bos., I, x, ɪɪ; Faug., I, aoɪ ;
Hav., VII, ɪɪ; Mol., I, ɪɪ7; Mɪos., 688.

ɪ. Le chapitre ɪv du ɪᵉʳ livre des *Essais* est intitulé : *Comme l'ame
descharge ses passions sur des objets fauls, quand les vrais luy de-
faillent*. C'est un recueil d'anecdotes dont la plus mal connue et la
plus saisissante est celle-ci : « Xerxes fouetta la mer, et escrivit un
cartel de desfi au mont Athos. » Il a suggéré à Pascal une pensée
d'une portée générale, et singulièrement plus profonde : notre nature est
toute connaissance et tout amour, nos erreurs et nos misères viennent
de ce que le milieu où nous vivons n'est point capable de satisfaire
cette soif de connaître et ce besoin d'aimer.

TABLE DES MATIÈRES

III

IV

V

VI

PENSÉES

CHARTRES. — IMPRIMERIE DURAND, RUE FULBERT.

CPSIA information can be obtained
at www.ICGtesting.com
Printed in the USA
BVHW042108230919
559232BV00005B/32/P